Claudio Barcellos
Mord in São Paulo

Claudio Barcellos

Mord in São Paulo

Den Todesschwadronen auf der Spur

Aus dem brasilianischen Portugiesisch
von Sabine Müller-Nordhoff

Mr. Karl Ernst Riedesch
Espero que o senhor goste da leitura deste livro.
Obrigado por [illegible] grande amigo [illegible]
Claudio Barcellos
3.10.94

Lamuv

Zuerst erschienen bei Editora Globo, São Paulo
Originaltitel: Rota 66

Bitte fordern Sie unser kostenloses Gesamtverzeichnis an:
Lamuv Verlag, Postfach 26 05, D-37016 Göttingen

Deutsche Erstausgabe
1. Auflage März 1994

Umschlaggestaltung: Gerhard Steidl
unter Verwendung eines Fotos von BILDERBERG/Till Leeser
Gesamtherstellung: Steidl, Göttingen
Printed in Germany
ISBN 3-88977-358-3

Inhalt

Mitarbeiter

Nachforschungen

Sonderbeauftragter:
Daniel Annenberg, Luciana Burlamaqui

Datenbank

Bediener:
Wanderley Aparecido Silveira und Luis Carlos Sardinha (zur Erinnerung)

Datenauswertung:
Sidney M., Décio Mercaldi Galina, Ana Cristina Carvalho, Carlos Maurício de Souza

Programmierer:
Rosângela Pícolo Garcia (Programmautor), Daniela Azevedo, Renata Carvalho, Flávio Siqueira

Mein Dank gilt

Albeniza Garcia, Alberico de Souza Cruz, Aldo Galiano Junior, Augusto Fragelli, Carlos Schroder, Celso Kinjô, Cláudio Tognoli, Eduardo Muylaert, Emílio Chagas, Familie Junqueira, Familie Noronha, den Untersuchungsbeamten des Militärtribunals von São Paulo, den Justizwachtmeistern der zivilen Gerichte von São Paulo, den Beamten des Rechtsmedizinischen Instituts, Hugo Sá Peixoto, Ian, Jorge Pontual, José Reginaldo de Carvalho, Luiz Gonzalez, Maurício Maia, Mônica Thau, Nelson Massini, der kirchlichen Hilfsorganisation Vila Brasilândia, Patrícia Mello, Pedro Montoam, Raul Bastos, Renato Rodrigues, Rubens Brasil Maluf, Silvio Roberto Richetti, Suzana Lisboa, Sylvia Saião, Toninho Pereira, Wilson Serra.

Mein besonderer Dank gilt
Beatriz Fragelli.

Einführung

Claudio Barcellos, genannt »Caco«, ist einer von den Journalisten, die eine schwache Seite haben.

Er hat seit Beginn seiner Karriere in Rio Grande do Sul nie einen Hehl aus dieser Eigenschaft gemacht und sie gepflegt: Er schlägt sich auf die Seite der Schwächsten der Schwachen, der Opfer. Mit dieser Einstellung steht Caco nicht allein da. Er folgt dem Beispiel brasilianischer und ausländischer Journalisten, die sich weder in Selbstverliebtheit vergessen haben, noch eine zynische Weltanschauung vertreten und deren Horizont über den eigenen Nabel hinausgeht.

Als ich das Buch von Caco las, wurde ich an den Journalisten Donald Wood und sein Buch »Biko« erinnert. Wood hat dieses Buch dem Studentenführer Stephen Biko gewidmet, der von der Militärpolizei in Südafrika zu Tode gefoltert worden war. Nebenbei bemerkt, beginnt dieses Buch von Wood dort, wo das Buch von Caco endet - ein Bericht von gefolterten, ermordeten Menschen und die offizielle Version, mit der diese Morde gerechtfertigt werden. Derartige Versionen unterscheiden sich kaum voneinander: Fluchtversuche, Widerstand gegen die Staatsgewalt, Selbstmord...

Journalisten, die sich für ihre schwache Seite entschieden haben, legen überall auf der Welt ein ähnliches Verhalten an den Tag; sie kämpfen für die gleichen Prinzipien und sind dem gleichen Druck ausgesetzt.

Der Einsatz, den Journalisten wie Donald Wood und Caco Barcellos zeigen, hat für sie keine Annehmlichkeiten. Sie nehmen damit einen Platz ein, der von Menschen mit außergewöhnlichem Talent und großer Sensibilität besetzt werden sollte, Menschen, die vor allem Zivilcourage besitzen. Ich spreche von der Zivilcourage, die einen weißen Südafrikaner dazu veranlaßt, in einer der rassistischsten Gesellschaften der Welt ein Buch zu schreiben, das einen Schwarzen verteidigt. Eine Zivilcourage, die auch in den Reportagen von Caco Barcellos zum Ausdruck kommt.

Mir wollen die Bilder der weinenden Menschen nicht mehr aus dem Kopf, die Barcellos in einer Stunde voll überwältigender Emotionen begleitet hat, ebensowenig wie seine minuziösen Nachforschungen über die Niedertracht und Gewalttätigkeit in Militärgefängnissen. Ich behalte bis zum heutigen Tag die Erinnerung an die Zeit, in der ich seine Arbeit über das Verschwinden von Brasilianern während der Militärdiktatur mitverfolgt habe. Es handelte sich um eine Reportage über Männer und Frauen, die im Verlauf von Folterungen getötet worden waren. Diese außergewöhnlichen Berichte wurden bis heute nicht veröffentlicht.

Bei der Suche nach der Wahrheit läßt Caco jedoch äußerste Sensibilität walten. Seine journalistischen Arbeiten haben Schlagkraft und Substanz. Für ihn bedeutet eine Parteinahme für die Schwachen nicht, die Wirklichkeit zu verdrehen, sondern Ungleichgewichte aufzuzeigen, Widersprüche auszumerzen. Die Achtung, die er sich aufgrund von Ehrlichkeit und Glaubwürdigkeit verschaffen konnte, gibt ihm die Freiheit, Ereignisse aus den verschiedensten Blickwinkeln zu beleuchten. Das Resultat ist, daß immer er die beste Geschichte schreibt.

Seine Wege als Reporter haben Caco Barcellos auf die unterschiedlichsten Fährten und in die unterschiedlichsten Situationen gebracht. Er wurde schon vermißt geglaubt, gekidnappt und im kolumbianischen Urwald ausgesetzt; er war Geisel von Guerillakämpfern, als er sich auf die Suche nach den Kidnappern von Ingenieuren der Erdölfirma Petrobrás machte; er durchlebte Stunden der Todesangst, als er und sein Team von paraguayischen Schmugglern gefangengenommen wurden und er dies beinahe mit dem Leben bezahlt hätte. In den beinahe 18 Jahren seiner journalistischen Tätigkeit gab es immer wieder derartige Situationen. Dabei war es für ihn nicht wichtig, ob es sich um sensationelle Begebenheiten oder um einfache Berichterstattung handelte. Für ihn ist jede Arbeit eine neue Herausforderung. Kennzeichnend für seine Tätigkeit ist der besondere Einsatz, den er zeigt, seine Geduld und das Talent, die Punkte herauszuarbeiten, die ein Ganzes miteinander verbinden und so eine Geschichte ergeben.

Es sind Geschichten, die er auch in diesem Buch erzählt und die er wohl sein ganzes Leben lang erzählen wird. Er schreibt sie immer mit dem gleichen Eifer, bringt immer den gleichen Einsatz, zeigt immer die ihm eigene Bescheidenheit und den Respekt gegenüber den Menschen und ihren Geschichten.

Caco Barcellos ist ein Journalist, der auf der Seite der Mehrheit steht, auf der Seite der Elenden, Bemitleidenswerten. Es sind die Menschen, die keine Privilegien genießen, die schutzlos sind und für die Arbeiten wie die von Caco Barcellos oder Donald Wood die Eintrittskarte in ein besseres Leben bedeuten.

Narciso Kalili
São Paulo, den 6. August 1992

ROTA 66

Kapitel 1
Die Verfolgung

Der graue Streifenwagen ist ihnen jetzt so nah wie noch nie. 200, vielleicht 300 Meter liegen zwischen ihnen, 15 Sekunden. Die Sirene heult auf wie ein entfesseltes Monster. Die Autoscheinwerfer blinken ohne Unterlaß. Die tragbare 5 000-Watt-Rundumleuchte wirft helle Blitze auf die Rückspiegel der vorausfahrenden Autos. Nur mühsam machen die erschreckten Fahrer dem Wagen Platz inmitten dieses regen Verkehrs, der an diesem frühen Mittwochmorgen den Jardim América beherrscht.

Mit abrupten Lenkmanövern pirscht sich der graue Streifenwagen immer näher an den blauen Volkswagen heran, in dem drei Männer sitzen. Sie befinden sich jetzt auf der Maestro Chiafarelli. Vor ihnen steht eine undurchdringliche Wand von Autos, die alle an der Ampel auf grünes Licht warten, um die Avenida Brasil überqueren zu können.

Der Fahrer des blauen Volkswagens, Francisco Noronha, schaltet vom vierten in den dritten, vom dritten in den zweiten Gang, ohne den Fuß vom Gaspedal zu nehmen. Als er das Lenkrad nach links reißt, streift er mit dem Vorderreifen die Bordsteinkante. Er kann gerade noch die Kontrolle über das Auto behalten, reißt das Lenkrad unmittelbar darauf nach rechts, macht eine Kehrtwende und setzt seine Fahrt auf der Gegenfahrbahn fort. Dabei gerät er kurz auf den Gehweg und fährt um ein Haar eine Gruppe junger Leute um, die an einer Mauer Schutz suchen. Er hat Glück und kann ihnen ausweichen, schlägt aber mit dem Heck gegen einen Pfosten an der Straßenecke. Schnell richtet der Fahrer des Volkswagens diesen auf dem Gehweg der Avenida Brasil wieder aus. Rechts ist der Weg frei für die Flucht.

»Achtung, Tigrão. Besonderes Augenmerk auf die Rua Maestro Chiafarelli. Ist da die Maestro Chiafarelli? Tigrão? Hören Sie mich? Die Maestro Chiafarelli hat Vorrang. Drei Subjekte in blauem Volkswagen. Hören Sie mich, Tigrão, Ende.«

Fünfzig »Tiger« sind auf die Stadt verteilt, in jedem der zehn grauen Streifenwagen befinden sich fünf von ihnen.

Kaum haben sie über Funk den Befehl aus der Einsatzzentrale erhalten, bewegen sie sich auch schon in Richtung Jardim América.

Die »Tiger«, die dem blauen Volkswagen am nächsten sind, gehören zu der ROTA 13. Ihr Tachometer zeigt 110 Stundenkilometer an. Der Soldat am Steuer drosselt die Geschwindigkeit, bremst und reißt das Lenkrad nach rechts. Der Streifenwagen schleudert um die Ecke. Mit der Seite schlägt er gegen das Heck eines der Wagen, die an der Ampel auf das grüne Signal warten.

Während sich das Fahrzeug noch bewegt, schaltet der Fahrer statt in den ersten in den dritten Gang. Kraftlos schiebt sich der Streifenwagen einige Meter nach vorn. Der Knall einer Fehlzündung verrät den Schaltfehler, als der Fahrer den Schalthebel auch schon wieder in die richtige Position gebracht hat.

Neben dem Fahrer sitzt der befehlshabende Unteroffizier der ROTA 13. Mit dem linken Zeigefinger drückt er unverwandt auf den Knopf der Sirene. Mit der rechten Hand greift er nach dem Mikrofon des Funkgeräts und brüllt dem Funker der Einsatzzentrale ins Ohr: »Blauer Volkswagen jetzt auf der Avenida Brasil. Verstanden? Zentrale? Auf der Brasil! Verstanden?«

»Bestätigt, Tiger. Auf der Brasil. Es lebe Brasilien!«

Der Lärm der Sirene ist jetzt nicht mehr ganz so nahe. Noronha versucht, aus seinem geglückten Wendemanöver an der Straßenecke einen Vorsprung zu gewinnen. Bei seiner Fahrt um den ganzen Häuserblock strapaziert er den zweiten Gang. Durch ein erneutes brüskes Wendemanöver nach rechts gerät der Volkswagen ins Schleudern. Zwei Reifen verlieren die Haftung auf dem Asphalt. Als er das Auto wieder unter Kontrolle hat, nimmt Noronha mit einem Blick in den Rückspiegel wahr, daß ihn die Besatzung des Streifenwagens aus den Augen verloren hat. Nach wenigen Minuten setzt der Volkswagen seine Flucht auf der Avenida Nove de Julho mit 120 Stundenkilometern und mit voller Beleuchtung von den Polizisten unbemerkt fort.

Als Noronha abrupt in die Estados Unidos einbiegt, reduziert er die Geschwindigkeit, nutzt die erhöhte Drehzahl des Motors und macht eine verbotene Kehrtwendung nach links. Dabei kollidiert er beinahe mit einem anderen Streifenwagen, der sofort die Verfolgung aufnimmt.

Ein Polizeiauto kommt dem blauen Volkswagen auf der Nove de Julho entgegen. Es wendet, überschlägt sich fast und fährt in unkontrollierten Schlingerbewegungen die Straße wieder hinauf. Der zweite Streifenwagen nimmt die Verfolgung mit einer derartigen Geschwindigkeit auf, daß der Fahrer es vorzieht, weiter geradeaus zu fahren, statt waghalsige Wendemanöver zu unternehmen. Er biegt in die erste Straße rechts ein und versucht, den Feind durch eine Blockade in der Parallelstraße zu stellen.

Jetzt sind es bereits fünf Streifenwagen mit 25 Männern, die Noronhas Wagen verfolgen. Das Geheul der Sirenen verrät Noronha, daß seine Verfolger Verstärkung bekommen haben, obwohl er im Rückspiegel keinen Polizeiwagen erblicken kann. Doch bald darauf wird das Schicksal die drei Männer im blauen Volkswagen ereilen. Sie fliehen durch die Peixoto Gomide, fahren in die Oscar Freire und befinden sich nach wenigen Minuten wieder in der Nove de Julho, wo sie von einer Autoblockade überrascht werden, die mitten auf der Fahrbahn, quer zur Fahrtrichtung errichtet ist.

»Hier ROTA 66. Haben blauen Volkswagen gesichtet. Dringend. Ende.«

»Position ROTA 66? Ende.«

»Nove de Julho. Verstärkung, Zentrale, Verstärkung! Blauer VW kommt auf uns zugefahren.«

»Achtung, an alle Fahrzeuge! Streifenwagen, Kommando wagen, Funkpatrouille. Vorrangige Netzfahndung durch ROTA 66. Nove de Julho. Avenida Nove de Julho. Drei gefährliche Elemente. Blauer Volkswagen. Achtung, an alle Streifenwagen ...«

In Erwartung des Feindes tritt der Fahrer der ROTA 66 im Stand fest auf das Gaspedal. Der Wagen steht immer noch mitten auf der Fahrbahn. Auf dem Beifahrersitz neben ihm hält Unteroffizier José Felício Soares eine Maschinenpistole im Anschlag. Hinter ihm, zwischen zwei Beamten der Militärpolizei, sitzt der Soldat Antônio Sória. Er stützt sich auf die Lehnen der Vordersitze und reckt seinen Körper so weit wie möglich nach vorn, um die Szene besser verfolgen zu können. Sória ist der Wortführer der ROTA 66.

»Ich kann nur zwei von ihnen sehen. Der Beifahrer trägt einen großen Hut. Der Fahrer hat lange Haare, wird wahrscheinlich ein Kiffer sein, verstanden? Ein langhaariger Taugenichts, verstanden? Er kommt direkt auf uns zu! Und jetzt werden wir ihn uns schnappen, verstanden? Ende!«

Zwei Stunden bevor Francisco Noronha mit den Männern der ROTA 66 Bekanntschaft macht, befinden sich seine langen Haare noch in den Händen der Freundin Iara Jamra. Ihre Hände streichen zärtlich über seinen Schopf, während er das macht, was er für sein Leben gern tut: während eines nächtlichen Ausflugs im Wagen Liebe machen, bei langsamer Geschwindigkeit Yes, Pink Floyd, Led Zeppelin hören und durch die baumgesäumten Straßen der Universitätsstadt fahren. Ein einsilbiges Liebesspiel. Von Zeit zu Zeit stellt einer von beiden die Lautstärke des Radios herunter, um gehört zu werden. »Geeeiiillll, Iarinha!«

Ihre Liebschaft dauert schon drei Monate, Zeit genug für Iara, um zu begreifen, daß dieses Wort für Noronha eine umfassende Bedeutung hat. Es kann sich auf alles beziehen, was ihm im Zusammensein mit ihr Genuß bereitet. Es kann ein Loblied auf die Musik, auf ihre Zärtlichkeit, auf die schöne Nacht, auf das wortlose Genießen sein. Als aufmerksame Beobachterin mag Iara das Schweigen des Freundes als ein Zeichen dafür verstehen, daß er sich mit dem Leben eins fühlt und seine Begleiterin liebt. Von Zeit zu Zeit macht auch sie ihm Liebeserklärungen, auf die Art, die Noronha gern hört: »Stark, Süßer, staaark!«

Die Spazierfahrt endet vor Iaras Elternhaus. Noronha parkt den Volkswagen, stellt den Motor ab. Iara lehnt ihren Kopf an seine Schulter. Die beiden betrachten den Vollmond. Sie rufen sich den Tag in Erinnerung, an dem sie sich kennenlernten. Es war in dieser Straße, gleich hier, auf einer Asphaltrampe, Treffpunkt der Skateboardfahrer aus dem Viertel. Noronha war auf ein Skateboard gestiegen, das er an der Stoßstange des Wagens eines Freundes befestigt hatte. Da kam Iara in ihrem Minirock die Rampe heruntergefahren, bewegte sich in Zickzacklinien vorwärts und versuchte, auf den zwei Paar Rädern das Gleichgewicht zu halten.

»Ein Mädchen auf 'nem Skateboard. Das war für mich das Größte, Iarinha.«

Für Iara hat die Wahl, die Noronha getroffen hat, den Beigeschmack einer Eroberung, eines Sieges in einem offen ausgetragenen Kampf zwischen ihr und ihren Freundinnen. Der 17jährige Noronha ist bei ihnen der unumstrittene Favorit. Die Mädchen sind hin- und hergerissen von seiner Art, dem Charme des unerschrockenen Skaters. Unruhig, furchtlos, manchmal rebellisch. Im Grunde ist er kein schöner Junge: mit seinen 1,68 Metern, seinen breiten Schultern, dem Körper eines Athleten, seinen braunen, gelockten Haaren, die lang und ungekämmt sind, seinem ewigen Mittelscheitel und dem Dreitagebart.

Iara erinnert sich noch gut an die Kleidung, die er an dem Tag trug, als ihre Liebe begonnen hatte. Es war eine abgeschabte Jeanshose, die an den durchgescheuerten Stellen mit bunten Etiketten geflickt war. Dazu hatte er ein Hang-Ten-Hemd und All-Star-Tennisschuhe getragen. Nicht zufällig trug er, wie in dieser Nacht auch, einen Sweater aus Cashmere. Die Uniform eines amerikanisierten Rebellen. Eine Mode, die sich bewußt gegen jede Mode auflehnt, ein großer Erfolg bei den Mädchen. Das trug ihm den ironischen Kommentar der Freundin ein: »O je, mein Lieber! Du verbringst sicher Stuuunden vor dem Spiegel und produzierst dich, damit es aussieht, als würdest du es hassen, eine Show abzuziehen!«

»Hör auf damit, Iarinha! Ich bin so, das ist alles. Völlig neben der Musik eben, mit Mode hab ich nichts am Hut.«

Noronha behauptet oft, daß er Modeerscheinungen hasse und ihm Materielles nichts bedeutet. Die Freunde legen ihm dies als Marotte eines verwöhnten Jugendlichen aus, der immer mit großer Leichtigkeit bekommt, was er sich wünscht. Seine Eltern machen ihm als dem jüngeren zweier Söhne großzügige Geschenke. Die Freunde beneiden Noronha um die Beziehung zu seiner Familie. Es ist eine Beziehung, die auf Zuneigung, Freiheit, uneingeschränktem Dialog und gegenseitigem Vertrauen beruht. Die Erziehung, die Noronha in seiner Familie erfährt, erklärt den hervorstechendsten Zug seiner Persönlichkeit: Er ist ein selbstbewußter Jugendlicher, der im Vergleich zu seinen Freunden fortschrittliche Ideen hat.

Als er sich von seiner Freundin verabschiedet, verrät Noronha jedoch, daß sein Selbstvertrauen nur bis zu einem gewissen Punkt geht. »Morgen mittag werde ich dich von der Schule abholen.«

»Mach dir keine Sorgen, Noronha, ich geh allein zurück. Ich mag das sowieso lieber.«

»Ob du willst oder nicht, ich werde da sein.«

Seit die beiden zusammengehen, ist es so. Was zu Anfang wie ein Freundschaftsdienst erscheint, entpuppt sich schließlich als pure Eifersucht. Es ist seine Art, Iara dazu zu bewegen, nicht die Schule zu schwänzen und zu verhindern, daß sie sich nach Schulschluß mit jemand anderem trifft.

Nach dieser Eifersuchtsszene ist Iara entschlossen, das Auto zu verlassen und dem Wortgefecht, das zwischen ihnen entstanden ist, keine größere Bedeutung beizumessen. Da eröffnet ihr Noronha, daß für ihn diese Nacht noch lang und bewegt sein wird, wenn alles so läuft, wie er es mit den Freunden vereinbart hat.

»O je, Süßer! Das heißt, du gehst nicht früh schlafen, sondern noch auf die Rolle?«

»Ich geh noch in den Paulistano. Kann sein, daß da noch was zu holen ist. Vielleicht können wir einen Recorder abstauben. Wir haben schon einen Kanal, über den wir ihn in Santos verkaufen können. 'N echtes Pancho-Ding!«

»Ist das Ding nicht zu heiß, Noronha?«

»Mach dir keine Gedanken, das wird das letzte Mal sein.«

Bevor er in den Sportclub Paulistano geht, entschließt sich Noronha noch, zu Hause, in einem weitläufigen Appartement im sechsten Stock eines luxuriösen Wohnhauses in der Avenida Angélica, vorbeizusehen. Seine Familie bewohnt eine ganze Etage. Die Eltern leben in Appartement 61. Er und sein älterer Bruder Zezinho Noronha teilen sich die Nummer 62, direkt gegenüber der elterlichen Wohnung. Die beiden Brüder sind seit einiger Zeit gute Freunde. Sie haben den letzten Osterfeiertag zusammen mit ihren Freundinnen an einem Strand von Santa Catarina verbracht. Der Ausflug dorthin war wunderbar.

»Kannst du mir etwas Geld leihen? Nur 'n bißchen, ich will mir was zu essen holen. Ich geb's dir morgen zurück, mein Wort.«

»Das haut nicht hin, Bruder. Versuch's mal bei Mama.«

Noronha findet, daß es die Sache nicht wert ist, zumal er ein großzügiges monatliches Taschengeld für den Ausflug an den Strand erhalten hat. Er beschließt, ohne Geld auszugehen und sieht noch kurz in Nummer 61 vorbei.

»Tschüs, Mutter!«

»Bleib nicht so lange, Chiquinho. Ich will mit dir heute noch was bereden.«

»Ich bleib nicht lange, Mutter.«

Noronhas Eintreffen bringt die Truppe im Sportclub Paulistano immer in Trab. Es sind 40 bis 50 Jugendliche, die sich täglich vor dem Eingang des Clubs treffen, in einer der feinsten Gegenden im Süden von São Paulo. An den Wochenenden, am späten Nachmittag und am Abend sind es noch mehr. Die meisten dieser jungen Männer sind der Pubertät entwachsen. Sie treffen sich vor oder nach der Verabredung mit den Freundinnen.

Zwei Voraussetzungen müssen gegeben sein, um zu der Truppe Zugang zu bekommen: Man muß durchtrieben sein oder wenigstens einen Hang zur Durchtriebenheit besitzen und aggressiv wie Noronha, jemand der keine Antwort schuldig bleibt.

In dieser Nacht planen sie einen Angriff auf ihre Erzfeinde vom Sportclub Pinheiros, ein Trupp, der sich im wesentlichen aus Wasserballern zusammensetzt. Gomalina, einer der Anführer des Paulistano, ist gegen den Plan. Als sein bester Freund Noronha eintrifft, bekommen seine Argumente noch Rückendeckung.

»Hör zu, Mann, die wollen den Pinheiros überfallen. Ich finde, das ist kein guter Einfall!«

»Du hast recht, Goma. Unter 5 000 Metern kommen diese Wasserballer gar nicht in Schwung. Heute abend ist mir nicht danach, mich anzustrengen, heute abend bin ich zu gut drauf...«

»Wenn es gegen die Arschgeigen von Harmonia wäre, na ja, darüber könnte man reden, was, Mann?«

»Weißt du schon das Neueste?«

»Die Kommunisten in Vietnam gewinnen den Krieg...«

»Mach keine Witze, Mann!«

»Die Amerikaner sind schon aus Saigon abgehauen...«

»Stop Rolling Stones, stop Beatles. Yeah, yeah, yeah!«

»22. April 1975. Ein Tag, der Geschichte macht, Mann!«

»Das war's mit yeah, yeah, yeah, Leute. Laßt uns den Frieden im Hamburguinho feiern.«

Nur drei der jungen Männer sind von der Idee begeistert. Pancho, Noronha und Gomalina bestellen die Spezialität der Imbißbar: »Schoko l'amour«, ein Schokoladeneis mit Haselnußpuder und Mandelkrokant, ziemlich ausgefallen. Noronha ordert noch ein Käse-Fleisch-Brötchen dazu, Pancho, der kleinste und dickste der drei, verlangt ein Sandwich mit Käse, Salat und viel Mayonnaise.

Gomalina bleibt bei seinem Eis, nicht zuletzt, weil er nicht viel Geld hat.

»Oh, Mann. Ich hab versucht, etwas Geld aufzutreiben, aber... Das hier werd ich dir wohl schuldig bleiben«, sagt Noronha zu seinem Freund Gomalina.

»Mach dir nichts draus, echt. Diese Knappheit hat bald ein Ende. Papa wird 'nen Prozeß gegen den Fiskus gewinnen. Da winkt 'ne Menge Knete.«

Der Vater von Gomalina besitzt ein Montagewerk für importierte Wagen. Der Fall, der vor Gericht ausgetragen wird, hat die Beschlagnahmung von 58 Chryslern zum Hintergrund, die illegal ins Land geschleust worden sind. Niemand weiß, ob das Urteil zugunsten von Gomalinas Vater ausfallen wird oder nicht. Aber der Sohn, der sich als Hippie bezeichnet, obwohl er das Haar wie Elvis Presley trägt, eine brillantinegefestigte, mit *Gomalina* bearbeitete Haartolle - er träumt laut mit den Freunden.

»Abgemacht! Ich werde eine Fazenda in der Nähe eines Flusses kaufen. Dort werde ich die größte Hippiekommune der Welt aufmachen.«

»Und nachts decken wir eine riesige Tafel. Alle Gäste tragen weiß, weiße Smokings. In der Fazenda werden alle Leute wohnen, die wir mögen«, sagt Noronha.

»Du wirst deinem Freund nie mehr das Geld für ein Sandwich schuldig bleiben, nie mehr«, ruft Gomalina begeistert aus.

»Wirst du mir eine 750iger schenken? Wenn du mir keine Maschine schenkst, werde ich nie mehr mit dir reden. Wenn du sie mir nicht schenken willst, leihst du mir wenigstens das Geld?« fragt Pancho.

»Was könnten wir denn sonst noch mit diesem Geld machen?« fragt Noronha.

»Wir machen einen auf Robin Hood und eröffnen einen Wohltätigkeitsverein, ein Haus für alte Leutchen«, antwortet Pancho.

Noronha ist ganz angetan von dieser Vorstellung und klopft mit seinem Eislöffel im Rhythmus von Raul Seixas auf die Theke: »Viva! Viva! Viva a sociedade alternativa! Es lebe die alternative Gesellschaft!«

Pancho hat einen guten Grund, zum Paulistano zurückzukehren. Er will mit einem Jungen aus der Truppe, Roberto Carvalho Veras, eine alte Schuld begleichen. Der Junge war in der vergangenen Woche untergetaucht, nachdem er mehrere Wetten beim Crepe-Spiel verloren hatte. Es war eine schöne Stange Geld, an die 100 Dollar. Pancho glaubt, daß er ihm aufgesessen ist. Er ist verärgert, möchte sich rächen.

»Folgendes, heute kommt er mir nicht davon! Dem Typen werden wir Bescheid stoßen!«

Noronha ist hellauf begeistert.

»Ich weiß, wo er wohnt. Also, wie wär's?«

Gomalina ist fünf Jahre älter. Noronha akzeptiert, was er sagt, und verehrt ihn beinahe wie ein Idol. Aber diesmal schlägt Gomalinas Versuch fehl, den Freund von seinem Plan abzubringen.

João Augusto Junqueira, ein sehr guter Freund von Pancho, ist zu ihnen gestoßen, was die Dinge noch schwieriger macht. Aber Gomalina besteht darauf: »Vergiß es. Ich seh zu Hause vorbei, besorg etwas Geld und dann essen wir 'ne Kleinigkeit im Piolim . . . «

»Mach, was du willst, Mann. Dieser Halt ist unser. Du kannst beim lieben Gott mitfahren!«

»Ist gut. Aber ich finde, Pancho sollte diesen Hut abnehmen. Er lenkt zuviel Aufmerksamkeit auf sich.«

Der Motor des Wagens läuft schon. Pancho, der neben Noronha auf dem Beifahrersitz Platz genommen hat, hat Gomalinas Ratschlag gar nicht mehr gehört. Auf dem Rücksitz macht Augusto Junqueira seine Witzchen. Er tut so, als bereite er sich auf ein Autorennen vor. »Rot. Er beschleunigt. Er beschleunigt. Noronha hat sich jetzt an die Spitze gesetzt! Gelb. Achtung, es geht los.«

Die Uhr mit den Leuchtziffern, die an einem Gebäude in der Avenida Paulista angebracht ist, zeigt 2.34 Uhr an, als Noronha den Volkswagen mit quietschenden Reifen und mit durchgetretenem Gaspedal startet, hinein ins Abenteuer.

Fünf Minuten später steht sein Wagen schon vor der Nummer 46 in der Rua José Clemente, dem Haus, in dem Roberto Carvalho Veras wohnt. Die Jungen haben es auf einen Puma abgesehen, der beinahe die gesamte Fläche des kleinen Vorgartens vor dem Ladenlokal einnimmt. Eine Garage gibt es dort nicht. Die drei springen geräuschlos über die meterhohe Mauer und versuchen, den Wagen aufzubrechen. Einer von ihnen hat Erfolg. Er steckt den Kopf und den Oberkörper durch das Fenster des Puma und versucht, den Kassettenrecorder mit Gewalt aus dem Armaturenbrett zu zerren.

Der Vollmond ist von Wolken verdeckt, und so liegt dieser Straßenabschnitt in Dunkelheit gehüllt. Die Quecksilberdampflampen an den Betonpfeilern sind mit Laub bedeckt. In der Dunkelheit ist der graue Streifenwagen fast nicht zu erkennen. Langsam und geräuschlos nähert sich der Wagen der ROTA 13, seine Lichter und Scheinwerfer sind ausgeschaltet. Als die drei Jungen das Auto wahrnehmen, ist es zu spät.

Kapitel 2
Doktor Barriga

Jetzt ist meine Stunde gekommen, diese verdammte Funkpatrouille abzuhängen. Ich bin ein ängstlicher Junge, aber anständig. Ich habe nichts Unrechtes getan. Aber ich weiß, daß ich fliehen muß. Bis heute habe ich nur älteren Freunden bei ihrer Flucht zugesehen. Aber jetzt bin ich zwölf Jahre alt. Jetzt muß auch ich langsam lernen, mich vorzusehen. Wir sind sofort abgehauen, als die alte Schüssel zu sehen war, am Ausgang unserer Straße.

Wir wurden von ihr überrumpelt. Normalerweise kommt sie aus der anderen Richtung. Dann muß sie zwei Blocks durchfahren, um hierher zu uns zu kommen. Sobald es Nacht wird, achte ich auf jede Bewegung, die unten zu sehen ist. Nicht, daß es immer nötig wäre. Unsere Straße ist eine Verbündete. Sie verrät uns immer, wann Gefahr im Verzug ist. Ohne Straßenlaternen, gespickt mit Schlaglöchern. Die alte Blechkiste der Funkpatrouille scheppert wie bekloppt auf diesem Belag. Man kann sich schon sicher fühlen. Aber ich habe Angst. Ich kann das Wacheschieben einfach nicht lassen. Normalerweise bin ich der erste, der die anderen warnt. »Da kommt die Blechdose!«

Diesmal habe ich in letzter Minute geschrien. Wir sind mehr als zehn. Wir haben gerade auf der Mauer vor dem Lager an der Ecke gesessen und uns unterhalten. Es ist keine Zeit mehr, sich zu verstecken. Wir laufen in alle Richtungen auseinander. Vor Schreck renne ich mit den anderen zum Hügel, genau da hin, von wo die Bullen kommen. Die eine Hälfte dreht um und rennt in die entgegensetzte Richtung. Ich, Zé Ganso und Manoel Luís laufen weiter geradeaus.

Ich laufe barfuß auf dem Lehmboden, ganz dicht an dem Holzzaun entlang. Ein Glück, daß ich es gewöhnt bin, so zu rennen. Ich spiele wenigstens fünf Stunden Fußball am Tag, von Tennis gar nicht zu reden, auf einem richtigen Sandplatz. Und ich bin dünn. So schnell geht mir die Puste nicht aus. Ich könnte locker die Freunde überholen, die vor mir laufen. Aber es ist strategisch besser, hinten zu bleiben. Sie haben mehr Erfahrung. Es ist nicht das erste Mal, daß die älteren von ihnen von dieser verdammten Funkpatrouille verfolgt werden.

Entweder sie erwischen uns auf den nächsten 200 Metern, oder wir schaffen es bis zum Feld der Padres. Von dort ist die Flucht leicht. In unserem Viertel gibt es keine Kanalisation. Wir sind gezwungen, wie die Känguruhs zu laufen. Alle zehn Meter hüpfen wir über offene Abwassergräben, die aus den Häusern kommen und in die großen Gruben am Straßenrand fließen. Kinderleicht! Darin haben wir Übung. Wir könnten sogar mit geschlossenen Augen hinüberspringen, ohne uns die Füße schmutzig zu machen.

»Hinten am Damm, Caco, am Zaun!«

In wenigen Sekunden kriechen wir unter dem Stacheldrahtzaun hindurch, um über das Gelände der Padres zu fliehen. Einer der Polizisten in der Funkstreife sieht uns und brüllt den Fahrer an, der weiter die Straße runterfährt: »Halt die Scheißkiste an!«

Bei dem Tonfall ist uns die Sache klar: Das kann nur Doktor Barriga sein, ein Grobian von einem brutalen Polizeikommissar, bekannt im ganzen Viertel. Ich habe schon oft gesehen, wie er Diebe aus meiner Straße verfolgt hat. Selbst die Nachbarn, die einer Arbeit nachgehen, sind gezwungen, sich vor ihm zu verstekken. Auch sie suchen das Weite. Der Bulle hält alle für verdächtig. Wenn er jemand verhaftet, hält er sich nicht ans Gesetz. Im Gegenteil. Statt den Verdächtigen die Schuld nachzuweisen, verlangt er, daß sie ihre Unschuld beweisen. Am meisten Angst habe ich vor seiner Feuertaufe. Wen er das erste Mal verhaftet, der wird bestraft. Er muß wenigstens eine Nacht zur Strafe in der Zelle von diesem Bullenwagen zubringen. Mit den Polizisten direkt vor meiner Nase, da kann ich mir schon vorstellen, wie's mir ergehen wird, mit noch zehn Leuten, die in den Wagen der Funkpatrouille passen!

Wir haben uns ungefähr 200 Meter von der Straße entfernt versteckt, in einem pitschnassen Dickicht, bis zu den Knien im Wasser. Wir ducken uns und geben keinen Laut von uns. Wir hören, daß die Funkpatrouille den Rückwärtsgang eingelegt hat. Wir sehen den Wachtmeister und noch zwei Polizeibeamte mit eingeschalteten Lampen ganz nah beim Stacheldrahtzaun stehen.

Dann springt einer der Bullen ohne große Mühe über den Abwassergraben und steigt an der gleichen Stelle über den Zaun, an der wir auch drüber geklettert sind. Unsere Verzweiflung wird noch größer, als wir sehen, wie der Polizist sich mit der Waffe im Anschlag darauf vorbereitet, das Gelände der Padres zu durchkämmen. Das letzte Mal, als er meine Freunde verfolgt hat, hatte er geschworen, daß er beim nächsten Mal auf jeden schießt, der zu fliehen versucht. Wir dürfen ihn nicht für eine Sekunde aus den Augen lassen.

Dann leuchtet der Kommissar den fast zwei Meter breiten Abwassergraben aus. Er hat die engste Stelle ausgewählt, um herüberzuspringen. Er setzt einige Schritte zurück und nimmt eine Pose ein wie ein Athlet. Dann duckt er sich, stützt beide Hände auf die Schenkel und beginnt zu laufen. Er bekommt Schwung und will seine 100 Kilo über den Graben setzen. Fast wäre es ihm gelungen. Zu unserem Glück ist der Kommissar ein Fettwanst. Die Füße wollen aufsetzen, aber sie rutschen am Grabenrand aus. Starr vor Schreck sehen wir, wie Doktor Barriga mit den Armen fuchtelt, das Gleichgewicht verliert und mit lautem Gebrüll rückwärts in den Abwassergraben fällt.

»Jetzt bring ich euch um. Jetzt töte ich!«

Ich wohne ganz in der Nähe, am anderen Ende der Straße. Mein Hund Chá fängt wütend an zu bellen. Er hat den Kommissar ins Abwasser fallen hören. Chá springt immer wieder um den Streifenwagen herum und bellt, während die Polizeibeamten ihrem Chef zu Hilfe kommen. Wie ein guter Armeleutehund weiß Chá, daß diese Bullen uns als ihre Feinde ansehen. Chá ist ein fauler Streuner. Er verbringt den ganzen Tag im Liegen, kratzt sich und schläft. Aber wenn er die alte Blechbüchse sieht, ist er wie ausgewechselt. Dann wird er wütend, unruhig, wie jetzt auch.

Plötzlich hören wir einen Schuß. Chá hat mit dem Bellen aufgehört.

»Mein Gott, sie haben meinen Hund getötet!« sage ich entsetzt. Ich bin den Tränen nahe.

»O je, guck mal, Caco, sie nehmen Jorge Caolho und Negro Guerra fest«, sagt Ganso beinahe murmelnd. Er versucht, etwas in der Dunkelheit zu erkennen. »Diese Feiglinge!«

Ganso hat recht. Jorge Caolho ist völlig harmlos, über 18 Jahre alt. Er ist geistig zurückgeblieben. Neugierig wie er ist, hat er sich dem Streifenwagen genähert. Aus Ärger über seine verdreckten Kleider gibt der Kommissar einen Schuß in die Luft ab. Dann hört man, wie er die beiden verhaftet. Negro Guerra hat Pech gehabt. Er gehört nicht zu unserer Truppe. Er wohnt in Morro da Cruz und kam durch Zufall unsere Straße hochgelaufen. Die beiden steigen wortlos in die Zelle des Streifenwagens. Sie kennen den Stil von Doktor Barriga genau. In der Stunde des Strafvollzugs ist nicht mit ihm zu reden. Jeder Einwand wird von ihm als Mißachtung seiner Autorität angesehen, ist Grund für einen Fußtritt, für Schläge ins Gesicht.

Die Funkpatrouille fährt die Straße hinunter und nimmt unsere Freunde mit. Mein wütender Hund taucht wieder auf, rennt bellend hinter dem Wagen her und versucht, in die Reifen zu beißen.

Nach und nach kommen die Jungen aus ihren Verstecken. Wir versammeln uns wieder an der Ecke. Jeder erzählt von dem Schrecken, der allen in die Knochen gefahren ist. Wir reden darüber, wie wir Jorge Caolho und Negro Guerra wieder aus dem Knast holen können.

Wir müssen sehr, sehr schnell handeln. Je länger wir warten, um so schlimmer kann die Prügelei auf der Polizeiwache ausarten. Das Beste wäre, so viel Verwandte wie möglich mitzunehmen, um einen Aufstand zu machen, sobald Schreie aus dem Karzer zu hören sind. Aber dem Vater von Negro Guerra können wir nicht Bescheid sagen. Er ist ein Alkoholiker, was das Ganze nicht einfacher macht. Die Mutter von Caolho darf auch nichts erfahren, denn sie ist krank, viel zu schwach. Wir müssen uns schon selbst etwas einfallen lassen und einen alten Plan in die Tat umsetzen.

Zu fünft machen wir uns zur Polizeiwache im Dorf von São José auf, das im Stadtviertel von Pártenon liegt, am Stadtrand von Porto Alegre. Die andere Hälfte unserer Truppe wartet an der Ecke, um unseren Plan nicht durcheinander zu bringen. Drei bleiben vor der Wache stehen, um auf unsere Sachen aufzupassen.

Manoel Luís und ich gehen hinein. Wir haben Angst, auch festgenommen zu werden. Aber wir tun so, als fühlten wir uns sicher. Als wir das Dienstzimmer betreten, treffen wir dort Negro Guerra. Er sitzt auf einer Holzbank. Seine Augen sind schon gerötet, soviel Schläge hat er abbekommen. Neben ihm sitzt Jorge Caolho.

Er wird gerade von dem Kommissar ausgequetscht: »Du bist ein ausgekochter Dieb. Gib es zu!«

»Das bin ich nicht!«

»Dann beweis es mir, Früchtchen. Beweis mir, daß du kein Dieb bist. Dreh mir das Gesicht zu, und sieh mich an! Bist du kein Mann?«

»Doch.«

»Ich will Beweise. Her mit dem Gesicht! Hol dir deine Schläge ab, komm schon!«

Stumm sehen wir uns eine ganze Weile die übliche Feigheit des Kommissars an. Wir haben uns nicht gesetzt, lehnen an der Wand. Als er damit anfängt, unseren verhafteten Freund an den Haaren zu ziehen, fassen wir Mut und beschließen einzugreifen. Wir verabreden flüsternd, daß Manoel als erster sprechen soll: »Soll ich ihn Doktor oder Kommissar nennen?«

»Doktor! Das mag er. Bloß nicht Barriga, dann bringt er uns um!«

»Was für ein Doktor denn, Caco? Ich weiß seinen Namen nicht.«

»Doktor Kommissar. Los jetzt!«

Manoel bittet höflich um Erlaubnis, das Augenproblem seines Freundes ansprechen zu dürfen. Es ist ein Defekt, den jedes Kind wahrnehmen kann. Damit Jorges Augen geradeaus gucken, also den Kommissar sehen können, muß er den Kopf drehen, entweder nach rechts, nach links oder zur Seite. Doktor Barriga scheint durchzudrehen, als Manoel Luís versucht, ihm dies auf einfache Art zu erklären. »Doktor, sehen Sie nicht, daß er schielt?«

»Redet man so mit einem Staatsdiener, Bengel? Du gehörst auch zu diesem Pack! Na warte ab!«

Ich beschließe, einzugreifen. Manoel Luís erträgt keine ungerechte Behandlung. Ich weiß, daß er kurz davor ist, dem Kommissar sein verdientes Wechselgeld zu geben. Ich kenne sein Temperament. Abgesehen davon, daß wir gute Freunde sind, verkaufen wir auch Knochen und Glasscherben zusammen. Wir sammeln das Zeug, das wir auf den Dorfstraßen finden, in einem Handwägelchen und verkaufen es an den Schrotthändler. Heute waren wir ziemlich gut gelaunt. Wir konnten gute Geschäfte machen. Die gestrigen Regengüsse haben viel Zeug den Hügel heruntergeschwemmt. Wir haben leicht drei Wägelchen damit gefüllt. Eigentlich ging es uns heute ganz gut, ständen wir nicht vor Doktor Barriga.

»Wir können beweisen, daß keiner hier ein Dieb ist«, sage ich zu dem Kommissar.

»Halt dein Maul, du Flegel!«

Ich schweige.

»Wenn du es mir nicht schön hübsch beweisen kannst, reiße ich dich in Stücke, Bübchen. Los, fang schon an!«

Und wieder Schweigen.

»Hast du die Sprache verloren, mißratener Lümmel?«

Ich erkläre, daß die Beweise auf der Straße stehen, gleich beim Eingang. Der Kommissar ist damit einverstanden, es sich anzusehen. Er packt uns beim Arm und stößt uns fluchend und schimpfend durch den Flur auf den Ausgang zu.

Die drei Freunde, die die Beweisstücke bewacht haben, sitzen auf dem Boden. Sie stehen sofort auf, als sie uns kommen sehen. Der Kommissar ist neugierig auf das, was wir ihm zeigen wollen. Es sind zwei Handwägelchen mit Holzrädern. Ein grober Leinensack, vollgepackt mit Waren. Drei Bastkörbe.

»Und was für eine Scheiße ist da drin? fragt Doktor Barriga und öffnet den Leinensack.

»Geröstete Mandeln. Ich bin Verkäufer«, antwortet einer der Freunde.

Wir übernehmen die Initiative und zeigen unsere Arbeitsausrüstung vor. Wir beginnen mit den Sammelwagen voller Knochen und Glas. Danach zeigen wir ihm den Inhalt der Körbe: In beiden ist ein wenig Kokada. Der andere Korb, der von Negro Guerra, ist voller Rohrzucker und Mandeln, Grund für den Kommissar, ein weiteres Haar in der Suppe zu finden.

»Der Nigger verkauft doch nichts als Scheiße, das sieht man doch! Ein Vagabund. Ich werde ihn wegen Herumtreiberei einbuchten!«

Der Kommissar beschlagnahmt das Geld, den Rohrzucker und die Mandeln. Wir müssen ohne die Freunde nach Hause zurückgehen und heulen vor Wut. Sie müssen eine Nacht im Knast verbringen. Diese ungerechte Behandlung durch die Polizei ist an der Tagesordnung. Erst ein Jahr später können wir die Versetzung von Doktor Barriga feiern.

Seit 1967 sind die Beamten der zivilen Polizei von den Straßen unseres Viertels verschwunden. Ihr Handlungsspielraum ist auf die Untersuchung von Verbrechen und die Durchführung von Vernehmungen beschränkt. Das Patrouillieren ist mittlerweile ausschließlich Aufgabe der Militärpolizei. In der Praxis hat sich diese neue Aufgabenverteilung erst zu Anfang der siebziger Jahre durchgesetzt.

Verdächtige, die früher einer ungerechtfertigten Verfolgung ausgesetzt waren, werden nun manchmal einfach getötet, ohne erst eine Chance oder gar das Recht auf Verteidigung zu bekommen. Dies geschah nicht nur in dem armen Viertel, in dem ich aufwuchs, sondern überall an den Stadträndern aller brasilianischen Großstädte.

Nach 1973 litt ich jedoch nicht mehr auf die gleiche Weise wie zuvor. Ich war schon zu einem Zeugen des Leids anderer geworden – als Reporter.

Kapitel 3
Den Helden vorbehalten

Als ich die Nachricht von der Verfolgung der Jungen in dem blauen Volkswagen erhalte, befinde ich mich 1000 Kilometer von den »Jardins« entfernt. Meine erste Reaktion ist Verwunderung. Ich habe drei Jahre Erfahrung in der Berichterstattung über Gewalttätigkeiten. Aufgrund dieser Berufserfahrung und der Geschichten, die mir selbst widerfahren sind, kenne ich das Vorgehen der Militärpolizei nur zu gut. Diese Polizei hat sich seit einigen Jahren als Begleiterscheinung der Diktatur in verschiedenen Bundesstaaten Brasiliens entwickelt. Auch der Cheflektor des Polizeijournals »Folha da Manhã«, mein Freund Licínio de Azevedo, ist überrascht.

»Die Jungen stammen aus der allerfeinsten Gesellschaftsschicht, aus alteingesessenen Familien. Das Viertel gehört zu den reichsten der Stadt... Wie erklärst du dir das, Caco?«

»Es ist seltsam. Diese Einheit wurde eigentlich ins Leben gerufen, um Guerillas zu bekämpfen. Und die gibt es schon seit einiger Zeit nicht mehr.«

»Vielleicht gehören sie irgendeiner neuen Organisation an?«

»Aber der Fahrer des Volkswagens ist 17 Jahre alt. Ein Guerillakämpfer in diesem Alter, Licínio?«

»Wir sollten nicht außer acht lassen, daß die Militärpolizei in der letzten Zeit hinter gewöhnlichen Kriminellen her ist.«

»Aber doch nur hinter den Armen. Reiche, niemals!»

Unsere Zweifel sind berechtigt. Selbst wenn man davon ausgeht, daß die drei Jungen Kriminelle sind, so entsprechen sie nicht dem Feindbild derer, die von dieser Streife verfolgt werden. Es ist ganz einfach: Dies sind Kinder von Reichen. Die Militärpolizei, die durch die brasilianischen Städte patrouilliert, untersteht dem Befehl von Offizieren der Armee, und diese wiederum haben eine ziemlich verquere Vorstellung davon, was öffentliche Sicherheit bedeutet. Ihre Befehlshaber werden dazu verpflichtet, mit

Vorzug die Besitztümer der Reichsten im Land zu verteidigen. Das Ergebnis dieses Vorgehens kann man tagtäglich in den Straßen der Städte beobachten: eine gewalttätige und systematisch betriebene Verfolgung derer, die als Außenseiter der Gesellschaft bezeichnet werden. Meist sind es arme Bürger, die von einer Minderheit der brasilianischen Gesellschaft, den Reichen, als Bedrohung empfunden werden.

Ich bin noch neu in diesem Beruf, aber ich habe bereits festgestellt, daß auch die Presse in der Geheimhaltung von Sachverhalten, die mit der Polizei in Verbindung stehen, Unterschiede macht, je nachdem, welchen gesellschaftlichen Status die betroffenen Personen innehaben. In diesem Jahr 1975 wurden schon zwischen zehn bis zwanzig Jugendliche in den Randgebieten von São Paulo von Streifen der Militärpolizei auf eine ähnliche Weise verfolgt. Oft nahm die ganze Sache dabei einen ganz ähnlichen Ausgang. Die Berichterstattung der Angelegenheit durch die Presse ist jedoch gleich null.

Die Verfolgung der drei reichen Jugendlichen in dem blauen Volkswagen ist Anlaß für eine Sonderbehandlung in fast allen Medien des Landes. Die meisten Reportagen sind in einem entsprechend anklagenden Ton verfaßt. Sie berichten in allen Einzelheiten von der Verfolgungsjagd bis zu dem Moment, in dem die Jugendlichen zum ersten Mal von den Männern der Streife 13 gesichtet werden.

»Hier spricht die Polizei! Hände hoch!«

Die drei Jungen stehen immer noch um den Puma von Roberto Veras herum, als sie den grauen Streifenwagen in der Dunkelheit näherkommen sehen. Er fährt langsam, im Schrittempo, auf sie zu. Die Polizisten fahren an der Nummer 46 vorbei, halten an und legen den Rückwärtsgang ein. Noronha, Pancho und Augusto springen über die Mauer, rennen auf ihren Volkswagen zu und reagieren nicht auf den Anruf, entweder weil sie ihn nicht gehört haben oder nicht hören wollen. Der Kommandant der Streife 13 hat die vordere rechte Wagentür halb geöffnet und hält die Waffe in der Hand, bereit, aus dem Auto zu springen. Im gleichen Augenblick, als der Streifenwagen neben dem Volkswagen zum Stehen kommt, hat Francisco Noronha den Zündschlüssel herumgedreht und schon den ersten Gang eingelegt. Mit ausgestreckten Armen hält er das Sportlenkrad mit beiden Händen umklammert.

Der Zeiger des Drehzahlmessers schlägt abrupt nach rechts aus. Die Reifen des Volkswagens quietschen einige Sekunden lang. Nach einem Augenblick der Unentschlossenheit beschleunigt der Fahrer des Streifenwagens das Auto im ersten Gang, so schnell es geht, und betätigt gleichzeitig das Aufblendlicht, die Scheinwerfer, die Nebelschlußleuchten, die drei roten Lampen auf dem Signalaufbau und die Sirene.

In den ersten Minuten der Verfolgungsjagd sind die beiden Autos noch 200 Meter voneinander entfernt. Der Soldat, der für die Verständigung per Funk zuständig ist und dem ein Detail an dem Volkswagen aufgefallen ist, tritt als erster mit der Einsatzzentrale in Verbindung.

»Achtung, ROTA 13, Zentrale, Ende.«

»ROTA 13, Verfolgung fortsetzen!«

»Blauer Volkswagen. Nummernschild: Eva, Ivo, fünfzehn, sechs, fünf, Zentrale? Ich wiederhole: Eva, Ivo, fünfzehn, sechs, fünf. Verdächtige auf der Flucht.«

Der Beamte der Einsatzzentrale überprüft in seinem Computer die Liste der Autos, die in dieser Nacht als gestohlen gemeldet worden sind. Er findet einen blauen Volkswagen, ähnlich demjenigen, den die ROTA 13 verfolgt. Er ignoriert das genaue Kennzeichen und gibt eine kodierte Warnung aus, die »gestohlenes Fahrzeug« bedeutet.

»Kennzeichen blauer Volkswagen. ROTA 13, hören Sie mich? Geben Sie Bericht über ihren Standort.«

»Avenida Brasil, Zentrale. Es sind drei Elemente. Die Verfolgung macht Schwierigkeiten.«

»Achtung, an alle Fahrzeuge. Vorrang allgemeines Kennzeichen Volkswagen, Jardim América. Allgemeines Kennzeichen blauer VW, Jardim América. Verdächtige Subjekte auf der Flucht.«

In den drei folgenden Minuten unterbricht der Soldat der ROTA 13 seine Berichterstattung, weil die Verfolger den Volkswagen aus den Augen verloren haben. Jedes Fahrzeug erhält nun nacheinander Nachricht von der Einsatzzentrale. Die Befehle werden in einem dramatischen Ton erteilt, so als sei die Sicherheit der Einwohner von São Paulo durch die drei Jugendlichen bedroht. Die Berichterstattung von der Verfolgung wird über Polizeifunk erst wieder fortgesetzt, als die drei auf der 9 de Julho von der ROTA 66 überrascht werden, die mitten auf der Straße steht. Die neuen Verfolger werden darüber informiert, daß der Fahrer des blauen Volkswagens ein geschickter und schneller Fahrer sei. Doch sie verkennen seinen hervorstechendsten Charakterzug: Er hat Mut.

Als Francisco Noronha den quer auf der Straße stehenden Wagen der ROTA 66 erblickt, schaltet er in einen niedrigen Gang und beschleunigt stark. Seine Wagenfront zeigt jetzt auf die Fahrertür des Streifenwagens. Der Soldat Cláudio Cândido, der die Blockade veranlaßt hat, setzt den noch laufenden Motor des Polizeiwagens in Bewegung, um einen Zusammenprall zu verhindern. Im gleichen Augenblick reißt Noronha das Lenkrad abrupt nach rechts, vollführt mit zwei Rädern einen Tanz auf dem Bordstein und kann entkommen. Aber ein anderer, schwarz-roter Volkswagen, auf dessen Dach eine rote Lampe aufleuchtet, vollzieht die gleiche Kehrtwende wie der Wagen von Noronha und hängt sich nur wenige Sekunden später an seine Fährte. Nun ist diese Funkpatrouille der neue Verfolger der drei. Gleich hinter ihr fährt der Wagen der ROTA 66.

Die Straßen auf diesem Abschnitt des Jardim América sind asphaltiert, ungefähr zehn Meter breit und führen normalerweise nur in eine Fahrtrichtung, begrenzt von Häusern und Gebäuden der gehobenen Mittelschicht. Die Häuserblocks haben hier eine Ausdehnung von 300 bis 400 Metern. Noronha macht sich diese örtlichen Gegebenheiten, die er wie seine Westentasche kennt, zunutze, um die Polizei abzuhängen. Zweimal hintereinander droht er, mit seinem Auto links abzubiegen, fährt aber statt dessen nach rechts. Als er dieses Manöver zum dritten Mal wiederholt, verliert der Fahrer der Funkpatrouille kurzfristig die Kontrolle über sein Fahrzeug und streift einen Straßenpfeiler. Er wird von der ROTA 66 überholt. Als der VW zum vierten Mal rechts abbiegt, ist er, würde man seine Fluchtlinie auf der Karte der Einsatzzentrale betrachten, im Kreis gefahren.

»Er fährt im Kreis«, gibt der Soldat Antônio Sória über Funk durch.

Noronha biegt nun schon zum fünften, sechsten, siebten Mal rechts ein. Die ROTA 66 ist nie weiter als 200 Meter von ihm entfernt. Aus dieser Distanz können die Militärpolizisten genau erkennen, daß der Junge, der neben Noronha sitzt, einen großen Hut trägt. Im selben Augenblick, als der Soldat die Kommando-

gute Feste ohne ihn, aber sie sind schöner, wenn er dabei ist. Pancho scheut wirklich keine Anstrengung, um die Freunde zu unterhalten. Einer seiner bevorzugten Späße, das Gewichtheben, ist schon seit Anfang des Jahres ein Erfolg auf den Festen, die an den Wochenenden stattfinden.

Bei diesem Spaß muß die ganze Truppe mitmachen. Erster Akt: Lärm vor dem Festlokal, der die Gäste auf die Straße lockt. Dort stehen zwei oder drei geparkte Wagen mit offenen Türen, ausgerüstet mit Kassettenrecordern, die einen deftigen, lautschallenden Rock'n-Roll-Sound garantieren. Pancho tanzt dazu und zieht sein Hemd aus. Seine etwas wabbelige Muskulatur macht die ganze Szene noch ein wenig lustiger, denn man hat den Eindruck, daß er von vornherein zum Scheitern verurteilt ist. Pancho hebt seinen Arm, macht mit den Fingern das Zeichen für Frieden und Liebe, während die anderen um ihn herum im Chor brüllen: »Zweimal den VW! Zweimal den VW!«

Er beginnt, die Vorderachse eines Volkswagens anzuheben. Dann gilt es, die ganze Chose zu wiederholen, diesmal mit dem Fahrer am Steuer. In der letzten Zeit hat Pancho sogar eines der Räder anheben können, mit einem Paar, das sich auf die Haube gesetzt hatte. Im allgemeinen findet die Szene ihren krönenden Abschluß damit, daß der Held auf den Armen seiner Anhängerschaft umhergetragen wird. Findet das Fest jedoch im Haus einer feindlichen Truppe statt, so artet das Ende der Darstellung oft in eine große Schlägerei aus.

Seit drei Monaten hat Pancho nicht mehr die gleiche Energie. Er hat zusammen mit einem Freund einen schweren Autounfall erlitten. Der Freund war sofort tot. Pancho mußte mehrere Tage mit einem offenen Bruch des linken Beines im Krankenhaus zubringen. Er ist immer noch auf Krücken angewiesen und trägt eine Metallverstärkung zwischen Becken und Oberschenkelknochen, um gehen zu können.

Obwohl er hinkt, versucht Pancho, seinen Ruf als Kraftprotz und Streithahn aufrechtzuerhalten, beides Voraussetzungen für eine Führerposition in der Truppe vom Paulistano. Aber er ist im Grunde kein guter Streiter, was an diesem Dienstagabend deutlich wird, als er gegen den mageren Gomalina angehen will. Der Streit, den er provoziert hat, endet mit einer banalen Diskussion.

»Wann wirst du endlich ein bißchen Fleisch an dein Skelett kriegen, Gomalina?«

»Wenn du dir diese Scheiße aus dem Kopf schlägst, Pancho.«

Die Auseinandersetzung findet auf der Treppe vor dem Club statt und endet, ohne daß einer als Sieger hervorgeht. Zwischen den beiden entwickelt sich ein fünfminütiger Schlagabtausch. Dann verliert Pancho, als sie Körper an Körper kämpfen, das Gleichgewicht. Sein hinkendes Bein kann ihn nicht halten, und er fällt in ein Blumenbeet mit dornigen Pflanzen. Augusto Junqueira kommt ihm zu Hilfe, jener Augusto, der jetzt auf dem Rücksitz des blauen Volkswagens sitzt.

Pancho hat die Mißstimmung zwischen ihm und Gomalina schnell vergessen. Aber zum Ärger Augustos hat er immer noch nicht seine Wut über den vermeintlichen Feind Roberto Veras hinuntergeschluckt. Vor zwei Tagen hatte Pancho 150 Dollar gegen Veras beim Crepe-Spiel gewonnen. Er hat das Geld bis heute nicht erhalten. Er ist der Ansicht, daß er es niemals bekommen wird. Seit dem Morgen schon kann Pancho an nichts anderes mehr denken. Er sinnt auf Rache und läßt sich trotz der Mißbilligung seines Freundes, der die Angelegenheit für dumm hält und seinen Racheplan als viel zu riskant abtut, nicht davon abbringen.

Von allen aus dem Club Paulistano ist Augusto derjenige, der Pancho am besten kennt. Immer wieder äußert er Kritik an der rüpelhaften Art von Pancho. Seiner Ansicht nach verbirgt sich dahinter die Unsicherheit eines Jugendlichen, der in seiner Familie nicht genügend Liebe erfahren hat.

Nachdem er Pancho dabei geholfen hat, 28 Dornen aus seinem Körper zu ziehen, gelingt es Augusto, ihn davon zu überzeugen, daß seine Rivalität mit Gomalina schon oft zu unbedachtem Verhalten geführt hat. Er schlägt ihm einen Waffenstillstand vor. Pancho nimmt an, ihre Aussöhnung wird gefeiert, als sie beschließen, im Hamburguinho einen Imbiß zu sich zu nehmen, zusammen mit Francisco Noronha.

»Dieser Abend gefällt mir nicht, meine Liebe. Weißt du, wo ich jetzt am liebsten wäre? 320 Kilometer von hier, bei dir!«

Der Telefonanruf bei seiner Freundin Xaxá, die im Innern des Bundesstaates São Paulo lebt, verrät, wie unzufrieden Augusto mit seinem Leben in der Hauptstadt ist. Seit drei Jahren lebt er schon in der Stadt in einer Art Provisorium und bereitet sich mitten im Jahr auf die Aufnahmeprüfung im Studienfach Landwirtschaft vor. In seinem Gespräch mit der Freundin, das sie gegen acht Uhr abends führen, redet er mit ihr über seinen Traum. Er wünscht sich, im Innern des Landes auf einer Fazenda zu leben, die er selbst verwaltet und wo er alle Kenntnisse anwenden kann, die er von seinem Idol, dem Großvater João Augusto Andrade, vermittelt bekommen hat.

Der Großvater hat die Entwicklung seines Enkels aus nächster Nähe verfolgt. Augusto ist ein ruhiger junger Mann, der sehr an seiner Familie hängt und der seinen Freunden und sogar Fremden gegenüber sehr großzügig ist. Diese Großzügigkeit hat sich sicher unter dem Einfluß des Großvaters Dr. Andrade, einem erfolgreichen Arzt, ausprägen können, der seinen Beruf liebt und ihn mit dementsprechendem Einsatz ausübt. Dabei macht er keinen Unterschied zwischen reichen Landbesitzern und armen Siedlern. Früher hatte er seinen Enkel immer auf seine dringenden Arztbesuche mitgenommen, wenn er ins Hinterland von Orlândia gerufen wurde.

Während seines Telefongesprächs läßt Augusto unvergessene Erlebnisse mit dem Großvater wieder aufleben. Die Freundin hat so manche Geschichte schon zehn-, ja vielleicht zwölfmal gehört, aber Augusto erzählt sie immer wieder mit dem gleichen Enthusiasmus. »Eine armselige Hütte, zerfallen, kalt, so dunkel, daß du nicht die Hand vor Augen sehen konntest ... Er hat die Geburt bei Kerzenlicht durchgeführt ... Zehn Stunden Arbeit hintereinander ... Er konnte die Frau und das Kind retten ... Weißt du, was sie ihm dafür gezahlt haben? Ein Huhn und zwei Liter Milch ... Auftrag ausgeführt, sagte mein Großvater!«

Augusto und seine Freundin reden miteinander über das Telefon, das sich im Haus des Freundes Eduardo Guazelli befindet. Die Familie von Augusto ist vor kurzem in ein neues Appartement gezogen, wo sie noch kein Telefon hat.

Um neun Uhr abends schmieden die beiden Freunde Pläne, was den weiteren Ausgang dieses Dienstagabends angeht. Augusto schlägt vor, mit dem Auto bis ins Hinterland zu fahren und dort einige Stunden mit den Freunden zu verbringen. Noch bevor der neue Tag beginnt, könnten sie gegen Morgen wieder nach São Paulo zurückkehren, ein Abenteuer von 600 Kilometern, mehr als vier Stunden auf der Straße. Die beiden haben dies schon oft getan, manchmal einfach um des Vergnügens willen, mit hoher Geschwindigkeit über die Straßen zu rasen. Aber heute ist Guazelli müde.

»Ich habe größere Lust, in den Paulistano zu gehen. Sollen wir los?«

»Ist gut, aber laß uns Sílvio anrufen. Er soll hier vorbeikommen. Sobald er da ist, gehen wir zusammen ... Vorher will ich allerdings noch einen kleinen Trip machen.«

»Einen kleinen Trip machen« bedeutet in der Sprache der Jugendlichen vom Paulistano, eine Runde im Auto zu drehen und es sich gutgehen zu lassen, das heißt Marihuana zu rauchen. Das gehört zu den Dingen, die Augusto, Pancho und Noronha am liebsten tun, so wie die meisten der anderen Jungen auch. Fast alle nehmen leichte Drogen. Kaum einer ist davon abhängig, Alkohol mögen die wenigsten. Die Mädchen sind noch zurückhaltender. Sie rauchen im Elternhaus von Iara Jamra, dem lustigsten Mädchen aus dieser Truppe. Der Vater von Noronhas Freundin fördert diese Gewohnheit seiner Tochter nicht, aber es stört ihn auch nicht. Die Eltern ziehen es vor, das Mädchen zu Hause rauchen zu lassen, als sie den Gefahren des Marihuanarauchens auf der Straße auszusetzen. Die liberal eingestellte Familie läßt auch zu, daß ihr Haus der Treffpunkt für die Freunde der Tochter ist.

Iaras Zimmer ist der ideale Platz, um sich zu unterhalten und Musik zu hören, so wie es Augusto, Noronha, Guazelli, Zezinho und noch fünf andere Freunde heute nachmittag getan haben.

Keiner der Jugendlichen geht schon einer Arbeit nach. Sie studieren in den Morgenstunden, danach verbringen sie Stunden sitzend auf den Kissen und dem Teppich. Die Zigarette macht die Runde. Alle wissen, daß Marihuanarauchen gesetzlich verboten ist, aber keiner fühlt sich schuldig. Alle denken ähnlich über diese Angelegenheit. Sie halten ein Rauchverbot für absurd, als ein Ergebnis von Vorurteilen und mangelnder Information. Die Illegalität der Drogen ist immer Anlaß für lange Gespräche zwischen ihnen, so wie heute nachmittag auch.

»Keiner wird ein besserer oder schlechterer Mensch werden, nur weil er sich den blauen Dunst reinzieht, echt!« sagt Augusto.

»Alkohol ist doch viel schlimmer, er ruiniert deine Gesundheit, und keiner verbietet das! Das ist die reinste Verarschung!« meint Noronha.

»In New York ist es zum Beispiel nicht verboten. Da rauchen sogar Verkehrspolizisten im Dienst Gras«, sagt Iara.

»Hier in Brasilien ist es doch nur verboten, weil kein Unternehmer damit Geld verdienen kann, sonnenklar!« sagt Noronha.

»Nachdem irgend so ein Zigarettenhersteller sein Etikett auf den Joint geklebt hat, wird keiner mehr davon reden, daß es ein Un-Kraut ist«, meint Augusto.

»Ich werde mir jetzt nur aus Protest noch eine drehen«, entgegnet Noronha.

»Was denn, Leute. Mir gefällt es gerade, weil es verboten ist«, wirft Iara ein.

Keiner von ihnen würde diese Unterhaltung vor einem Polizeibeamten wiederholen. Sie haben Angst, mit Marihuana erwischt zu werden. Alle haben schon riskante Situationen erlebt.

»Ich fahre die Sumaré rauf, als ich plötzlich von einem Polizeikommando angehalten werde, das Jagd auf Subversive macht. Eine Ecke von dem Joint steckt hinter der Sonnenblende. Ich habe keine Zeit mehr, sie wegzuschmeißen. Die Typen durchsuchen alles, durchwühlen ungefähr zehn Minuten lang den Wagen von außen und innen. Zu meinem Glück finden sie nichts«, erzählt Augusto.

»Ich rauche ganz cool vor mich hin, bin superentspannt, als ich die Polizisten sehe. Sie zwingen mich anzuhalten. Einer von den Beamten sieht meine roten Augen. Ganz schnell hat er die Spitze von meinem Joint im Aschenbecher entdeckt. Er ist sich ganz sicher und sagt: ›Wohl vom besten, was?‹ Dann läßt er mich fahren. Der hat sich astrein verhalten«, berichtet Zezinho.

»Hast du ihm Geld gegeben?« fragt Noronha.

»Nein, nichts, nur gute Nacht gesagt«, antwortet Zezinho.

»Mann, Spitze! Der Bulle muß supercool gewesen sein, Mann, eindeutig!« ruft Noronha aus.

Diese Situationen, in denen sie beinahe erwischt worden wären, haben sie vorsichtiger werden lassen. Alle fürchten, eines Tages im Gefängnis zu landen. Sie haben Angst, zusammen mit Kriminellen in einen überfüllten Knast gesteckt zu werden. Aber besondere Angst haben sie davor, von Polizeibeamten, die sie Ratten nennen, verprügelt zu werden.

Sie wissen nicht genau, nach welchen Gesetzmäßigkeiten die Repression in der Stadt abläuft. Doch ihnen sind schreckliche

Dinge zu Ohren gekommen. Noronha sind die Methoden der zivilen Polizei bestens bekannt und verhaßt. Nicht, daß er schon einmal mit der Aktion der Militärpolizei oder dem Vorgehen der Agenten politischer Repression zu tun gehabt hätte. Aber er hat noch die gigantische Operation in Erinnerung, die sich im Viertel um den Park Jaú abgespielt hat, als er noch dort wohnte. Er war damals 14 Jahre alt. Noch nie hatte er so viele Polizisten auf einmal gesehen. Es waren Militärpolizei, Untersuchungsbeamte, Kommissare, Agenten der DOPS, Zivile von der OBAN und Geheimpolizisten der Armee versammelt gewesen. Die Schießerei hatte genau vor seinem Haus stattgefunden: Dort war der Führer einer Guerillabewegung, Carlos Marighela, erschossen worden.

Eines Tages hatten sie in Orlândia eine Nonne festgenommen und gefoltert, die man der Subversion bezichtigt hatte. Es war der schlimmste Fall politischer Repression, der Augusto bekannt geworden war. Bislang hat er sich einfach noch nie damit beschäftigt, nach welchen Gesetzmäßigkeiten die polizeiliche Überwachung in der Stadt erfolgt. Er ist der Ansicht, daß die Polizei dazu da ist, die Diebe zu bekämpfen. Oder aber dazu, über den illegalen Weg des Schmiergeldes bestochen zu werden, wenn es sich um reiche Kriminelle handelt.

In der letzten Zeit sehen sich die beiden Freunde jedoch vor, wenn es um Marihuana geht. Sie wollen Auseinandersetzungen mit der Polizei aus dem Weg gehen. Augusto verläßt zum Beispiel nie das Haus mit mehr als einer Zigarette in der Tasche. Heute abend, als er beschließt, mit Guazelli noch einen kleinen Trip im Auto zu machen, rauchen die beiden gleich bei der Garagenausfahrt des Wohnhauses. Zehn Minuten später, als sie in Richtung Paulistano fahren, hätte ihnen kein Polizeibeamter mehr etwas beweisen können. Der Joint ist schon in Rauch aufgegangen.

Obwohl sie die Methoden der Polizei nicht so genau kennen, sehen Augusto und Noronha die Polizisten am liebsten aus weiter Ferne. Dafür gibt es zwei Gründe: das Marihuana und die Autorennen an Orten, wo dies verboten ist. Im Fall von Noronha kommt noch etwas erschwerend hinzu: Er ist minderjährig und fährt ohne Führerschein. Die zwei gehören zu den besten Fahrern der Truppe, die ihre Rennen auf den Straßen um die Jardins und in Pacaembu veranstalten. Augusto hat ein aufgemotztes Auto, das über eine besondere Kurvenlage bei hohen Geschwindigkeiten verfügt. Es ist ein zwei Jahre alter Volkswagen; ähnlich dem blauen VW von Noronha.

Mit einem tieferliegenden Fahrwerk, breiteren Reifen, mit Felgen, die vorne kleiner sind als hinten, verfügt er über Eigenschaften, die ihn die Kurven mit größerer Sicherheit nehmen lassen und ihm einen Vorsprung vor dem grauen Streifenwagen verschaffen. In diesem Augenblick, da Augusto, Pancho und Noronha mit hoher Geschwindigkeit auf der Flucht vor der Polizei sind, wissen sie noch nichts von der Existenz der Spezialeinheit von Tobias Aguiar. An der Kreuzung der »Uruguai« mit der »Venezuela« lernen sie die besonderen Eigenschaften dieser Männer kennen.

Der Kommandant der ROTA 66, Unteroffizier José Felício Soares, steckt erst seinen Kopf aus dem Wagenfenster, danach die Brust, bis er mit dem halben Körper aus dem Auto herausguckt. Auf der gegenüberliegenden Wagenseite tut es ihm der Polizist Roberto Lopes Martínez nach, der gleich hinter dem Fahrer gesessen hat. Die Aufgabe der beiden anderen Soldaten ist es, die beiden Männer am Gürtel festzuhalten, damit sie in den Kurven nicht aus dem Wagen fliegen. Felício und Martínez haben keine Gelegenheit, sich um ihre Sicherheit zu kümmern. Ihre Hände halten einen metallischen braunen Gegenstand, 30 Zentimeter lang, acht Kilo schwer, eine Waffe mit beeindruckender Schußkraft.

Der Anblick, der sich den drei Jungen im Rückspiegel des blauen Volkswagen bietet, ist erschreckend. Die beiden uniformierten Männer, die an beiden Wagenseiten aus dem Fenster hängen, halten ihre riesigen Maschinenpistolen der Marke Beretta im Anschlag, mit denen sie regelrechte Feuerstöße oder Salven einzelner Schüsse abgeben können.

Noronha packt die Verzweiflung. Er macht eine Vollbremsung und reißt den Wagen herum, um aus der Schußlinie zu kommen. In diesem Augenblick entsichern José Felício Soares und Roberto Lopes Martínez ihre Maschinenpistolen und betätigen den Abzug. Mit mehr als zehn Schuß pro Sekunde rattern die Kugeln aus den Waffen. Sie zielen auf die Jungen in dem blauen Volkswagen, die auf der Flucht sind.

Kapitel 4
Das Fußballballspiel

Revolution der Sandinisten, Nicaragua: Der Freischärler beschreibt mit seiner Maschinenpistole einen Kreis. Wir werfen uns auf den Boden und robben hinter ein Auto. Ein zweifelhafter Schutz, doch wir sind gerettet. Die Kugeln schlagen Löcher in die Mauer...

Erdbeben in Guatemala: Bei jedem neuen Beben der Erde, das sich Stunde um Stunde wiederholt, befindet sich unser Leben erneut in Gefahr. Die Stadt ist schon zerstört, doch es stehen noch die Ruinen einiger Gebäude, die direkt neben uns einstürzen...

Ein Nuklearunfall, Three Mile Island, Vereinigte Staaten: Vor 18 Jahren hat die Tragödie ihren Anfang genommen. Wir befinden uns 300 Meter von dem Atomkraftwerk entfernt, das immer noch radioaktive Strahlen in unkontrolliertem Ausmaß abgibt. Es handelt sich um den größten Nuklearstörfall der amerikanischen Geschichte, und noch weiß niemand, was geschehen wird. Die Radioaktivität ist eine unsichtbare Gefahr: ein Monster, das man nicht sehen, hören oder fühlen kann...

Schmuggler in Hernandaria, Paraguay: In einem kurzen Prozeß, der uns mitten im Urwald gemacht wird, werden wir zum Tode verurteilt. 50 Schmuggler halten ihre Waffen auf uns gerichtet und zwingen uns neben dem Pressewagen auf die Knie.

Das Bergland von Bucaramanga, Kolumbien: Vorn ein maskierter Junge, der eine M-16 im Anschlag hält. Hinten gibt uns eine rostige Pistole Rückendeckung. Ich habe Angst, inmitten all dieser Guerillas auf einen Militärstützpunkt zu stoßen. Das Ziel ist, den Gipfel der Berge zu erreichen, der von 2 000 Mann der Guarda Nacional umstellt ist.

Erschießungen der Armen, Brasilien.

Aufstände, Schießereien, Erdbeben, Krieg.

Im Verlauf meiner Arbeit, bei der ich bestrebt bin, einer Story, die ich für wichtig halte, hautnah beizuwohnen, habe ich mich schon einige Male in riskanten Situationen befunden. In jenen Augenblicken der Angst fürchtete ich jedesmal um mein Leben. Aber nichts ist vergleichbar mit dem Gefühl der Angst, das mich befiel, als ich mich auf den Weg machte, das Tuch über einer Leiche aufzudecken, die von der Militärpolizei umgebracht worden ist.

Eine Fischverkäuferin steht in einer Entfernung von 50 Metern auf Sichtweite, vier andere Augenpaare heften ihren Blick auf meinen Rücken. Der Bruder des erschossenen Minderjährigen hat sich mit einem Knüppel bewaffnet und droht, mich zu verprügeln. Ich bin von mehr als 50 Männern, Frauen und Kindern umringt, Bewohnern der Favela von Buraco Quente. Sie sind aufgebracht über den Tod des zwölfjährigen Jungen Rubens Martins, der von der Streife getötet worden ist. Sie behaupten, auch ich trage die Schuld an seinem Tod. In Wahrheit richtet sich ihre Wut gegen die Presse, die als Feind angesehen wird. Ich muß ihnen zum Teil recht geben. Ich bin der erste Journalist, der, mit 15 Stunden Verspätung, in der Favela eintrifft. Obwohl der Tatort noch nicht untersucht worden ist, hat sich die Nachricht schon teilweise verbreitet. Vor allem die Radioprogramme, in denen polizeiliche Meldungen durchgegeben werden, lassen die offizielle Version verlauten, in diesem Fall ist es die verfälschte Darstellung der Polizeibeamten.

»Bandit! Vergewaltiger! Einer weniger! Einer weniger! Sollen ihn doch die Ameisen fressen!«

Die Polizeisendung von Afanázio Jazadji ist in den achtziger Jahren ein großer Erfolg und wird tagtäglich von mehr als zwei Millionen Menschen gehört. Jazadji hat einen Teil des Morgens damit verbracht, Beleidigungen über den Jungen zu verbreiten und die Aktion des Tötungskommandos der Militärpolizei in den höchsten Tönen zu loben. Dieses Vorkommnis ist ein Musterbeispiel für polemischen Journalismus, der von Radikalen wie Afanázio propagiert wird. Er hat meines Erachtens dazu beigetragen, daß ein negatives Bild von den Reportern entsteht, die in den Randgebieten der Stadt arbeiten. Häufig wird unsere Arbeit mit der von Polizisten verwechselt. Schlimmer noch: Wir werden als Feinde angesehen, Abgesandte einer Macht, die Polizisten dazu antreibt, Menschen aus der armen Bevölkerung zu töten, die dann anschließend der Kriminalität bezichtigt werden. Anläßlich einer

Totenfeier für Opfer der Militärpolizei ist es daher mehr als erklärlich, daß wir Reporter Repressalien zu spüren bekommen. Im Fall des minderjährigen Rubens Martins mußte ich stundenlang argumentieren, um aufkommende Aggressionen niederzukämpfen. Bei zahlreichen anderen Totenfeiern habe ich ähnliches erlebt.

Es ist nicht ausschließliches Vorrecht der Angehörigen dieser Opfer, die Rolle der Presse mit der Rolle der Machthaber in einen Topf zu werfen. Eine derartige Verwechslung findet auch unter den Polizeibeamten statt. Diese haben gewöhnlich mit Journalisten zu tun, deren Arbeit sich darauf beschränkt, die offizielle Version einer Geschichte als die absolute Wahrheit zu verkünden.

Diese Tatsache konnte ich schon bei meinen ersten Einsätzen bestätigt finden, als ich mich im Auftrag des Polizeijournals »Folha da Manhã« auf die Straßen von Porto Alegre begab, um den Geschichten über die Gewalttätigkeit von Polizisten nachzugehen. Zufällig handelte es sich dabei um einen Fall, in den die Militärpolizei verwickelt war.

Das Fußballfeld ist klein, schlecht beleuchtet. Die Spieler wärmen sich auf. Die beiden Mannschaften sind bereit, mit dem Spiel zu beginnen. Auf der einen Seite steht das Team mit den braunen Trikots: Kothurne, Schlagstöcke, Degenkoppel und weiße Helme, mit den Abzeichen der Militärbrigade. Vor ihnen haben die Polizisten ohne Uniform Stellung bezogen, die Geheimpolizisten der Militärbrigade. Der Ball liegt auf einer gedanklich gezogenen Linie, die das Spielfeld in zwei Hälften teilt. Der Anstoß zielt in den Magen. Der Jugendliche Ilton Santos, 20 Jahre alt, krümmt sich zusammen. Die folgenden Fußtritte treffen ihn an der Leiste, auf dem Rücken, am Geschlechtsteil. Der zusammengekrümmte Körper rollt über das Spielfeld wie ein menschlicher Ball.

Wir hören die Schreie des Gefolterten schon aus 100 Metern Entfernung vom Polizeiposten von Vila Rio Branco, in Niterói, Grande Porto Alegre. Ich treffe mit der Mutter von Ilton ein, Dona Erotildes, die seine Arbeitserlaubnis mitgebracht hat, um zu beweisen, daß ihr Sohn bei einer Sojafabrik mit dem Namen Incobrasa angestellt ist. Wir haben vereinbart, daß ich mich nicht als Reporter zu erkennen gebe und versuche, als ein Angehöriger oder Freund der Familie durchzugehen.

Unzählige Soldaten laufen vor dem Eingang hin und her und überwachen eine Schlange von Jungen, die darauf warten, bis sie an der Reihe sind, sich ihre Schläge abzuholen. Einige von ihnen hat man schon gezwungen, sich auszuziehen. Sie stehen nur noch mit der Unterhose bekleidet da.

Wir gehen durch den Haupteingang und können bereits die beiden Jungen in Duckstellung sehen, deren Rücken von Foltermalen gezeichnet sind und die mit einem nassen Tuch ihr eigenes Blut vom Boden wischen. Ich habe Pech und werde gleich vom Schiedsrichter dieses »Fußballspiels« erkannt: ein Unteroffizier, der das Auf und Ab auf der Polizeiwache mit einer Pfeife im Mund dirigiert. Wir hatten bereits am Nachmittag eine Auseinandersetzung gehabt. Als er mich sieht, läßt er zwei Pfiffe ertönen. Ohne ein Wort zu sagen, schüttelt er verneinend den Kopf und weist auf die Straße.

Ich gehe hinaus. Er schlägt die Tür hinter mir zu. Dona Erotildes bleibt drin. Die Schreie haben aufgehört.

Während ich auf Dona Erotildes warte, versuche ich die Kampfnamen auf den Uniformen der Soldaten zu entziffern, die neue Verhaftete anschleppen. Es ist Freitagabend, der fünfte Tag einer ganzen Reihe von Gewalttätigkeiten in Niterói. Die Polizeiaktion hatte am Sonntag begonnen, nachdem Major Antônio Pompílio Fonseca im Verlauf eines Überfalls auf eine Apotheke in einem benachbarten Viertel getötet worden war. Bei der Jagd auf die Angreifer durchkämmen die Polizisten Haus für Haus, nehmen Verdächtige fest und setzen sie 24stündigen Verhören aus. Es sind mehr als hundert Militärpolizisten, die von Agenten der Bundespolizei unterstützt werden. Sie machen gemeinsame Sache in der Anwendung von Methoden, die noch aus den Zeiten politischer Repression stammen, einer Zeit, die nicht weit zurückliegt.

Während dieser Woche werde ich Zeuge von Szenen eindeutiger Ungerechtigkeit, Machtmißbrauch, Feigheit. Meine Reaktion trägt mir von allen Seiten Probleme ein, unter anderem mit einem Fotografen, der schon lange im Bereich polizeilicher Ermittlungen tätig ist.

»Die Soldaten dringen mit Gewalt in die Baracke ein, mit Fußtritten, und du schießt kein Foto. Warum nicht?«

»Weil es nicht wichtig ist. Kümmere dich um deine Arbeit, ich kümmere mich um meine, in Ordnung?«

»Wieso ist das nicht wichtig? Du hast es unterlassen, Hausfriedensbruch festzuhalten. Das ist doch ein Verbrechen.«
»Ein Verbrechen war die Ermordung des Majors.«
»Wenn sie das eines Tages mit deinem Haus machen, wirst du das auch noch mögen?«
»Ein Haus ist keine Baracke. Das hier ist ein Unterschlupf für Banditen, Schluß aus.«
Noch aufgebrachter war ich, als ich beobachten mußte, wie der Fotograf es unterließ, folgende Szene festzuhalten: Frauen und Kinder brechen in Tränen aus, während die Soldaten durch den Vorgarten der Baracke die Männer an den Haaren hinter sich herziehen. Die Verdächtigen werden in die vergitterte Zelle des Streifenwagens gebracht. Der Fotograf kann sich erst entschließen, sie zu fotografieren, als sie sich bereits hinter der vergitterten Wagentür befinden. Der Chef der Militärpolizei ist auch Fotograf. Der Unteroffizier, der sich abends zu einem Schiedsrichter der Gefängnisanstalt aufspielt, nimmt vor der Kamera eine Pose ein. Er liebt es, fotografiert zu werden, haßt es jedoch, Interviews zu geben.
»Können Sie nicht verhindern, daß derart gewaltsam vorgegangen wird?«
»Die sind die Gewalttätigen. Sie haben einen Kameraden von uns getötet.«
»Aber Sie haben doch schon alle Baracken in dieser Straße durchkämmt. Es ist doch unmöglich, daß alle hier schuldig sein sollen.«
»Das ist deren Problem. Ich habe zu dem Thema nichts zu sagen.«
»Haben Sie eine richterliche Erlaubnis, diese Wohnräume zu betreten?«
»Dazu sage ich nichts. Noch Fragen?«
»Wenn es sich um ein reiches Viertel handeln würde, würden Sie dann auch in die Häuser eindringen?«
»Ich habe in diesem Augenblick nichts dazu zu sagen, klar?«
Es hat keinen Sinn, ihn mit weiteren Fragen zu bedrängen. In diesen Zeiten der Diktatur sagen uns von den zehn Polizeibeamten und Militärpolizisten, die sich auf ein Interview einlassen, zehn, daß sie keine Erklärungen abzugeben haben. Trotzdem statte ich dem Sitz der Militärbrigade gegen Ende dieses Tages einen Besuch ab. Ich bitte um ein Interview mit einem Vertreter

für Öffentlichkeitsarbeit. Ich warte über eine Stunde darauf, die übliche Standardantwort des Kommandanten zu empfangen, die mir haarklein durch den diensthabenden Offiziersleutnant übermittelt wird.

»Haben Sie ein verstecktes Tonbandgerät bei sich?«

»Nein.«

»Haben Sie Ihren Stift gezückt?«

»Zu Befehl.«

»Zu den Fakten. Komma. Der Kommandant hat gesagt: Doppelpunkt. Klammer auf. Heute. Komma. Keine Erklärungen. Punkt. Klammer zu.«

»Sind das seine Originalworte, Leutnant?«

»Daß Sie mir nicht die Tatsachen verdrehen, Reporter. Wir werden Ihre Zeitung im Auge behalten.«

Am folgenden Tag erscheint in der »Folha da Manhã« ein zweiseitiger Bericht über die Ereignisse in Niterói, eine Arbeit, die in unseren Augen den Vorfällen angemessen ist. Wir schildern in Einzelheiten den Überfall, der im Tod des Majors gipfelt, und schreiben über die Tragödie, die sein Ableben für seine Familie bedeutet. Wir berichten auch von der Verfolgung der Bewohner des Viertels durch Polizeibeamte und von der Folter der Verdächtigen.

Am frühen Nachmittag ruft mich der gleiche Leutnant, der den Sektor für Öffentlichkeitsarbeit vertritt, in die Kommandozentrale der Militärpolizei.

Der Soldat, der mich zum Eingang des Kabinetts begleitet, setzt mich davon in Kenntnis, daß ich diesmal nicht lange zu warten habe. »Der Mann hat schon auf Sie gewartet. Er ist wie eine wilde Bestie, machen Sie sich darauf gefaßt!«

Im Kabinett des Leutnants steht ein rechteckiger Konferenztisch, der mit Zeitschriften der Stadt bedeckt ist. Ich bemerke, daß bei allen die Seiten aufgeschlagen sind, auf denen der Polizeibericht zu lesen ist. Am Ende des Raumes, zwischen zwei Fahnenpaaren, steht ein Schreibtisch aus schwarzem Holz. Der Leutnant hat sich daneben in Positur gebracht und wendet mir den Rücken zu. Er sieht so aus, als würde er gerade der Nationalhymne lauschen, nur sein Profil ist zu sehen, den Kopf hat er angehoben. Sein Blick ist starr auf die Fotografie des Kommandanten der Militärbrigade gerichtet, die gerahmt an der Wand hängt.

zentrale darüber informieren will, gibt Noronha seine kreisförmige Flucht rechts um den Block auf. Ganz plötzlich entschließt er sich, das ganze Manöver linksherum vorzunehmen. Die Militärpolizisten der ROTA 66 haben seine List erkannt. Doch wieder verliert der Fahrer der Funkpatrouille die Kontrolle über den Wagen und verursacht einen Unfall. Er schlägt mit der Frontpartie gegen den Kotflügel der ROTA 17, die Seite an Seite mit ihm die Verfolgung aufgenommen hatte. Er versucht dennoch, sich nützlich zu machen und gibt per Funk durch: »Hier ist die Funkpatrouille, hier ist die Funkpatrouille! Zweiter unvollständiger Kreis!«

»Raus aus der Linie, Idiot!« schreit ein Kollege in sein Funkgerät, denn der Soldat der Funkpatrouille hat mit seinem Funkspruch eine Durchsage der ROTA 66 über ein wichtiges Erkennungsmerkmal des Beifahrers im blauen Volkswagen unterbrochen. Anschließend erhalten wieder alle Fahrzeuge die nötigen Informationen durch die ROTA 66, die dem VW um einiges nähergekommen ist.

»Ein riesiger, schwarzer Hut, verstanden?«

»Flüchtiges verdächtiges Subjekt mit großem Hut. Verstanden, Tiger, verstanden.«

Der Spanier Carlos Ignacio Rodríguez de Medeiros, Pancho genannt, mag es, die Aufmerksamkeit auf sich zu lenken. Er ist in der Lage, Stunden damit zuzubringen, sich auszudenken, wie er sich unter den Jungen vom Club Paulistano hervorheben könnte. Dazu gehört unter anderem das Tragen eines großen Torrerohuts. Als neunzehnjähriger Sohn einer Witwe hat er den größten Teil seiner Jugend in Venezuela zugebracht, wo er Jugendmeister im Motorradfahren war. Seit er vor fünf Jahren nach São Paulo kam, hat er diesen Sport auf den Straßen der Stadt weitergeführt, eine Leidenschaft, die schon drei Motorrädern den Motor gekostet hat.

Er trägt sehr kurze schwarze Haare, die in großem Kontrast zu seiner schneeweißen Haut stehen. Weiß wie er ist, scheut er sich, seinen Körper am Strand zu zeigen. Er ist mit seinen 1,65 Metern Körpergröße, seinen 80 Kilo und seinem untersetzten Körperbau ein wenig attraktiver Junge. Aber Pancho versteht es wie kaum einer, die Frauen auf seine Weise anzuziehen: Er ist freundlich, lustig, fröhlich und ein unentbehrlicher Gast auf großen Treffen, wenn es darum geht, Stimmung zu machen. Sicher gibt es auch

»Der Kommandant will wissen, ob du heute schon die Zeitungen gelesen hast, Reporter?«

»Sie haben sicher gesehen, daß die Erklärung des Kommandanten vollständig abgedruckt wurde, ohne Kürzungen?«

»Hast du in den anderen Zeitungen etwas von Folterungen gelesen, Reporter?«

»Nein, habe ich nicht. Und der Kommandant, hat er von den Folterungen gelesen? Wird er denn etwas dagegen unternehmen?«

Jetzt dreht er sich mir zu und richtet drohend seinen Zeigefinger auf. »Diese Meldung verunglimpft das Ansehen der Militärbrigade. Du bist dafür verantwortlich, Reporter.«

»Ich habe niemanden gefoltert, Leutnant. Es sind Ihre Befehlshaber, die foltern.«

»Dafür wirst du bezahlen. Der Kommandant ist tief beschämt.«

»Wenn die Folter der Grund ist für seine Scham, dann gibt es dafür eine ganz einfache Lösung: Es genügt, sie abzuschaffen.«

»Du bist entlassen. Und laß dich nie wieder in dieser Kaserne blicken!«

»Auf Nimmerwiedersehn!«

Ich finde es seltsam, daß der Leutnant von Entlassung gesprochen hat. Aber als ich in die Redaktion zurückkomme, muß ich feststellen, daß er sehr gut informiert ist. Ich bin nicht eigentlich entlassen, aber etwas viel Schlimmeres ist geschehen. Unter dem Druck des Gouverneurs hat der Verleger der Zeitung beschlossen, den Herausgeber der Reportage, meinen Freund Licínio de Azevedo, zu entlassen. Der Redaktionssekretär fühlt sich mitverantwortlich und hat sofort um seine Entlassung gebeten. Aus Solidarität verfahren noch 20 Kollegen auf die gleiche Art.

Am folgenden Tag ist es genau drei Jahre her, daß ich mit meiner Tätigkeit als Reporter begonnen habe. Nun ergreife ich wieder meinen alten Beruf als Taxifahrer.

Oder besser gesagt: Ich bin jetzt ein Reporter, der vorübergehend auf der Straße steht.

Kapitel 5
Ich möchte der Frühling sein

Der erste Feuerstoß trifft den rechten hinteren Kotflügel des Volkswagens, der gerade ein blitzartiges Wendemanöver vollzogen hat. Noronha duckt sich, um sich zu schützen, und hebt den Kopf gerade so weit, daß er noch sehen kann, was sich vor ihm abspielt. Er fährt den Wagen immer noch mit voller Geschwindigkeit und rast an der Rua Antilhas vorbei. Als er das Ende der Rua Uruguai erreicht, wird der Volkswagen wieder von einem Kugelhagel getroffen und biegt mit verminderter Geschwindigkeit in die Rua Venezuela ein. Die Salven der Maschinenpistolen übertönen jetzt den Motorenlärm und wecken die Bewohner des Jardim América.

Als Dona Eliani Aparecida de Castro die Schüsse hört, springt sie vor Schreck aus dem Bett. Sie betritt das Nebenzimmer, in dem die Krankenschwester schläft. Auch sie ist aufgewacht und versucht, durch das Fenster zu erkennen, was draußen vor sich geht.

»Lieber Gott im Himmel, was ist das, Lili?«

»Machen Sie sich keine Sorgen, Chefin. Das wird das Feuerwerk des Clube Harmonia sein.«

»Nein, das sind Schüsse, das ist ein Kampf!«

Dona Eliani läßt sich nicht von ihrer Überzeugung abbringen und beschließt, mit dem Wachposten zu telefonieren, der das Haus des Schwiegervaters in der gleichen Straße bewacht, ganz in der Nähe der Stelle, von der der Lärm einer Verfolgungsjagd gekommen ist.

Der Wächter Francisco Olímpio de Sá wird dafür bezahlt, die Villa 711 in der Rua Argentina zu bewachen, doch als er die Salven aus den Maschinenpistolen hört, reagiert er wie jeder gewöhnliche Sterbliche auch. Er läuft davon und wirft sich hinter der Mauer des Festsaales auf den Boden. Das Telefon im Haus beginnt zu klingeln. Nach dem dritten Läuten kriecht Olímpio auf allen vieren zum Apparat und antwortet mit zitternder Stimme. Am anderen Ende der Leitung ist die Schwiegertochter seines Chefs, Dona Eliani.

»Hörst du, was ich höre, Olímpio?«

»Alles unter Kontrolle, Dona Eliani. Überlassen Sie mir das nur.«

»Aber was hörst du denn, Olímpio, was ist das?«

»Jede Menge Sirenen, Schüsse, viele Autos... Es hört sich so an, als seien sie hier, in der Brasil.«

»Ich habe Angst um dich. Es scheint ganz in der Nähe zu sein, Olímpio. Und wenn sie in das Haus dort eindringen?«

»Alles unter Kontrolle, Dona Eliani. Hier sorge ich schon für Ordnung.«

Die Militärpolizisten wurden 1969 von Ausbildern der Armee im Gebrauch von Maschinenpistolen geübt, mit dem Ziel, Guerillas zu bekämpfen. Doch vier Jahre später, nachdem man die Guerilla erfolgreich bekämpft hat, benutzen sie bei ihren regulären Patrouillen durch die Stadt immer noch schwere Waffen. Nun haben sie einen neuen Feind. Ziel ihrer Maschinenpistolen sind jetzt hauptsächlich Jugendliche aus den Randgebieten der Stadt, die meist keine Waffen tragen. Von 1973 bis 1975 wurden, in mindestens 109 Fällen, Soldaten von ihren Befehlshabern dazu ermächtigt, auf Personen aus den armen Teilen der Stadt, die unter dem Verdacht standen, kriminell zu sein, mit Maschinenpistolen zu schießen. Eine Untersuchung dieser Fälle offenbarte immer wieder, daß sie diese Waffen nicht nur, ähnlich einer Pistole, zum Abgeben von einzelnen Schüssen benutzten, sondern den Abzug auch in der Stellung »Dauerfeuer« betätigten. Unabhängig von der Wahl der Feuerart wird die Maschinenpistole nur in Fällen höchster Dringlichkeitsstufe zum Einsatz gebracht, wie im Fall der drei Jungen im blauen Volkswagen.

Die Verfolgung durch die ROTA 66 zeigt jedoch, daß in der Vorstellung der schlecht informierten Polizisten eine höchste Dringlichkeitsstufe schon bei Vorliegen eines einfachen Verdachts gegeben ist. Als sie die Schüsse auf den blauen VW abgeben, wissen sie nichts über das Leben der drei jungen Männer. Sie setzen die Arbeit der Militärpolizisten der ROTA 13 fort, denen die drei Jungen in der Dunkelheit der Rua José Clemente aufgefallen sind.

Selbst wenn die Jungen tatsächlich versucht haben, den Kassettenrecorder des Freundes Veras zu stehlen, so können sich die Polizisten unmöglich unter den gegebenen Umständen sicher sein, daß es sich um Diebe handelt. Die Soldaten haben keine Zeit, etwas festzustellen. Alles, was sie aus der Situation zu dem Zeitpunkt ableiten können, als sie ihre Maschinenpistolen auf den VW richten, ist, daß die Jungen einen Grund haben, vor der Polizei zu fliehen.

Der Grund für die Flucht des Fahrers Francisco Noronha ist möglicherweise, daß er als Minderjähriger noch nicht im Besitz eines Führerscheins ist. Der Student Augusto Junqueira flieht vielleicht aus dem natürlichen Unsicherheitsgefühl heraus, gerade Marihuana geraucht zu haben und sich plötzlich einer drohenden polizeilichen Untersuchung gegenüberzusehen. Die Gründe von Pancho, der das Abenteuer vor dem Haus von Veras angeregt hat, sind möglicherweise in fehlendem Vertrauen in sich und seine Freunde begründet. Schließlich geschieht es nicht selten, daß er sich in eine riskante Geschichte verwickelt aus dem einfachen Vergnügen heraus, sich darzustellen und vor den Freunden mit seinen Heldentaten zu protzen.

In diesem Augenblick gehen noch andere Nachtwächter des Jardim América hinter irgendeiner Mauer in Deckung, als die in die Verfolgung verstrickten Wagen die Rua Nicarágua und anschließend die Rua Venezuela kreuzen. Durch ein Guckloch seines Wachhäuschens kann der Wächter Joaquim Quirino beobachten, daß der Fahrer des Volkswagens im zweiten Gang mit Höchstgeschwindigkeit fährt. Es hört sich an, als würde der Motor explodieren. Mit dem grauen Streifenwagen in 50 Metern Entfernung auf den Fersen, wechselt Noronha nicht mehr den Gang. Er zeigt auch nicht mehr die gleiche Wendigkeit bei seinen verzweifelten Fahrmanövern. Gegen die Fahrtrichtung auf der Rua Bolívia. Gegen die Fahrtrichtung auf der Praça América.

Einige Fahrzeuge fahren mit hoher Geschwindigkeit durch die Straßen des Jardim América in dem Versuch, herauszufinden, wer die Verfolgung anführt. Die Militärpolizei, die ziellos umherfährt, versucht, keine weiteren Unfälle bei der Verfolgung zu provozieren. Der Soldat Lurian Ferreira von der Funkpatrouille, der mit der ROTA 17 zusammengestoßen ist, versucht immer noch, sich nützlich zu machen. Vor einigen Minuten ist der blaue Volkswagen an der Ecke der Rua Equador vorbeigefahren. Als Ferreira einen Wachposten sieht, der das Ganze von einer Straßenmauer aus verfolgt, entschließt er sich, diesen von der Gefahr in Kenntnis zu setzen, die bereits vorüber ist.

»Wenn Sie jemanden hier vorbeifahren sehen, dann ist das ein Dieb. Seien Sie vorsichtig, sehr vorsichtig!«

Die Verzweiflung, die Noronha am Steuer seines Wagens durchlebt, läßt die ROTA dem VW immer näher kommen. Mittlerweile könnten sie das Auto sogar zum Halten bringen und die Insassen verhaften.

Inzwischen sind mehr als hundert Militärpolizisten auf den Straßen und in der Kommandozentrale in die Verfolgung des vermeintlichen Diebes eines Kassettenrecorders verwickelt. Noch bevor der erste Feuerstoß aus einer Maschinenpistole abgegeben wird, belaufen sich die öffentlichen Kosten dieses Einsatzes bereits auf mindestens 10 000 Dollar, wenn man nur die Ausgaben für Benzin, die Arbeitsstunden eines jeden Polizeibeamten und die Schäden, die bei den Zusammenstößen im Straßenverkehr entstanden sind, zusammenrechnet. Jetzt entspricht jeder Schuß aus der Maschinenpistole bereits einem Schaden in Höhe von 90 Kassettenrecordern. Es scheint unfaßbar, aber es ist wahr: Um einen Kassettenrecorder zu retten, geben die Männer der Streife eine Summe aus, die mehr als 90 dieser Geräte entspricht.

Der Polizist Roberto Lopes Martínez und der Unteroffizier José Felício Soares werden als vorbildliche Polizeibeamte angesehen, die dem Motto des Polizeikorps angeblich alle Ehre machen: Die ROTA ist Helden vorbehalten.

Soares ist der Militärpolizei von São Paulo im August des Jahres 1970 beigetreten, gerade als die Angriffe der Stadtguerilla auf Banken ihren Höhepunkt erreicht hatten. Seit fünf Jahren befindet er sich nun im Krieg, jedoch ohne jemals eine Disziplinarstrafe erfahren zu haben. Er wird von den Kollegen als »Aufmischer« bezeichnet, eine Tugend, die in der Vorstellung militärischer Befehlshaber einen Polizisten zu höchst gefährlichen Aktionen bei der Verbrechensbekämpfung auszeichnen sollte.

Der Polizist Martínez ist eine andere hochgestellte Persönlichkeit im Team der »Aufmischer«. Im Verlauf seiner sieben Jahre Berufserfahrung bei der Durchführung von Straßenaktionen hat Martínez von seinen Vorgesetzten schon dutzendmal Lobeshymnen zu hören bekommen, die in seinem Führungszeugnis festgehalten sind.

> In hitzigen Verfolgungsjagden auf Angreifer beweist er hohes Verantwortungsgefühl, Selbstlosigkeit, Schneid und polizeilichen Spürsinn (...)

Die beiden Militärpolizisten hängen mit halbem Rumpf aus dem Streifenwagen heraus, einer aus dem Fenster der Hecktür, der andere aus dem linken Seitenfenster. Sie behalten bewußt Abstand zu dem blauen Volkswagen, dessen orientierungsloser Fahrer immer noch direkt vor ihnen fährt.

Als Noronha in einer Art »Paulistaner Roulette« die sechs Fahrbahnen der Avenida Brasil direkt kreuzt, gelingt es ihm, in die Rua Argentina einzubiegen. Es ist eine typische Straße des Jardim América, die auf der ganzen Länge und zu beiden Seiten mit Bäumen und Villen gesäumt ist. Die Seiten- und Parallelstraßen, die ebenfalls nach amerikanischen Ländern benannt sind, gehören, zusammen mit der Avenida Argentina, zu einer reinen Wohngegend, deren Häuser den höchsten Immobilienwert der Stadt darstellen. Bei Tag und von der höhergelegenen Paulista aus betrachtet, sieht der Jardim América wie ein großer grüner Teppich aus, der von den riesigen Betonwänden der angrenzenden Gebäude umrahmt ist. Nachts sind diese Straßen recht dunkel und menschenleer, da die jahrhundertealten Bäume die Straßenbeleuchtung verdecken. Aus diesem Grund sind um 3.30 Uhr dieses anbrechenden Morgens des 23. April nur die Wächter der Villen auf den Beinen.

Zu dieser Uhrzeit scheint die Unternehmerin Maria Junqueira das Leid zu erahnen, das ihrem Sohn gerade widerfährt. Augusto hatte mit der Schwester Helena vereinbart, daß er zeitig vom Paulistano zurückkommen und mit ihr einen Fernsehfilm ansehen würde. Die Mutter ist noch wach und wartet, denn sie will mit Augusto noch über die Auseinandersetzung sprechen, die sie gestern abend gehabt haben. Maria Junqueira, die sich bereits Sorgen macht, betritt das Zimmer ihres Sohnes und beginnt, in seinen Schreibunterlagen zu wühlen, um sich die Zeit zu vertreiben. Augusto liebt es zu schreiben. Die Mutter ist gerührt, als sie den letzten Text liest, den er in das Heft mit dem schwarzen Deckel geschrieben hat.

Ich sehne mich nach der Zeit, die wir nicht erleben konnten.
Sehnsucht nach Deinen Augen, die mich nicht vorbeigehen sahen.
Sehnsucht nach der Zärtlichkeit, die Du mir nicht geschenkt hast.
Nach der Verabredung, die wir hatten,und uns nicht trafen.
Ich habe Sehnsucht nach der Sehnsucht, die wir nicht fühlten.
Nach dem Leben, das wir nicht lebten.
Ich möchte der Frühling sein.
Und dann sterben.
Nur das Schweigen ist ehrlich.

Der blaue Volkswagen rast auf der Rua Argentina über Stock und Stein, der Fahrer scheint die Kontrolle verloren zu haben. Francisco Noronha fährt mit einer schrecklichen Angst im Nacken, Angst vor dem, was in seinem Rücken vor sich geht. Die Polizisten der ROTA schießen auf den Motor, auf die Heckscheibe, die in tausend Stücke zerspringt. Sie treffen Augusto Junqueira mitten in den Kopf. Der Feuerstoß läßt den Körper des Freundes nach vorn prallen. Gleichzeitig schlägt er gegen den Sitz von Noronha, dann fällt sein Körper nach links, bis sein Gesicht am Seitenfenster Halt findet und die Scheibe mit viel Blut verschmiert.

Kapitel 6
»Nicht schießen!«

Hände halten Maschinenpistolen fest umklammert. Zwei Körper ragen immer weiter aus dem Streifenwagen heraus. Der Polizist Roberto Lopes Martínez steht jetzt beinahe aufrecht, wie eine Schlange, die sich zum Angriff vorbereitet. Auf der anderen Wagenseite sitzt der Unteroffizier José Felício Soares am Fenster, geschützt durch den Funker der ROTA 66, Antônio Sória, der mit der Rechten seinen Chef am Koppel festhält. Scheinwerfer, Fernlicht, Handleuchten, sie strahlen den orientierungslosen VW an, der vorausfährt. Der Sprecher der ROTA 66 tut per Funk seine Begeisterung kund: »Sie sind verloren! Wir sind ihnen dicht auf den Fersen!«

Die zwei Wagen biegen in die Rua Alasca ein. Knappe 50 Meter liegen zwischen ihnen. Ihre Geschwindigkeit ist herabgesetzt, die Köpfe der drei Jungen liegen im Schußfeld der Maschinenpistolen. Der Student und Dichter Augusto Junqueira, 19 Jahre alt, klebt noch immer mit dem Gesicht an dem linken, blutverschmierten Seitenfenster. Vor ihm, auf dem Beifahrersitz, sucht der spanische Student Carlos Ignacio Rodríguez de Medeiros, 21 Jahre alt, hinter der Rückenlehne Schutz. Francisco Noronha, 17 Jahre alt, der seit seinem 14. Lebensjahr Auto fährt, hat nun Schwierigkeiten, den Wagen unter Kontrolle zu halten. Er ist ein ungestümer Fahrer, der das Gaspedal der Bremse vorzieht. Vor einer Kurve pflegt er nie abzubremsen. Lieber schaltet er in einen niedrigeren Gang, nimmt die Kurve sicher und beschleunigt gleich darauf, damit die Reifen Bodenhaftung behalten. Diese Rennfahrertechnik hat ihn in schwierigen Situationen schon gerettet, wie das letzte Mal, als er bei einem abenteuerlichen Rennen in einem Tunnel der Avenida Paulista die Kontrolle über das Lenkrad verloren hatte. Der Wagen war über den nassen Asphalt geschleudert, hatte sich zweimal gedreht, war dann auf die Gegenfahrbahn gerutscht und schließlich mit dem Heck gegen die Tunnelwand geprallt. Noronha hatte sich nur deshalb nicht überschlagen, weil er in einen niedrigen Gang geschaltet hatte, statt zu bremsen.

»Rua Argentina. Zentrale, hören Sie mich? Geschwindigkeit reduzieren. Geschwindigkeit reduzieren. Nach rechts abbiegen.«

Die Bremsleuchten scheinen zu funktionieren, wie gewöhnlich. Aber an der Kreuzung der Rua Argentina mit der Rua Alasca leuchten plötzlich die roten Rücklichter des Volkswagens auf, und die Reifen quietschen auf dem Asphalt. Francisco Noronha muß etwas Schlimmes zugestoßen sein. Wahrscheinlich ist er verletzt, und es gelingt ihm nicht, die Kurve von 90 Grad zu nehmen. Der Wagen vollzieht nur einen Achtelkreis und kommt in dem Augenblick zum Stehen, als der hintere linke Kotflügel gegen einen Pfosten knallt.

Pancho öffnet die Wagentür und springt schnell heraus. Er schreit vor Verzweiflung. Auf der gegenüberliegenden Wagenseite steigt Noronha aus dem Auto, der Motor läuft noch. Er hebt beide Arme, verschränkt die Hände hinter dem Kopf. Augusto bleibt im Wagen sitzen, sein Gesicht klebt noch immer an der Scheibe, blutüberströmt.

»Nicht schießen!«

Die Hausangestellte Lygia de Almeida Queiroz, 51 Jahre alt, die in der Villa 685 an der Ecke Rua Argentina arbeitet, kann seinen verzweifelten Hilfeschrei hören. Sie ist von dem Lärm der Verfolgungsjagd aufgewacht, bleibt aber im Bett liegen. Sie denkt daran, aufzustehen und auf die Straße zu laufen, aber sie hat Angst. Während sie in dem dunklen Zimmer liegenbleibt, stellt sie sich anhand der Geräusche vor, was draußen vor sich geht.

Der Streifenwagen bremst mitten auf der Kreuzung, neun Meter von dem Volkswagen entfernt. Alle vier Wagentüren öffnen sich glcichzcitig. Sic dienen den drei Militärpolizisten, die mit Revolvern bewaffnet sind, als Schutz. Francisco de Paula, der Fahrer Cláudio Cândido und der Funker Antônio Sória stützen die ausgestreckten Arme auf die Fensterrahmen. Unteroffizier Felício und der Polizist Martínez, die ihre Maschinenpistolen in Gürtelhöhe halten, stellen sich seitlich des Wagens auf. Sie zeigen in die gleiche Richtung wie die Scheinwerfer, von denen die Jungen geblendet und eingeschüchtert werden. Diese halten die Hände vor die Augen, um von ihrem Standort etwas sehen zu können.

Das einzige, was sie von ihrer Position aus erkennen können, sind die Läufe der drei Feuerwaffen, mit denen auf sie gezielt wird.

Die Militärpolizisten stehen Seite an Seite und bilden eine Linie mit den geöffneten Türen des Streifenwagens. Alle tragen schräggestellte schwarze Baskenmützen, Hosen aus dunklem Khaki, Kothurne, die bis zur halben Wade reichen, marineblaue Jacken, lederne Schlaufen am linken Arm mit der goldenen Aufschrift »ROTA«. Als sie zu schießen beginnen, bewegen sie sich einige Schritte vorwärts, ähnlich einem Erschießungskommando. Die Jungen fallen langsam zu Boden.

Carlos Ignacio Rodríguez de Medeiros, Pancho genannt, ist bereits angeschossen. Trotz seines hinkenden Beins gelingt es ihm, aufzustehen. Mit gekrümmten Körper versucht er, sich aus dem Schußfeld der uniformierten Männer zu bewegen, die hinter ihm herkommen. Er, der Streithahn, der Stärkste von der Truppe des Paulistano, kämpft verzweifelt um sein Leben.

Ein Schuß schlägt durch seinen erhobenen rechten Arm, mit dem er sein Gesicht schützt. Ein anderer Schuß durchfährt sein linkes Bein. Zwei Schüsse dringen in seine Brust, tödliche Verletzungen gleich neben dem Herzen. Pancho fällt gekrümmt zu Boden. Jetzt durchdringen die Kugeln aus den Maschinenpistolen seinen Rücken. Ein Schuß fährt durch die Fußsohle. Der Körper bewegt sich noch. Ein Schuß in den Nacken, und noch ein tödlicher Schuß, und Pancho, der Starke, bewegt sich nicht mehr.

Der Polizist Roberto Lopes Martínez nimmt eine Pose wie ein Filmschauspieler ein. Er wirft die Maschinenpistole auf den Rücksitz, zieht die Waffe aus dem Halfter und bewegt sich vorwärts, während er in Zickzacklinien schießt. Einige Projektile schlagen in die Scheibe des Eßzimmers einer Villa in der Rua Argentina ein. Weitere erfassen Schutzgitter, Eckpfeiler, Säulen und reißen Stücke aus dem Mauerwerk. Mit dem Revolver in der Hand schützt sich der Wachposten des Hauses, Julião Fonseca do Nascimento aus Sergipe, der auf dem Garagendach liegt. Er sieht nichts, oder besser, er tut so, als habe er nichts gesehen, um nicht in den Fall verwickelt zu werden.

Francisco Noronha, der zu Boden gestürzt ist, atmet noch, als die Militärpolizisten auf ihn zukommen und auf seinen Körper zielen. Sein linkes Bein wird von vier Schüssen aus Maschinenpistolen durchbohrt. Auch die Arme und der Rumpf werden von Kugeln durchlöchert.

Sein Oberkörper weist fünf schwere Verletzungen auf. Eine davon an der Brustwarze, die möglicherweise in dem Augenblick entstanden ist, als er mit erhobenen Armen »Nicht schießen!« schrie.

Francisco Noronha, der von neun Kugeln getroffen worden ist, atmet noch immer. Einer der Militärpolizisten kommt ganz nah an ihn heran und gibt zwei Schüsse ab. Einer zielt neben den Mund. Ein weiterer Schuß, der aus einem Meter Entfernung abgegeben wird, durchdringt die Brust oberhalb des Herzens.

Verstärkung trifft ein. ROTA 17. ROTA 13. Die Kommandostreife. Ein Wagen, zwei, drei. Vier Wagen der fahrbaren Einsatzleitung. Es sind sieben Fahrzeuge, die gleichzeitig aus allen Richtungen und mit hoher Geschwindigkeit angefahren kommen. Aus den Fenstern der Wagen hängen mit Revolvern und Maschinenpistolen bewaffnete Männer. Die Geräuschkulisse nimmt zu: Sirenen, aufheulende Motoren, quietschende Reifen auf dem Asphalt, Türenschlagen, Schreie, ein mächtiges Geschrei. Alle laufen durcheinander, sind begierig darauf, an der Schießerei teilhaben zu können. Aber es gibt nicht mehr so viel zu tun.

Der Polizist Martínez und der Soldat Cândido zerren die Körper der Jungen über den Asphalt, um sie an den Ort zu bringen, der den Verhafteten vorbehalten ist, in den Wagen der ROTA 17. Es bereitet ihnen gewisse Schwierigkeiten, den Körper von Augusto Junqueira aus dem Volkswagen herauszuziehen. Drei Soldaten sind nötig, um ihn an den Beinen aus dem Auto zu zerren. Augusto ist mit seinen 1,75 Metern der größte der drei Jungen. Er ist auch der eitelste der drei. Er kleidet sich gerne nach der allerneuesten Mode. Seine Gledson-Hose aus blauem Segeltuch ist voller roter Flecken. Das Blut läuft hauptsächlich aus den zehn Löchern, die Kugeln in sein kariertes Hemd geschlagen haben. Auf dem baumwollenen Unterhemd sind die Einschüsse zu sehen, 20 Stück an der Zahl.

In diesem Augenblick sind die Fahrer von der Funkstreife immer noch mit der Jagd auf die drei Jungen beschäftigt. Lurian Ferreira von der Funkstreife 1528 und noch drei weitere Fahrer der Funkpatrouille rasen durch nahegelegene Straßen, in der Hoffnung, als erste am Ort der Schießerei einzutreffen. Lurian gewinnt einen Vorsprung, als er auf die Idee kommt, in die Rua Alasca entgegen der Fahrtrichtung einzubiegen. Er trifft wenige Sekunden vor den anderen an der Ecke der Rua Argentina ein. Mit entsichertem Revolver wirft er sich auf das steinige Pflaster und bereitet sich auf den Angriff vor.

Der Fahrer der ROTA 17 legt den Rückwärtsgang ein, um die Jungen ins Krankenhaus zu fahren. Beinahe hätte er den anderen Soldaten überfahren. Lurian robbt sich noch weiter vor, als er den Kommentar von jemandem hört, der die großen Blutlachen auf dem Asphalt untersucht. »Drei Tote in einer Nacht. Das wird eine Prämie geben! Der Kommandant wird sehr zufrieden sein.«

Der Soldat Lurian ist begeistert. Er salutiert einem Militärpolizisten, der eine Maschinenpistole trägt. »Soldat Lurian, 25. Militärbrigade, zu Diensten. Ich habe die Ehre, Ihnen mitzuteilen, daß ich als erster Soldat der Funkpatrouille am Tatort eingetroffen bin, Kommandant.«

»Entspann dich, mein Freund, ich bin Soldat wie du. Der Chef ist weiter vorn, er läuft dahinten rum.«

Leutnant Eli Nepomuceno von der Kommandostreife ist für die Koordinierung aller an der Verfolgung beteiligten Trupps verantwortlich. Er trifft an der Ecke Argentina/Alasca wenige Minuten nach dem Verbrechen ein. Nun ist er dabei, den verletzten Jungen so schnell wie möglich ärztliche Hilfe zukommen zu lassen. Sie wurden bereits von den Militärpolizisten der ROTA 66 in die Gefangenenzelle der ROTA 17 getragen, die mit hoher Geschwindigkeit in Richtung Notaufnahme davonfährt.

Da sorgt eine Nachricht, die von der Funkzentrale an die Fahrzeuge durchgegeben wird, für große Aufregung unter den an dem Verbrechen beteiligten Polizisten: »Es gibt keinerlei Annahme dafür, daß das Auto gestohlen wurde. Eine derartige Anzeige ist nicht in den Computern registriert.«

Auch der Wachposten der Villa 711 in der Rua Argentina, Francisco Olímpio de Sá, hört diese Meldung. Er ist der einzige, der sich wenige Minuten nach dem Durcheinander dieser Straßenecke nähert und sich neben den Wagen der ROTA 66 stellt, deren Türen immer noch alle geöffnet sind. Von den Polizisten, die erregt miteinander diskutieren, wird er nicht wahrgenommen. Entsetzt starrt er auf die riesigen Blutlachen neben dem Volkswagen. Als er einige der befehlshabenden Polizisten eintreffen sieht, beschließt er, so schnell wie möglich an seinen Arbeitsplatz zurückzukehren.

Die diensthabenden Pfleger der Notaufnahme des Klinikums sind davon in Kenntnis gesetzt worden, daß drei schwerverletzte Jugendliche eintreffen werden. Die Ärzte rennen zum Ausgang. Die Körper der drei befinden sich noch immer im Streifenwagen, als die Ärzte feststellen, daß jede Hilfe zu spät kommt. Sie schlagen vor, die Leichen direkt in das Rechtsmedizinische Institut zu bringen. Aber das Team der Streife 17 weigert sich.

»Der Platz für Verletzte ist das Krankenhaus«, sagt der Soldat Everaldo Borges de Souza und droht, die Leichen im Hof der Notaufnahme abzulegen, um die Verantwortung den Ärzten anzulasten.

Nach einer kurzen Auseinandersetzung geben die Ärzte ihre Einwilligung, die Körper auf der Krankenstation aufzunehmen. Sie vermerken aber auf jedem der Aufnahmescheine, daß die Patienten schon tot waren, als man ihnen Aufnahme gewährte.

Auf dem Sekretariat beginnt man nun damit, die Aufnahme der Jungen zu Papier zu bringen. Dabei müssen die Militärpolizisten der ROTA 17 einige Fragen beantworten.

»Wo hat sich der Unfall ereignet?«

»Auf der Rua Alasca, in der Nähe der Brasil.«

»Was hat zu dem Unfall geführt?«

»Eine Schießerei.«

»Name der Patienten?«

»Unbekannt. Die drei sind unbekannt.«

»Wie bitte?«

»Sie sind ohne Dokumente erwischt worden, es sind Banditen.«

Zur gleichen Stunde sorgen sich Noronhas Mutter Lia und ihr älterer Sohn Zezinho über das Fernbleiben von Francisco. Da er zum Abschied gesagt hat, er komme früh zurück, ist der Bruder schon gegen Morgen mit dem Auto aufgebrochen, um ihn zu suchen. Zezinho macht die übliche Tour: Paulistano, Hamburguinho, Elternhaus der Freundin Iara Jamra. Diese Orte sind wie ausgestorben, er trifft nicht einmal auf einen Freund, der ihm eine Information geben könnte.

Um 4.35 Uhr schellt das Telefon, und Lia nimmt gleich ab.

»Ist dort das Haus von José Noronha junior?«

»Ja.«

»Ist er der Besitzer eines Volkswagens mit dem Kennzeichen EI 1565?«

»Wer spricht dort?«

»Hier ist die Polizei. Gehört das Auto der Familie?«

»Ja, sicher.«

»Wissen Sie, ob sich das Auto in der Garage befindet?«

»Ich kann nachsehen.«

»Bitte, ich werde später noch einmal anrufen, um es zu bestätigen, in Ordnung?«

Zehn Minuten später klingelt wieder das Telefon. Es ist die gleiche Stimme, die des Majors Teodoro Hoffmann.

»Haben Sie überprüft, ob sich der Wagen in der Garage befindet?«

»Nein, da ist er nicht. Mein Sohn hat ihn genommen, um die Freundin nach Hause zu fahren, und ist noch nicht zurückgekehrt. Aber was ist denn geschehen?«

»Es gab einen Überfall, aber es ist alles in Ordnung. Ich wollte mich nur vergewissern. Ihr Sohn ist auf der Polizeiwache und legt ein Geständnis ab.«

»Haben Sie sein Auto abgeschleppt?«

»Nein. Aber machen Sie sich keine Gedanken. Verlassen Sie nicht das Haus. Wir schicken Ihnen ein Fahrzeug, das Sie zu Ihrem Sohn bringt.«

Lia weckt ihren Mann. Dann gehen sie gemeinsam auf den Balkon der Wohnung, der nach vorn auf die Avenida Angélica hinausführt, und warten darauf, daß der Wagen eintrifft. Angespannt und ärgerlich über die lange Wartezeit, ruft Lia nach über einer Stunde die Einsatzzentrale der Militärpolizei an, um zu erfahren, auf welcher Polizeiwache sie ihren Sohn finden kann. Wieder wird sie von dem gleichen Leutnant getäuscht, der auch diesen Anruf entgegennimmt: »Machen Sie sich keine Sorgen. Das Fahrzeug braucht eine Weile, aber es kommt gleich.«

»Aber wozu diese ganze Warterei? Geben Sie mir zumindest die Nummer der Polizeiwache. Wir haben einen Wagen, wir können auch allein kommen.«

»Wir empfehlen Ihnen und Ihrem Mann, das Haus nicht zu verlassen. Machen Sie sich keine Sorgen, der Wagen kommt gleich.«

Lia spricht dreimal mit diesem Leutnant, der sie immer wieder belügt.

Kurz vor sechs Uhr morgens ruft João Leite Neto, ein Reporter von »TV Globo«, die Noronhas an. Er gibt dem Vater lakonisch zu verstehen: »Wenn Sie wissen wollen, wo sich Francisco Noronha befindet, dann gehen Sie zu Eingang 23 des Klinikums.«

Der Vater und der Bruder von Francisco fahren gerade den Wagen aus der Garage, als sie von zwei Polizisten in Zivil angesprochen werden. Einer der beiden weist sich höflich aus. Er scheint verlegen, als er dem Vater einige Fragen stellt.

»Sind Sie sicher, daß Ihr Wagen nicht gestohlen wurde?«

»Ja. Mein Sohn ist mit dem Auto unterwegs.«

»Können Sie bestätigen, daß Ihr Sohn lange, braune Haare hat und etwas unrasiert ist?«

»Ganz genau, Francisco Noronha. Aber kann mir mal einer erklären, was eigentlich los ist?«

Die beiden Polizisten gehen schweigend an das schwarz-weiße Auto, das vor dem Haus geparkt steht. Der Vater folgt ihnen. Erst als einer von ihnen den Wagen startet, gibt er Antwort. »Unglücklicherweise kann ich Ihnen im Augenblick nicht mehr sagen, als daß eine große Scheiße gelaufen ist.«

Der Kommentar dieses Polizisten läßt die Noronhas in höchster Anspannung zur Klinik fahren.

Um sechs Uhr morgens ist Panchos Mutter noch nicht aufgewacht. Die Mutter von Augusto hingegen ist in großer Sorge. Sie entschließt sich, ihre Tochter und ihren Mann zu wecken, die ihrer Sorge keine große Beachtung schenken. Schließlich ist es nicht das erste Mal, daß der Sohn nachts nicht nach Hause kommt. Aber als die Morgendämmerung anbricht, entschließt sich Maria Junqueira, das Haus zu verlassen, um von einem öffentlichen Telefon die Freunde Augustos anzurufen. Zuerst ruft sie bei den Noronhas an. Keiner geht an den Apparat, sie hat wohl die falsche Nummer gewählt. Dann ruft sie bei Eduardo Guazzelli an, der noch im Halbschlaf an den Hörer kommt.

»Weißt du, wo Augusto ist, Guazzelli?«

»Wir waren noch bis kurz nach Mitternacht zusammen.«

»Und dann?«

»Dann hat er sich mit Noronha getroffen.«

»In welcher Verfassung waren sie denn?«

»Machen Sie sich keine Gedanken, wirklich. Die beiden waren gut drauf, sie müßten jetzt zusammen sein.«

Obwohl sie immer noch recht besorgt ist, geht sie zu ihrer Arbeit. Als Geschäftsführerin ist sie verantwortlich für einen Bereich innerhalb der Firmengruppe Pão de Açúcar. Dort leitet sie eine Gruppe von 14 Sachbearbeitern, die sich auf den internationalen Handel spezialisiert haben. Ihr Terminkalender sieht einen Tag voller Verabredungen mit Geschäftsführern und Direktoren von Exportfirmen vor. Ihr Ehemann, Mário Alberto Cinalli Junqueira, hat auch einen aufreibenden Tag vor sich. Er betreibt einen Handel mit Aktien und Wertpapieren, die Faroval. Er muß frühzeitig im Büro sein, um einen Kontakt mit der Geschäftsführung der Filiale in Ribeirão Preto herzustellen, noch bevor er sich über die Vorhersagen über internationale Börsengeschäfte informiert.

Als er um 7.30 Uhr das Haus verläßt, werden die ersten Meldungen vom Tod der drei Jungen über die wichtigsten Radiostationen von São Paulo durchgegeben. Aber Mário Alberto zieht es wie jeden Tag vor, auf dem Weg zur Arbeit klassische Musik zu hören.

In genau diesem Augenblick vernimmt der Freund Eduardo Guazzelli verzweifelt die schreckliche Nachricht im Radio:

> Drei gefährliche Delinquenten wurden an diesem Morgen bei ihrer Flucht durch den Jardim América von der Militärpolizei erschossen. Die Banditen befanden sich in einem blauen Personenkraftwagen des Typs VW mit dem amtlichen Kennzeichen EI 1565. Sie hatten keine Ausweise bei sich ...

Zehn Minuten später ist Guazzelli der erste, der die Leichen im Rechtsmedizinischen Institut identifizieren muß. Als er durch die eisigen Flure geht, ist er nervös und fühlt sich wie erschlagen, aber er hegt noch die Hoffnung, daß es sich nicht um seine Freunde handelt. Das erste, was er sieht, als er in die große Leichenhalle kommt, ist der Körper einer annähernd 70jährigen Frau. Daneben muß er, ob er will oder nicht, die Leiche eines überfahrenen Kindes erblicken. Guazzelli beginnt zu weinen, noch bevor der Beamte mit den beiden Tragbahren auf ihn zukommt. Um das Handgelenk der ersten der beiden Leichen, die identifiziert werden müssen, hängt ein Etikett aus Pappe.

»Unbekannter 2349/75. Kennst du diesen Schinken*, mein Junge?« fragt der Beamte.

Guazzelli gibt keine Antwort und schaut mit gesenktem Kopf auf die Verletzungen an Francisco Noronhas Körper. Er vermeidet es, auf den großen vertikalen Schnitt zu gucken, den der Autopsiearzt wieder zugenäht hat. Seine Augen starren auf die Schußwunde im Gesicht. Er bemerkt, daß Noronha immer noch den gleichen ruhigen Gesichtsausdruck hat, als lebe er weiterhin in Frieden mit der Welt.

Der Unbekannte 2350 auf der Bahre daneben ist João Augusto Diniz Junqueira. Guazzelli hält seine Tränen zurück. Er spürt, daß er am ganzen Körper zittert. Noch nie hat er einen Toten gesehen. Jetzt ist er dazu gezwungen, die Leiche seines besten Freundes zu identifizieren. Der Beamte hilft ihm dabei, die Einschüsse zu begutachten.

»Zwei in der Brust, einer hier im Arm. Er hat einen Nackenschuß, guck mal... Und da unten, an der Fußsohle. Und er hat noch mehr! Wenn man aufmerksam sucht, findet man immer noch einen Schuß. Such mal hier...«

Guazzelli durchsucht nun die Kleider des Freundes nach Dokumenten, die Augusto immer bei sich trug. Die Taschen der Jeans sind leer. Sie haben ihm fast alles abgenommen. Nur ein zusammengeknülltes Stückchen Papier haben sie vergessen. Es befindet sich in der Tasche seines karierten Hemdes. Guazzelli faltet es sorgfältig auseinander, um es nicht zu zerreißen. Er liest den Text des Freundes einmal, zweimal.

Er wollte in seinem Leben die Leiter zum Erfolg nehmen.
Da bemerkte er, daß die Stufen aus seinesgleichen gemacht waren.
Daß die Leiter aus gebeugten Menschen bestand.
Aus mißbrauchten Kindern.
Aus Alten, die Hunger litten.
Und er bat um Verzeihung
und entfernte sich mit gesenktem Kopf.

---

* »Schinken« ist der Ausdruck, mit dem brasilianische Polizisten oder Beamte die oft schrecklich zugerichteten Leichen bezeichnen.

Der Beamte steht schon am anderen Ende der Leichenhalle und schreit zu Guazzelli herüber, ob er auch bereit sei, die Nummer 2348 zu identifizieren, »kurze blutverschmierte Haare, untersetzt und kräftig, Gesicht eines Latinos ...«

Als Guazzelli sich wie erschlagen aus der Leichenhalle schleppt, trifft er auf die Schwester von Augusto, Helena Junqueira, die weinend im Rechtsmedizinischen Institut eingetroffen ist. Sie liegen sich eine ganze Weile aufgelöst in den Armen. Dann erzählt er ihr, daß er gerade die Leichen der drei Freunde identifiziert habe. Er rät ihr, die Leichenhalle nicht zu betreten, um sich das Leid zu ersparen, den toten Bruder in diesem schrecklichen Zustand zu erblicken.

In diesem Augenblick entsteht Unruhe unter den Militärpolizisten im Rechtsmedizinischen Institut. Ein Offizier nähert sich Helena, um ihr ein Medikament zu überreichen, das man auf dem Rücksitz des Volkswagens gefunden hat. Es ist ein Fläschchen mit Rinosoro, das Augusto, der eine verwachsene Nasenscheidewand hatte, zu benutzen pflegte. Helena ist aufgebracht und weigert sich, das Mittel entgegenzunehmen.

»Steck dir das wohin, du Arschloch!«

Im Aufnahmeraum, der der Öffentlichkeit zugänglich ist, wird José Noronha Filho, der Vater, von dem verantwortlichen Beamten des Rechtsmedizinischen Instituts ganz sachlich von der Tragödie unterrichtet. »Ich bedauere, Ihnen mitteilen zu müssen, Herr José Noronha, daß Ihr Sohn auf brutale Weise ermordet worden ist.«

Im Büro der Faroval erhält Mário Alberto Junqueira, nachdem er zahlreiche Anrufe getätigt hat, eine Nachricht über Telex. Als er den gerade übertragenen Text liest, wird ihm klar, daß etwas Schreckliches geschehen sein muß. Er betätigt die Vorschubtaste und nimmt das Papier zwischen die Finger, um es besser lesen zu können:

GELÄHMT VOR ENTSETZEN BRUTALER VORFALL stop UMARMEN DICH stop SOLIDARITÄT FAMILIE CINTRA.

Während Mário Alberto die Nachricht ein drittes Mal mit gespannter Aufmerksamkeit liest, beginnt plötzlich das Telexgerät eine weitere Nachricht zu übermitteln:

OHNE WORTE ANGESICHTS DERARTIGER GRAUSAMKEIT stop WIR UMARMEN UNSERE LIEBEN FREUNDE stop WIR BETEN FÜR DICH stop FREUNDIN BRANCA OSÓRIO.

Eine halbe Stunde, nachdem sie das Haus verlassen haben, sind der Vater und der Bruder Noronhas wieder zurückgekehrt. Vom Balkon der Wohnung aus erfaßt Lia an ihrem Gesichtsausdruck, was geschehen ist. Die beiden betreten das Haus, ohne ein Wort zu sprechen. Die Mutter wird ohnmächtig.

Kapitel 7
Die Bewaffnung

Der Offizier des Streifenkommandos, Leutnant Eli Nepomuceno, 21 Jahre alt, erweist sich wenige Augenblicke nach der Ermordung der Jugendlichen seiner Aufgabe in keiner Weise gewachsen. Die Körper der Jungen werden in die Gitterzelle der ROTA 17 gezerrt. Dadurch wird der Tatort auf unzulässige Weise verändert. Die Militärpolizisten der ROTA 66 geben vor, das Leben der Jungen retten zu wollen, als sie diese in das nahegelegene Krankenhaus bringen lassen. Der Leutnant hat es damit nicht nur unterlassen, eine Gesetzesübertretung zu verhindern, sondern hat sich darüber hinaus selbst an diesem Täuschungsmanöver beteiligt.

Es genügt, die Einschüsse zu zählen, die das Auto durchlöchert haben, um die wahre Absicht der Militärpolizisten zu erkennen, die sicher nicht vorhatten, eine Tötung der Jungen zu vermeiden. Die Windschutzscheibe ist zerborsten ebenso wie die Scheibe auf der Fahrerseite und die hinteren Seitenfenster des Wagens. 21 Kugeln sind vor allem im vorderen Teil des VW eingeschlagen und legen Zeugnis ab von der Tötungsabsicht.

Die Verletzungen an den Körpern der Jungen sind noch aufschlußreicher. 23 Kugeln haben lebenswichtige Körperteile und Organe wie Kopf und Herz durchschlagen. Um Eile bemüht man sich nur, als es darum geht, die Leichen vom Tatort verschwinden zu lassen. Auf dem Weg zum Krankenhaus jedoch legen die Militärpolizisten ein wahres Schneckentempo vor.

Das Klinikum ist fünf Kilometer vom Jardim América entfernt, eine Strecke, die am frühen Morgen in weniger als zehn Minuten zurückzulegen ist. 50 Minuten nachdem sich das Verbrechen ereignet hat, befindet sich ROTA 17 immer noch auf dem Weg zum Krankenhaus. Erst um 4.30 Uhr trifft der Wagen am Portal der Notaufnahme ein. Zu diesem Zeitpunkt sind die Körper bereits von Leichenstarre befallen.

Während die Militärpolizisten der ROTA 17 mit den Ärzten noch diskutieren, die sich weigern, die Leichen in ihrem Krankenhaus aufzunehmen, haben Leutnant Nepomuceno und seine Männer von der ROTA 66 längst damit begonnen, den Tatort zu verändern. Kurze Zeit später erhalten sie noch Verstärkung durch eine Autoritätsperson der Militärpolizei, den Oberst Mero Mendes Ferreira, Leiter des Informations- und Einsatzbereichs der Polizei sowie den diensthabenden Kommissar des Bezirks Jardim América, Sílvio de Almeida, die gerade eingetroffen sind.

Seit Ende des vergangenen Jahrhunderts, als in Frankreich zum ersten Mal so etwas wie Kriminalistik entstand, weiß ein jeder Polizist auf dieser Erde, daß der Tatort keinesfalls verändert werden darf, bevor nicht technische Sachverständige mit ihren Untersuchungen begonnen haben. Diejenigen, die für die öffentliche Sicherheit im größten brasilianischen Bundesstaat verantwortlich sind, scheinen diese Vorgehensweise vergessen zu haben oder weigern sich, diese zu respektieren. Sie hätten schon längst den Tatort absperren und unmittelbar danach die Sachverständigen der Kriminalpolizei verständigen müssen. Die Arbeit dieser Sachverständigen, die darin besteht, Beziehungen zwischen den Sachverhalten am Tatort und dem Verbrechen herzustellen, kann für künftige Nachforschungen von größter Bedeutung sein. Leutnant Nepomuceno und das Team der ROTA 66 sind jedoch eher damit beschäftigt, etwas zu finden, was die Jungen beschuldigen könnte. Sie durchsuchen den Volkswagen unter Aufsicht des Kommissars Sílvio de Almeida, so als seien sie kriminalistische Sachverständige.

»Ich habe was gefunden. Es liegt alles hier auf dem Boden.«

Ein Soldat beginnt damit, verschiedene Gegenstände aus dem Auto zu werfen, die nichts neues offenbaren: ein blaues Hemd, ein weißer Pullover, ein Schraubenschlüssel, zwei Schlüsselringe, ein leeres Brillenetui, eine Haarbürste, eine Schachtel mit gebrauchten Q-Tips und ein schwarzer Hut mit roten Streifen, Panchos Hut.

Ein anderer Soldat entdeckt im Kofferraum einen Sack mit Frauenunterwäsche aller Art, daneben einen Bremsklotz, einen Rasierapparat, Kosmetikfläschchen und Schmuck. Im Handschuhfach findet er drei Streichholzschachteln und Aluminiumfolie, was einen der Militärpolizisten zu dem recht unsachlichen Kommentar veranlaßt: »Das sind Kifferutensilien, Chef. Wir kommen der Sache schon näher, wir kommen der Sache schon näher...«

Nachdem die Militärpolizisten die Leichen weggeschafft und alles durchwühlt haben, bleibt nur noch, die Autos, die in die Aktion verwickelt waren, fortzuschaffen, was auch geschieht. Es gibt Dutzende von Fahrzeugen, die vor Ort geparkt sind, aber es ist der graue Streifenwagen, den die Polizisten der ROTA 66 vom Tatort entfernen. Sie benutzen ihn als Transportmittel auf ihrem Weg zur Polizeiwache, wo sie ihre eigene Aussage zu Protokoll geben werden. Dabei fällt ein Detail ins Auge. Sie fahren auf die Polizeiwache 4, die außerhalb ihres polizeilichen Zuständigkeitsbereichs liegt. Korrekt wäre es gewesen, sich auf die Polizeiwache 15 in die Rua Groenlândia zu begeben, die sich mitten im Viertel des Jardim América befindet. Doch sie wollen Zeit gewinnen. Anlaß dafür ist das Telefongespräch, das Major Teodoro Hoffmann mit der Familie Noronha geführt hat, ohne zunächst das schwere Vergehen zu offenbaren. Der Major, der einen Schrecken bekommen hat, gibt seinen Vorgesetzten den ersten Teil des Gesprächs wieder, das er mit der Mutter eines der Opfer, mit Lia Noronha, geführt hat.

»Ist dort das Haus von José Noronha Filho?«

»Ja.«

»Ist er der Besitzer des Volkswagens mit dem Kennzeichen EI 1565? Hat er diesen Wagen vielleicht als gestohlen gemeldet?«

»Mein Sohn fährt das Auto. Er ist fortgefahren, um die Freundin nach Hause zu bringen. Sein Name ist Francisco Noronha, 17 Jahre alt.«

»Das ist nicht möglich. Ihr Sohn ist mit dem Auto unterwegs ... Sind Sie da sicher? Könnten Sie in der Garage nachsehen?«

Von dem Augenblick an, da Major Teodoro Hoffmann von der Einsatzzentrale bei den Noronhas zu Hause angerufen hat, geraten die Männer von der ROTA in große Unruhe. Sie sind daran gewöhnt, mit ihren Aktionen Personen zu treffen, die aus armen Familien kommen, einfache, schutzlose Leute, die keine Mittel haben, einen Anwalt mit der Wahrnehmung ihrer Rechte zu beauftragen und Ungerechtigkeiten anzuprangern. Diese Leute werden nicht einmal von der Presse befragt. Aber jetzt, da die Militärpolizisten wissen, daß die Opfer der Oberschicht angehören, müssen sie vermuten, daß in diesem Fall alles anders verlaufen wird.

Sie malen sich aus, daß die Familienangehörigen schlüssige Erklärungen verlangen werden, eine ernsthafte polizeiliche Untersuchung, die Einleitung rechtlicher Schritte. Sie wissen auch, daß sie bald von einem Heer von Journalisten umringt sein werden, die als Sonderbeauftragte für derartige Fälle unterwegs sind. Dies ist der Grund, warum sie sich auf ihrem Weg zur Wache der zivilen Polizei so viel Zeit lassen. Nach dem Gesetz hätten sie sich unmittelbar nach der Ermordung auf der Dienststelle des diensthabenden Kommissars des Jardim América einfinden müssen, um den Vorfall zu melden und ihre Aussagen zu hinterlegen.

Gegen sechs Uhr morgens, drei Stunden nach dem Tod der Studenten, wird es draußen hell, der Zeitpunkt, zu dem sich die Killer auf der Wache des Jardim América einfinden.

»Sie quakten wie Enten. Sie flogen wie Enten. Wir sahen sie uns an, es waren Truthähne.«

Der Sekretär für öffentliche Sicherheit in São Paulo, ein Oberst der Armee, Erasmo Dias, gehört der harten Linie an. Er liebt es, mit wirkungsvollen Sätzen seine konservativen Überzeugungen zu veranschaulichen. Der Oberst ist bereits über die Tragweite des Falles unterrichtet und ist schon seit dem frühen Morgen von Militärpolizisten umgeben, die jede Einzelheit der Aktion untersuchen. Sie werden von Dutzenden von Subalternen der zivilen Polizei, verschiedenen Offizieren und dem Kommandanten der Militärpolizei, General Francisco Torres de Mello, begleitet. Die ersten Erklärungen machen deutlich, daß die zuständigen Autoritäten gewillt sind, die Polizisten zu unterstützen, die auf die Jungen geschossen haben, vielleicht aus einem Irrtum heraus, wie der Sekretär mit seiner Metapher andeuten will.

Der erste Satz der amtlichen Mitteilung ist Ausdruck für das Wesen der ganzen Untersuchung: Widerstand beim Versuch der Festnahme, gefolgt von Tod. Die zweite Information offenbart bereits, auf welcher Seite der für die Untersuchung Verantwortliche steht. In den Freiraum, der für die Namen der Opfer vorgesehen ist, schreibt der leitende Kommissar der Wache 15, Hugo Ribeiro de Melo, den Namen des Unteroffiziers José Filício Soares. In Folge führt er die Namen der vier anderen Militärpolizisten der ROTA 66 auf. Damit sind in den Unterlagen offiziell Tatsachen verdreht worden. Die fünf Killer werden als Opfer der toten Studenten dargestellt. Den drei Jungen wird hiermit die Verantwortung für ihren eigenen Tod in die Schuhe geschoben. Anschließend schildert der Kommissar den Tathergang auf der Grundlage von Zeugenaussagen der vermeintlichen Opfer:

> Mitglieder der ROTA 13 überraschten drei Elemente bei dem Versuch, einen Kassettenrecorder und Kassetten zu stehlen, die sich im Wageninnern eines Puma befanden. (...) Die drei Elemente flohen in einem blauen Volkswagen mit dem Kennzeichen EI 1565 (...). Die ROTA 66 wurde daraufhin über Polizeifunk davon in Kenntnis gesetzt, daß sich der Volkswagen innerhalb der Stadt in südlicher Richtung auf der Flucht befand. Auf der Avenida 9 de Julho begann die Patrouille mit der Verfolgung. Der Fahrer des Volkswagens reagierte weder auf die Sirene noch auf die Lichter des Streifenwagens, der sich schließlich quer zur Fahrtrichtung positionierte, ohne jedoch die Durchfahrt anderer Wagen zu behindern.
>
> Gegen 3.40 Uhr morgens begannen die Insassen des Volkswagens, der sich zu diesem Zeitpunkt auf der Rua Argentina befand, Schüsse auf den Streifenwagen abzugeben, die von den Polizisten erwidert wurden. In der Rua Argentina, Ecke Rua Alasca, schlug der Volkswagen gegen einen Pfeiler (...). Die Insassen stiegen aus dem Auto und gaben weitere Schüsse ab. Alle Polizisten setzten daraufhin ihre Waffen gegen den ernsthaften Widerstand der Verfolgten ein. Die drei Elemente gingen verletzt aus dem Schußwechsel hervor. Daraufhin transportierte ROTA 17, die gerade eingetroffen war, die Verletzten in ihrem Wagen in das städtische Klinikum, wo diese verstarben.
>
> In besagtem Volkswagen wurden drei Päckchen Marihuana gefunden. Auf der Straße wurden drei Waffen beschlagnahmt, die von den Insassen des Wagens benutzt worden waren: ein Revolver des Kalibers 32, ohne Kennzeichen oder Seriennummer, mit vier leergeschossenen und zwei geladenen Kammern; weiterhin ein Revolver der Marke Rossi, Kaliber 22, Nummer 23 175, mit sieben leergeschossenen Kammern, und ein Revolver des Typs Rossi, Kaliber 22, mit drei leergeschossenen und drei geladenen Kammern (...).

Den Tatort zu verändern, bedeutet für die Killer nicht nur, bei ihrer Vernehmung die Sachverhalte in ihrem Sinne zu verfälschen. Das Marihuana und die drei Revolver, die nach Aussage der Militärpolizisten den Studenten gehörten, liegen für die auf der Polizeiwache eintreffenden Pressefotografen auf einem Tisch ausgebreitet. Die Droge soll angeblich im Innern des Volkswagens gefunden worden sein, als der Soldat Cláudio Cândido den kriminalistischen Sachverständigen vertrat. Es gibt gewisse Zweifel, was die Verpackung des Marihuana anbetrifft. Unteroffizier José Felício Soares bestätigt, seinen Fund dem Leutnant Nepomuceno in drei kleinen Portionen ausgehändigt zu haben. Der Leutnant behauptet, die Droge habe sich in einem Plastikbeutel befunden. Der Kommissar schenkt diesem Widerspruch keine Aufmerksamkeit. Er stellt Fragen zu den Waffen. Nach der Version der Killer lagen diese neben den Jungen auf dem Asphalt.

Wenn die Geschichte, die die Militärpolizisten auf der Wache erzählen, der Wahrheit entspricht, so gab es keinen Grund für die gesetzeswidrige Beschlagnahmung der Waffen am Tatort vor Eintreffen der Sachverständigen. Es sei denn, man beabsichtigte damit, eine kriminalistische Untersuchung von vornherein zu verhindern.

Die andere Annahme ist, daß die Polizisten Lügengeschichten erzählen. Die Waffen und das Marihuana sind die Requisiten einer Farce, einer vorgetäuschten Bewaffnung, mit der die Toten beschuldigt werden sollen. Zu diesem Zeitpunkt ist es schwierig, die Wahrheit zu erkennen. Bisher hat noch kein einziger Zeuge den Mut aufgebracht, auf die Polizeiwache zu gehen und zu schildern, was sich während der Schießerei und der Vorgänge am Tatort tatsächlich ereignet hat. Die ganze Arbeit des Kommissars beschränkt sich darauf, die Aussagen der in die Aktion verwickelten Polizisten festzuhalten.

Um sieben Uhr morgens verheddern sich die Militärpolizisten immer tiefer in Widersprüche. Der Kommissar verlangt, daß ihm die Waffen gezeigt werden, die bei der Ermordung der Jungen zum Einsatz gekommen sind. Die ROTA 66 setzt sich aus fünf Männern zusammen, von denen jeder, wie alle Sterblichen, nur zwei Hände besitzt. Doch es werden, auf Anordnung des Leutnants Nepomuceno, zehn Revolver und vier Maschinenpistolen auf den Tisch gelegt.

Für die Zurschaustellung dieser Waffenausrüstung gibt es zwei mögliche Erklärungen, von denen aber nur eine der Wahrheit nahekommt. Entweder die Killer von der Militärpolizei sind Zauberer, die mit zehn Händen vier Maschinenpistolen gleichzeitig halten können, von denen jede acht Kilo wiegt, und sie können gleichzeitig noch zehn leichte Waffen bedienen. Die andere Hypothese ist, daß wieder einmal bewußt gezielte Nachforschungen behindert werden.

Wenige Minuten später gibt Leutnant Nepomuceno höchstpersönlich dem Kommissar gegenüber eine Erklärung ab. Angeblich ist die Waffenausrüstung der ROTA 66 mit den Waffen der ROTA 17 durcheinandergebracht worden, die nicht einen einzigen Schuß abgegeben hat.

»Und wie soll ich jetzt wissen, welche Waffe zu welcher Streife gehört?« fragt der Kommissar.

»Ja«, antwortet der Leutnant, »das ist jetzt schwierig.«

Das Durcheinander wird auf unverantwortliche Weise gelöst. Der Leutnant fordert eigenhändig und ganz beiläufig das Einziehen von zwei Maschinenpistolen und fünf Revolvern. Die restlichen Waffen werden einer ballistischen Prüfung unterzogen, so als handle es sich dabei um die Mordwaffen.

Um 9.30 Uhr sorgt das Eintreffen eines Zeugen für große Aufregung auf der Wache, in der es von Polizeibeamten, Anwälten und Journalisten nur so wimmelt. Es ist der Jurastudent im vierten Semester, Roberto Barros Pimentel, 24 Jahre alt. Er hat sich spontan zu einer Aussage entschlossen und ist bereit, so einiges zu erzählen.

»Sie sind Polizisten? Ich bin nämlich gekommen, um der Polizei von São Paulo mein Kompliment auszusprechen. Meine Glückwünsche, denn so kann das nicht weitergehen. Diese Diebstähle, Einbrüche, Raubüberfälle ...«

»Wozu Glückwünsche?«

»Weil ich alles gesehen habe, die Verfolgung, die Schießerei ...«

»Dann sind Sie also unser erste Zeuge.«

Der Student Barros Pimentel wird sofort dazu veranlaßt, in Gegenwart eines Protokollführers eine Aussage zu machen. Seine Aussage ist identisch mit der der fünf Militärpolizisten der ROTA 66.

»Ich wohne in der Rua Equador, Nummer 46, und konnte alles vom Fenster meiner Wohnung aus sehen. Ich habe gerade geschlafen, als ich vom Lärm der Schießerei geweckt wurde.«

»Um wicviel Uhr war das?«

»Um genau 3.35 Uhr morgens.«

»Was haben Sie gesehen?«

»Einen blauen Volkswagen, der auf der Rua Argentina fuhr, verfolgt von einem grauen Streifenwagen der Polizei. Ich habe gesehen, daß die Elemente in dem Volkswagen auf die Polizisten geschossen haben, die deren Schüsse erwiderten. Ich habe gesehen, daß der Junge auf dem Vordersitz einen typisch mexikanischen Hut trug.«

»Ist es dieser schwarze Hut hier, den wir auf der Wache beschlagnahmt haben?«

»Ja, den erkenne ich wieder. Der ist es. Der Junge mit dem Hut steckte den Kopf aus dem Fenster, drehte sich um und schoß. Er hatte eine leichte Waffe. Die Polizisten erwiderten das Feuer aus schwerkalibrigen Waffen.«

»Woher kennen Sie den Unterschied?«

»Ich verstehe etwas von Waffen, weil ich Schießübungen auf Zielscheiben mache.«

»Haben Sie noch etwas gesehen?«

»Dann habe ich einen lauten Knall gehört, ein sehr lautes Geräusch, wie von einem Autounfall. Dann hörte ich wieder Schüsse.«

Panchos Leiche ist im Rechtsmedizinischen Institut von der Mutter identifiziert worden. Seine Mutter, Maria de Consuelo Medeiros, wartet in der Aufnahmestelle der Polizei, die der Öffentlichkeit zugänglich ist. Sie ist von Freunden umringt, die versuchen, sic zu trösten. Immer wieder stellt sie die gleiche Frage: »Wie konnte er denn aus dem Auto springen und gleichzeitig schießen, wenn er doch hinkte und auf dem Fuß kaum stehen konnte?«

Nachdem Ângelo Medeiros die Leiche seines Bruders Pancho identifiziert hat, ist er sehr aufgebracht. »Er ist nicht wiederzuerkennen, Mutter. Sie haben seine Stirn durchlöchert. Er hat jede Menge Einschußlöcher auf dem Rücken. Wenn er nicht mein Bruder wäre, hätte ich ihn nicht erkannt. Was für eine feige Ermordung, Mutter!«

Ângelo ist zu diesem Zeitpunkt nicht der einzige, der außer sich ist. Die Bewohnerin der Villa 779 in der Rua Argentina, Dona Eliani Aparecida de Castro e Souza Faus, kann an nichts anderes denken als an den Anblick der Militärpolizisten, die mit ihren Maschinenpistolen auf die Jungen schossen. Sie hat alles vom Fenster ihres Zimmers aus beobachtet, wo sie neben der Hausangestellten stand. Als sie im Radio den Aufruf zur Identifizierung der Jungen hört, entschließt sich Dona Eliani, die Namen der Eltern im Telefonbuch zu suchen. Ihre Hände zittern, als sie die Telefonnummer der Noronhas wählt. Sie hat große Angst davor, eine Aussage zu machen. Sie möchte nur anrufen, um sich zu erleichtern und gleichzeitig der Mutter etwas Trost zukommen zu lassen. Es gibt jedoch noch ein drittes Motiv, aus dem heraus Dona Eliani schließlich Mut faßt und mit der Familie Kontakt aufnimmt.

Die Großtante von Francisco Noronha, Hedy de Mello, nimmt den Hörer ab.

»Hallo? Ist dort das Haus der Familie Noronha?«

»Ja, wer spricht dort?«

»Hier spricht jemand, der dem Massaker beigewohnt hat, das sich direkt vor meinem Haus ereignet hat. Ich möchte gern mit der Mutter des Jungen sprechen. Es werden jede Menge Lügen erzählt. Aus diesem Grund möchte ich sagen, was ich gesehen habe.«

»Die Mutter des Jungen hat einen schweren Schock erlitten. Sie kann nicht aus dem Bett aufstehen, weil sie Beruhigungsmittel genommen hat. Aber Sie können mir alles erzählen. Sie wird Sie später zurückrufen.«

»Ich bin von dem Krach der Schüsse unten auf der Straße aufgewacht, ein Lärm, der immer näher und näher kam. Bis einer der Wagen gegen einen Pfeiler schlug, der direkt gegenüber von meinem Haus steht. Als ich durch das Fenster guckte, hatte der Fahrer des Volkswagens bereits das Auto verlassen und schrie mit erhobenen Händen: »Aufhören! Aufhören!«

»Und was haben die Militärpolizisten gemacht?«

»Der, der dem Jungen am nächsten stand, ein magerer, hochgewachsener Polizist, ging ziemlich nah an ihn heran und gab einige Schüsse aus seiner Waffe auf ihn ab. Der Junge fiel zu Boden. Als er auf dem Boden lag, schrie er noch: ›Aua, aua, au!‹ Der Militärpolizist hörte erst auf, auf den Jungen zu schießen, als keine Schreie mehr zu hören waren.«

»Und die beiden anderen Jungen?«

»Sie wurden angeschossen, als sie noch im Wagen waren. Es waren mehrere Schüsse. Dann wurden sie über den Boden gezerrt, als seien sie Tiere. Sie schleppten die drei in ihr Fahrzeug. Dann sind sie verschwunden.«

»Warum rufen Sie an? Kann ich Ihren Namen erfahren?«

»Mein Name ist Eliani. Ich rufe aus Solidarität mit den Müttern an. Ich kann mir vorstellen, wie sie leiden. Ihre Söhne wurden ermordet, und jetzt werden sie auch noch in der Öffentlichkeit mit Schande behaftet.«

Dona Eliani hinterläßt der Familie Noronha ihre private Telefonnummer. Am gleichen Tag noch wird sie von der Mutter Francisco Noronhas zurückgerufen, aber da ist Dona Eliani schon nicht mehr zu Hause. Die Hausangestellte gibt Auskunft darüber, daß ihre Chefin eine Morddrohung erhalten hat, nachdem sie einem Reporter ein Interview gegeben hat. Die Mutter versucht es noch Tage darauf, monatelang, jahrelang. Nach 17 Jahren hegt Lia Noronha immer noch die Hoffnung, eines Tages mit der einzigen Person sprechen zu können, die gesehen hat, wie ihr Sohn erschossen wurde.

Kapitel 8
Düstere Hinterlassenschaft

Dies ist der erste bekannte Fall, in dem ein Trupp der »Rondas Ostensivas Tobias Aguiar« Menschen tötet, die einer reichen Minderheit im Land angehören.

So lautet eine der ersten Schlußfolgerungen, die ich in meine Datenbank eingebe, seit ich meine Arbeit in São Paulo begonnen habe. Das Ziel meiner Nachforschungen ist es, das Profil der Opfer und die Umstände kennenzulernen, unter denen diese Menschen von der Militärpolizei getötet wurden. Es könnte eine relativ einfache Aufgabe sein, wenn diese Daten vom obersten Kommando der Militärpolizei nicht als Berufsgeheimnis angesehen würden. Es hätte voll und ganz gereicht, Zugang zu den offiziellen amtlichen Berichten über die stattgefundene Schießerei zu bekommen, die der Presse von der Abteilung für Öffentlichkeitsarbeit zugestellt werden. Es wäre einfach, befänden wir uns nicht mitten in den siebziger Jahren.

In diesem Jahrzehnt pflegen die Polizisten Informationen geheimzuhalten, die für die Öffentlichkeit bestimmt sind, und behindern ganz bewußt den Informationsfluß, soweit es eben geht. Dies geschieht selbstverständlich nur, wenn die Geheimhaltung von Fakten in ihrem Interesse liegt. Da meine Anträge auf die Möglichkeit zur Nachforschung in den Archiven der Militärpolizei regelmäßig abgelehnt werden, bin ich gezwungen, auf eigene Faust Nachforschungen anzustellen. Ich wähle das, was mir am vernünftigsten erscheint: die Erstellung einer Datenbank über die Individuen, die im Verlauf der Polizeipatrouillen den Tod fanden.

Meine Absicht ist es, alle Fälle zu untersuchen, die seit dem 9. April 1970 unter dem Stichwort Schießerei registriert wurden, der Tag, an dem die zivile Polizei und Militäreinheiten miteinander verschmolzen sind, um die Militärpolizei von São Paulo zu bilden. Der Anfang meiner Untersuchung ist somit auf den Tag genau festgelegt, aber ich beschließe, die Untersuchung einer Reihe von Fällen offen zu lassen: Diese wird erst abgeschlossen sein, wenn die Militärpolizei aufgehört hat, zu töten.

Die ersten Informationen, die ich auf diese Weise erhalte, kann ich durch Zufall in Consolação sammeln, einem Stadtviertel, in dem ich mir eine Wohnung gesucht hatte, als ich Ende 1975 nach São Paulo kam. Ich mietete eine Wohnung in der Rua Capote Valente, ohne zu wissen, daß ich drei Blocks vom Rechtsmedizinischen Institut der Stadt entfernt wohne. Beeindruckt von der Vielzahl der Menschen, die in diesem Institut nach einem Angehörigen oder Freund suchen, der von der Polizei getötet wurde, mache ich mir täglich Notizen in ein Heft mit schwarz-rotem Deckel.

Beobachtungen und Interviews, die ich in der Vorhalle des Leichenschauhauses mache, liefern mir wichtige Informationen. Eine andere Quelle für meine inoffizielle Datenbank ist das Archiv einer Zeitung, die eine große Anzahl von polizeilichen Fakten enthält, der »Notícias Populares«, auch »NP« genannt. Die meisten Fälle, in denen Personen von der Militärpolizei getötet wurden, sind in diesem »NP« aufgeführt und stützen sich auf Informationen, die dem Fallbericht, einem offiziellen Rundschreiben, entnommen sind. Dieser Bericht wird regelmäßig von der Dienststelle für Öffentlichkeitsarbeit der Militärpolizei verbreitet. So gelingt es mir, anhand der Lektüre über Schießereien, in die Polizisten verwickelt sind, die offizielle Version all dieser Tötungsdelikte genauestens nachzuvollziehen.

Dieses Rundschreiben ist ein öffentliches Dokument, in welchem die Polizisten gezwungen sind, die wichtigsten Umstände der Verbrechen festzuhalten, die sich in ihrem Zuständigkeitsbereich ereignen, alles gestützt auf Zeugenaussagen. Das Rundschreiben, volkstümlich »BO« genannt, stellt den ersten Schlüssel zu meinen Nachforschungen dar.

Die ersten Wochen der Lektüre in den Archiven des »NP« offenbaren deutlich, auf welche Weise Tötungsdelikte, in die Polizisten verwickelt sind, offiziell dargestellt werden. Im allgemeinen erscheinen sie wie Akten zur Verteidigung von Killern.

Der Fall der ROTA 66 ist in meiner Untersuchung unter der Nummer 255 verzeichnet, wobei meine Quelle der »NP« ist. Ich lese darüber mit gespannter Aufmerksamkeit. Für mich hat der Fall ein besonderes Gewicht. Die Daten über den Tod der drei Jungen in dem blauen Volkswagen stellen, rein zufällig, den Abschluß meiner Lektüre von Dokumenten über fünf Jahre Machenschaften der Militärpolizei in São Paulo dar. Der Zeitpunkt für eine erste Auswertung der Datenbank ist gekommen.

Die Lektüre der ersten 1725 Ausgaben des »NP« ergeben die Aufdeckung von 274 Todesfällen, die sich zwischen 1970 und 1975 ereignet haben, wobei diese Personen angeblich im Verlauf von Schußwechseln in der Stadt ums Leben gekommen sind. Dies ist eine beeindruckende Zahl, selbst wenn man sie mit den Tötungsdelikten von Killerkommandos vergleicht. Es sind doppelt so viele Menschen auf diesem Weg getötet worden, als zum Beispiel auf das Konto der gefürchteten Todesschwadronen von São Paulo gehen, die sich aus zivilen Polizisten zusammensetzen und die zur gleichen Zeit, nämlich in den siebziger Jahren, ihr Unwesen treiben.

Die Zahl dieser Tötungsdelikte übersteigt sogar die Zahl derer, die seit Beginn der dunklen Epoche politischer Repression im Land, zwischen 1960 und 1970, vermißt werden. Die Agenten der Armee und der zivilen Polizei, die in die Bekämpfung von politischen Aktivisten verwickelt waren, werden für die Hinrichtung von 269 Menschen verantwortlich gemacht: 144 offizielle Todesfälle, 125 Vermißte. Das Tötungssaldo der Militärpolizei ist demnach schon 1975 höher als die Anzahl derer, die aus politischen Gründen während der 21 Jahre Militärdiktatur getötet wurden oder seither vermißt werden.

Eine andere vielsagende Tatsache, die aus meiner Datenbank hervorgeht, ist das Profil der Männer, auf deren Konto die meisten Tötungsdelikte gehen, die sich im Verlauf ihrer polizeilichen Überwachungstätigkeit ereignet haben. Die Redakteure des »NP« pflegen die Namen der in Schießereien verwickelten Mitglieder der Militärpolizei häufig zu nennen, um das Vorgehen dieser Polizisten lobend zu erwähnen. Dies hat die Nachforschung über die Identität vieler dieser Killer aus den Reihen der Militärpolizei erleichtert. Bei der Überprüfung ihrer Personalien stellte ich fest, daß einige von ihnen bereits während der Militärdiktatur im Dienste der Sicherheitsorgane standen.

Bevor ich auf die Killer unter den Militärpolizisten eingehe, möchte ich folgendes bemerken: Die Mehrheit der 50 000 Männer, aus denen sich die Militärpolizei von São Paulo 1975 zusammensetzt, pflegen während ihrer polizeilichen Patrouillen nicht zu töten. Es sind Männer, die das Gesetz respektieren. Obwohl sie oft in Situationen verwickelt sind, in denen sie ihr eigenes Leben riskieren, um ein Verbrechen zu bekämpfen, pflegen sie ihre Verpflichtung ernst zu nehmen: Sie schießen nur im äußersten Notfall. Was die meisten von ihnen vorziehen, ist die Inhaftierung der Verdächtigen, ihre Verurteilung im Rahmen der Rechtsprechung.

In vermeintlichen Schießereien zu töten ist, wie wir sehen werden, nur die Angelegenheit einiger weniger. Die Namen der Killer sowie die Einheit, der sie angehören, tauchen immer wieder in meiner Datenbank auf. Es gibt keinen Zweifel: Sie gehören einer Minderheit an, die zum größten Teil dem ersten Bataillon der Militärpolizei von São Paulo angehört, namentlich einer Einheit, die als Elite des Verbandes angesehen wird – die sogenannten »Rondas Ostensivas Tobias Aguiar«, die ROTA.

Einige dieser Männer sind erfahrene Polizisten, die dieser Einheit seit ihrer Gründung im Oktober 1970 angehören. Ihre ursprüngliche Aufgabe war die Bekämpfung von Banküberfällen durch die Stadtguerilla.

Die Namen der Polizisten, die zuerst als Killer in die Datenbank eingegeben werden, gehören der Einheit der Militärpolizei an, die sich die Bekämpfung der Guerilla zur Aufgabe gemacht hat: Es sind die Unteroffiziere Absalom Moreira da Luz und Manoel Alves do Nascimento.

In der Nacht des 13. April 1970, fünf Tage nach der Entstehung der Militärpolizei, gehören sie, die für die »Operação Bandeirantes« (OBAN) angeworben wurden, bereits dem Suchkommando C-4 an, das mit der Verhaftung eines Mannes beauftragt ist. Er wird verdächtigt, Mitglied der Guerilla zu sein. Die Dienststelle des SI, eines Informationsdienstes, weist darauf hin, daß sich der Mann in einer Pension im Flughafenviertel versteckt hält. Sie treffen den Mann nicht zu Hause an. Die beiden Unteroffiziere zwingen den Besitzer der Herberge dazu, ihnen die gegenüberliegende Wohnung im Parterre zu öffnen, von der aus sie das Zimmer des Verdächtigen einsehen können. Gegen neun Uhr abends inszenieren mehr als 40 in Zivil gekleidete Polizisten ein Täuschungsmanöver, als sie in der Rua Itatins, mit dem Auto und zu Fuß, den üblichen Fußgänger- und Straßenverkehr simulieren.

Militärpolizisten und Kollaborateure der OBAN sind Handlanger der politischen Repression und unterstützen mit ihren Aktionen zivile Polizisten der DOPS und Agenten der Armee. Es sind Männer aus der sogenannten Frontlinie. Sie tragen zivile Kleidung, Maschinenpistolen, Handgranaten, Walkie-talkies und fahren Streifenwagen mit gefälschtem Kennzeichen. Manchmal unterwandern sie linke Organisationen mit dem Ziel, dort Nachforschungen anzustellen. Selbst in denjenigen Operationen, die als regulär angesehen werden, wie die, die in der Rua Itatins stattfindet, pflegen sie ihre Identität geheimzuhalten, ohne im mindesten die Rechte ihrer Gegner zu respektieren.

Der Verdächtige ist den Polizisten nicht bekannt und kann die Straße unerkannt passieren. Er betritt die Pension und wird augenblicklich von den beiden Unteroffizieren durch einen Fensterspalt observiert. Er öffnet die Tür zu Zimmer 13. Als er das Licht einschaltet, sind auch schon die Polizisten zur Stelle, ihn anzugreifen. Die beiden Unteroffiziere gehen voran. Absalom klopft an die Tür. Keine Antwort.

»Wir wissen, daß Sie zu Hause sind, Brianezi. Wir müssen mit Ihnen sprechen. Würden Sie die Tür öffnen?«

»Einen Augenblick.«

Zwei Minuten später öffnet Brianezi die Tür einen Spalt weit. Er hat eine Waffe in der Tasche versteckt. Die Militärpolizisten, die umringt sind von Sicherheitsbeamten und ziviler Polizei, schreien laut: »Polizei!«

Der Schußwechsel erfolgt blitzschnell, er dauert weniger als eine Minute. Die Unteroffiziere Absalom und Nascimento sind verletzt, der Verdächtige ist tot. Sechs Kugeln haben ihn getroffen.

Alle persönlichen Gegenstände des Opfers werden von der Polizei beschlagnahmt, um diese in die Untersuchung miteinzubeziehen, so als handle es sich hier um faßbare Beweise für das Verbrechen der Unterwanderung des Regimes. Die Sachen passen in einen kleinen Koffer. Es sind acht Hemden, vier Hosen, zwei Rai-Ban-Brillen, ein Blouson aus Segeltuch, ein Paar Handschuhe, ein Dosenöffner, ein Paar Stiefel, eine Rolle mit Nylonfaden, eine rote Baskenmütze, ein Stadtplan von São Paulo und das Buch »Guerra na Surdina« von Boris Schnaiderman. Anhand seiner Dokumente kann der Verdächtige identifiziert werden: Er kommt aus Parana, ist in Londrina geboren, 24 Jahre alt, kaufmännischer

Angestellter. Es handelt sich um den Guerillakämpfer José Idézio Brianezi, der erste, der in unserem Informationsarchiv registriert wird.

Ein anderer Killer der Militärpolizei, der seine Karriere mit der Verfolgung von Guerillakämpfern begonnen hat, ist der Polizeiwachtmeister Nilton Filó. Monate, nachdem er dem Militär beigetreten ist, wird er aufgrund besonderer Tapferkeit bei der Jagd auf den Guerillaführer Carlos Lamarca, die im Mai 1970 in Vale do Ribeira stattfindet, befördert. Unter dem Kommando des Leutnants Alberto Mendes Júnior gehört Filó einer von der Guerilla gefürchteten Patrouille an. Während der Schießerei, in deren Verlauf einige Verluste in den eigenen Reihen zu verzeichnen sind, entscheiden sich die Militärpolizisten dazu, um den Verletzten zu helfen und ein Massaker zu verhindern. Diese Geste, die der Kommandant der MP als heroisch erachtet, sollte zur Beförderung des Soldaten Nilton Filó führen, der nach dieser Mission zum Militärpolizisten gemacht wird. Gegen Ende der Auseinandersetzung willigen die Guerillakämpfer aufgrund des Nachgebens von Leutnant Alberto Mendes Júnior, der bei der Auseinandersetzung das Leben gelassen hat, ein, die Gefangenen freizulassen.

Der militärische Anführer der Einsätze in Vale do Ribeira ist ein Oberst der Armee, den wir in diesem Jahr 1975 bereits zur Genüge kennengelernt haben: Es ist Erasmo Dias, unter dessen Kommando zu diesem Zeitpunkt der zweite militärisch besetzte Sektor steht. Nachdem die Guerillakämpfer 40 Tage lang umzingelt sind, gelingt ihnen die Flucht. Diese Niederlage führt der Oberst selbst auf die Unerfahrenheit und Angst der Militärpolizisten zurück, die Lamarca und seinen Männern die Stirn bieten müssen.

In den Folgejahren, als er schon auf eine größere Erfahrung zurückblicken kann, ist der Polizist Filó, der von der ROTA zusammen mit den unterschiedlichsten Kollegen aus der »Operação Bandeirantes« angeworben wird, immer noch in den Krieg gegen die Guerilla verwickelt. Viele der Militärpolizisten sind Zeitgenossen der Agenten politischer Repression. Diese verstehen es sehr gut, Geschichte zu »machen«. Sie lassen offizielle Pressemitteilungen verbreiten, um die wahren Umstände zu vertuschen, unter denen sie ihre Feinde töten. Im Fall des Journalisten Luiz Eduardo da Rocha Merlino konnten zum Beispiel verschiedene

Leute bezeugen, daß er an den Folgen der Folterungen gestorben war, die er in den Gebäuden der OBAN zu erleiden hatte. Die offizielle Version des Tathergangs läßt jedoch verlauten, daß er »wie festgestellt wurde, Opfer eines Verkehrsunfalls wurde«. Es gibt Dutzende von ähnlichen Fällen.

Ein anderer Guerillakämpfer, der unter Folter in der OBAN starb, ist Joaquim Alencar Seixas.

> Tathergang: Er starb an den Verletzungen, die er nach einem heftigen Schußwechsel mit den Sicherheitsorganen des Bundesstaates São Paulo geführt hatte, um 13 Uhr des 16. April 1971, in der Av. do Cursino, Ipiranga, in der Hauptstadt.

Eine detailliertere Auswertung der Datenbank zeigt, daß die Killer unter den Militärpolizisten die Methoden der Vergangenheit übernommen haben. Nachdem der Kampf gegen die Guerilla erfolgreich beendet ist, gehen sie mit den gleichen Methoden auch gegen Verdächtige vor, die gewöhnlicher Verbrechen beschuldigt werden. Der Name des Polizisten Nilton Filó, der bei der Guerillabekämpfung mitwirkte, taucht dreimal in der Datenbank auf, und zwar jedesmal im Zusammenhang mit Schießereien. In diesen Auseinandersetzungen müssen insgesamt fünf Menschen ihr Leben lassen. Die Erklärungen, die Filó zu diesen Verbrechen abgibt, erscheinen wie ein Abklatsch der Berichte aus den Zeiten der Diktatur.

Der unter der Nummer 172 registrierte Fall, der in der Datenbank verzeichnet ist, bezieht sich auf den Minderjährigen Rodolfo Ferreira, der von Nilton Filó mit der Maschinenpistole niedergeschossen wurde, weil er des Handels mit Rauschmitteln angeklagt war. In seiner Aussage führt Nilton Filó an, bei der Verhaftung des Verdächtigen auf Schlamm ausgerutscht zu sein; in diesem Augenblick sei seine Maschinenpistole wie durch einen Zufall losgegangen.

Eine noch unwahrscheinlichere Erklärung für den Tod eines Jugendlichen und zweier Minderjähriger gibt es in einem in seiner Art einzigartigen Fall eines Schußwechsels, in den Filó und vier weitere Militärpolizisten verwickelt sind. Er ereignet sich einige Tage vor dem von der ROTA 66 verübten Verbrechen. Alles beginnt mit einem Überfall auf einen Omnibus, der an der Endstation des Verkehrsbetriebes Santa Clara, in der Randzone der Stadt geparkt wird. Ein Mann hält den Busfahrer in Schach, indem er ihm einen Dolch an die Brust hält, während ein anderer Straßenbandit eine alte Pistole auf den Schaffner Edgar Alves Pains richtet. Er verlangt die Herausgabe der Tageseinnahmen. Voller Angst händigt ihm der Schaffner alles aus, was er in seiner Kasse findet, nebst seiner Armbanduhr und seinem privaten Geld. Der Dieb gibt ihm einen Teil des geraubten Geldes zurück: »Dein Geld will ich nicht, Bruder. Du bist Arbeiter wie wir. Ich will nur das Geld der Firma.«

»Wie du willst, es hätte mir gefehlt, es ist der Lohn für die Überstunden.«

Der Straßenräuber mit dem Dolch befiehlt dem Fahrer des Busses, den Motor abzuwürgen. Bevor er den Bus verläßt, stößt er noch eine Drohung aus: »Wenn du den Kopf aus dem Fenster steckst, verpaß ich dir 'ne Kugel!«

In der Folge räumt das Gangsterduo in einem weiteren Omnibus die Kasse aus und flieht in Begleitung von drei weiteren Männern.

Als Militärpolizisten von der Patrouille von dem Überfall erfahren, durchkämmen sie fünf Minuten später schon das Gebiet um den Jardim Santa Brígida. Sie treffen auf eine Gruppe von fünf Verdächtigen. Ohne diesen irgendwelche Fragen zu stellen, gehen die Militärpolizisten davon aus, daß es sich hierbei um die Busräuber handelt. Gemäß der ungewöhnlichen Aussage des Patrouillenführers Nilton Filó und seiner Kollegen habe die Bande versucht, den Streifenwagen der Militärpolizei auf einer dunklen, unbefestigten Straße zu überfallen.

»Einer von ihnen hatte sich mitten auf die Straße gelegt, um uns zum Halten zu zwingen. Nachdem wir angehalten hatten, wollten sie einen Überraschungsangriff starten. Aber einer von ihnen begriff, daß es sich um ein Polizeiauto handelte, und schrie: ›So ein Mist!‹ Alle vier liefen davon und widersetzten sich einer Verhaftung. Sie schossen aus ihren Waffen, und es entbrannte ein heftiger Schußwechsel... Wir konnten sie überwältigen und ihnen die Waffen abnehmen. Daraufhin wurden sie sofort von Beamten der Garnison versorgt und in das Krankenhaus Santa Clara gebracht, wo sie verstarben.«

Filó ist ebenfalls Hauptperson in einer anderen beeindruckenden Geschichte, die von den Militärpolizisten als erbitterte Schießerei geschildert wird. Filó und weitere 70 zivile und militärische Polizeibeamte, die mit Tränengasgeschossen, Revolvern und Maschinenpistolen bewaffnet sind, seien angeblich von einem einzigen Mann angegriffen worden. Es handelt sich um Daniel José de Santana, der unter dem Vorwurf erschossen wurde, Widerstand geleistet zu haben, nachdem er im Februar 1975 in der Gegend des Flughafens auf frischer Tat ertappt worden ist. An dieser Episode beteiligt war ebenfalls der Patrouillenführer Roberto Lopes Martínez von der ROTA 66, einer der Mörder der Jungen in dem blauen Volkswagen.

Die erste Teilauswertung der Datenbank zeigt ebenfalls, daß einige der Militärpolizisten, die in die Ermordung der drei Jungen in dem blauen VW verwickelt sind, Urheber anderer vermeintlicher Schießereien mit Jugendlichen aus den Randgebieten der Stadt sind.

Ein Soldat der ROTA 17, Everaldo Borges de Souza, der mit den Ärzten eine Diskussion anfängt, als sie die Leichen der drei Jungen ins Krankenhaus bringen wollen, ist der gleiche Militärpolizist, der in die Tötung eines Mannes verwickelt ist, der im Januar 1975 ohne Papiere angetroffen wird. Es ist auch Borges, der in einer anderen vermeintlichen Schießerei im Januar 1975 den Garagenbesitzer José Rodrigues Neto und die Brüder Jurandir und Aparecido Pereira de Souza aus Parana in einem gestohlenen Taxi im Viertel von Ipiranga tötet.

Eine Information, die ich zumindest als auffällig ansehe, kann ich der Datenbank darüber hinaus entnehmen: Der Kommandant der Truppe von Everaldo Borges im Fall der drei Toten von Ipiranga ist kein anderer als Leutnant Eli Nepomuceno, derselbe Kommandant, der in der Nacht den Oberbefehl hatte, in der die drei Jungen den Tod fanden. Noch im gleichen Jahr 1975 ist Nepomuceno wieder in ein Tötungsdelikt verwickelt, das sich während einer seiner Patrouillen ereignet. Seinem Kommando untersteht die Streife, welche den minderjährigen kaufmännischen Angestellten Celso Luiz Pomelli, 16 Jahre alt, in São Miguel Paulista erschießt.

Wenn man die offiziellen Versionen dieser vermeintlichen Schießereien begutachtet, so wie sie sich nach Aussagen der Militärpolizisten in diesem Jahr 1975 ereignet haben, so weisen sie eine große Ähnlichkeit mit den Schilderungen von Schießereien der Vergangenheit auf, als Guerillakämpfer zu den Opfern zählten. Die Schilderung des Tathergangs ist meist auf ein und dieselbe Weise aufgebaut: Ein Militärpolizist bemerkt einen Verdächtigen in der Dunkelheit. Der Verdächtige flieht und schießt mit seiner Waffe. Der Polizist erwidert das Feuer und verletzt den Verdächtigen. Man kommt dem Verletzten zu Hilfe, der auf dem Weg ins Krankenhaus stirbt. Opfer und Aggressor werden meist vertauscht, so wie es im Fall der ROTA 66 auch geschehen ist. Das Opfer hat seinen Tod immer selbst verschuldet. Selbstverständlich werden die Namen der in jede neue Schießerei verwickelten Personen, das Datum, Tatort und die Tatzeit immer verändert.

Meine Nachforschungen ergeben, daß die Militärpolizisten von ihren Lehrern von einst das Schlimmste überhaupt gelernt haben. Als gehorsame Schüler haben sie nicht nur die brutalen Methoden der Repression übernommen, nämlich die Erschießung, sondern sie besitzen auch noch die Dreistigkeit, das Recht auf Leben auf die ungehörigste Art zu mißachten. Während die Polizisten, die sich zu Handlangern politischer Repression machten, ihre Opfer nach gezielten Nachforschungen auf die Abschußliste setzten, handeln die Militärpolizisten auf willkürliche Art, ohne auch nur ein Auswahlkriterium zu haben. Ich kann diese Erkenntnis als fundiert ansehen, nachdem ich genau 33 Schießereien untersucht habe, die sich 1975 ereignet haben.

Aber haben die Polizisten tatsächlich ein Verbrechen begangen? Das Ergebnis meiner Auswertung zeigt zum Beispiel, daß fünf der Verdächtigen, die zum Zeitpunkt ihres Todes keine Ausweispapiere bei sich trugen, regelrechte Armenbegräbnisse bekamen. Dies bedeutet, daß sie erschossen wurden, ohne daß man untersucht hatte, ob es sich bei ihnen um Kriminelle handelte oder nicht. Von insgesamt 33 Opfern wurden nur elf als Diebe in den Polizeiarchiven geführt. Die große Mehrheit hatte eine weiße Weste: Unter den Erschossenen waren fünf Arbeiter, ein Mechaniker, ein Koch, ein Fahrer, ein Schuhmacher, ein Händler, ein Wachposten, ein Fabrikarbeiter, zwei Arbeitslose und zwei Studenten. Diese 17 Menschen wurden getötet, ohne in ihrem bisherigen Leben auch nur ein einziges Mal mit dem Gesetz in Konflikt geraten zu sein.

Die Archive der Gerichte und der Polizei an sich beweisen, daß die offiziellen Versionen dieser Schießereien in vielen Fällen nicht der Wahrheit entsprechen. Sie zielen darauf ab, die Morde als legitime Selbstverteidigungsmaßnahmen während der Erfüllung einer Dienstpflicht darzustellen.

Mein Ziel in diesem Jahr 1975 ist es, Untersuchungen über die Umstände anzustellen, unter denen jeder einzelne dieser Toten ums Leben gekommen ist. Ich bemerke sehr bald, daß das Fehlen von Zeugen - etwas, was in den meisten dieser Fälle an der Tagesordnung ist - das erste große Hindernis für mich darstellt. Mit Ausnahme der drei Studenten, die in der reichen Gegend der Jardins gewohnt haben, gehörten die Opfer zu den armen Leuten. Sie starben normalerweise in den frühen Morgenstunden und an abgelegenen Orten.

Die Schwierigkeit, die es mit sich bringen würde, zu beweisen, auf welche Weise die Militärpolizisten vorgehen, wenn sie vermeintlich Verdächtige töten, war mir zu diesem Zeitpunkt nichts Neues. Was mich jedoch in diesen ersten Tagen meiner journalistischen Tätigkeit in São Paulo überraschte, war, bei meinen Nachforschungen zu einem Verbrechen an Reichen aus der gesellschaftlichen Oberschicht Brasiliens auf ganz ähnliche Hindernisse zu stoßen. Die Arbeit an dem Fall der ROTA 66 führte mir vor Augen, daß Nachforschungen über die Morde durch Militärpolizisten immer eine Herausforderung sein werden, ungeachtet der Tatsache, ob es sich bei den Opfern um Reiche oder Arme handelt.

Kapitel 9
Die Verurteilung

Das große Vorbild von João Augusto Diniz Junqueira, der Arzt João Augusto Andrade, erfährt als letzter von dessen Tod. Er will gerade das Haus verlassen, um bei einem seiner Patienten einen Hausbesuch zu machen, als er einen Anruf aus São Paulo erhält. Man teilt ihm mit, daß seinem Enkel etwas Schreckliches zugestoßen ist.

Die erste Reaktion zeigt seine berufsbedingte Einsatzbereitschaft. »Lassen Sie nur, ich komme sofort, wir müssen sein Leben retten!«

Die Beharrlichkeit seiner Kinder, ihn auf der Autofahrt nach São Paulo zu begleiten, läßt den Großvater vermuten, daß seinem Lieblingsenkel etwas viel Schrecklicheres widerfahren ist, als er zunächst geglaubt hatte. Er ahnt, daß sein Traum, den Enkel eines Tages als fertigen Landwirt zu sehen, wie dieser es dem Großvater viele Male versprochen hatte, nicht in Erfüllung gehen wird. Er beginnt zu weinen.

Als der Arzt das Haus des Enkels betritt, wird er von den Verwandten umringt, die ihm bestätigen, was er bereits vermutet hatte. Er umarmt lange seine Tochter Lia Junqueira, die Mutter von Augusto. Wenig später erfährt er von ihr die Einzelheiten des Verbrechens: die Zahl der Polizisten, die Augusto getötet haben, die Anzahl der Schüsse, die auf seinen Körper abgegeben wurden, die offiziellen Verleumdungen des Jungen, die Unterstützung, die Autoritätspersonen des Staates den Killern zukommen lassen. Der Großvater hört sich alles schweigend an, bemüht, nicht zu zeigen, wie weh ihm das tut und wie aufgebracht er ist.

»Wo ist er jetzt?«

»Wir haben uns um seine Überführung nach Orlândia bemüht, Vater. Wir werden ihn auf unserem Land begraben. In dieser Verbrecherstadt wird mein Sohn nicht bleiben.«

»Ich möchte wissen, wo er sich jetzt gerade befindet, sofort!«

»Sie werden ihn bald aus dem Rechtsmedizinischen Institut überführen.«

»Ich muß dahin, wartet hier auf mich!«

Die Tochter, der Schwager und die Angehörigen, die sehen, wie tragisch der Vorfall für den Großvater ist, versuchen ihn davon abzuhalten, das Haus zu verlassen. Er läßt sich jedoch nicht beirren: »Ich bin 72 Jahre alt. Bitte respektiert meine Freiheit!«

An diesem Tag werden mehr als 40 Leichen in der Leichenhalle des Rechtsmedizinischen Instituts einer Autopsie unterzogen. Doch der eigentliche Anlaß für die Aufregung in dem engen Flur, der der Öffentlichkeit zugänglich ist, ist der Fall der ROTA 66. Die Reporter interviewen die Freunde der Jungen und einige Polizisten, die nicht in das Verbrechen verwickelt sind.

Die Ankunft von Augustos Großvater zieht die Aufmerksamkeit aller auf sich. Er begibt sich direkt an den Informationsschalter und ist Zielscheibe vieler Fotografen.

»Ich möchte wissen, wo sich mein Enkel João Augusto Diniz Junqueira befindet.«

»Wir warten auf die Fertigstellung der Unterlagen, damit wir die Leiche freigeben können, Senhor. Seine Familie hat schon alles in die Wege geleitet.«

»Meine Frage ist, wo sich sein Körper befindet, und die haben Sie noch nicht beantwortet.«

»Da, wo sich alle Leichen befinden. In den Kühlfächern.«

»Führen Sie mich dahin. Ich bin Arzt, ich muß ihn sehen.«

»Das ist leider nicht möglich, Senhor. Dieser Ort ist nur den Ärzten des Rechtsmedizinischen Instituts zugänglich.«

Die aufgebrachten Freunde zeigen ihm den Eingang, der in den Saal mit den Kühlfächern führt. Der Großvater öffnet die Holzschranke des Warteraumes, die einzige Barriere auf dem Weg in die abgesperrte Zone. Die Beamten kommen herbeigelaufen und wollen ihn daran hindern. Er protestiert.

»Dieser Ort ist für die Öffentlichkeit bestimmt. Warum wollen Sie meinen Enkel vor mir verstecken?«

Man tut ihm zwar keine Gewalt an, doch er wird an den Armen festgehalten. Dessen ungeachtet versucht der Großvater mit aller Macht, sich freizukämpfen und sein Vorhaben auszuführen, dabei redet er ohne Unterlaß: »Was für eine Schweinerei habt ihr mit der

Leiche meines Enkels vor? Ihr gehört doch alle zu der gleichen Mörderbande!«

Ein Leiter des Rechtsmedizinischen Instituts kann ihn ein wenig beruhigen. Er willigt ein, den Großvater die Leiche sehen zu lassen, aber nicht in seiner Eigenschaft als Arzt, sondern als Angehöriger des Toten.

Die anderen Familienmitglieder, die gerade eingetroffen sind, sind damit nicht einverstanden. Es würde einem Mann in seinem Alter zu viel Schmerz bereiten, er, der emotional so tief getroffen ist. Schon völlig erschlagen, fügt sich der Großvater den Argumenten der Angehörigen. Er schweigt und willigt ein, mit ihnen nach Hause zurückzukehren.

Von diesem Tag an ist der Großvater nie mehr der gesprächige, extrovertierte, glückliche Mann von einst. Er behandelt nur noch seine ältesten Freunde, und nur in Fällen äußerster Dringlichkeit. Seine Gespräche beschränken sich auf einfache, oberflächliche Dinge des Alltags. Nur den allerengsten Freunden erklärt er, was ihm widerfahren ist: »Die Ermordung eines jungen Menschen trifft nicht nur das Opfer. Die Attentäter haben mit der Ermordung meines Enkels auch mein Leben hart getroffen.«

Zwei Monate später stirbt der Großvater an einem Infarkt. Die Familie schreibt dies dem Leid zu, das er durch den Tod des Enkels erfahren mußte.

Der Schmerz der Familie von Francisco Noronha schlägt schon während der Trauerfeierlichkeiten in Aufruhr um. Am Morgen jenes 23. April telefoniert der Vater mit einem Freund aus dem Palácio dos Bandeirantes, dem Sitz des Gouverneurs.

»Deine wunderbare Polizei hat meinen Sohn ermordet, Paulo Egídio.«

Der Gouverneur von São Paulo, Paulo Egídio Martins, erhält die Informationen über den Fall der ROTA 66 von einem Jugendfreund, der mittlerweile Direktor der Bank Itaú ist, von José Noronha Filho. Die Situation bringt den Gouverneur zumindest in eine Zwangslage, denn er sieht sich einem Dilemma gegenüber. Er hat die moralische Verpflichtung, von der Polizei eine lückenlose Aufklärung der Fakten zu fordern, eine Sache, die er normalerweise unterläßt, wenn es sich um Verbrechen der Militärpolizei handelt. Davon abgesehen, sieht er sich außerstande, die Verantwortlichen für dieses Verbrechen sofort zu bestrafen, da sie den

Anweisungen zufolge handelten, die ihnen von den Kommandanten der Militärpolizei und dem Sicherheitsbeamten erteilt worden sind.

Paulo Egídio Martins erste Reaktion ist: Er veranlaßt die sofortige Freigabe der Leichen der drei Jungen, die sich noch im Rechtsmedizinischen Institut befinden, so wie es die Angehörigen verlangen. Die Beerdigung soll noch am Mittwoch, den 23. April, stattfinden. Eine andere Entscheidung, die er trifft, ist von größerer Bedeutung und wird auf Druck der Noronhas erwirkt. Der Gouverneur leitet eine rechtliche Untersuchung des Falles ein, die unter der Verantwortung der zivilen Polizei erfolgen soll.

Bevor es Abend ist, hat der Gerichtspräsident der Justizpolizei bereits einen Staatsanwalt damit beauftragt, die Aufklärung des Falles durch die Polizisten ununterbrochen und aus nächster Nähe zu verfolgen. Gleichzeitig wählt der Gerichtspräsident eine Reihe von Sachverständigen und Spezialagenten der DOPS aus, Männer seines Vertrauens, die ausschließlich mit der Untersuchung des Falles beauftragt werden.

Auch in die Militärpolizei kommt Bewegung. Einige Offiziere, die für die Einleitung der Militärpolizeilichen Untersuchung (MPU) verantwortlich sind, werden damit beauftragt, den Umständen der Schießerei auf den Grund zu gehen. Was tatsächlich erfolgt, entspricht der wahren Absicht, die hinter dieser MPU steht, nämlich die drei toten Jugendlichen im nachhinein zu verunglimpfen. Bei den Untersuchungen geht man sehr zurückhaltend vor. Die Ergebnisse stehen häufig im Widerspruch zu den Erkenntnissen, die die zivile Polizei und die Justizbehörden bei der Aufklärung des Falles gewinnen.

Die MPU wird in der Hauptsache von einem bewährten Mittel zur Verteidigung der Militärpolizisten der ROTA 66 gestützt. Zeugen sind die Polizisten selbst, die in den Fall verwickelt sind. Es werden keine Zweifel an den Aussagen eines jeden von ihnen erhoben. Offenbar sind sie im Besitz der Wahrheit. Die für die MPU Verantwortlichen bringen nichts als Anklagen gegen die drei toten Jugendlichen vor.

Um zu beweisen, daß die Jugendlichen den Kassettenrecorder aus dem Puma von Roberto Veras stehlen wollten, ein Umstand, der ihre Verfolgung auslöste, bedienen sich die Untersuchungsbeamten der Militärpolizei eines Sachverständigenurteils. Am gleichen Morgen, Stunden, nachdem sich die Schießerei ereignet hat, finden die Sachverständigen einige Kassetten verstreut auf dem Rücksitz des Puma vor. Die Schraube, mit der der Kassettenrecorder am Armaturenbrett befestigt war, ist lose. Sie entdecken zehn schwache Fingerabdrücke an der Scheibe der Wagentür, die ein wenig heruntergekurbelt ist. Die Fingerabdrücke auf der Scheibe stimmen mit denen von einem der Jungen, von João Augusto Diniz Junqueira, überein. Diese Details werden in der MPU als Indikatoren für einen klaren Tatbestand angesehen: Die Jungen haben versucht, den Kassettenrecorder zu stehlen.

In dem Bemühen, zu beweisen, daß die drei Jugendlichen schon vor dem Morgen des 23. April kriminelle Handlungen begangen haben, stellen die Untersuchungsbeamten eingehende Nachforschungen über das Leben eines jeden der drei an. In den Archiven der zivilen Polizei machen sie die Entdeckung, daß einer der drei - Pancho - schon einmal verurteilt worden war, weil er einen Jugendlichen im Verlauf einer Auseinandersetzung auf der Straße angegriffen hatte, abgesehen davon, daß er dem Typus des öffentlichen Unruhestifters nach der Aktenlage voll entspricht. Sie finden nichts gegen João Augusto Diniz Junqueira und Francisco Noronha. Das hindert sie jedoch nicht daran, die Jungen zu beschuldigen. Die Untersuchungsbeamten der MPU können drei Personen ausfindig machen, die gegen Noronha aussagen. Es handelt sich um angebliche Delikte, die in keinerlei Beziehung zu dem Fall der ROTA 66 stehen.

Der Student Domício Pacheco e Silva Júnior erklärt in den Akten der MPU, Opfer eines Diebstahls geworden zu sein, als man ihm aus der Garage am Haus seiner Freundin einen Kassettenrecorder entwendete. Er beschwert sich beim Portier des Gebäudes und droht, die Polizei zu verständigen. Am gleichen Tag noch wird er für den Schaden entschädigt. Domício beschuldigt Noronha nicht direkt, aber versichert, daß der Scheck von einer Person unterzeichnet wurde, die den gleichen Nachnamen wie Noronha getragen habe.

Der Portier des Hauses, in dem die Noronhas wohnen, João Pereira da Silva, versichert, als er von den für die MPU Verantwortlichen befragt wird, die Geschichte von dem Kassettendiebstahl entspreche der Wahrheit. Er spricht darüber hinaus noch eine weitere Beschuldigung aus und erklärt, eines Abends von Noronha angegriffen worden zu sein, der zu diesem Zeitpunkt nicht einmal 15 Jahre alt war. »Ich habe einen Freund von ihm daran gehindert, das Gebäude zu betreten, auf Anordnung des Vaters. Er hat sich darüber aufgeregt und mir einen Tritt in den Bauch verpaßt.«

Die schwerste Anklage, die gegen Noronha vorgebracht wird, scheint einer wahrhaft blühenden Phantasie entsprungen zu sein. Der Rentner José Lima de Oliveira, 51 Jahre alt, ist angeblich freiwillig von Bahia nach São Paulo angereist, um für die MPU auszusagen. Er erklärt, Opfer zweier Verbrechen geworden zu sein, die von Noronha und seiner Bande auf ganz ähnliche Weise an einem Abend während eines Wochenendes begangen wurden, das er in São Paulo verbracht hatte. Etwas ist eigenartig: José Lima hat diesen Überfall nie der Polizei gemeldet und kann sich nur an ein Detail erinnern: an die Physiognomie von Noronha.

»Ich ging auf dem Bürgersteig spazieren und wurde plötzlich von Banditen genötigt, die in einem Galaxy gefahren kamen.«

»Haben Sie Ihnen viel geklaut?«

»Nein, nichts. Sie haben sich mir genähert, und einer von ihnen hat aus dem fahrenden Auto einen Schuß auf mich abgegeben.«

»Wer hat auf Sie geschossen?«

»Ich bin sicher, daß es Francisco Noronha war.«

»Wie können Sie da so sicher sein?«

»Ich kann mich an sein Gesicht erinnern. Als ich sein Foto in einer der Zeitungen erblickte, habe ich ihn als den gleichen wiedererkannt, der versucht hat, mich zu töten.«

»Warum hat er auf Sie geschossen, bevor er Sie ausraubte?«

»Weil er ein Verbrecher ist.«

»Welches Kennzeichen hatte der Galaxy?«

»Ich hatte keine Zeit, es zu lesen.«

»Wo geschah das?«

»Im Zentrum?«

»Die genaue Adresse bitte.«

»Daran kann ich mich nicht erinnern.«

»Warum haben Sie nicht schon vorher Anzeige erstattet?«

»Weil ich den Angreifer erst jetzt erkannt habe.«

Bei ihren Nachforschungen über die Vergangenheit der Kollegen, die in den Fall der ROTA 66 verwickelt sind, legen die Verantwortlichen des MPU lange nicht den gleichen Eifer an den Tag. Sie haben vergessen, den eigenen Unterlagen ihres militärischen Verbandes zu entnehmen, daß der Großteil der Polizisten, die in den Fall verwickelt sind, bereits über zehn nicht kriminelle Personen erschossen haben, bevor es zu dem Vorfall jenes 23. April 1975 kommt. Die einzige Referenz, die auf das bisherige Leben der Killer anspielt, kommt einer Lobeshymne gleich:

> Daß es sich bei den Mitgliedern der ROTA 66 um verantwortungsbewußte Menschen handelt, geht aus den Personalakten des Verbandes hervor.

Während die für die MPU Verantwortlichen sich um eine Verteidigung der Killer bemühen, nehmen die Erkenntnisse der zivilen Polizei und Rechtsprechung einen weniger parteiischen Verlauf. Die große Schwierigkeit der Untersuchungsbeamten besteht darin, die wenigen Zeugen zu einer Aussage zu veranlassen. Die Leute, die in der Nähe des Tatortes wohnen, haben Morddrohungen erhalten und sind starr vor Angst. Sie wollen nicht reden. Angesichts der wenig beweiskräftigen Aussagen sehen sich die Verantwortlichen dieser Untersuchung gezwungen, technische Sachverständige heranzuziehen, um die Ereignisse jenes Morgens aufzuklären.

Die ersten Schritte der Beweisführung durch die Sachverständigen erscheinen wie eine unüberwindbare Hürde: mit den Mitteln der Wissenschaft zu beweisen, ob die bisher in der Untersuchung erbrachten Fakten der Wahrheit entsprechen oder nicht. Die ersten Recherchen dieser Art ergeben, daß der Jurastudent Roberto de Barros Pimentel, Sohn eines berühmten Anwalts in São Paulo, gute Beziehungen zu den Militärpolizisten unterhält, bei denen er sich im Schießen auf Zielscheiben übt. Unter den Aussagenden ist er der einzige Augenzeuge. Doch seine Aussage steckt nach Ansicht der Sachverständigen voller Widersprüche.

Nur ein Mensch mit einem quasi fotografischen Sehvermögen hätte innerhalb weniger Sekunden derart viele Details wahrnehmen können. Der Student versichert, eine Verfolgungsjagd beobachtet zu haben, Autos, die mit Höchstgeschwindigkeit in der Morgendämmerung durch die Straßen rasten, wobei er angeblich in der Lage war, Farbe und Typ eines jeden Fahrzeugs zu erkennen. Darüber hinaus konnte er angeblich noch einen Jungen mit einem Hut ausmachen, der zur Rechten des Fahrers saß und mit einem Revolver kleinen Kalibers auf Polizisten schoß, die ihrerseits mit schwerkalibrigen Waffen das Feuer erwiderten. Er versichert ebenfalls, in der Folge einen Knall vernommen zu haben, der sich angehört habe wie der Aufprall eines Wagens auf ein Hindernis.

Die Sachverständigen stellen sich zur gleichen Tageszeit, zu der sich der Vorfall ereignet hat, an eben jenen Platz, einen Söller, von dem aus der Student angeblich die Verfolgung gesehen haben will. Die Villa Nummer 64 in der Rua Equador, die im Gegensatz zu den Nachbarhäusern etwas entfernter von der Straße liegt, ist ein Gebäude im amerikanischen Kolonialstil. Es gehört zu einem der vier Häuser des Viertels, das von den Pimentels bewohnt wird. Der Garten ist von drei Meter hohen Zäunen umgeben und durch die Bepflanzung der anderen Gärten und der Bäume auf dem Gehweg kaum einzusehen.

Die Sachverständigen entwerfen eine Zeichnung von geometrischer Genauigkeit. Als Referenzpunkt benutzen sie den Blickwinkel, der sich von besagtem Söller aus bietet, fünf Meter über dem Erdgeschoß liegend. Von da aus hat man nach vorn hinaus etwa 100 Meter freie Sicht auf die Rua Equador, die seitlich von den Mauern der benachbarten Villen begrenzt wird. Die Sachverständigen folgern, daß es unmöglich ist, von dieser Stelle aus Fahrzeuge zu erkennen, die die Kreuzung der Rua Argentina passieren. Die Sicht wird durch die Wipfel der Bäume behindert, nicht zuletzt im Zwielicht der Morgendämmerung. Selbst wenn die grüne Barriere nicht bestände, wäre es unmöglich, über eine Entfernung von 250 Metern, die zwischen der Villa und der Straßenecke liegen, derartig viele Einzelheiten einer Verfolgungsjagd zu erkennen, die mit Höchstgeschwindigkeit stattfindet.

Die Erkenntnisse der vom Gericht eingesetzten Sachverständigen, zwingen den Jurastudenten, ein zweites Mal auf die Polizeiwache des Jardim America zu kommen, wo er seine Aussage teilweise revidiert:

> Ich habe vorher versichert, daß die Autos, die in die Verfolgung verwickelt waren, auf der Rua Argentina fuhren. Ich möchte jetzt klarstellen, daß mir bei dieser Aussage ein Fehler unterlaufen ist. Ich habe gesagt »auf der Rua Argentina«, während es korrekt gewesen wäre, zu sagen, daß sie »auf die

Rua Argentina« zufuhren. In Wahrheit fand der Schußwechsel direkt vor meinem Hause statt, an der Ecke Equador/ Argentina. Deshalb konnte ich alles erkennen.

Die Erklärungen des Nachtwächters der Nachbarvilla tragen dazu bei, die Unwahrheit dieser Aussage zu entlarven. Der Wachposten Joaquim Quirino Pires offenbart den Untersuchungsbeamten des Gerichts das Gespräch, das er mit Pimentel am frühen Mittwochmorgen führte, drei Stunden nachdem sich die Morde ereignet haben.

»Guten Morgen, Joaquim. Haben Sie den Lärm heute morgen gehört?«

»Ich habe alles gehört, so was habe ich noch nie gesehen!«

»Ja, wissen Sie denn nicht? Die Polizei hat da vorn an der Ecke Argentina/Alasca drei Jungen mit Maschinenpistolen beschossen.«

»Wirklich? Stell sich das einer vor!«

Die Sachverständigen des Kriminalistischen Instituts entdekken noch eine andere Unstimmigkeit in der Version von Pimentel. Sie bedienen sich dabei der Untersuchung des blauen Volkswagens, des einzigen Objekts, das mit dem Verbrechen in Verbindung steht und nicht vor Eintreffen der Sachverständigen vom Tatort entfernt worden ist. Sie stellen fest, daß der leichte Aufprall des Wagens auf einen Pfosten auf keinen Fall als lauter Knall von jemandem vernommen werden kann, der am Fenster der Villa der Pimentels steht, ein Haus, das 300 Meter von der Unfallstelle entfernt liegt. Die Sachverständigen stellen ebenfalls fest, daß die rechte Tür des Volkswagens geschlossen und das Fenster auf dieser Seite vollständig hochgekurbelt war. Diese Tatsache steht im Widerspruch zu der Hypothese, daß einer der Jungen, der neben dem Fahrer saß, seinen Kopf aus dem Fenster stecken konnte, um mit den Polizisten einen Schußwechsel zu beginnen.

Die wissenschaftlichen Beweise helfen auch dabei, die Version unglaubwürdig zu machen, in der behauptet wird, die Jungen hätten im Verlauf ihrer Verfolgung Waffen eingesetzt. Stunden nachdem sich das Verbrechen ereignet hat, entnehmen die Sachverständigen in der Leichenhalle den Händen der Toten Hautproben, um diese auf Schmauchspuren zu untersuchen, ein Zeichen für den Gebrauch von Feuerwaffen. Anschließend unterziehen sie diese Proben einem chemischen Verfahren, dem Griess-Test. Mittels einer Reaktion zweier Säuren zeigen sich bei diesem Testverfahren Rückstände von Schießpulver, die sich in die Hautoberfläche immer dann einbrennen, wenn jemand einen Schuß aus einem Revolver abgegeben hat.

Das Ergebnis an den Händen der Jungen ist negativ. Die Experten warnen davor, daß ihre Beurteilung nicht hundertprozentig die Wahrheit wiedergeben könne, da die Militärpolizisten den Tatort verändert haben. Die Leichen wurden bereits im Rechtsmedizinischen Institut untersucht. Es sei möglich, daß die Hände der Jungen gewaschen worden seien, bevor man die Proben entnommen habe.

Der Staatsanwalt, der diese Untersuchungen verfolgt, hält das Ergebnis des Griess-Tests jedoch für gültig. Er stützt sich auf die Meinung der Sachverständigen. Immer, wenn jemand einen Revolver betätigt, hinterläßt der Staub des verbrannten Pulvers auf der Haut mehr oder weniger tiefe Spuren, die mit bloßem Auge nicht zu erkennen sind. Die tieferen Spuren drängen aufgrund der ständigen Erneuerung der Haut an die Oberfläche. Daher können, selbst wenn die Hände gewaschen wurden, die Rückstände noch drei bis fünf Tage nach Abgabe des Schusses nachgewiesen werden.

Mit Zustimmung des Staatsanwalts verwandelt sich das negative Testergebnis in eine Schlagzeile:

> Sachverständigenurteil beweist: Studenten haben während ihrer Verfolgung durch die ROTA 66 nicht geschossen.

Wenn die Jugendlichen nicht bewaffnet waren, woher stammen dann die Waffen, die von den Militärpolizisten angeblich beschlagnahmt wurden, so als seien sie während des Schußwechsels zum Einsatz gekommen? Es zählt zu den großen Herausforderungen der Agenten der DOPS, diese Frage zu beantworten. Sie sind damit beauftragt, die Herkunft von drei Revolvern, einer vom Kaliber 32 und zwei vom Kaliber 22, herauszufinden, wobei die Seriennummer auf einem dieser Revolver weggefeilt wurde. Bald zeigt sich, daß die Auswertung der Karteien der Abteilung für Waffen und Sprengstoffe sowie der Kontakt mit dem Hersteller nichts erbringen. Die Frage, wer Erstbesitzer der Revolver vom Kaliber 22 war, bleibt somit ungeklärt.

In den Labors des Kriminalistischen Instituts machen die Sachverständigen einige Fortschritte bei dem Versuch, die weggefeilte Fabrikationsnummer zu rekonstruieren. Nach Dutzenden von chemischen Bädern gelingt es ihnen, die Eindrücke von vier der sechs Ziffern in einiger Deutlichkeit nachzustellen. Aber es bestehen immer noch Zweifel über die restlichen zwei Ziffern. Es können eine 0, eine 3, eine 6, eine 8 oder eine 9 sein, wobei die Ziffern 8 und 9 am ehesten in Frage kommen.

Der gangbarste und sicherste Weg ist, die Herkunft des Revolvers mit der Nummer 594.326 herauszufinden, der 1968 in einem Waffengeschäft im Zentrum von São Paulo erworben wurde, und zwar von einem der 50 000 privaten Wachposten der Stadt. Nach zwei Monaten täglicher Suche gelingt es, den Pendler aus Pernambuco, einen Vicente Braz Lima, ausfindig zu machen, der Erstbesitzer des Revolvers Rossi 22 mit dem vernickelten Lauf ist. Er versichert, den Revolver im Neuzustand erworben zu haben. Allerdings befindet sich dieser seit vielen Jahren schon nicht mehr in seinem Besitz.

»Wem gehört die Waffe jetzt?«

»Elizeu Soares, einem mutigen Kerl!«

»Wo wohnt er?«

»Am schönsten Platz der Welt!«

Der Revolver 594.326 hat eine besondere Beduetung für Vicente: Er hat ihn an dem Tag gekauft, als er São Paulo verließ und zurück in seine Heimat, nach Garanhuns in Pernambuco, ging. Nach sieben Jahren harter Arbeit kehrte er mit der Frau und drei Kindern heim und ist ärmer als zuvor. Er kann gerade zwei Säcke mit Kleidern und kleinen Haushaltsgeräten packen, abgesehen von einem großen Koffer mit persönlichen Dingen. In seinen Taschen stecken die Ersparnisse in Höhe von zehn Mindestlöhnen. Als er in der Busstation von Garanhuns eintrifft, trägt er eine neue Hose und ein neues Hemd, Sonnenbrille und eine Mütze, auf der Werbung für eine Tankstelle angebracht ist. Nur seine Schuhe sind alt, die gleichen, die er bei seiner Arbeit als Wachposten getragen hat.

Der ganze Stolz Vicentes, als er von seinen Angehörigen empfangen wird, ist ein Gegenstand aus Eisen, vernickelt, der die 3 000 Kilometer von São Paulo bis nach Garanhuns gereist ist, direkt an seinem Körper. Als er dem Großvater Elizeu Soares da

Silva seine neue Errungenschaft zeigt, fühlt er sich wie ein erfolgreicher, mächtiger Mann.

Der Gevatter Elizeu Soares da Silva liebt es wie alle Männer in Garanhuns, sich zu bewaffnen, und sein Schießeisen zur Schau zu stellen. Er trägt ein Fischmesser am Gürtel, auf dem Rücken und unter dem Hemd. Elizeu ist so fasziniert von Vicentes Revolver, daß er diesen noch auf dem Busbahnhof bittet, ihm die Waffe zu leihen. Er steckt sie in Hüfthöhe in seine Hose. Schließlich kann er nicht widerstehen, dem Freund ein Geschäft anzubieten. »Ich geb dir einen Bock aus der Zucht, ein Klassetier!«

»Nur mit der Ruhe, mein Freund. Ich hab das gute Stück doch noch gar nicht benutzt. Da ist noch nicht mal die ganze Munition drin!«

»Ein Ziegenbock und ein Spanferkel, fertig aus. Abgemacht?«

»Immer mit der Ruhe. Wir reden später darüber.«

Am Nachmittag verfeuern die beiden eine ganze Schachtel Munition, als sie den Revolver hinten im Garten von Elizeu beim Schießen auf Bäume testen. Der Lärm lockt die Nachbarn an. Sie werden Zeuge der Geschäftsverhandlungen zwischen den beiden Männern, die immer mehr in eine Sackgasse geraten. Vicente hat eine bessere Ausgangslage bei diesem Kuhhandel, und er geht so weit, den besten Esel des Freundes gegen die Waffe zu tauschen. Elizeu nimmt nicht an, macht ihm aber einen anderen Vorschlag. Diesmal ist es endgültig. »Das gesamte Maniokfeld. Abgemacht? Drei Monate Arbeit stecken da drin, Produktion vom Feinsten!«

»Abgeerntet?«

»Du verlangst schon zuviel. Es fehlt nur noch, daß deine Gevatterin auch noch bei dem Handel mitmischt!«

»Abgeerntet. Ich mach sie dir mit Pulver voll und geb dir drei Schachteln Munition dazu.«

»Laß mich nachdenken.«

»Es lohnt sich! Mit diesem guten Stück am Gürtel bleibst du keine Antwort schuldig.«

»Sie gehört mir!«

Zwei Monate lang lebt Elizeu ohne einen Pfennig Geld in der Tasche, weil er den landwirtschaftlichen Ertrag eines Dreivierteljahres gegen die Waffe eingetauscht hat. In dieser Zeit trägt er den Revolver sichtbar am Bauch und an anderen Körperpartien, was ihm in einem Städtchen Respekt verschafft, in dem die meisten

Männer sich darauf beschränken, Auseinandersetzungen mit ihren Fischmessern auszutragen. Aber als er pleite ist, ringt sich Elizeu schweren Herzens dazu durch, die Waffe abzugeben.

Weit weg von zu Hause, damit keiner erfährt, daß er nicht mehr der stolze Besitzer einer Feuerwaffe ist, handelt Elizeu den Revolver gegen einen Sack Bohnen ein. Die Waffe gehört nun den Besitzern einer Farm im ländlichen Gebiet von Garanhuns.

Einen Monat, nachdem sie mit ihren Nachforschungen begonnen haben, machen die Agenten der DOPS die Farm Olho de Guina aus, die den Brüdern Tavares gehört. Einer der beiden, Luís, den die Dürre und die Armut in diesem Landstrich vertrieben haben, ist vor kurzem in den Süden Brasiliens ausgewandert, auf der Suche nach einem besseren Leben. Die Polizisten werden von dem Feldarbeiter Pedro Tavares empfangen.

»Können Sie bestätigen, den Revolver vom Kaliber 22 von Elizeu Soares erstanden zu haben?«

»Ob ich ihn gekauft habe? Na klar! Getötet? Nein, getötet habe ich nicht, da brauchen Sie nicht nachzuhaken.«

»Können Sie uns die Waffe zeigen?«

»Erst, wenn Luís zurück ist. Er hat sie.«

»Wird er bald zurückkommen?«

»Das letzte Mal blieb er drei Jahre fort und ließ der Familie Grüße ausrichten.«

»Wo finden wir ihn?«

»Sie sind von da unten hierher gekommen. Er ist von hier darunter gegangen. Raten Sie, wo er ist.«

»In São Paulo? Haben Sie seine Adresse?«

»Sie werden sie nicht brauchen. Fragen sie auf den Baustellen nach Luís aus Pernambuco, Hilfsarbeiter.«

Als Luís Tavares ausfindig gemacht wird, hat er die Waffe schon an einen Arbeitskollegen aus Pernambuco verkauft, einen Arbeiter, der bei einem Bauunternehmen in São José dos Campos, im Innern des Bundesstaates São Paulo, angestellt ist.

In dieser Firma ist der Revolver schon durch die Hände mehrerer Arbeiter gegangen, die alle in Baustellenunterkünften leben. Der letzte, der die Waffe erworben hat, ist ein Maschinenarbeiter, der Gastarbeiter aus Minas Gerais, Eurides Felizardo Pinto, Bengala genannt. Er war von seiner Firma nach São Paulo geschickt worden, um dort auf einer Baustelle zu arbeiten. Bengala erzählt den Agenten der DOPS, daß sich der Revolver mit der Nummer 594.326 bis zu einem gewissen Abend im März in seinem Besitz befunden habe, einen Monat, bevor sich der Fall der ROTA 66 ereignet.

»Was geschah an jenem Tag?«

»Es war acht Uhr abends. Ich war auf dem Weg zu meiner Unterkunft, in Begleitung eines Freundes, Neguinho. Da bemerkte ich durch den Rückspiegel, daß ein Wagen hinter mir aufblendete. Die Scheinwerfer schienen direkt in unsere Gesichter.«

»Und was haben Sie getan?«

»Ich habe angehalten, ganz schön erschrocken war ich. Ich dachte, es sei ein Überfall. Dann habe ich gleich gesehen, daß es sich um einen von diesen grauen Streifenwagen der Polizei handelte, der hinter meinem Jeep anhielt.«

»Was haben sie gemacht?«

»Sie haben mir befohlen, auszusteigen. Mit den Händen an der Wand stand ich dann da, gegen die Mauer gelehnt. Sie verpaßten mir einen Fußtritt in die Hacken, stießen mir mit dem Knie in den Hintern, Generalstab ... «

»Und die Waffe, hatten Sie die bei sich?«

»Sie haben sie im Handschuhfach gefunden.«

»Und dann?«

»Und dann hat mich einer von ihnen, weil ich keinen Waffenschein bei mir hatte, beiseite genommen und gefragt: Willst du uns die Waffe lassen, oder willst du lieber mit uns auf die Wache kommen?«

»Was haben Sie gemacht?«

»Ich fand das ungerecht, schließlich habe ich die Waffe von meinem Geld gekauft, verdammt. Aber ich habe sie ihnen zu einem niedrigen Preis gelassen. Sie haben meinen Revolver behalten.«

»Sind Sie in der Lage, die Polizisten zu identifizieren?«

»Sie trugen Uniformen. Ihr Wagen hatte ein Kennzeichen. Ich glaube, es war 3-214. Und es stand auch etwas auf der Tür.«

»Was denn?«

»ROTA.«

Das Ergebnis dieser Nachforschungen hinterläßt einen nachhaltigen Eindruck bei den Männern, die mit der rechtlichen Untersuchung des Falles betraut sind. Der letzte Besitzer der Waffe, Eurides Felizardo, und der Freund, José Eustáquio da Silva,

Neguinho genannt, werden dazu aufgefordert, in Anwesenheit des Gerichtspräsidenten und des von der Staatsanwaltschaft mit der Überprüfung der polizeilichen Nachforschungen beauftragten Untersuchungsbeamten auszusagen. Im Anschluß an eine langwierige Vernehmung zeigt man ihnen acht Revolver, die auf einem Tisch ausgebreitet liegen. Jeder der beiden Männer beantwortet die Fragen des Richters mit Bestimmtheit und unabhängig voneinander.

»Sind Sie in der Lage, unter diesen Waffen diejenige Ihres Freundes Eurides herauszufinden?« fragt der Richter.

»Ja, Senhor. Es ist dieser vernickelte Revolver«, antwortet Neguinho.

»Sind Sie in der Lage, unter diesen Waffen die wiederzuerkennen, die Ihnen gehört hat?« fragt der Richter.

»Ganz sicher, Exzellenz. Es ist dieser vernickelte 22er, den die Männer von der Streife mir an diesem Abend abgenommen haben«, antwortet Eurides.

Es ist eben jener Revolver mit der Nummer 594326, den die Militärpolizisten als Waffe der Jungen im blauen Volkswagen ausgeben.

Die Entdeckung des wahren Besitzers der Waffe stellt das entscheidende Beweismittel der Staatsanwaltschaft gegen die Killer der Militärpolizei dar. Drei Jahre später beruft sich der Staatsanwalt Jairo de Souza Alves, nachdem er die Schlußfolgerungen der Untersuchung verlesen hat, auf diese Tatsache, als er die Militärpolizisten beschuldigt, auf kriminelle Weise einen unwahren Sachverhalt vorgetäuscht zu haben. Waffen in die Hände von Opfern zu legen, die diesen gar nicht gehören, zielt, nach Ansicht des Staatsanwalts, darauf ab, die kriminelle Tat schlechter Polizisten zu rechtfertigen, die damit eine Verteidigung der Opfer unmöglich machen. Davon abgesehen, bedeutet es ein Verbrechen gegenüber dem Rechtsstaat.

In seiner Analyse schildert der Staatsanwalt eine Reihe von Verfehlungen, die von den Polizisten begangen wurden, von dem Augenblick an, als ROTA 13 auf die Jungen in dem blauen VW stieß. Die Tatsache, daß die Jungen weder auf die Sirene noch auf die aufleuchtenden Scheinwerfer, noch auf den Aufruf, sich zu stellen, reagiert hätten, könne als ein natürlicher und instinktiver Fluchtimpuls gewertet werden, der an sich kein Verbrechen darstelle. Selbst wenn die Polizisten die Widersetzung gegen die Staatsgewalt als schweres Verbrechen erachteten, so hätten sie sich, nach Ansicht des Staatsanwalts, korrekt verhalten, wenn sie die Jungen der Fahrerflucht beschuldigt hätten, was diesen eine Haftstrafe von sechs Monaten und 15 Tagen eingetragen hätte, abgesehen von der Zahlung eines Bußgeldes. Von Beginn der Verfolgung bis zu ihrem Ausgang seien mehr als 20 Minuten vergangen, Zeit genug für die Polizisten, herauszufinden, ob jemand den blauen VW mit dem Kennzeichen EI 1565 in São Paulo als gestohlen gemeldet habe. Es wäre jedoch wesentlich naheliegender gewesen, anzunehmen, daß die Insassen des Wagens auch die tatsächlichen Besitzer des Fahrzeugs waren, als vom Gegenteil auszugehen. Aber, einer Anordnung von oben Folge leistend, glaubten die Militärpolizisten dieser Streife, daß sie in einen schmutzigen Kriminalfall verwickelt seien. Sie, so der Staatsanwalt, hätten es vorgezogen, einer Theorie zu folgen, nach der es legitim ist, Machtmißbrauch zu betreiben, unverantwortlich gegen Personen vorzugehen, die eines Verbrechens beschuldigt werden, auch wenn dieses ohne große Tragweite ist, so wie hier der vermeintliche Versuch, einen Kassettenrecorder zu entwenden.

Drei weitere Kollegen, die an dem Fall der ROTA 66 arbeiten, teilen die Meinung des Staatsanwaltes Jairo de Souza Alves.

Die Opfer, die unbewaffnet und schutzlos waren, starr vor Entsetzen über die polizeiliche Verfolgung und die abgegebenen Schüsse, wurden nach Ansicht des Staatsanwalts João Benedito de Azevedo Marques auf außergewöhnlich brutale Weise umgebracht, da die Zahl der abgegebenen Schüsse weit über das hinausging, was zur Tötung eines Menschen an Schüssen erforderlich ist. Das wahre Ziel dieser Schußabfolge sei, seiner Ansicht nach, gewesen, die Jungen leiden zu lassen. Erschießungen würden, so der Staatsanwalt, mit einer ganz besonderen Absicht erfolgen und seien Ausdruck der krankhaften, gewalttätigen Mentalität von Polizisten, die ihrer Uniform nicht würdig seien.

Da die Staatsanwälte die fünf Militärpolizisten gleich dreimal der grausamen Ermordung von Menschen für schuldig befinden, sind sie sich einig, daß die Angeklagten die Höchststrafe von 90 Jahren Gefängnis verdienen.

Diese Männer glaubten schließlich an die Gewalt als ein legitimes Mittel und setzten damit alle christlichen Wertvorstellungen aufs Spiel. Die Gewalt sollte zu einem legitimen Mittel im Kampf gegen das Verbrechen werden (...) Damit befindet man sich an einem Punkt, an dem sich die Geister deutlich scheiden, wobei viele hier eine unentschiedene Haltung einnehmen. Diese Gewalt wird entweder befürwortet, verurteilt, oder man enthält sich der Stimme. Andere Positionen gibt es nicht.
(Auszug aus der Rede des Staatsanwaltes João Benedito de Azevedo Marques)

Drei Jahre nach den Morden liegt die letzte und wichtige Entscheidung in diesem Prozeß bei dem Richter Geraldo de Feo Flora vom ordentlichen Gericht in São Paulo. Er schenkt den Anschuldigungen der Staatsanwälte in Teilen Gehör und beschließt, die fünf Männer der ROTA 66 einem Schwurgerichtsverfahren zu unterziehen. Geschworene sind ausschließlich Männer und Frauen des Volkes. Die Anklage lautet auf dreifachen Totschlag nach Artikel 121.

Die Entscheidung eines zivilen ordentlichen Gerichts des Bundesstaates von São Paulo ruft bei den Familienangehörigen der getöteten Jungen Begeisterung hervor. Sie sind sicher, daß die Polizisten aufgrund der Fülle der vorliegenden Sachverständigenurteile verurteilt werden. Die Anklageerhebung des Richters bestärkt sie in ihrer Überzeugung. Aber am Vorabend des Geschworenenurteils sollten die Familien der Junqueiras, der Noronhas und der Medeiros eine große Enttäuschung erleben.

Im November 1979 annulliert der Oberste Bundesgerichtshof in einer historischen Entscheidung den gesamten Prozeß der zivilen Rechtssprechung.

Die Killer

Kapitel 10
Straffreie Straftat

Pasteten, Pizzastückchen, schwarzer Kaffee, Hühnerschenkel, ein paar Wortgefechte von Zeit zu Zeit. Die Soldaten lieben die Vorzüge der Schenke, die der allgemeine Treffpunkt des Polizeikommissariats zu sein scheint: Funkstreifen, Fahrzeuge der Einsatzleitung, verschiedene Polizeiautos voller Militärpolizisten, sie parken hier jeden Tag vor der Tür.

Wagner Bossato hat ein Gemisch aus Tabletten und Alkohol zu sich genommen und spürt jetzt den Effekt, den eine Bombe im zentralen Nervensystem auslöst. Das Gefühl, das er empfindet, grenzt an Wahnsinn und läßt ihn vergessen, daß der Kneipenwirt von den Militärpolizisten protegiert wird. Als dieser sich weigert, ihm ein Glas *Fogo Paulista* auszuschenken, begehrt Bossato auf und droht ihm. »Warum willst du mich nicht bedienen, was soll das, Mann?«

»Mit dem Schnaps ist jetzt Schluß.«

»Nichts da! Gerade eben hast du den Gambé bedient, was hat er denn bekommen?«

»Das war *51,* du hast genug gehabt.«

»*51*? Ist gut, dann bring mir einen *51.* Hier ist das Geld. So ein Unsinn!«

»Ich habe dir doch gesagt, daß es keinen Schnaps mehr gibt!«

»Du kommst mir also wirklich auf diese miese Tour, was? Eines Tages werde ich diese Theke kleinschlagen, du wirst schon sehen!«

Der Kneipier Ataíde de Oliveira ist einer von der rachsüchtigen Art. In der Stunde der Auseinandersetzung reagiert er wie ein Feigling, um dann später heimlich Rache zu nehmen. Stunden nach dem Zwist in der Kneipe wird der arbeitslose Motorradmechaniker Wagner Bossato, auch Tatuagem genannt, schon von einem Polizisten und zwei Soldaten in Zivil gesucht. In kurzen Hosen, mit nacktem Oberkörper und mit der zweijährigen Nichte auf dem Arm steht Bossato vor dem Haus, als er die drei Männer sieht, die Kinder auf der Straße etwas fragen. Die Kinder zeigen daraufhin in seine Richtung.

Vom Fenster aus beobachtet Ilda Bossato, die Mutter von Bossato, wie ihr Sohn die Nichte seiner Nachbarin reicht und wie von der Tarantel gestochen in den Garten gelaufen kommt.

»Was ist passiert, mein Sohn?«

»Die Polizei ist hinter mir her, Mutter. Sie sind schon da.«

»Komm erst mal rein, komm schon ... Laß mich mit ihnen sprechen.«

Die Ehefrau von Bossato, Maria das Dores, erfaßt die Gefahr und kommt herbeigelaufen, um ihm dabei zu helfen, die drei Räume des kleinen Mietshauses zu verriegeln. Glücklicherweise ist die Wohnzimmertür bereits geschlossen. Während Bossato einen Tisch vor die Küchentür schiebt, um sie abzustützen, laufen die beiden Frauen in das dritte Zimmer, in dem zwei der drei Fenster geöffnet sind. Eines der Fenster kann Maria noch schnell zuschlagen. Sie muß nur einen hölzernen Riegel schließen.

Die Mutter sieht, daß die Polizisten bereits in den Garten eingedrungen sind. Sie tragen Waffen. Sie läßt das Fenster halb geöffnet und versucht, im Gespräch mit ihnen den Grund für die Verfolgung zu erfahren.

»Was ist geschehen? Warum diese Waffen, mein Gott?«

Die drei bewaffneten Männer antworten nicht. Derjenige, der dem halb geöffneten Fenster am nächsten steht, ist Polizist. Er erteilt den Soldaten die Befehle.

»Er ist durch die Hintertür ins Haus gegangen. Los, geht dahin und stellt euch einer rechts, einer links vom Flur auf. Ich schirme die Vorderseite ab.«

»Wer sind Sie, Jesus Christus?« Die Mutter läßt nicht locker.

»Von der Polizei, Oma, von der Polizei!«

Bossato zieht seine Mutter zur Seite und schließt schnell das Fenster. Der Polizist hat dies beobachtet und setzt die beiden Soldaten davon in Kenntnis. Als er den Wagen der Mobilen Einsatzleitung erblickt, der vor dem Haus geparkt hat, läuft er zum Auto, um bei seinen Vorgesetzten Verstärkung zu holen. Per Funk schmückt der Polizist den Vorfall blumig aus: »Widersetzt sich der Verhaftung. Rua Deodato Werthermem, vierundzwanzig, fünf, neun. Schieber befindet sich im Haus. Frau als Geisel. Ich wiederhole ... Widerstand ...«

Widerstand, Schieber, Geisel. Die drei Worte klingen in den Ohren des Leutnants, der den Streifenwagen mit dem Kennzeichen M-1784 fährt, wie ein Appell, seinen Mut unter Beweis zu stellen. Er führt die Polizeipatrouille in einem Umkreis von zehn Kilometern um den Ort des Geschehens an. Es sind genau acht Jahre und 19 Tage vergangen, seit Leutnant Eli Nepomuceno den Trupps vorstand, die in den Fall der ROTA 66 verwickelt waren. Jetzt fährt er mit hoher Geschwindigkeit in die Deodato Werthermem, in Moji das Cruzes, um dabei zu helfen, den Feind eines Kneipenwirtes zu überwältigen. Als er dort eintrifft, verhält er sich so, als sei die Sicherheit der brasilianischen Gesellschaft in Gefahr. Mehr als zehn Militärpolizisten umringen das Haus. Der Leutnant beauftragt zwei von ihnen damit, Neugierige vom Bürgersteig zu entfernen, um das Gebiet abzuschirmen. Dann stürmt er im Laufschritt in den Garten. Er läuft um das Haus herum, schreit, schlägt gegen die Holztüren und gegen die Fenster.

»Komm raus, Tatuagem, dein Haus ist umstellt!«

Die drei Menschen in dem Haus sind der Verzweiflung nahe.

»Hast du irgend etwas angestellt, Wagner?«

»Nein, Frau, das ist auf dem Mist von diesem Hosenscheißer von Kneipenwirt gewachsen, ich hab heute den größten Ärger mit ihm gehabt.«

»Das hast du davon, dich mit den Speichelleckern von Bullen anzulegen. Und jetzt?«

»In mein Haus kommen sie auf keinen Fall. Hilf mir, Frau, hilf mir!«

Seit Bossato vor zwei Jahren gefangengenommen wurde und man ihn auf einer Polizeiwache gefoltert hat, leidet er unter schrecklichen Angstzuständen, wenn er mit der Polizei zu tun hat. Dieser krankhafte Zustand verschlimmert sich noch, wenn er sich Kokain in die Venen spritzt oder sich mit einer Mischung aus Tabletten und Alkohol in einen Rausch versetzt. Manchmal macht ihn das nervös, ein anderes Mal ist er gereizt und verhält sich aggressiv gegenüber jedem, der ihm widerspricht. In diesen Rauschzuständen hat er häufig das Gefühl, verfolgt zu werden, und verbarrikadiert sich manchmal einen ganzen Tag lang in seinem Zimmer.

Seine Ehefrau und seine Mutter, die ihm beide in seinen leidvollen Stunden zur Seite stehen, werden jetzt durch eine tatsächliche Verfolgung in Panik versetzt.

Durch einen Fensterspalt beobachtet Bossato das Hin und Her im Garten und ruft den Frauen aufgebracht zu: »Es ist die ROTA ... Sie werden mich töten.«

»Ruhe, mein Sohn, sie wollen dich nur verhaften.«

»Die ROTA verhaftet nicht, Mutter. Die ROTA tötet. Sie sind gekommen, um mich zu töten, ihr werdet sehen.«

Bossato läuft in die Küche. Mit Hilfe von Maria stellt er den Geschirrschrank noch auf den Tisch, um das Eindringen der Polizisten durch die Tür zu verhindern. Während die Mutter das Sofa in den Eingang zum Wohnzimmer stellt, beginnt er, die beiden Betten des Schlafzimmers auseinanderzunehmen, um die Holzbretter zur Verstärkung der Zimmerfenster zu benutzen. Die Schreie, die von draußen zu hören sind, lassen die drei im Haus immer mehr verzweifeln.

»Komm raus, Bandit! Du sitzt in der Falle!«

Die Mutter versucht, zu vermitteln und mit Leutnant Nepomuceno zu sprechen.

»Warum sind Sie hier?«

»Er soll rauskommen, Schluß mit dem Gerede!«

»Mein Sohn wird gleich kommen, er sucht nur seine Sachen zusammen, noch eine Minute.«

»Ich werde einen Deibel tun und da rausgehen«, sagt Bossato. »Ich befinde mich in meinem Haus. Ich habe nichts getan.«

Minuten später gelingt es einem Reporter von Radio Metropolitana aus Moji, sich dem Haus zu nähern und sich mit Bossato schreiend zu unterhalten.

»Warum stellen Sie sich nicht?«

»Weil die von der ROTA sind. Die kennen keine Gnade.«

»Sie wollen dich auf die Polizeiwache bringen.«

»Das wollen sie nicht. Der Kneipenwirt hat dafür bezahlt, daß sie mich umbringen.«

Das Interview wird unterbrochen von der Explosion einer Tränengasgranate, die durch das Badezimmerfenster ins Haus fliegt. Dem Leutnant gelingt es, ein Stück aus dem Fenster zu brechen und eine zweite Granate in den Raum zu werfen, während die anderen Militärpolizisten sich durch die Küchentür gewaltsam

Einlaß verschaffen. Noch eine Granate fliegt durch das Badezimmerfenster ins Haus. Die Frauen, die durch die starke Rauchentwicklung fast keine Luft mehr bekommen, schreien auf. Ihre Augen brennen, sie husten, aber sie versuchen noch, den verrosteten Eisenriegel zu schließen, der sich nicht bewegen läßt. Bossato setzt ebenfalls seine ganze Körperkraft ein, als er sich gegen den Tisch vor der Küchentür stemmt, die langsam den Eindringlingen nachgibt.

»Sie schaffen es ... helft mir hier.«

Die Frauen schleppen sich in den Wohnraum, beinahe blind. Als die Mutter auf allen vieren die Küche erreicht, kann sie den Schreien entnehmen, daß einer der Polizisten schon mit dem halben Körper im Zimmer ist. Sie klammert sich an den Sohn und überredet ihn, sich in Richtung des Schlafzimmers zurückzuziehen.

»Bleib immer hinter mir, beweg dich nicht von mir weg.«

»Mach das nicht, Mutter.«

»Ich werde zusammen mit dir sterben, mein Sohn.«

Gefolgt von seinen Befehlsempfängern dringt Leutnant Nepomuceno in die Küche der Bossatos ein, ohne überhaupt im Besitz eines Haftbefehls zu sein. Er trägt die Waffe im Anschlag und macht sich auf die Suche nach Bossato, der sich ins Nebenzimmer geflüchtet hat, nahe der Tür zur Küche. Er hat beide Hände erhoben und steht neben der Mutter und seiner Frau, die noch zu protestieren versucht.

»Warum das alles? Wir sind doch nicht im Krieg!«

Leutnant Nepomuceno gibt den ersten Schuß auf Bossato aus einer Entfernung von zwei Metern ab. Dieser bleibt stehen und zeigt keinerlei Reaktion. Der zweite Schuß aus allernächster Nähe zerreißt das Gesicht des Sohnes von Dona Ilda, die noch versucht, ihn zu umarmen. Bossato, der durch den gezielten Schuß in seinen Mund das Gleichgewicht verliert, fällt auf den Rücken. Die Mutter hält sich an der Tür fest, aber es gelingt ihr nicht, sich auf den Beinen zu halten. Sie fühlt, daß ihre Kraft sie verläßt. Auf den Knien schleppt sie sich zu den Füßen der Schwiegertochter, während Leutnant Nepomuceno ohne Unterlaß auf den am Boden liegenden Bossato feuert.

Er hat sich dem Opfer auf Tuchfühlung genähert und gibt einen Schuß in dessen Herz ab. Den Appell der Mutter hört er gar nicht.

»Genug, um Himmels willen ...«

Noch ein Schuß in die Brust, noch einer in den Magen.

»Es reicht! Sehen Sie nicht, daß er schon tot ist?«

Nepomuceno hört erst mit dem Schießen auf, als die Mutter ihre Hände auf das Gesicht des Sohnes legt. Er steckt seine Waffe in das Halfter und beginnt sich dann aufzuführen wie einer, der von menschlichem Edelmut nur so durchdrungen ist.

»Der Bürger Bossato ist verwundet. Wir sollten ihm schnell zu Hilfe eilen«, trägt er den Militärpolizisten auf, die in das Haus eindringen.

Diese »menschliche« Geste hatte Nepomuceno schon in jener Nacht an den Tag gelegt, als er damals die ROTA 66 anführte. Seine erste Handlung nach der Erschießung ist es, den Tatort zu verändern. Er befiehlt den Soldaten, Bossatos Leiche in die Vorhänge des Hauses zu wickeln und ihn so schnell wie möglich in ein Krankenhaus zu bringen. Anschließend holen er und zwei Militärpolizisten die beiden Frauen, die unter Schock stehen, aus dem Haus. Sie werden gewaltsam fortgeführt. Unter Schluchzen schimpfen sie die Polizisten immer wieder Mörder.

Sobald die Zeugen entfernt sind, kehren Nepomuceno und die Militärpolizisten ins Haus zurück und machen das, was eigentlich Aufgabe von Kriminalisten ist: Sie überprüfen die Gegenstände, die mit dem Verbrechen in Verbindung stehen.

Auf dem Bürgersteig haben sich schon mehr als 20 Leute eingefunden, die sich vor dem Holzzaun aufreihen. Von dort vernehmen sie erneut Schüsse aus einer Feuerwaffe, die im Haus abgegeben werden, so als sei unter den Militärpolizisten ein Schußwechsel entbrannt. Wenige Minuten später hält Leutnant Nepomuceno den Leuten auf dem Gehweg einen Revolver unter die Nase. »Das ist die Waffe des Verbrechers. Es ist eine 38er, sehen Sie?«

Die Mutter wohnt dieser Inszenierung bei. Sie kann nur stumm protestieren: Der Sohn war nicht bewaffnet, im übrigen haßte er Waffen schon immer.

Dona Ilda bleibt nur noch die Kraft zu weinen.

Eine ganze Stunde lang hindert Leutnant Nepomuceno Dona Ilda und deren Schwiegertochter daran, ihre Unterkunft wieder zu betreten. Während dieser Zeit ruft er einen Mann und drei Frauen dazu auf, zu bezeugen, was er ihnen über seine Funde im Haus gesagt hat. Er nimmt sie mit in das Badezimmer, wo er ihnen ein Päckchen Kokain zeigt, das angeblich auf dem Rand der Toilette lag. Dann zeigt er ihnen eine kleine Portion Marihuana, die in der Wasserspülung der Toilette schwimmt.

»Abgesehen davon, daß er uns umbringen wollte, ist der Bandit auch noch Drogenhändler, Sie sind Zeugen, klar?«

Als Leutnant Nepomuceno mit vier Stunden Verspätung die Vorfälle auf dem Kommissariat der zivilen Polizei meldet, hat er bereits wieder eine ganze Reihe von Verstößen gegen die gesetzlichen Vorschriften begangen, ähnlich seinem Vorgehen im Fall der ROTA 66. Er hat die Leiche in ein Krankenhaus bringen lassen, die Gegenstände am Tatort verändert und darüber hinaus noch Personen in den Fall miteinbezogen, die Tatsachen bezeugen sollen, die sie nicht einmal gesehen haben.

Auf der Polizeiwache kann er aus der Nachlässigkeit des diensthabenden Kommissars Nutzen ziehen, als er die Erschießung darstellt als einen kriminellen Akt des Widerstands gegen die Staatsgewalt mit Todesfolge. Der Kommissar stützt sich bei der Erstellung des Protokolls ausschließlich auf die Aussagen des Leutnants. In den Freiraum, der für die Namen der Opfer vorgesehen ist, schreibt er die Namen der mordlustigen Militärpolizisten. Als Schuldigen an diesem Todesfall, das heißt als den Verdächtigen, vermerkt er den Namen von Wagner Bossato.

Damit sind alle Gemeinsamkeiten, die dieser Fall mit dem der ROTA 66 aufweist, aufgezeigt. Im Gegensatz zu den drei jungen Männern im blauen VW gehört dieses Opfer einer äußerst armen Schicht der Bevölkerung an. Bossato hat seit seinem zehnten Lebensjahr gearbeitet und im Monat nie mehr als 100 Dollar verdient. Er war ein recht ungebildeter Mensch, der die Schule früh verlassen hatte. In den letzten vier Monaten war er arbeitslos und wohnte mit seiner Frau, die er vor einem Jahr geheiratet hatte, im Haus der Mutter Dona Ilda. Diese lebt als Witwe von einer monatlichen Rente von 60 Dollar.

Die Erschießung Bossatos weckt kaum das Interesse der Presse. Während über den Fall der ROTA 66 die bekanntesten Journalisten von Rio de Janeiro und São Paulo mehr als ein Dutzend Reportagen schreiben, wird Bossatos Geschichte lediglich in einem kleinen örtlichen Blättchen, dem »Diário de Mogi«, mit einer Auflage von 3 000 Stück veröffentlicht.

Die polizeilichen Ermittlungen, die in diesem Fall angestellt werden, sind ebenfalls recht dürftig. Der für die Ermittlungen in diesem Todesfall Verantwortliche, Hauptmann Justino Cardoso de Siqueira Neto, verwandelt den Untersuchungsbericht in ein Dokument voller Widersprüche. Seine Beschreibung des Tathergangs stützt sich ausschließlich auf die Schilderungen der Militärpolizisten. Zum Beispiel führt Leutnant Nepomuceno in diesem Bericht an, mit großer Umsicht vorgegangen zu sein, selbst nachdem Bossato auf ihn geschossen habe. Obwohl alle Anzeichen für ein außergewöhnlich gewalttätiges Verbrechen sprechen, stellt Hauptmann Justino seinen Kollegen keine weiteren Fragen.

In dem Bemühen, Beschuldigungen gegen das Opfer zu sammeln, hört sich der Hauptmann die Aussagen verschiedener Personen an, die als Zeugen auftreten, obwohl sie dem Verbrechen gar nicht beigewohnt haben. Sie sagen hauptsächlich zu den angeblichen Lastern Bossatos und seinen Verwicklungen in Streitereien mit anderen Bewohnern des Viertels aus.

Der Hauptmann hört sich zwar auch die Aussagen der Mutter und der Ehefrau des Opfers an, aber als der für das polizeiliche Rundschreiben Verantwortliche stützt er sich vor allem auf denjenigen Teil ihrer Aussagen, in dem von früheren Verhaftungen Bossatos die Rede ist. Hauptmann Justino scheint um jeden Preis beweisen zu wollen, daß es sich bei dem Opfer um einen Kriminellen handelt, so als verschaffe er der Hinrichtung damit ihre Berechtigung. Die Anklagen der Mutter und der Ehefrau Bossatos nimmt er einfach nicht zur Kenntnis. Sie schildern in dem Polizeibericht in allen Einzelheiten die Szene von der Erschießung, die aus nächster Nähe erfolgte.

Als er die Schlußfolgerungen seiner Untersuchungen verliest, bringt Hauptmann Justino seine Parteinahme für das gewalttätige Vorgehen der Militärpolizisten klar zum Ausdruck. Dabei unterläuft ihm fachlich ein schwerwiegender Fehler, als er behauptet, ein Mensch, der infolge von Schußverletzungen sterbe, könne nicht Opfer eines Totschlags sein. Bezüglich der Aktion der Polizisten resümiert der Hauptmann:

> Nach Ansicht des Verfassers dieses amtlichen Schreibens liegen weder Anzeichen für ein Verbrechen noch für eine disziplinare Pflichtverletzung vor.

Im August des Jahres 1991 sprechen die Offiziere des Sonderjustizrates im Militärtribunal von São Paulo Leutnant Nepomuceno frei, und zwar auf der Grundlage der von Hauptmann Justino angestellten Untersuchung. Zwischen diesem Urteil und dem Vorfall selbst liegen zu diesem Zeitpunkt acht Jahre. Es scheint so, als habe der Richter Ênio Luiz Rossete den kurzen Untersuchungsbericht nicht aufmerksam genug gelesen. Als er seine Begründung für den Freispruch verkündet, versichert der Richter, daß die beiden Zeugen, die sich zum Zeitpunkt der Ermordung Bossatos im Haus befunden haben, nämlich die Ehefrau und die Mutter des Opfers, nichts von Bedeutung gesehen hätten, was zur Aufklärung des Verbrechens beitragen könne.

Es ist nicht das erste Mal, daß Leutnant Eli Nepomuceno von diesem Militärtribunal für unschuldig befunden wird. Seit dem Vorfall mit der ROTA 66 wurde er insgesamt sechs weiterer Morde angeklagt, abgesehen von zwei anderen schweren Anschuldigungen, die gegen ihn vorgebracht wurden: Totschlag in Tateinheit mit Nötigung und Folter.

Ein Charakteristikum, das Nepomucenos Verbrechen kennzeichnet, ist die angebliche Verfolgung Jugendlicher, die beschuldigt werden, Marihuana zu rauchen. Gewöhnlich wird er dazu von Geschäftsleuten und Unternehmern aus dem Städtchen beauftragt, in dem er selbst wohnt, in Moji das Cruzes.

Der Leutnant wird beschuldigt, drei junge Männer verprügelt und sie auf willkürliche und ungerechtfertigte Weise verhaftet zu haben, und zwar im Auftrag des Industriellen Mário de Moraes Cedro, Besitzer des Unternehmens Embu, eines Ingenieurbetriebes. Der Industrielle, der einen ehemaligen Fahrer seiner Firma verdächtigt, seinen Sohn mit Marihuana eingedeckt zu haben, bittet Leutnant Nepomuceno, Vorkehrungen zu treffen. Dieser stellt in der Sache Nachforschungen an, als sei er ein ziviler Polizist. Abgesehen von der Tatsache, daß derartige Nachforschungen nicht in den Aufgabenbereich der Militärpolizei fallen, benutzt der Leutnant auch noch das Fahrzeug, das Benzin und die Ausrüstung der Kollegen seines militärischen Verbandes, um den Privatinteressen eines reichen Freundes nachzukommen.

Der verdächtige Fahrer, Marcos Bispo de Alcântara, 33 Jahre alt, befindet sich im Dienst und fährt einen Kombi, als er in Begleitung von zwei anderen Arbeitskollegen von einer rotschwarzen

Funkpatrouille angehalten wird. Am Steuer des Polizeiwagens sitzt ein Mann in Zivilkleidung, der zwei Militärpolizisten Anweisungen erteilt. Während einer der Polizisten mit dem Kombi verschwindet, werden die drei Arbeiter gewaltsam in die Kaserne des 17. Bataillons abgeführt, wo sie von Leutnant Nepomuceno vernommen werden. Es ist Freitagabend, acht Uhr.

Die ersten Fragen werden den Männern im Kasernenhof gestellt. Als die Arbeiter sich weigern, den Verkauf von Drogen an den Industriellensohn zu gestehen, beschließt der Leutnant, die Vernehmung in einiger Entfernung vom Bataillonsgebäude fortzuführen. Er zwingt die Arbeiter dazu, sich mitten in einem Gebüsch auszuziehen. Dann erhalten sie Elektroschocks über einen Apparat, der an die Batterie des Polizeiwagens angeschlossen ist. Sie werden über eine Stunde lang von acht Militärpolizisten mit Knüppeln geschlagen und mit Fußtritten traktiert. Das Kommando hat Leutnant Nepomuceno.

Nach diesen Folterungen werden sie mit Handschellen gefesselt und dem Industriellen vorgeführt. Sie leugnen nach wie vor, Drogenhändler zu sein. Der Industrielle will Marcos Alcântara nun als denjenigen erkannt haben, der seinen Sohn mit Drogen beliefert hat.

»Der hier ist es gewesen. Gute Arbeit, was Leutnant?«

Um 2.30 Uhr am frühen Morgen werden die drei Arbeiter, nachdem man sie über sechs Stunden festgehalten hat, auf die Polizeiwache von Moji das Cruzes gebracht, wo sie der Verteilung von Rauschmitteln angeklagt werden.

»Wir haben dieses Päckchen Marihuana unter der Sitzbank ihres Autos gefunden«, versichert Leutnant Nepomuceno in Gegenwart des Kommissars.

Die Version, die Nepomuceno abgibt, überzeugt den Kommissar soweit, daß er die drei Männer aufgrund eines Verbrechens verhaften läßt, dessen sie angeblich auf frischer Tat überführt wurden. Niemand kann bezeugen, daß die Droge tatsächlich im Auto beschlagnahmt wurde. Es handelt sich wieder einmal um eine Absprache zwischen Kommissar Sílvio de Almeida und dem Leutnant, die beide völlig willkürlich vorgehen. Almeida war seinerzeit verantwortlich für die Abfassung jenes lächerlichen Rundschreibens über den Fall der ROTA 66. Diesmal werden die Opfer des Duos Nepomuceno/Almeida verhaftet, ohne irgendeines Vergehens überführt worden zu sein und ohne die Gelegenheit einer gesetzlichen Vertretung erhalten zu haben.

Erst drei Tage später, auf Verlangen des Anwalts, den die Familie der Opfer mit dem Fall beauftragt, werden ihre Körper auf Spuren von Mißhandlungen untersucht. Die Berichte der Sachverständigen bestätigen noch 72 Stunden nach den Folterungen, daß die drei Arbeiter an ihren Körpern verschiedene Foltermale aufweisen. Trotz dieser schweren Anschuldigungen ist der Leutnant um seine Verteidigung nicht eben besorgt. Wenige Worte reichen aus, um ihm Straflosigkeit zu garantieren. Drei Jahre nach dem Vorfall legen die Männer des Militärtribunals von São Paulo die Angelegenheit zu den Akten, ohne daß ein Prozeß stattgefunden hätte. Sie stützen sich dabei auf nichts anderes als die Erklärung, die Nepomuceno höchstpersönlich zu seiner Beschuldigung abgegeben hatte: »Von wegen geschlagen! Sie haben sich selbst die Verletzungen beigebracht.«

Leutnant Nepomuceno, der sich sicher sein kann, straffrei aus der Sache hervorzugehen, begeht immer schwerere Verbrechen gegen Personen, die in den Handel mit Drogen verwickelt sind. Seine Angewohnheit, schutzlose Menschen zu verfolgen, kann er jedoch nicht immer vertuschen. In einem der seltenen Fälle, in denen eine arme Familie eine von der Polizei begangene Ungerechtigkeit anprangert, beschuldigt die Familie Accarini Leutnant Nepomuceno, nicht der erbitterte Feind von Drogenhändlern zu sein, für den er sich so gern in der Kaserne der Militärpolizei ausgibt. Der ungewöhnliche Mut, den diese Familie dabei aufbringt, liegt in den unfaßbaren Umständen begründet, unter denen die Verfolgung der Brüder Accarini erfolgt.

Die ehemaligen Metallarbeiter José und Rafael Accarini, die seit mehr als einem Jahr arbeitslos sind, pflegen Marihuana zu verkaufen, um ihre eigene Sucht und den Lebensunterhalt der Familie finanzieren zu können. Der Umschlagplatz für die Droge ist das Haus von José, ein Mietshaus aus Stein, das am äußersten Rand des Elendsviertels von Poá liegt. Sein Geschäftspartner, der Bruder Rafael, lebt in einem anderen Viertel der Stadt im Haus seiner Mutter, zusammen mit der Frau und den Kindern. Um den illegalen Handel aufrechterhalten zu können, müssen die beiden der gebräuchlichsten unter den Besteuerungsarten der Unterwelt Tribut zollen und eine Art Schweigegeld an Polizisten zahlen.

Einer der häufigsten Besucher im Haus der Accarini ist ein Militärpolizist, der am vereinbarten Zahltag immer in Zivilkleidung erscheint und sich unter dem Namen Júlio vorstellt. Obwohl er sich beflissen gibt, ist er ein Vertreter der harten Linie: Er treibt die höchsten Steuern ein, verlangt pünktliche Zahlung und ist immer bestens informiert. In dem Monat, in dem die Brüder Accarini nach dem Tod des Großvaters eine ordentliche Erbschaft machen, erhöht er das Schweigegeld von 500 auf 2 000 Dollar. Sobald er die Summe erhalten hat, verlangt er mehr: Am 28. Dezember 1979, zwei Tage später, fordert er schon 4 000 Dollar. Die Ehefrau von Rafael, Ivone Emília da Costa, wird Zeugin dieser Nötigung. Beeindruckt von der Beharrlichkeit, mit der der Polizist auf der Besteuerung besteht, fängt sie schließlich ein Streitgespräch mit ihm an und versucht, ihn umzustimmen.

»Finden Sie nicht, daß Sie da etwas zu viel verlangen?«

»Das ist der übliche Preis, schließlich steigt die Inflationsrate doch auch, oder nicht?«

»Aber nicht so schnell.«

»Eigenheiten der Branche ...«

»Wenn Sie wirklich Polizist sind, dann verhaften Sie meinen Mann, das ist mir lieber. Auf diese Art rutscht er immer tiefer in den Handel mit Drogen hinein.«

»Glauben Sie, daß er genauso denkt? Fragen Sie ihn, fragen Sie ihn doch!«

Die Diskussion endet freundschaftlich, und der Polizist geht so weit, der Familie für die Zukunft seine Unterstützung anzubieten und ihnen seine wahre Identität zu verraten. Bevor er geht, schreibt er noch auf einen Zettel die Anschrift seiner Arbeitsstelle, des 17. Bataillons sowie seinen vollständigen Namen: Eli Nepomuceno.

Gemäß den Anschuldigungen der Familie Accarini sind die Brüder Accarini von dem Augenblick an der Verfolgung ausgesetzt, als sie der Zahlung des Schweigegeldes nicht nachkommen, die am 28. Dezember erfolgen soll. Am folgenden Tag schon findet sich ein ziemlich verärgerter Leutnant Nepomuceno im Haus von Rafael ein, um die 4 000 Dollar einzustreichen. Dieser ist jedoch untergetaucht, weil er Repressalien fürchtet. Der Polizist unterhält sich mit Ivone. Diesmal geht er jedoch auf die Bitte der Frau gar nicht ein: »Bitte, Leutnant, verhaften Sie meinen Mann. Er muß von diesem Leben ablassen.«

»Wenn ich ihn habe, werden Sie es sofort erfahren.«

Stunden später benutzt der Leutnant das Funksprechgerät der Mobilen Einsatzleitung, um die dringende Unterstützung seiner Kollegen von der Streife anzufordern. Wer seine Durchsagen hört, muß denken, daß es sich um einen Vorfall von großem öffentlichen Interesse handelt: Es dauert nur wenige Minuten, da fahren bereits 15 auf drei Streifenwagen verteilte Militärpolizisten in hoher Geschwindigkeit zu dem Ort, der ihnen von Nepomuceno angegeben wird: das Elendsviertel, in dem José Accarini wohnt.

Kurz vor Mitternacht des 29. Dezember und ohne im Besitz eines Haftbefehls zu sein, dringen Leutnant Nepomuceno und ein Soldat der Streife ins Haus ein und klopfen wenig später an die Wohnungstür des Drogenhändlers, um ihn darüber zu informieren, daß sein Haus umstellt ist.

»Öffne, hier ist die Polizei!«

Sie erhalten keine Antwort. Der Leutnant besteht auf seiner Forderung: »Komm raus, Zé, du sitzt in der Falle!«

Es gibt niemanden, der bezeugen kann, was dann geschieht. Die Geschichte, die Nepomuceno einige Stunden später auf dem Kommissariat erzählt, ist ein Abklatsch der Erklärungen, die Militärpolizisten gewöhnlich in den amtlichen Rundschreiben der Polizei abzugeben pflegen. Es ist die alte Rechtfertigungsformel: Widerstand gegen die Staatsgewalt mit Todesfolge. Der Leutnant und der Soldat der Streife sind angeblich von dem Drogenhändler angegriffen worden, der aus dem Haus gerannt kam und auf sie geschossen habe. Die beiden hätten sich auf den Boden geworfen. Die Reaktion von Nepomuceno macht, wenn sie wahr ist, einer Szene aus einem US-amerikanischen Kriminalfilm alle Ehre. Während er sich noch auf dem Boden hin- und herrollt, um den Schüssen auszuweichen, gibt er einen zielsicheren Schuß auf den Kopf des Drogenhändlers ab.

Wenige Augenblicke, nachdem sich das Verbrechen ereignet hat, begeht Nepomuceno wieder die üblichen Verstöße gegen die Vorschriften: Er entfernt die Leiche vom Tatort, sammelt alle Gegenstände aus dem Haus ein, mit denen die Opfer im nachhinein noch beschuldigt werden können und, nachdem er jede effiziente Ermittlung durch Sachverständige unmöglich gemacht hat, beschlagnahmt er alles und nimmt es mit auf das Kommissariat der zivilen Polizei.

Ein Beamter sucht die Mutter des Toten auf und teilt ihr mit, daß ihr Sohn José ermordet worden sei. Er sagt ihr jedoch nicht die ganze Wahrheit, sondern behauptet, dieser sei von einem Freund umgebracht worden. Die Nachricht wird von Ivones Schwägerin, der Frau von Rafael Accarini, entgegengenommen.

»Wo befindet sich seine Leiche?«

»In der Leichenhalle. Sie müssen auf dem Kommissariat vorstellig werden, um die notwendigen bürokratischen Schritte einzuleiten.«

Auf dem Kommissariat bedeutet man Ivone, die Leiche im Leichenschauhaus des Städtchens Suzano, 15 Kilometer von Poá entfernt, zu suchen. Sie muß 30 Minuten mit dem Omnibus fahren. In Suzano angekommen, läßt man sie zwei Stunden warten, bis sie von einem der Beamten des Leichenschauhauses davon in Kenntnis gesetzt wird, daß sich die Leiche nicht mehr dort befindet. »Die Leiche ist im Leichenschauhaus von Poá.«

»Was? Ich komme doch von dort. Man sagte mir, daß sie sich hier befände.«

Als sie wieder auf dem Kommissariat eintrifft, stellt sie schließlich fest, wo sich der Tote tatsächlich befindet: Ein Leichenwagen steht bereit, um die Leiche zum Haus der Mutter zu bringen. Ivone muß noch einige Streifzüge durch öffentliche Ämter unternehmen, um die Unterlagen für die Beerdigung des Schwagers zusammenzustellen. Auf dem Weg dahin unterrichtet sie die Angehörigen und Freunde über ein öffentliches Telefon von Josés Tod.

Als sie nach Hause kommt, ist das Wohnzimmer voller Trauergäste, die auf den Leichenwagen warten. Als der Sarg eintrifft und geöffnet wird, sind alle, die an der Trauerfeier teilnehmen, aufs äußerste erschrocken. Es handelt sich bei der Leiche nicht um José, der mit viel Glück seinem Schicksal entgehen konnte. Er war zwei Tage zuvor von zivilen Polizeibeamten verhaftet worden, weil man ihn beim Verkauf von Rauschmitteln überrascht hatte. In dem Augenblick, als Leutnant Nepomuceno sein Haus stürmte, befand sich José auf dem Hauptkommissariat von São Paulo. Als er am folgenden Tag aus dem Kofferradio im Gefängnis die Nachricht von seinem eigenen Tod erfuhr, glaubte er, mit offenen Augen zu träumen.

Für die Angehörigen bedeutet die überraschende Entdeckung der falschen Leiche keineswegs eine Erleichterung. Schwägerin

Ivone ist starr vor Entsetzen. Sie hat sich als erste dem geöffneten Sarg mit einem Blumenstrauß genähert. Das von den Schüssen entstellte Gesicht ist ihr zu vertraut, als daß sie sich getäuscht haben könnte. Ihr wird klar, was geschehen ist: Es ist die Rache für die 4 000 Dollar. Die Leiche im Sarg ist Rafael Accarini, ihr Ehemann.

Kapitel 11
Der Schützenkönig

»Wenn sie in das Rechtsmedizinische Institut gebracht wurden, waren ihre Augen vor Angst weit aufgerissen und ihre Köpfe von Kugeln durchlöchert.« (Sidney M., April 1985)

Ich lernte meinen ersten Verbündeten bei den Recherchen über die Verbrechen der Militärpolizei während der Vorbereitungen zu einer Reportage über Vermißte kennen. Gedreht wurde für die Fernsehsendung »São Paulo im Fernsehen« auf dem Kanal ABRIL VIDEO.

Er saß eingekeilt zwischen eingeschüchterten Leidensgenossen auf einer Holzbank des Polizeikommissariats und hatte beinahe die Hoffnung aufgegeben, noch von einem Beamten angehört zu werden. Sein Drama glich dem vieler anderer, die auf die Gelegenheit warteten, einen vermißten Angehörigen zu melden. Im Alter von 15 Jahren hatte Sidney M. seine Geschichte schon Dutzend Male Sozialarbeitern erzählt, die sich darauf beschränkten, den Namen des Vaters und der Mutter auf die Liste der 20 000 Personen zu setzen, die jährlich in den Menschenmassen der Großstadt São Paulo verschwinden.

Mich beeindruckte gleich die Beharrlichkeit, mit der dieser einsame Jugendliche seine Ziele verfolgte.

»Haben Sie den Vorfall schon auf irgendeiner anderen Polizeistelle gemeldet?«

»Ich habe schon auf dem ersten, dem dritten, dem fünften, dem siebten, dem neunten, dem elften ...«

»Ich weiß, auf allen Polizeistellen mit ungeraden Nummern.«

»Und auf denen mit den geraden Nummern, auf dem zweiten, dem vierten, dem sechsten, dem achten, dem zehnten ...«

»Nur in São Paulo?«

»São Paulo, Osasco, Guarulhos, Moji, Santos, Ribeirão Pires, Barueri, Bauru, Assis.«

»Wie lange suchen Sie schon Ihre Eltern?«

»Seit ich zurückdenken kann.«

In der folgenden Woche sind wir schon Freunde, Verbündete im Kampf gegen Herausforderungen, die wir kaum meistern können: Ich helfe ihm dabei, den Vater und die Mutter zu suchen, die schon vermißt wurden, als Sidney erst wenige Monate alt war. Er hilft mir dabei, die Zeugen und Überlebenden ausfindig zu machen, die den Krieg zwischen den Militärpolizisten und den vermeintlichen Kriminellen der Stadt überlebt haben.

Die Eltern verlassen Sidney, als er drei Monate alt ist. Er wird von Verwandten und fremden Personen aufgezogen, die er fast alle in trauriger Erinnerung behalten hat. Einen Großteil seiner Jugend hat er mit den beiden Schwestern Sanja und Sueli im Haus eines gewalttätigen Onkels im Städtchen Barueri verbracht. Seine Erziehung besteht hauptsächlich aus Prügeln und anderen Bestrafungen. So etwas wie Zuneigung erfährt er kaum, was ihn dazu bringt, mit Sanja von zu Hause auszubrechen, als er zehn Jahre alt ist.

Die beiden verbringen einige Monate auf den Straßen im Zentrum von São Paulo bis zu dem Tag, als sie von Beamten der FEBEM, einer Institution zum Schutz obdachloser Minderjähriger, aufgegriffen werden. Sanja wird in der Mädcheneinheit untergebracht. Sidney wird in den Trakt für schwererziehbare Jungen gebracht. In den folgenden zehn Jahren bekommen die Geschwister keine Gelegenheit, sich zu sehen.

Im Verlauf seiner zweijährigen Internierung in der FEBEM, während derer Sidney keinen Besuch erhält, kann er mit einer der Sozialarbeiterinnen der Anstalt Freundschaft schließen. Sie hilft ihm dabei, den Großvater väterlicherseits auszumachen. Dieser lebt im Innern des Bundesstaates São Paulo.

Die Entdeckung dieses Verwandten beschleunigt seine Entlassung aus der Jugendverwahranstalt. Im Alter von zwölf Jahren trifft Sidney mutterseelenallein in Assis ein, um dort bei seinem Großvater zu leben, der ihn freudig aufnimmt. Der Großvater stellt dem Jungen drei Tanten und drei Onkel vor, alles Geschwister der verschwundenen Mutter, die Dora Marques dos Santos heißt. Dann zeigt er dem Enkel ein besonderes Kleinod, das er in der hintersten Ecke des Kleiderschrankes aufbewahrt: das Familienalbum.

Die meisten Fotos in diesem Album zeigen die Großmutter Maria, von der Sidney meint, daß er ihr ähnlich sei. Die drei Onkel, Brüder des Vaters, gleichen einander ebenfalls. Sie alle haben den Anfangsbuchstaben ihrer Vornamen gemein: Francisco, Fernando, Felipe. Das Foto, das Sidney am tiefsten berührt, ist ein altes, vergilbtes Bild im Format 7 x 5. Es zeigt einen dunkelhäutigen Jungen mit kurzen, krausen Haaren, sehr dunklen Augen und einer niedrigen Stirn in einer Soldatenuniform. Auf der Rückseite ist mit Bleistift ein Datum eingetragen, November 1958, und der Name Benedito Marques da Silva. Es handelt sich um den jüngsten der drei Brüder, den Vater von Sidney.

Sidney lebt ein Jahr bei seinem alkoholsüchtigen Großvater. Als er wieder nach São Paulo zurückkehrt, ist Sidney entschlossen, die Nachforschungen über seine Herkunft mit noch größerem Eifer zu betreiben. Er nimmt eine Arbeit als Office-boy an, um die Miete für die Pensionen und die Zimmer bei privaten Familien bezahlen zu können, in denen er wohnt. Er hat keine Zeit, eine Schule zu besuchen. In den freien Stunden, die ihm am Wochenende bleiben, streift er durch die Randgebiete und Vororte der Großstadt, auf der Suche nach dem Vater und der Mutter.

Ein Foto, ein vollständiger Name, seine Abstammung und das Geburtsdatum sind alles, was uns an Informationen zur Verfügung steht, als wir uns 1985 auf die Suche nach Sidneys Eltern machen. Ein Jahr lang versuchen wir, herauszufinden, ob ihre Namen in den Archiven öffentlicher Ämter registriert sind. Wir haben keinen Erfolg. Alles, was uns gelingt, ist, Möglichkeiten auszuklammern. Die Eltern von Sidney haben sicherlich keine Telefonnummer, die unter ihrem Namen in São Paulo und anderen großen Städten des Landes registriert ist. Sie erhalten auch kein Gas, Licht oder Wasser von öffentlichen Stadtwerken. Ebensowenig sind sie als Wahlberechtigte registriert, noch finden wir ihre Namen in einem Strafregister. Wenigstens einer unserer Mißerfolge ist positiv zu werten: Im Bundesstaat São Paulo ist auch kein Totenschein auf ihre Namen ausgestellt.

Während der fünf Jahre, in denen Sidney nach seinen Eltern sucht, erlebt er einige Situationen, die ihn tief berühren. Dazu gehört die Entdeckung eines Onkels mütterlicherseits mit Namen Sérgio, der im Viertel von São Mateus wohnt. Sérgio lebt bei seinem Vater bis zu dem Tag, an dem er ebenfalls von seiner Mutter, einer Hausangestellten, verlassen wird. Er erzählt Sidney, daß alle drei Ehen seiner Mutter das gleiche Ende fanden. Von einem Tag auf den anderen war sie verschwunden und ließ die Kinder unter der Aufsicht des verliebten Ehemannes zurück. In Sérgios Fall hat der Vater die Verantwortung für das Kind dem Patenonkel überlassen. Sérgio glaubt, daß die Mutter irgendwo in der Stadt lebt.

Zu Beginn der neunziger Jahre entschließt sich Sidney, die Suche nach den Eltern auf eigene Faust auszudehnen, und begibt sich auch in andere Bundesstaaten Brasiliens. Einer Intuition folgend geht er dabei von Süden nach Norden vor. Als ich schon dabei bin, dieses Buch zu schreiben, ist er in Rio Grande do Sul, Santa Catarina und Paraná noch auf keine brauchbare Spur gestoßen. Aber er setzt die Suche fort.

Die Einbindung Sidneys in meine Ermittlungen über die Verbrechen der Militärpolizei dauert, in der ersten Phase, ein Jahr und acht Monate. Er beginnt 1985 mit seiner Arbeit in den Hallen des Rechtsmedizinischen Instituts. Dabei hat er zwei Aufträge zu erledigen: Er wird Personen ausfindig machen, die Schießereien überlebt haben, in die Militärpolizisten der ROTA 66 verwickelt waren. Darüber hinaus soll er das Eintreffen von Leichen beobachten, die diesen Polizisten zum Opfer gefallen sind. Geplant ist, sich unter die Angehörigen zu mischen, die täglich in das Rechtsmedizinische Institut kommen, um ihre Verwandten zu identifizieren und dort die erforderlichen Beerdigungsformalitäten zu erledigen. Dabei benötigt Sidney keine besondere Tarnung.

Mit seiner schüchternen Art, seinem traurigen Blick, seiner einfachen Kleidung und der dunklen Hautfarbe besitzt er eine natürliche Tarnung, mit der er unter den Angehörigen der Opfer nicht auffällt. In den ersten drei Monaten seiner Arbeit hat Sidney schon mit Hunderten von Menschen geredet, aber er stößt auf keinen einzigen Überlebenden oder Zeugen dieser Schießereien. Das Experiment dient jedoch dazu, den traurigen Arbeitsalltag und die geringen Sicherheitsvorkehrungen des Rechtsmedizinischen Instituts kennenzulernen. Dies erleichtert uns die Nachforschungen im zweiten Teil unserer Ermittlungen auf den Fluren des Leichenschauhauses.

Obwohl die Kühlhallen, in denen die Leichen lagern, dem öffentlichen Zutritt verwehrt sind, finden wir einen Weg, die Körper zu begutachten, ohne irgendwelche Regelwidrigkeiten zu begehen. Da es im Kellergeschoß keine Garagen gibt, sind die Fahrer der Leichenwagen, die die Leichen von der Straße holen, gezwungen, in einem belebten Gang zu halten. Von dort werden die Leichen in offenen Kisten transportiert, die von den Angehörigen eingesehen werden können. Sobald ein Opfer gebracht wird, das von Militärpolizisten getötet wurde, versuchen wir, so nahe wie möglich an die Leiche heranzukommen.

Ein anderer Schwachpunkt, den wir uns für unsere Begutachtungen zunutze machen, ist der Raum, in dem die Leichen aufbewahrt werden, kurz bevor sie für die Bestattungsfeierlichkeiten freigegeben werden. Es ist ein großer Saal, in dem die Angehörigen und die Angestellten des Leichenschauhauses die Leichen ankleiden und die Särge für die Trauerfeier zu schmücken pflegen. Der Saal ist leicht zugänglich und befindet sich in der Nähe der offiziellen Aufnahmestelle, was Sidney mit schrecklichen Tatsachen konfrontiert.

»Ich weiß nicht, wieso ich immer noch am Leben bin, Caco. Sie töten nur Jugendliche, Arme und Mulatten wie mich.«

»Immer mit der Ruhe. Jugendliche und Arme, ja. Aber sie töten auch Weiße.«

»Nur, wenn sie in Begleitung von Schwarzen oder Mulatten sind.«

»Du übertreibst.«

»Du redest so, weil du ein Weißer bist.«

»Wir müssen noch mehr ermitteln, um uns da ganz sicher zu sein. Das ist der einzige Weg, der uns bleibt.«

»Verlorene Zeit! Ich seh doch: Die meisten Leichen sind Mulatten, wollen wir wetten?«

Jugendliche, Arme, Schwarze oder Mulatten. Unsere ersten Beobachtungen im Rechtsmedizinischen Institut helfen uns dabei, ein Profil der Opfer zu erstellen und darüber hinaus zu erfahren, wie sie umgebracht worden sind.

Eines Nachmittags im September 1984, als ein 15jähriger Mulatte, der im westlichen Teil der Stadt ums Leben kam, von seinen Angehörigen identifiziert wird, lassen Sidneys Beobachtungen, der sich wieder unter die Angehörigen gemischt hat, den Schluß zu, daß einige der 15 Militärpolizisten, die direkt in den Fall der ROTA 66 verwickelt waren, ihren Opfern ein unverwechselbares Markenzeichen verpassen, nämlich den Schuß in den Kopf.

»Ich stand neben der Großmutter, die weinte wie verrückt. Es war ein kleiner Mulatte, sie hatten sein Gesicht mit einem Schuß zum Platzen gebracht.«

»Und der restliche Körper?«

»Das konnte ich nicht sehen. Er war bekleidet.«

Anhand der Informationen, die wir von den Angehörigen bekommen, finden wir die Polizeistation heraus, auf der das Verbrechen registriert wurde. Paulo Antônio Ramos, 15 Jahre alt, ist angeblich in einer Schießerei durch vier Schüsse in die Brust und einen in den Kopf getötet worden. Er ist eines der Opfer des Polizisten José Cláudio dos Santos. Dieser hatte zur ROTA 17 gehört, die am Morgen des Verbrechens der ROTA 66 an der Verfolgung der drei Jungen im blauen Volkswagen teilgenommen und dabei geholfen hatte, die Leichen in das Klinikum zu transportieren. Die Gewalttätigkeit, mit der man den minderjährigen Paulo Antônio umgebracht hat, erinnert stark an die Aktion der Militärpolizisten an jenem frühen Morgen im April 1975.

Auf dem Kommissariat sagt der Polizist José Cláudio aus, in legitimer Notwehr getötet zu haben. Der Minderjährige habe angefangen, auf ihn zu schießen, und habe sich seiner Verhaftung widersetzt, als man ihn auf frischer Tat ertappte.

Unsere Ermittlungen erbringen, daß ein Teil der Aussagen der Wahrheit entspricht. Als Paulo Antônio im westlichen Teil von São Paulo bei dem Versuch überrascht wird, eine Frau auf der Überführung Antártica zu überfallen, nimmt er sofort reißaus, als er die Fahrzeuge der Militärpolizisten näherkommen sieht. In seiner Verzweiflung springt er von der Überführung und bricht sich bei dem Sprung in über drei Meter Tiefe ein Bein. Obwohl er verletzt ist, gelingt es Paulo Antônio noch, sich bis in die Favela zu schleppen und sich im Haus zu verstecken. Doch nicht für lange Zeit.

Die Baracke ist nach wenigen Minuten von Militärpolizisten umstellt, die den Nachbarn zurufen, in ihren Häusern zu bleiben, um nicht von einem Kugelhagel getroffen zu werden. Von diesem Augenblick an widerspricht die Version des Polizisten José Cláudio den Aussagen der Favela-Bewohner. Er gibt an, Paulo Antônio immer wieder dazu aufgefordert zu haben, sich zu stellen. Schließlich habe der Junge angefangen, mehrere Schüsse auf ihn abzugeben. Darauf habe die Polizei reagieren müssen, was schließlich mit dem Tod des Jungen in der Baracke endete. In seiner Aussage auf der zivilen Polizeistation weigert sich José Cláudio, zuzugeben, daß es in seiner Absicht lag, zu töten. Er benutzt die alte Lüge von der »menschlichen Geste«: Er habe den verletzten Minderjährigen in ein Krankenhaus bringen lassen.

Die Bewohner der Favela erzählen eine ganz andere Geschichte. Die Zeugen, die dem Hin und Her um die Baracke beigewohnt haben, bestätigen, daß José Cláudio der rabiateste von den Polizisten gewesen sei. Er habe den Jungen durch einen Spalt in der Barackenwand beobachtet, ohne dem Appell der Großmutter Severina Inácio Silva Beachtung zu schenken, die versucht habe, den Enkel zu retten, indem sie sich vor die Polizisten stellte. Die Militärpolizisten hätten sie weggestoßen. Keiner hat irgendeine Reaktion von seiten des Minderjährigen beobachtet, der in dem Augenblick keine Möglichkeit mehr zur Flucht hat, als die Polizisten damit beginnen, mehrere Schüsse aus ihren Waffen abzufeuern, deren Läufe sie durch die Löcher in der Wand der Baracke gesteckt haben. Der Polizist José Cláudio gibt in seiner Aussage zu, die Tür mit Fußtritten geöffnet zu haben. Er sei in die Küche eingedrungen und habe auf den Feind geschossen. Es gibt keine Zeugen für das, was sich dann in der Baracke ereignete.

Als die Schüsse eingestellt wurden, sei der minderjährige Paulo Antônio nach den Schilderungen der Großmutter unter dem Küchentisch gefunden worden, wohin er sich verkrochen hatte. Vier Kugeln hätten ihn in der Brust, eine in den Kopf getroffen. Er habe sich nicht mehr bewegt. Der Großmutter gelingt es, den Jungen, der in der Küche liegt, einige Minuten zu sehen. Trotz der Proteste von Dona Severina schleifen die Militärpolizisten die alte Frau an den Beinen auf die Straße, wo sie in die vergitterte Zelle des Streifenwagens gesteckt wird.

»Lassen Sie ihn doch hier, haben Sie doch Achtung vor einem Toten«, ruft Dona Severina aufgebracht aus.

»Was denn, Oma, im Krankenhaus wird er schon wieder zu sich kommen«, soll José Cláudio geantwortet haben.

Unsere Arbeit in den Hallen des Rechtsmedizinischen Instituts bringt uns noch auf andere Fährten, anhand derer wir auf weitere Opfer dieses Polizisten stoßen. Wir zählen 16 Personen, die in vermeintlich bewaffneten Auseinandersetzungen mit ihm ums Leben kamen. 14 von ihnen waren Jugendliche, drei waren älter als 25 Jahre. In den meisten dieser Fälle stoßen wir auf das berüchtigte Markenzeichen des Mörders. Wir können mit Sicherheit behaupten, daß José Cláudio wenigstens neun dieser Personen mit einem oder mehreren Schüssen in den Kopf getötet hat.

Im gleichen Jahr 1984 schreitet er wieder zur Tat. Diesmal sind die Opfer zwei Jugendliche unter 18 Jahren. Die angebliche Schießerei hat sich, gemäß den Aussagen von José Cláudio, während eines Überfalls auf einen Massagesalon im Viertel von Pacaembu ereignet. Als der minderjährige Roberto Ramos Alves, 16 Jahre alt, zusammen mit einem anderen Bandenmitglied, Misael Lemos dos Santos, bei dem Überfall überrascht wird, flüchten die beiden in eines der Zimmer im Haus. Von dort entbrennt angeblich ein Schußwechsel mit den Polizisten. Es gibt keine Zeugen. Die offizielle Version der Schießerei klingt zumindest zweifelhaft.

Die Verletzungen der Jugendlichen lassen eher auf eine Hinrichtung schließen. Die Version, die José Cláudio von den Ereignissen abgibt, hätte nur dann Bestand, gehörte er zu den besten Schützen der Welt, die in der Lage sind, das Unmögliche möglich zu machen: dem Feind zielsichere Kopfschüsse aus einer Situation heraus zu verpassen, die von höchster Anspannung und ständiger Bewegung gekennzeichnet ist. In der Auseinandersetzung mit den beiden Jugendlichen hat José Cláudio vier tödliche Schüsse in die Brust und in den Kopf des einen abgegeben; der andere Junge, Misael, wird von sechs Kugeln getroffen, von denen zwei die Hände, zwei den Hals, eine Kugel eine Stelle oberhalb des Ohrs und eine die Stirn treffen.

Eine der unglaubwürdigsten Versionen von José Cláudio ist die von dem Tod des Mechanikers Antônio Carlos de Almeida, der sich in Pirituba ereignet. Im Verlauf einer Patrouille, die darauf abzielte, einen Verbrecher zu stellen, verdächtigt der Polizist den Mechaniker, der als Passagier in einem Taxi fährt. Antônio Carlos habe sich seiner Verhaftung widersetzt und sei geflohen, wobei er mit einem Revolver Schüsse auf die Polizisten abgegeben habe.

Nachdem man die Verletzungen am Körper des Mechanikers begutachtet hat, fällt es sehr schwer, an die Version von José Cláudio zu glauben. Antônio Carlos ist von fünf Schüssen getroffen worden: Eine Kugel hat den Arm durchschlagen, vier das Gesicht.

Wer diesen Fall nur aus den Schilderungen des Tathergangs kennt, wie er im polizeilichen Rundschreiben dargestellt ist, der muß in der Tat annehmen, daß der Polizist José Cláudio über ein überdurchschnittliches Schießtalent verfügt. In seinen Aussagen berichtet er, daß ein heftiger Schußwechsel entbrannt sei. Obwohl der Mechaniker schon verletzt gewesen sei, habe er noch mehrere Schüsse auf die Polizisten abgegeben. Er erklärt nur nicht, wie es möglich ist, daß ein Mensch eine Feuerwaffe bedient, nachdem ihn derart viele Kopfschüsse getroffen haben. Er legt jedoch besonderen Wert auf die Feststellung, daß er sich um das Leben des Verletzten bemüht habe. Der Körper von Antônio Carlos wird jedenfalls ins Krankenhaus gebracht.

Alle 16 Fälle, in die José Cláudio verwickelt ist, finden ein und denselben Ausgang. Die Leichen werden vom Tatort entfernt. Dieses Vorgehen, das eine vernünftige Ermittlung durch Sachverständige zunichte macht, wiederholt sich auch in Situationen, in denen es gar keine Möglichkeit gibt, von lebenserhaltenden Maßnahmen am Tatort zu sprechen. So zum Beispiel im Anschluß an eine Schießerei, die sich im Dezember 1985 im Viertel von Pompéia ereignet. Als José Cláudio und seine Leute von einfachen Bürgern gerufen werden, um einen Überfall auf das Krankenhaus São Camilo niederzuschlagen, stoßen sie auf zwei Banditen, die durch den Haupteingang des Gebäudes zu fliehen versuchen. Als sie die Polizisten erblicken, machen die Männer auf dem Absatz kehrt und rennen wieder in das Krankenhaus hinein. Die Verfolgung über die Flure dauert genau zehn Minuten, so die Version der Militärpolizisten, und endet mit einer Schießerei. Der erste, der sterben muß, ist der Bandit João Nério, 29 Jahre alt. Drei Schüsse treffen seine Brust. Der andere, José Silvino, 40 Jahre alt, gibt angeblich von einer unbeleuchteten Treppe aus Schüsse ab. Obwohl es dort stockdunkel ist, verfehlt José Cláudio sein Ziel nicht: Ein Schuß trifft den Brustkorb, zwei treffen das Gesicht des Opfers. In der Folge leistet man Erste Hilfe. Da man sich bereits in einem Krankenhaus befindet, liegt es eigentlich auf der Hand, einen Arzt an den Tatort zu rufen. José Cláudio zieht es jedoch vor, den Banditen durch den Korridor zu ziehen, angeblich auf der Suche nach der Krankenstation. Dort kann der Arzt nur noch den Tod feststellen.

José Cláudio führt immer an, in legitimer Notwehr gehandelt zu haben, nachdem gewalttätige Kriminelle auf ihn Schüsse abgegeben hätten. Unsere Ermittlungen widersprechen diesen Aussagen. Wir können beweisen, daß wenigstens sechs seiner Opfer sich keiner Straftat schuldig gemacht haben. Es handelt sich dabei um Studenten oder Arbeiter, wie Cláudio Valério dos Santos, 19 Jahre alt, und Gilberto de Souza Andrade, 36 Jahre alt. Sie werden von den Militärpolizisten beschuldigt, einen Supermarkt überfallen zu haben. Angeblich konnten die Polizisten die beiden Männer in einem Gebüsch stellen, wo sie, so die offizielle Version, sich nicht etwa ergeben, sondern Schüsse aus ihren Waffen abfeuern. Sie sterben im Schußwechsel. Nachdem man angeblich Erste Hilfe geleistet hat, seien sie auf dem Weg ins Krankenhaus gestorben. Zeugen, Freunde und Angehörige erzählen eine ganz andere Geschichte.

Wir beginnen mit unseren Ermittlungen, indem wir nach den Personen suchen, die sich zum Zeitpunkt des Überfalls im Supermarkt befunden haben. Wir beabsichtigen, einen der Zeugen des Raubüberfalls mit ins Leichenschauhaus zu nehmen, um zu bestätigen, daß es sich bei den Toten um die Banditen Cláudio und Gilberto handelt. Wir sprechen mit zehn Personen, die sich aus Angst vor Repressalien weigern, uns zu begleiten. Der einzige, der einverstanden ist, ist der Alkoholiker Donizete Ferreira da Silva. Als Donizete den Toten sieht, der gerade für die Totenwache im Leichenschauhaus vorbereitet wird, versichert er im Brustton der Überzeugung: »Ich bin sicher, das sind nicht die Banditen.«

Wir suchen die Frau von Gilberto de Souza Andrade auf, die uns den Arbeitsausweis ihres Mannes zeigt. Er war vor acht Jahren von dem Eigentümer der Firma, Rodolfo Pazzineli, unterzeichnet worden. Der Chef bestätigt uns, daß Gilberto ein langjähriger Mitarbeiter der Firma war und sich immer vorbildlich verhalten habe. Wir wollen wissen, ob Gilberto am Tag des Überfalls auf den Supermarkt seiner Arbeitsstelle ferngeblieben ist, oder aber, ob er zur Tatzeit, um neun Uhr morgens, noch nicht auf der Arbeit erschienen war. Pazzineli garantiert uns, daß dies nicht der Fall gewesen ist. Wir verlangen einen Beweis. Er zeigt uns die Stempelkarte: »Hier ist sie. Er hat von 7.14 Uhr morgens bis 18.08 Uhr gearbeitet.«

»Hat er die Firma an diesem Tag für einen kurzen Zeitraum verlassen?«

»Ganz sicher nicht. Nicht einmal in der Mittagspause ist er gegangen, er hat in der Firma gegessen.«

Der Unternehmer setzt uns noch davon in Kenntnis, daß er großes Vertrauen in diesen langjährigen Mitarbeiter der Firma gesetzt habe. Er habe Gilberto auch einen besonderen Kredit gewährt, damit dieser sein Mietshaus ausbauen konnte, das nach der Geburt der fünften Tochter zu klein geworden war. Die Arbeiten an dem Haus habe Gilberto abends nach der Arbeit oder an den Wochenenden zusammen mit einem befreundeten Maurer vorgenommen, der in der gleichen Straße des Jardim Ceci wohne.

Der Maurer Cláudio Valério hinkt auf einem Bein, seit er eines Tages in einen Brunnen gestürzt ist. In der Nacht, als sich die Erschießung ereignet, sind die beiden Männer noch in der Eckkneipe eingekehrt, wo sie einen Aperitif zu sich nehmen und noch etwas Mettwurst kaufen. Dort treffen sie mit der ROTA zusammen.

Cláudio hat seine Papiere nicht bei sich. Als er den grauen Streifenwagen sieht, der auf die Kneipe zugefahren kommt, will er fliehen aus Angst, zu viele Erklärungen abgeben zu müssen. Mit seinem Verhalten macht er die Militärpolizisten erst auf sich aufmerksam. Verschiedene Bewohner des Viertels beobachten, wie Cláudio und Gilberto von den Polizisten angesprochen werden, was der Version von der Schießerei im Gebüsch widerspricht. Selbst die Besitzerin der Kneipe, Rosalinda Sandroni, hat hinter ihrem Tresen ein Beweismittel aufbewahrt, das die Verhaftung von Cláudio untermauert.

»Seine Schlappen fielen auf die Straße in dem Augenblick, als die Militärpolizisten ihn in diesen ›Kaninchenstall‹ ihres Streifenwagens steckten. Ich habe einen davon behalten und werde ihn der Familie zurückgeben.«

»Hat er sich gewehrt?«

»Wie denn, er ist doch ein Krüppel...«

»Haben Sie gesehen, wohin sie ihn brachten?«

»Sie sind die Straße hinuntergefahren. Wenige Minuten später habe ich Schüsse aus dieser Richtung gehört.«

Wir machen eine weitere Entdeckung. Die Militärpolizisten beschmutzen noch nachträglich die Ehre der beiden toten Männer, indem sie behaupten, diese hätten sich als gewalttätige Räuber erwiesen. Aus den Archiven der zivilen Gerichte von São Paulo geht hervor, daß weder Cláudio noch Gilberto vorbestraft waren. Auch in den Computern der zivilen Polizei ist nichts dergleichen vermerkt, was die Aussagen der gesamten Nachbarschaft der Toten nur untermauert: Kriminell waren die beiden nicht.

Sie sind nicht die einzigen, die dem Polizisten José Cláudio zum Opfer fallen. Unsere Ermittlungen bestätigen, daß fünf weitere Personen, die von ihm unter ähnlichen Umständen erschossen werden, sich keinerlei Gesetzesübertretung haben zuschulden kommen lassen.

José Cláudio wird in allen 16 Fällen, die wir untersucht haben, vom Militärtribunal freigesprochen. In einigen dieser Fälle kommt es nicht einmal zu einer Gerichtsverhandlung, sondern sie werden gleich zu den Akten gelegt. Sein polizeiliches Führungszeugnis offenbart, daß er sich innerhalb des militärischen Verbandes großer Wertschätzung erfreut. Die Lobreden, die auf ihn verfaßt wurden, tragen die Unterschrift von Offizieren hohen Ranges. Ein ehemaliger Kommandant des Bataillons, der den Streifen vorsteht, der Oberst Salvador D'Aquino, ist einer der großen Befürworter derartiger Methoden. Als er das Oberkommando über die Streifen abgibt, läßt er folgende Lobrede über José Cláudio verfassen: »Er hat den Namen der Einheit immer hochgehalten und dieses traditionelle Bataillon mit Ruhm überschüttet.«

Kapitel 12
Krankenhaus: Versteck für Kadaver

Ich kann eine ganze Reihe von Verbrechen aufdecken, die von genau den Polizisten begangen worden sind, die auch in den Fall der ROTA 66 verwickelt waren. Dies veranlaßt mich, meine 1975 erstellte Datenbank zu erweitern. Bis jetzt gibt es nur zwei Quellen, die meinen Ermittlungen zugrunde liegen: die Angehörigen der Opfer, die auf den Fluren des Rechtsmedizinischen Instituts befragt wurden, und die Archive der Zeitung »Notícias Populares«. Diesen beiden Quellen verdanke ich die Identifizierung einiger Attentäter unter den Militärpolizisten.

Ich entwerfe nun einen noch umfangreicheren und ehrgeizigeren Plan. Dafür benötige ich einen Mitarbeiter, der für mich mit den Auswertungen der Archive des »NP« fortfährt. Sidney ist von der Idee begeistert. Er beschließt, gleichzeitig zwei Aufgaben nachzugehen, was ihm jedoch um einiges zusetzt: Am Morgen »schiebt er Wache« im Rechtsmedizinischen Institut und beobachtet die Einlieferung und den Weitertransport der Leichen. Nachmittags wird er die Bibliothek der Zeitung aufsuchen, um dort die Meldungen über die von der Militärpolizei getöteten Opfer zu studieren.

Die Untersuchung der Zeitungsarchive, die nun Sidneys Verantwortung untersteht, trägt zur Aufdeckung einer wachsenden Zahl von Schießereien zwischen Militärpolizisten und angeblichen Kriminellen bei. Wir entwerfen hierzu eine Kartei, um das Speichern der wichtigsten Daten jedes einzelnen Falles zu erleichtern, und vermerken hierin alle das Opfer betreffenden Informationen: Name, Alter, Hautfarbe, Anschrift, Beruf, Ort und Todesursache. Wir notieren ebenfalls die Daten der Killer, abgesehen von den Namen der Kommissariate in den Bezirken, in denen die Schießereien stattgefunden haben, und den Namen derjenigen Polizeiwachtmeister, die jeweils die amtlichen Schreiben verfaßt haben. In dem Freiraum auf jeder der Karteikarten, der für die Namen der Ermittler vorgesehen ist, vermerkt Sidney die Vermutungen und Kommentare zu den Zeitungsmeldungen, die ihn am meisten beeindruckt haben. Die Anmerkungen Sidneys, die ich hier wiedergebe, stellen immer einen Ansatzpunkt für unsere Untersuchungen dar:

Dem hier mußt Du nachgehen! Der Soldat schrie: »Bleiben Sie stehen, hier ist die Polizei!« Der Mann lief weiter. Er wurde von einer Kugel in den Rücken getroffen. Weißt Du, warum er nicht stehengeblieben ist? Er war taub, sagten die Angehörigen. (NP, 3.11.1977)

Sieh Dir mal genau diesen Fall an, Caco. Bandit, 13 Jahre alt, Vanderlei dos Santos Dacel, taubstumm, hat mit der Militärpolizei Schüsse gewechselt. 13 Jahre alt, taubstumm, ist das denn möglich? (NP, 28.7.1985)

Heute ist es vier Monate her, daß ich diese Zeitung studierte. Hast Du schon bemerkt, daß in keinem dieser Fälle auch nur einer einen Schußwechsel überlebt hat? (6.3.1987)

Schußwechsel in der Strafvollzugsanstalt. Ergebnis: 31 Tote unter den Gefangenen. Unter den Militärpolizisten: null. Keiner! Das ist ein Massaker, Caco Barcellos. Das muß angezeigt werden. (29.7.1987)

Wieder ein Toter in meinem Stadtviertel. Immer ein Mulatte oder ein Neger, begreifst Du? (NP, 7.7.1989)

Marisa, Lizete, Valquíria, Elielza. Nicht mal die Frauen kommen davon. (11.2.1990)

Sieh dir nur mal den Namen des Opfers an: Benedito Marques da Silva, der gleiche Name, den mein Vater trägt. Ob er das ist? Ob die Militärpolizisten einen meiner Brüder umgebracht haben? Sollen wir dem nachgehen? Hebe die Karteikarte gut auf! (1.2.1992)

Nachdem wir mehr als 8 000 Exemplare des »NP« studiert haben, wird es notwendig, die Informationen in einem Computer zu speichern. Wir haben schon eine Zusammenfassung von Zeitungsmeldungen über 3 200 Schießereien erstellt, in die verdächtige Personen und Militärpolizisten verwickelt sind. In dieser Phase unserer Untersuchung kommt die Zahl der getöteten Zivilpersonen den Verlusten gleich, die nach einem Krieg zu verzeichnen sind. Es handelt sich jedoch um einen seltsamen Krieg, in dem es äußerst selten, ja beinahe nie Überlebende gibt. Von all den Schießereien, über die im »NP« berichtet wird, enden nur 28 mit verletzten Opfern. Keine einzige Zivilperson überlebt jedoch die überwältigende Mehrheit der 3 188 Schußwechsel mit Militärpolizisten. An diesem Punkt kommt die Bilanz unserer Ermittlungen, soweit man den offiziellen Versionen der Militärpolizisten Glauben schenken darf, einem regelrechten Rekord gleich, verglichen mit den Verlusten, die nach konventionellen Kriegen zu verzeichnen sind. Vielleicht ist es sogar ein Weltrekord.

Einer der größten Spezialisten Brasiliens in Sachen bewaffnete Auseinandersetzungen, Professor Hernâni Donato, Autor des »Lexikons brasilianischer Schlachten« versichert, daß es noch nie in der Geschichte des Landes einen so gewalttätigen Krieg gegeben habe, in dem nur auf einer Seite Verluste zu verzeichnen sind. Er untersuchte den Verlauf von 2 000 bewaffneten Konflikten, von den Auseinandersetzungen zwischen Siedlern und Eingeborenen bis hin zu den Kämpfen der Guerilla in der Stadt und auf dem Land. Seine Erfahrungen beweisen, daß aus Schußwechseln zwischen zwei befeindeten Gruppen immer weit mehr Verletzte als Tote zu verzeichnen sind. In der Geschichte derartiger Auseinandersetzungen in Brasilien kommen im Durchschnitt vier Verletzte auf einen Toten.

Das Saldo der Verluste, die auf Schießereien mit Militärpolizisten aus São Paulo zurückzuführen sind, gehört also zu den seltenen Fällen dieser Art in der Geschichte. Wenn die Polizisten tatsächlich, wie sie vorgeben, in legitimer Notwehr getötet haben, so verdienen sie einen Preis für ihre besondere Durchschlagskraft im Kampf gegen den Feind. Sie übertreffen mit den tödlichen Schüssen aus ihren Waffen alle kriegführenden Gruppen, die es jemals in Brasilien gegeben hat. Auf das Konto der Militärpolizisten geht die erschreckende Zahl von 265 Toten auf einen Verletzten.

In dieser Phase unserer Ermittlungen weist die Bilanz, die wir aus unseren beiden Informationsquellen ziehen können, unterschiedliche Wege zur Fortführung der Untersuchungen auf. In dem Maße, in dem die Auswertung der Zeitungsarchive vervollständigt wird, vertieft sich auch der Eindruck von der erschreckenden Schlagkraft der Militärpolizisten im Krieg gegen Zivilpersonen. Der gleiche Krieg aus dem Blickwinkel der Angehörigen der Opfer, unserer zweiten Informationsquelle gesehen, bekommt noch eine andere Dimension: Je mehr Angehörige von Opfern der Militärpolizei wir interviewen, um so mehr verstärkt sich der Verdacht, daß viele der Schießereien nur vorgeschoben wurden, um wahre Massaker zu vertuschen. Wir können im Verlauf unserer Ermittlungen Hunderte von Anschuldigungen sammeln, mittels derer die Attentäter unter den Militärpolizisten als Mitglieder einer offiziellen Todesschwadron überführt werden können.

Die erschreckenden Erkenntnisse, die unserer Datenbank entnommen werden können, reichen nun, für sich allein genommen, nicht mehr aus. Mein nächster Schritt wird es sein, die genauen Umstände zu durchleuchten, unter denen diese Zivilpersonen von der Militärpolizei getötet wurden. Ein Teil der Informationen, die wir sammeln können, ermöglicht es uns, die Haupttäter unter diesen Killern zu ermitteln oder zumindest hinter die Identität derjenigen zu kommen, deren Namen in den Zeitungsarchiven festgehalten sind. So können wir, zehn Jahre nachdem sich der Fall der ROTA 66 ereignet hat, eindeutig feststellen, daß Leutnant Eli Nepomuceno, Polizeiwachtmeister José Cláudio und andere Kollegen, die damals zu den Beteiligten gehörten, immer noch Jugendliche und Minderjährige umbringen, und zwar mit wachsender Häufigkeit.

Unsere Datenbank, die sich auf nur zwei Quellen stützt, hilft uns dabei, die Anzahl der Opfer zu ermitteln und alte Vermutungen bestätigt zu sehen. Wir stellen zum Beispiel fest, daß mindestens 1300 nicht identifizierbare Personen seit Bestehen der Militärpolizei von ihr getötet wurden. Dies bedeutet, daß beinahe die Hälfte der Menschen, die innerhalb von zwei Jahrzehnten Militärpolizisten zum Opfer fielen und deren Tod überhaupt öffentlich bekannt wurde, seltsamerweise zum Zeitpunkt der tödlichen Schußwechsel keine Ausweise bei sich trugen. Es handelt sich um die sogenannten »unbekannten Toten«.

Damit bestätigt sich eine Tatsache, die für mich eigentlich kein Novum mehr ist, ebensowenig wie sie die Bewohner der Randgebiete von São Paulo überraschen dürfte: »Zuerst schießen sie, dann stellen sie Fragen« – diesen Satz bekommt man am häufigsten zu hören, wenn jemand versucht, das Vorgehen der Attentäter in der Militärpolizei zu charakterisieren. Abgesehen davon, daß die vielen unbekannten Toten diesen zweifelhaften Ruhm nur bestätigen, birgt die hohe Zahl nicht identifizierbarer Opfer zumindest einen eklatanten Widerspruch. Auf der einen Seite zeigt dies, daß die Killer die meisten ihrer Feinde auswählen, ohne irgend etwas über diese zu wissen. Andererseits führen sie, nachdem sie ihre Opfer umgebracht haben, in den Untersuchungsberichten an, es habe sich bei den Toten um bekannte Kriminelle gehandelt.

Aufgrund der Anzeigen von Angehörigen haben wir den Verdacht, daß die Militärpolizisten nicht zufällig derart viele Unbekannte getötet haben. Dieser Verdacht veranlaßt uns, einen weiteren Weg der Ermittlungen zu beschreiten. Bald schon sollten wir die Beweise in den Händen halten, doch vorher müssen wir uns einigen Anstrengungen unterziehen.

So sehr uns das Zeitungsarchiv des »NP« dabei hilft, die Killer zu identifizieren, so wenig hilft es uns dabei, die Opfer näher zu beleuchten, denn die Anzahl der Unbekannten ist erschreckend hoch. Wir benötigen eine andere Quelle. 1987 beginnen wir, die ersten Hürden zu nehmen. Mit Hilfe des Leiters des Rechtsmedizinischen Instituts, dem Polizeiarzt Rubens Brasil Maluf, gelingt es mir, Zugang zu etwas zu bekommen, das ich schon seit Jahren einmal betreten wollte: Es ist der verstaubte Saal einer Art verlassenen Museums innerhalb des Rechtsmedizinischen Instituts. Am Anfang wundert sich der Institutsleiter nicht schlecht über das Interesse eines Reporters an diesem makabren Platz.

»Kennen Sie diesen Saal schon?« fragt er mich.

»Mehr oder weniger. Ich weiß genau, was ich darin will«, antworte ich und frohlocke angesichts der Aussicht, einen derartigen Einblick zu bekommen.

»Vorher werde ich Ihnen zeigen, was dieser Ort alles zu bieten hat. Ich bin sicher, Sie werden es bereuen«, warnt mich der Leiter, als wir uns bereits in die oberste Etage des Gebäudes begeben, um diesem Raum einen Besuch abzustatten. Die Tür geht kaum auf, so viele Gegenstände sind in diesen Saal gepfercht worden. Wir drängen uns seitlich hinein.

Der erste Anblick ist in der Tat erschreckend. Einige offene Schränke geben den Blick frei auf große, gläserne Flaschen, in denen Körperteile in Formalin schwimmen. Hände, Füße, Haare, mißgebildete Föten, eine Unzahl von Fläschchen, in denen Augen schwimmen. Alben über Alben mit den Fotografien von Leichen in jeglichem Stadium der Zersetzung. Bücher mit schwarzen Deckeln. Alte Instrumente, die irgendwann einmal zur Durchführung von Autopsien benutzt wurden. Zerbrochene Stühle. Teile von Tragbahren. Klemmende Schreibmaschinen.

Ich zeige in die Mitte des Saales, um dem Leiter zu bedeuten, was das Objekt meines Interesses ist. Es ist ein Riesenstapel mit alten Akten und Papierstößen, die von Staub bedeckt sind. Er weiß sofort, um was es sich dabei handelt.

»Das sind die Unterlagen zu den Toten. Sie wurden für die Überführung der Leichen benötigt. Was wollen Sie denn da drin finden?« fragt der Leiter neugierig, vielleicht, weil er mich für einen ziemlich exzentrischen Ermittler hält.

»Ich stelle Ermittlungen an über Gewaltverbrechen in der Stadt. Ich bin sicher, daß mir diese Unterlagen dabei sehr hilfreich sein werden«, antworte ich und verheimliche ihm aus Vorsicht einen Teil der Wahrheit, obwohl er sich so freundlich gezeigt hat und bereit ist, mir zu helfen.

»Ich hätte nie gedacht, daß sich eines Tages ein Reporter dafür interessieren würde...«

»Jeder spinnt auf seine Art, Herr Direktor.«

»Wie viele Tage wollen Sie denn hier zubringen?«

»So viele, wie nötig sein werden.«

»Nun gut, also hängt das von der Dauer Ihrer Ermittlungen ab. Wie viele Tage oder Wochen wird das denn dauern?«

»Das sind Jahre, Herr Direktor. Ich möchte alle Unterlagen von 1970 an überprüfen.«

»Das ist unmöglich. Es sind mehr als 60 000 Akten pro Jahr. Sie müßten Hunderte von Hilfskräften beschäftigen oder sich von ihrer Familie trennen und hierher ziehen, mit Bett und allem drum und dran«, sagt der Institutsleiter im Spaß.

»Wann kann ich beginnen?«

»Der Saal gehört Ihnen. Sie sind der erste und werden der letzte sein, der in diesem Staub wühlt. Tragen Sie besser einen Mundschutz aus Pappe. Die Luft hier ist nicht gerade gesund!« warnt er noch.

Am folgenden Tag begebe ich mich schon in aller Frühe in den einladenden Saal, als würde ich eine schöne Ferienreise unternehmen. Ich bemerke, daß die Angestellte, die mir die Tür öffnet, eine mißbilligende Miene aufsetzt, aber sie sagt nichts.

Bei der ersten Aufgabe, die es zu bewältigen gilt, nämlich der Handhabung dieser Unterlagen, die sich auf die verschiedensten Jahre beziehen, lockt die äußerst wahrscheinliche Aussicht darauf, eine beachtliche Anzahl von Informationen über gewaltsam herbeigeführte Todesfälle in São Paulo zu bekommen. Mit einem Mal wird mir jedoch klar, wie schwierig es sein wird, in diesem Papierberg diejenigen Todesfälle herauszufinden, die von der Militärpolizei verursacht wurden.

Zwei Monate später habe ich mich schon sehr vertraut gemacht mit den Unterlagen und bin von ihrer Bedeutung für die Identifizierung der Opfer fest überzeugt. Schon im Verlauf meines ersten Arbeitstages kann ich die offizielle Bestätigung der im »NP« aufgelisteten Todesfälle finden. Dabei gehe ich ganz genau nach der Liste vor, die ich nach den Recherchen im Archiv dieser Zeitung erstellt habe. Zum Beispiel: Am 2. Januar 1972 war zu lesen, daß Militärpolizisten einen Studenten getötet hatten, der um die 20 Jahre alt gewesen sein muß. Er starb angeblich bei einem Schußwechsel im Viertel von Casa Verde. Ausgehend von diesen Informationen durchstöbere ich den Papierberg auf der Suche nach denjenigen Unterlagen, in denen die Todesfälle jenes Tages registriert sind, an dem sich der Schußwechsel ereignet hat. Die große Schwierigkeit dabei ist die Unordnung. Es kostet mich jedesmal eine Stunde, die entsprechenden Dokumente zu jedem Fall zu finden. Mit diesem Tempo hätte ich fünf Jahre an dem schrecklichen Ort zubringen müssen.

Als ich mich auf die Suche nach jemandem mache, der mir dabei behilflich sein könnte, diesen Papierberg zu bewältigen, stoße ich auf Daniel Annenberg. Ich sehe in seiner Mitarbeit die einzige Möglichkeit, diese Aufgabe anzugehen. Daniel ist Student, 21 Jahre alt und besucht Vorlesungen an der journalistischen Fakultät und an der Fakultät für öffentliche Verwaltung. Er weiß zu diesem Zeitpunkt noch nicht, für welche der beiden Richtungen er sich entscheiden soll. Vielleicht für beide. Hinter dieser Unentschlossenheit steckt noch ein anderer Grund: Daniel weiß nicht, ob er die beiden Studienfächer nicht für einen dritten Beruf aufgeben soll, den der Gesellschaftswissenschaften. Doch unabhängig von der Karriere, die er einzuschlagen beabsichtigt, zeigt er sich gleich interessiert an meiner Ermittlungsarbeit. Bevor er sich entschließt, mein Angebot anzunehmen, stelle ich ihn auf die Probe.

Um sein Durchhaltevermögen zu testen, schlage ich als Ort für unser Treffen den bewußten Saal des Rechtsmedizinischen Instituts vor. Als Daniel eintrifft, erwarte ich ihn schon auf der alten Sitzbank eines ehemaligen Leichenwagens, der direkt neben dem Schrank mit den in Gläsern ausgestellten Organen steht.

»Wie du siehst, arbeiten wir in einer denkbar angenehmen Umgebung«, bemerke ich und beobachte, wie Daniel reagiert, der mit ernstem Gesichtsausdruck und einem kurzen Zucken der Augenbrauen antwortet: »Ist doch normal!«

Es bereitet uns Schwierigkeiten, den Saal zu durchschreiten, denn hier muß man immer auf etwas treten, um sich fortbewegen zu können. Ich ziehe ein riesiges Buch von einem Bord und reiche es Daniel, der zu husten beginnt.

»Stauballergie?« frage ich.

»Interessant!« antwortet er und hat schon begonnen, in dem Buch zu blättern, das ein Register von Sterbefällen enthält, die sich zu Anfang des Jahrhunderts ereignet haben. Ich kann der Versuchung nicht widerstehen und versuche bewußt, ihn zu erschüttern. Mein Ziel ist es, herauszufinden, ob er für eine derart monotone, ausgefallene und unbequeme Mission der Richtige ist. Ich greife nach dem Album mit den Abbildungen von verwesten Leichen und frage ihn, ob er schon einmal einen Toten gesehen habe.

»Nur einmal, bei der Totenwache für einen Angehörigen«, antwortet Daniel.

»Wir müssen oft in diesem Buch Untersuchungen anstellen«, warne ich.

Daniel betrachtet drei, vier Seiten mit den schrecklichen Fotografien und bemerkt nur: »Normal!«

Wir befinden uns auf der zweiten Etage des Gebäudes, in einiger Entfernung zu den Kühlhallen also, in denen die Leichen gelagert werden. Ich setze Daniel davon in Kenntnis, daß er trotz dieser Entfernung oft den schlechten Geruch wahrnehmen werde, den dieser Ort verströmt. »Es gibt dort nur zwei Kühlfächer. Manchmal funktionieren sie nicht«, warne ich ihn noch einmal.

Nichts scheint Daniel aus der Fassung zu bringen. Ich versuche noch einmal, ihn auf die Probe zu stellen. Ich zeige auf den riesigen Papierberg. Ich sage ihm, daß wir vielleicht über ein Jahr damit zu tun haben werden.

»Faszinierend«, sagt Daniel.

Das Schlimmste habe ich mir aus Verlegenheit für den Schluß aufgehoben. Ich sage ihm, daß ich ihm für diese Arbeit nur eine Art symbolisches Gehalt zahlen kann, zwei Mindestlöhne.

»Wie viele Personen brauchst du?«

»Ich brauche eigentlich 50, aber ich kann nur einen beschäftigen.«

»Wie viele Anwärter auf diese Stelle gibt es, außer mir?«

»Na ja, ich suche seit zwei Monaten, und bis jetzt bist du der einzige Verrückte, der den Mut hat, sich um diese Stelle zu bewerben.«

»Na gut, aber ich spreche auch Englisch. Erhöht das meine Chancen?«

»In diesem Fall werde ich dich in Dollar bezahlen.«

An diesem ersten Tag unserer gemeinsamen Arbeit erkläre ich Daniel, worauf es bei den Ermittlungen ankommt. Das ehrgeizige Ziel ist es, alle sogenannten Unbekannten unter den Toten zu identifizieren, die Opfer der Militärpolizei geworden sind. Wir werden genau das tun, wozu die Untersuchungsbeamten derartiger Verbrechen verpflichtet sind, bevor sie mit irgendwelchen Berichten aufwarten. Grundlage für unsere Untersuchungen ist die Liste der Schießereien, die im »NP« aufgeführt sind. Wir beginnen damit, nach denjenigen Toten zu suchen, deren Killer in den Fall der ROTA 66 verwickelte Militärpolizisten sind. Aus praktischen Gründen sorgen wir zunächst dafür, etwas Ordnung in den Papierberg zu bringen. Wir benötigen zwei Wochen, um die Dokumente geordnet in die drei Meter hohen und sieben Meter breiten Regale an den beiden Saalwänden zu stellen. Als wir fertig sind, sind die Regale von oben bis unten vollgestopft. Dann beginnen wir mit der Lektüre. Seite für Seite machen wir uns auf die Suche nach den Opfern der Militärpolizei.

Uns stehen im Grunde drei Seiten mit Informationen zu jedem Todesfall zur Verfügung. Da ist einmal das Telex, das der Kommissar der zivilen Polizei gewöhnlich an das Rechtsmedizinische Institut schickt. Darin fordert er einen Leichenwagen für den Abtransport der Opfer von Gewaltverbrechen an. Er begleitet den Fahrer des Leichenschauhauses, um ihm den Weg zu der Leiche zu weisen. Dieses Dokument, das verstaubt und blutverschmiert ist, stellt ein gewisses Risiko für unsere Gesundheit dar und trägt zu unseren Ermittlungen wenig bei. Wir entdecken im Verlauf der nächsten Tage, daß es im allgemeinen eine Zusammenfassung derjenigen Informationen enthält, die in den amtlichen Rundschreiben der Polizei auch aufgeführt sind und über die wir schon durch unsere Quelle »NP« verfügen. Trotzdem ist es interessant, diese Telexe aufmerksam zu studieren. Oftmals fordern die Kommissare in diesen Schreiben nicht nur die Leichenwagen an, sondern informieren auch darüber, daß es sich um einen Fall von Widerstand gegen die Staatsgewalt handele oder, besser gesagt, um ein Opfer der Militärpolizei. Dies erleichtert uns die Suche nach Informationen auf den beiden anderen Blättern.

Das zweite Dokument, das uns zur Verfügung steht, ist ein weißes amtliches Formular, auf dem der Polizeiarzt zum Zeitpunkt des Eintreffens der Opfer im Rechtsmedizinischen Institut etwas vermerkt hat. Es ist das sogenannte rechtsmedizinische Gutachten. Wenn der Tote Dokumente bei sich trug, sind auch die Angaben zur Person auf diesem Blatt vermerkt, die gleich bei Eintreffen der Leiche registriert werden. Für den Fall, daß das Opfer unbekannt ist, wird es mit einer Nummer versehen, bis zu dem Tag, an dem eine Identifizierung stattfindet, so geschehen im Fall der drei toten Jungen, die von der ROTA 66 umgebracht wurden. Die drei Leichen trafen im Rechtsmedizinischen Institut ohne Ausweispapiere ein und wurden erst drei Stunden später von den Familienangehörigen identifiziert.

Es gibt noch ein weiteres Dokument, das uns sehr nützlich sein wird. Es ist ein Telex, das Informationen zur Überprüfung der Fingerabdrücke enthält, eine Untersuchung, zu der die Beamten verpflichtet sind. Jedesmal, wenn eine Leiche im Rechtsmedizinischen Institut eintrifft, nimmt der Polizeiarzt Fingerabdrücke und schickt diese zusammen mit den anderen Unterlagen zur Überprüfung an das Institut zur Identifizierung unbekannter Personen.

Wenn das Opfer zum Beispiel in São Paulo geboren und in den Polizeiarchiven eingetragen ist, bestehen gute Chancen, es zu identifizieren. In einem solchen Fall kommen wir unter Umständen schnell an die nötigen Informationen über diese Unbekannten: Name, Abstammung, Alter, Geburtsort und, manchmal sogar, der Beruf. Wenn diese Untersuchung jedoch keinen Erfolg hat und keiner der Angehörigen den Toten als vermißt meldet, wird dieser als Unbekannter beerdigt. Dann haben wir beinahe keine Möglichkeit mehr, ihn zu identifizieren.

Geduld, Ausdauer, systematisches Vorgehen. Mit diesen Tugenden geht Daniel Annenberg mir vorbildlich voran bei dem Versuch, die Unbekannten zu identifizieren. In einigen Fällen kostet uns das mehr als einen Monat Ermittlungsarbeit. Wir kennen das Datum und den Ort, an dem der jeweilige Schußwechsel stattgefunden hat, dabei ist unsere Quelle immer der »NP«. Darüber hinaus verfügen wir über einige wenige Informationen über die Opfer, im allgemeinen kennen wir ihre Hautfarbe und das geschätzte Alter. Auch wenn wir das zugehörige Datum schließlich in den Papierstößen des Rechtsmedizinischen Instituts gefunden haben, bleibt die Ermittlung schwierig. Täglich sterben mehr als 50 Menschen in São Paulo. Für uns bedeutet das, daß wir jeden zu identifizierenden Toten mit den 50 anderen Sterbefällen vergleichen müssen.

Das Computerprogramm, das Daniel Annenberg entwirft, hilft uns sehr dabei, Vergleiche zwischen den einzelnen Daten anzustellen und Möglichkeiten auszuklammern. Die Tatsache, daß wir bereits die Vorgehensweise der Killer kennen, trägt wesentlich zur Identifizierung bei. Zum Beispiel kommt nach unseren Ermittlungen fast jeder Jugendliche aus den ärmeren Teilen der Stadt, der von mehr als zwei Kugeln getroffen und vom Leichenwagen des Rechtsmedizinischen Instituts in ein Krankenhaus gebracht wurde, als ein potentielles Opfer der Militärpolizei in Betracht. Wir legen ein Computerarchiv mit den Daten von mehr als 20 000 derartigen Todesfällen an. Anschließend vergleichen wir unsere Aufzeichnungen mit den Zeitungsarchiven des »Notícias Populares«. Allein auf diesem Weg gelingt es uns, die Identität von über 145 Unbekannten herauszufinden.

Der größte Teil unserer Entdeckungen fußt jedoch auf dem rechtsmedizinischen Gutachten und auf dem Telex, das die Ergebnisse der Fingerabdrucküberprüfung enthält. Wir können mehr als 400 Unbekannte identifizieren.

Die komplizierteren Fälle machen Ermittlungen außerhalb des Leichenschauhauses notwendig. Dazu bedienen wir uns zweier grundlegender Daten, die im allgemeinen handschriftlich auf dem rechtsmedizinischen Gutachten vermerkt sind: Name und Anschrift derjenigen Person, die für die Überführung und Bestattung der Leiche verantwortlich ist. Auf diesem Weg gelingt es uns, den Wohnort der Angehörigen herauszufinden, die in vielen Fällen unseren Verdacht nur bestätigen und uns brauchbare Fährten liefern. Dieser Weg der Ermittlung läßt uns mehr als 200 unbekannte Tote identifizieren.

Nachdem ein Jahr mit täglichen Nachforschungen vergangen ist, die auch unsere Zeit an den Wochenenden beansprucht haben, ist es uns gelungen, anhand verschiedener Ermittlungsmethoden genau 833 von insgesamt 1300 unbekannten Personen zu identifizieren, deren Tod in der Presse veröffentlicht wurde. Der relativ hohe Erfolg dieses Teils unserer Ermittlungen, auf den wir unser Hauptaugenmerk gerichtet haben, ermutigt uns außerordentlich.

Mit der Unterstützung von Sidney, der die Auswertung in den Archiven des »NP« abgeschlossen hat, gehen wir dazu über, die gleichen Ermittlungsmethoden in der zweiten Phase unserer Untersuchung anzuwenden. Unsere Absicht ist es, auch diejenigen Todesopfer zu zählen, die identifiziert werden konnten und deren Leichen in das Rechtsmedizinsiche Institut überführt wurden, und zwar von dem Tag an gerechnet, an dem die Militärpolizei zum ersten Mal zur Tat geschritten war. Einige Studenten von der journalistischen Fakultät, die wir bei Bedarf beauftragen, arbeiten an diesen Nachforschungen mit. Wir gehen in zwei Etappen vor und benötigen zwei Jahre der Ermittlungsarbeit.

Schließlich sind wir bei den Todesfällen angelangt, die sich im Verlauf von Schießereien in den neunziger Jahren ereignet haben. Die Ergebnisse, die nun veröffentlicht werden können, beziehen sich auf den Zeitabschnitt zwischen April 1970 und Juni 1992, als wir bereits dabei sind, dieses Buch zu schreiben.

Unsere erste bemerkenswerte Entdeckung besteht in der Feststellung, daß die Gewalttätigkeiten der Militärpolizei in keinerlei Beziehung zu steigender oder sinkender Kriminalität stehen. In diesen zwei Jahrzehnten, in denen es die Militärpolizei gibt, ist die Anzahl der Delikte, die von Zivilpersonen begangen wurden, in geringerem Maße gestiegen als die der Tötungsdelikte durch Militärpolizisten auf Patrouille: Zwischen 1960 und 1965 zum Beispiel sterben drei Menschen bei Schießereien mit der Polizei. Im Jahr der Gründung der Militärpolizei erweist sich die Bevölkerung von São Paulo nicht als eine der gewalttätigsten in der Welt. 1970 registrieren die Beamten des Rechtsmedizinischen Instituts 62 Tote, die Opfer eines Raubüberfalles mit tödlichem Ausgang geworden sind. Die Anzahl der Morde, die von einfachen Bürgern begangen werden, Tötungsdelikte also, liegt unter zwei Fällen pro Tag. Bereits im ersten Jahr ihrer Gründung gehen auf das Konto der Militärpolizei allein 28 Tote. Die Anzahl der Todesopfer, die in den siebziger Jahren von der Miliz getötet werden, zeigt, daß die Gewalttätigkeit der Militärpolizisten wesentlich höher ist als die von Kriminellen oder einfachen Bürgern. Die Raubüberfälle mit tödlichem Ausgang stiegen von 62 Fällen im Jahr 1970 auf 276 Todesfälle im Jahr 1980. Die 666 Tötungsdelikte, die 1970 zu verzeichnen sind, erhöhen sich auf 1424 Fälle, die 1980 registriert werden. Im Vergleich dazu steigen die Tötungsdelikte durch Militärpolizisten, von denen 1970 28 Fälle registriert werden, auf 280 Todesfälle im Jahr 1980. Noch offensichtlicher wird diese Kluft in den achtziger Jahren. Der einfache Bürger ist gewalttätiger geworden. Von 1980 bis 1990 steigt die Anzahl der Tötungsdelikte um 300 Prozent, was den hohen Grad gesellschaftlicher Mißstände zum Ausdruck bringt. Die gewöhnlichen Kriminellen sind jedoch weniger gewalttätig geworden. Die Anzahl von Raubüberfällen mit tödlichem Ausgang ist beinahe während des ganzen vergangenen Jahrzehnts nicht gestiegen, in den letzten drei Jahren hat sie sogar abgenommen. 1990 zum Beispiel, in dessen Verlauf einfache Bürger 15 Menschen pro Tag töteten, ging auf das Konto der gewalttätigen Straßenbanditen jeden zweiten Tag ein Mensch. Die Militärpolizisten eröffneten diese Dekade bereits mit einem Tötungsschnitt von zwei Personen pro Tag. 1991 erreichten sie schon einen Rekord: In diesem Jahr sind es bereits vier Menschen, die täglich von Militärpolizisten umgebracht werden.

Die Statistik über Todesfälle mit unnatürlicher Ursache, ein Gradmesser für Gewalttätigkeit, zeigt, daß die Stadt um zehn Prozent weniger gefährlich geworden ist in dem Zeitabschnitt zwischen 1981 und 1991. Diese Zahl wird, vergleicht man sie mit den entsprechenden Zahlen anderer Großstädte, als relativ gemäßigt angesehen. Der Anteil an Gewalttätigkeit in einer Großstadt wie São Paulo ist demnach vergleichbar mit dem in Ländern wie Griechenland, Norwegen und Thailand. Er liegt wesentlich unter den vergleichbaren Zahlen in Venezuela, Chile, der Schweiz und den Vereinigten Staaten. Nichts rechtfertigt den überwältigenden Anstieg von Gewalttätigkeit von seiten der Militärpolizei, der in den achtziger Jahren zu verzeichnen ist. In dem gleichen Zeitabschnitt zwischen 1981 und 1991 stieg die Zahl der Mordfälle, in die Militärpolizisten verwickelt waren, von 300 auf über 1000 an, was einer Steigerung von über 300 Prozent entspricht.

Unserer Datenbank ist auch zu entnehmen, daß die Gewalttätigkeit der Militärpolizei keinerlei Einflußnahme von außen unterliegt und auch nicht mit den jeweiligen politischen Gegebenheiten erklärt werden kann. Während des langjährigen Militärregimes haben Gouverneure wie Abreu Sodré und Paulo Egídio Martins das energische Vorgehen der Militärpolizisten bei Patrouillen öffentlich unterstützt. Der leidenschaftlichste Befürworter dieser Aktionen ist der Ingenieur Paulo Salim Maluf, der von 1979 bis 1982 in São Paulo Gouverneur ist. In dieser Zeit kommt es vor, daß Militärpolizisten im Durchschnitt alle 30 Stunden eine Person umbringen, was annähernd 300 getöteten Menschen im Jahr entspricht. Die jeweiligen Prozesse vor dem Militärtribunal enden fast immer mit einem Freispruch.

Die Gewalttätigkeit der Regierung Maluf wird von Politikern der sogenannten demokratischen Opposition heftig kritisiert. Einer von ihnen, der Jurist Franco Montoro, wird zum Gouverneur gewählt, nachdem er während der Wahlkampagne verspricht, mit den Erschießungen ein Ende zu machen und die willkürlichsten Attentäter unter diesen Polizisten entsprechend zu bestrafen. Während seiner Regierungszeit von 1983 bis 1986 löst Montoro mit einigen Maßnahmen seine Versprechungen tatsächlich ein, die er in den Wahlreden gemacht hat. Zum Beispiel veranlaßt er, daß die Fahrzeuge der ROTA nicht mehr ganz in Grau gehalten werden, eine Farbe, die die Wagen nachts so gut wie unsichtbar macht. Er läßt Türen und Dach der Streifenwagen weiß streichen. Darüber hinaus sorgt Montoro dafür, daß einige der Attentäter der ROTA in andere Einheiten der Militärpolizei versetzt werden oder nur noch bürokratische Aufgaben anvertraut bekommen.

Die Bemühungen des Gouverneurs haben jedoch nicht den gewünschten Erfolg. Die Schießereien der Militärpolizisten werden keineswegs weniger, sondern nehmen in erschreckendem Maße zu. 1985 gehen 580 Morde auf das Konto der Militärpolizei, was im Durchschnitt einem Opfer alle 17 Stunden entspricht, beinahe doppelt so viele wie in Zeiten der Regierung Maluf. Unter der folgenden Regierung, der Orestes Quércia, ein Unternehmer vorsteht, halten sich die Zahlen der registrierten Opfer stabil, das heißt im Durchschnitt sind sie ebenso hoch wie zu Zeiten von Montoro.

Von 1990 an erhalten die Männer der ROTA einen großen Ansporn, als man sie mit neuer Ausrüstung und neuen Wagen ausstattet. Die Fahrzeuge sind jetzt wieder in dem alten, finsteren Grau gehalten. Das Personal wird von 250 auf 679 Mann aufgestockt. Damit schlägt die Gewalttätigkeit der Attentäter unter den Militärpolizisten alle Rekorde. 1991 werden mehr als 1 000 der vermeintlich Verdächtigen getötet, was einem Durchschnitt von drei Opfern pro Tag entspricht. In den ersten fünf Monaten des Jahres 1992 sind schon beinahe vier Opfer pro Tag zu verzeichnen. Es sind die beiden ersten Regierungsjahre des Staatsanwalts Luiz Antonio Fleury Filho, eines ehemaligen Offiziers der Militärpolizei von São Paulo.

Von der Regierung De Abreu Sodré bis hin zu Luiz Antonio Fleury Filho pflegen alle Gouverneure die gleiche Rhetorik anzuwenden: Sie behaupten, daß die Militärpolizisten während der berüchtigten Schußwechsel mit Kriminellen nur in legitimer Notwehr gehandelt hätten. Keiner von ihnen räumt ein, daß es eine offizielle Order zum Töten gäbe. Selbst diejenigen Fälle, in denen die Getöteten erwiesenermaßen in keinerlei kriminelle Machenschaften verwickelt waren, werden immer wieder als Einzelfälle abgetan, als mögliche Ausschreitungen von Polizisten, die aus der Einheit verstoßen werden, damit das gute Image erhalten bleibt.

Unsere Arbeit im Rechtsmedizinischen Institut beinhaltet die Erfassung all derjenigen Fälle, die sich in diesem Bezirk ereignet haben. Nicht erfaßt von dieser Informationsquelle werden alle Opfer der Großstadt São Paulo oder auch diejenigen aus den umliegenden Städten Santo André, São Bernardo do Campo, São Caetano do Sul und Diadema, wo die Attentäter unter den Militärpolizisten mit der gleichen Häufigkeit zur Tat schreiten.

Andere Faktoren, die den Umfang unserer Aufdeckungen einschränken, sind die mangelnde Ordnung und der heruntergekommene Zustand, in dem sich die Unterlagen des Rechtsmedizinischen Instituts befinden. Diese Probleme behindern uns während der ersten Phase unserer Ermittlungen erheblich. Darüber hinaus ist es uns unmöglich, einige der Opfer zu identifizieren, weil es Schwierigkeiten bereitet, die Angehörigen der Toten in den Randgebieten der Stadt ausfindig zu machen. Am schwierigsten gestalten sich die Fälle aus den siebziger Jahren. Die meisten der Angehörigen waren umgezogen. Viele der ehemaligen Straßen in den Favelas waren der wachsenden Zahl von Baracken zum Opfer gefallen, hatten ganz einfach zu existieren aufgehört oder einen anderen Namen erhalten.

Entscheidend ist die Feststellung, daß die offiziellen Zahlen über diese Toten, die von der Militärpolizei verbreitet werden, wesentlich unter der von uns festgestellten Anzahl liegen. Wir glauben, 60 Prozent aller Personen identifiziert zu haben, die Schießereien zum Opfer gefallen sind, an denen die Militärpolizei maßgeblich beteiligt war. Im April 1992 ermöglicht uns unsere Datenbank eine rasche Identifizierung und Profilerstellung von 4179 Toten. Die offiziellen Statistiken warten mit ganz anderen Zahlen auf. Es ist beinahe unmöglich, in Erfahrung zu bringen, wie hoch die tatsächliche Dunkelziffer derer ist, die so ums Leben gekommen sind. Die Militärpolizei weigert sich, Daten über bewaffnete Auseinandersetzungen aus den siebziger Jahren zu veröffentlichen. Mit Hilfe verschiedener Quellen läßt sich ein Schätzwert ermitteln, der aussagt, daß Militärpolizisten bis zum Juni 1992 zwischen 7500 und 8000 Menschen getötet haben. Dies ist eine erschreckend hohe Zahl, wenn man sie mit den Verlusten aus Kriegen und Revolutionen der brasilianischen Geschichte vergleicht. Diese Zahl übersteigt bei weitem die der brasilianischen Soldaten, die während des Zweiten Weltkrieges fielen (454); ebenso die Zahl derjenigen, die im Krieg von Farrapos starben (1000); das gleiche gilt für den Unabhängigkeitskrieg (1200), die Aufstände der Sabinada und der Cabanagem, die auch als rebellische Aufstände von Regência bekannt sind (1300); ebenso für die beiden Schlachten von Guararapes, der 900 Menschen zum Opfer fielen; gleiches gilt weiter für die Auseinandersetzungen zwischen Weißen und Sklaven, einschließlich derer, die von den Quilombos aus geführt wurden und aus denen 5 000 Verletzte und 2 000 Tote hervorgingen.

Ich habe versucht, herauszufinden, wie in statistischer Hinsicht der bewaffnete Krieg der Militärpolizisten gegen vermeintlich verdächtige Zivilpersonen im Vergleich zu den bedeutendsten Kriegen der Vergangenheit einzuordnen ist. Dazu habe ich die unterschiedlichsten Historiker befragt. Sie versicherten mir, nicht über ausreichende Daten zu verfügen, um eine genaue Einordnung vornehmen zu können. Ein Vergleich auf der Grundlage der Daten, die sie mir lieferten, läßt allerdings den Schluß zu, daß die bewaffneten Auseinandersetzungen der Militärpolizei von São Paulo an fünfter Stelle stehen, wenn man die in den genannten Kriegen zu verzeichnenden Verluste hochrechnet.

Der Schriftsteller Euclides da Cunha spricht in seinem Buch »Os Sertões« über die Schlacht von Canudos, in deren Verlauf 19 500 Opfer zu verzeichnen sind, wobei es sich hier sowohl um Verletzte als auch um Tote handelt. Wenn man das proportionale Verhältnis von vier Toten auf einen Verletzten zugrunde legt, dann bedeutet dies, daß 16 000 Verletzte und annähernd 4 000 Tote aus dieser bewaffneten Auseinandersetzung hervorgegangen sind, erheblich weniger Tote also, als auf das Konto der Militärpolizei von São Paulo gehen. Nicht einmal die Eindringlinge aus fremden Ländern, die auf Eroberung aus waren, haben derart viele Brasilianer getötet. Die Militärpolizisten haben mehr Menschen umgebracht als englische, französische und holländische Eroberer zusammen, denen 23 000 Menschen zum Opfer fielen, an die 5 000 Tote und ungefähr 18 000 Verletzte. Ohne einen erklärten Feind zu haben, töten Militärpolizisten im Vergleich ebensoviele Zivilpersonen, wie den blutigen Auseinandersetzungen des Staates Rio Grande do Sul mit Uruguay und Argentinien zum Opfer fielen. In dieser sieben Jahre währenden Schlacht wurden 9 000 Brasilianer getötet und 27 000 verletzt. Es wäre erforderlich, eine wesentlich genauere Auswertung der historischen Archive vorzunehmen, um eine noch präzisere Einordnung des Krieges zu bekommen, der von der Militärpolizei geführt wird.

Wichtiger, als die Zahl der Toten zu zählen, erscheint uns jedoch, entsprechende Informationen auszuwerten, um Personen zu identifizieren, die in den letzten 22 Jahren der Militärpolizei von São Paulo zum Opfer fielen. Die Zahl von 4 179 Einträgen über Schießereien in unserer Datenbank erscheint uns nach zweijähriger Arbeit ausreichend, um ein Profil der Opfer zu erstellen. Es sind junge Männer, um die 20 Jahre alt. Schwarze oder Mulatten. Meist sind sie aus Bahia zugereist. Es handelt sich um Arbeiter ohne besondere Fachausbildung. Sie leben in den Randgebieten der Stadt. Sie sind kaum gebildet, haben beinahe alle die Volksschule abgebrochen.

Was uns bei näherer Betrachtung dieser Profile ins Auge fällt, ist der große Unterschied dieser Toten zu den Jungen, die der ROTA 66 zum Opfer fielen. Unsere Datenbank bestätigt uns, daß nur Arme, die der Kriminalität verdächtigt werden, verfolgt und getötet werden. Es drängt sich immer mehr der Verdacht auf, daß sich die Militärpolizisten an jenem Morgen im April 1975 ganz erheblich getäuscht hatten. Das einzige, was diese Jungen aus der reichen Oberschicht mit den gewöhnlichen Opfern der Militärpolizei gemein haben, ist ihre Jugend. Einer war nicht einmal 19 Jahre alt, der andere 21 und der dritte sogar noch minderjährig, nämlich erst 17 Jahre alt. Unsere Datenbank verzeichnet 962 Opfer in der Altersgruppe zwischen 19 und 21 Jahren, die vor oder nach dem Mord an den drei Jungen durch die ROTA 66 sterben mußten.

Auch Minderjährige zählen zu den bevorzugten Opfern dieser Killer. Die Zahl von Kindern und Jugendlichen, die von Militärpolizisten getötet werden, hat tragische Ausmaße angenommen. Wir können genau 680 minderjährige Tote identifizieren.

Von diesen 680 getöteten Minderjährigen, die in unserer Datenbank registriert sind, sind 148 jünger als 15 Jahre. Während dieser 22 Jahre übersteigt die Zahl der von der Militärpolizei in São Paulo getöteten Kinder die Zahl der Hinrichtungen von Gegnern des ehemaligen Militärregimes, die in den zwei Jahrzehnten der Repression gezählt werden. Nicht alle dieser Minderjährigen können wir identifizieren. Aus unserer Datenbank geht hervor, daß in den Fahrzeugen der Militärpolizei 223 nicht identifizierte Leichen in ein Krankenhaus gebracht wurden. Nachdem diese ins Rechtsmedizinische Institut überführt worden waren, konnten 41 dieser toten Minderjährigen nicht identifiziert werden. Ihr Begräbnis erfolgte von staatlicher Seite.

Aus unserer Datenbank geht auch hervor, wie oft es vorkam, daß die Militärpolizisten den Tatort mutwillig veränderten. Das Ergebnis unserer Nachforschungen erhärtet noch den Verdacht, daß es zu den eingeschworenen Vorgehensweisen der Militärpolizei gehört, die Leichen vom Tatort zu entfernen, um sie in ein Krankenhaus zu überführen. Einige der Militärpolizisten, wie der Polizeiwachtmeister José Cláudio, der diese Machenschaften mit Vorliebe betreibt, täuschen gleich zu Anfang die vermeintlich menschliche Geste vor und stellen die Einlieferung ins Krankenhaus als Erste-Hilfe-Maßnahme dar.

Wir stellen fest, daß der Leichenwagen 3 546 Tote, die Opfer der ROTA geworden waren, immer an den gleichen Bestimmungsort brachte: in das Krankenhaus.

Die mutwillige Veränderung des Tatortes ist eine alte Methode, die schon in den ersten Tagen nach der Gründung der Militärpolizei im Jahre 1970 angewandt wurde. Die Aufdeckung von Tausenden von Schußwechseln, in denen es keine Überlebenden gibt, läßt uns glauben, daß die Militärpolizisten von vornherein die Absicht haben, die vermeintlich Verdächtigen umzubringen.

Sobald die Leichen dann vom Tatort entfernt worden sind, inszenieren sie Erste-Hilfe-Maßnahmen, um eine Überprüfung durch Sachverständige unmöglich zu machen; eine Vorgehensweise, die die Krankenhäuser von São Paulo zu wahren Leichenverstecken macht. Sollte unser Verdacht unbegründet sein, so hätten wir es mit einem unglaublichen Fall von kollektiver medizinischer Inkompetenz zu tun. Wenn die Militärpolizisten tatsächlich die Wahrheit sagen, sobald sie vorgeben, den Verletzten zu Hilfe zu kommen, dann bedeutet dies, daß Hunderte von Ärzten in São Paulo, einschließlich derer in den Notaufnahmen der Randgebiete der Stadt, nicht in der Lage waren, ein einziges Leben dieser 3 546 Verletzten zu retten, die nach Schußwechseln ins Krankenhaus gebracht worden sind. Wir können anhand unserer Datenbank feststellen, daß diejenigen Krankenhäuser, die am häufigsten von den Militärpolizisten aufgesucht werden, Santa Marcelina, Piratininga und Jabaquara sind. Wir registrieren 535 Fälle von Eingängen Verletzter, die auf diese Weise in die Krankenhäuser gelangen. Keiner von ihnen hat überlebt.

Wir unterhalten uns mit einigen Ärzten, die sich verteidigen: Alle versichern einstimmig, daß, abgesehen von wenigen Ausnahmefällen, die Opfer nicht als Verletzte im Krankenhaus eintrafen, sondern bereits tot waren. Einige der Körper hätten schon Leichenstarre aufgewiesen, ein Zeichen dafür, daß ihr Tod vor mehr als drei Stunden erfolgt sein muß. Ich frage sie, warum sie sich nicht geweigert hätten, die Leichen im Krankenhaus aufzunehmen. Die Gründe hierfür sind unterschiedlich. Jeder dieser Ärzte hat eine wenig überzeugende Entschuldigung vorzubringen, hinter der im allgemeinen Angst steht. Aus Furcht vor Auseinandersetzungen mit der Polizei ziehen sie Unterlassung und Desinteresse vor, statt Menschen zu verteidigen, die am Rand der Gesellschaft stehen. In jedem Fall kann ich keinen einzigen medizinischen Fehler ausmachen, der jene hohe Sterblichkeit unter den Verletzten erklären würde. Ich habe somit keine Veranlassung, an der Tüchtigkeit der Ärzte zu zweifeln, und fahre fort, die Umstände zu erforschen, unter denen die vermeintlich Verdächtigen von der Polizei angegriffen werden.

Eine der Entdeckungen, die wir der Datenbank zu verdanken haben, ist die Identifizierung der Opfer der 15 Militärpolizisten, die direkt in den Fall der ROTA 66 verwickelt sind und deren Namen wir über die Aufstellungen im »Notícias Populares« erfahren. Abgesehen von den Informationen, die wir über diese Quelle erhalten, helfen uns bei unseren Ermittlungen die Freunde und Angehörigen der Opfer, vor allem Witwen und verwaiste Kinder. Dies veranlaßt uns, ein besonderes Archiv im Computer zu erstellen. Dort sind ausschließlich Fälle verzeichnet, in die die schlimmsten Attentäter unter den Militärpolizisten verwickelt sind.

Dieses Spezialarchiv erlaubt es uns, eine Auswahl zu treffen. Unser besonderes Interesse gilt dabei den 20 schlimmsten Killern unter der Militärpolizei. Wir werden die Geschichten einiger dieser Attentäter in den folgenden Kapiteln aufrollen.

Vorher sollte vielleicht noch darauf hingewiesen werden, daß bei dieser Untersuchung einige der Namen durch unser Fahndungsnetz gefallen sein mögen, denn nicht alle Militärpolizisten haben sich ausgewiesen, nachdem sie eine Zivilperson auf der Patrouille getötet hatten. Der Soldat Florisvaldo de Oliveira zum Beispiel, der als Polizeiwachtmeister Bruno bekannt ist, hat eine ganz eigene Vorgehensweise. Viele Male schreitet er an Tagen zur Tat, an denen er gar keinen Dienst hat. Er pflegt in diesen Fällen die Leichen am Tatort liegenzulassen oder sie an anderen Orten abzulegen. Niemals ist er als Täter auszumachen. Als man ihm schließlich auf die Schliche kommt, gesteht er höchstpersönlich während eines Interviews mit den Reportern Hugo Sá Peixoto und Mônica Teixeira die Ermordung von mehr als 30 Jugendlichen. Trotzdem haben wir ihn nicht in unsere engere Auswahl genommen, die sich auf Todesfälle beschränkt, welche sich während regulärer Patrouillen der Polizei in der Stadt ereignet haben.

Wir treffen unsere Auswahl auf der Grundlage der 15 Militärpolizisten der ROTA 66 und nehmen noch weitere zwei Polizisten in näheren Augenschein, die nicht der ROTA angehören.

Viele dieser 15 hochrangigen Polizisten, wie der Leutnant Eli Nepomuceno, nehmen im Laufe der Jahre an Bedeutung ab und werden von der Liste der 20 schlimmsten Killer gestrichen. Der Polizeiwachtmeister José Cláudio dos Santos, der seine Opfer bevorzugt durch Kopfschüsse erledigt, steht im Juni 1992 nur noch auf Position 17. Zwei weitere seiner Kollegen, die in den Fall der ROTA 66 verwickelt waren und deren Namen wir später offenbaren werden, befinden sich mittlerweile unter den ersten Positionen. Unsere Datenbank stellt damit, abgesehen von den Informationen über die Opfer, ein Team von Militärpolizisten vor, das einen beschämenden Titel zu tragen verdient: Es handelt sich bei diesen Männern um die größten Killer in der brasilianischen Polizeigeschichte.

Kapitel 13
Killer von Unschuldigen

Der größte Fan von Roberto Carlos, den es in Vila dos Remédios in Osasco gibt, liebt es, den bekannten Sänger auf der ganzen Linie zu imitieren. Gleich seinem Vorbild kleidet auch er sich auf die bekannt schlichte Art in Hosen mit Schlag und weiße Stiefel mit fünf Zentimeter hohen Absätzen. Sein türkisfarbenes Hemd, das am Handgelenk mit Fransen verziert und auf der Brust geöffnet ist, gibt den Blick auf ein bronzenes Medaillon frei. Auf einem der riesigen Ringe an der rechten Hand prangt ein Totenkopf. José Mendes de Oliveira, der schon vor Jahren den Namen Roberto Mendes angenommen hat, schlendert mit der geschulterten Gitarre in gestelztem Gang durch den Saal, der vollgepfropft ist mit jungen Leuten. Er steuert die Bühne des Clubs Portuguesinha an und ahmt dabei den manierierten Schritt seines Idoles nach. Als einer der Gewinner der Endrunde eines Wettbewerbs, in dem der beste Doppelgänger von Roberto Carlos ausfindig gemacht werden soll, muß Mendes nun die Stücke seines Idols vortragen, die das Publikum von ihm zu hören verlangt. Zuversichtlich betritt er die Bühne. Schließlich kann er die Hits von allen Schallplatten auswendig. Es gibt jedoch etwas, das diesen Wettbewerb für Mendes besonders schwierig macht. Er ist taub.

Mendes hat die ganze Woche damit zugebracht, mit einer Spezialcreme seine krausen Haare zu glätten. Das Ergebnis erscheint ihm wenig überzeugend. Er bittet einen Freund, ihn während seines Auftritts auf der Gitarre zu begleiten, doch es gelingt ihm nicht, Roberto Carlos so zu imitieren, wie er es sich gewünscht hätte. Er neigt den Kopf zur Seite, sieht über die rechte Schulter, streckt den Arm nach links aus in Richtung Spielpartner, aber er schafft es nicht, die versteiften Haare in die Stirn zu werfen, wie es sein Vorbild zu tun pflegt. Seine Stimme ist jedoch identisch mit der des Königs des Iê-iê-iê.

»Ich darf euch meinen besten Freund, Claudiomiro Silva, vorstellen!«

Das Durcheinander auf dem Ball im Portuguesinha beginnt, als das Musikerpaar das zweite Lied anstimmt. Nachdem Mendes mit großem Erfolg »O Calhambeque« interpretiert hat und alle Leute im Saal mitklatschen und mitsingen, widmet er das folgende Lied »Splish, Splash« einem Mädchen, das er vor wenigen Tagen erobern konnte. Zu seinem großen Unglück befindet es sich an diesem Tag in Begleitung ihres Verlobten auf dem Ball, dem die Widmung gar nicht gefällt, noch weniger der Text des Liedes.

Splish, splash machte der Kuß, den ich ihr gab
Wir küßten uns auf den Kinobänken
Alle Leute guckten mich strafend an
Dabei will ich nur Liebe verschenken...

Der Verlobte des Mädchens kommt auf die Bühne und entreißt Claudiomiro Silva mit Gewalt die Gitarre. Dann geht er auf Mendes zu, der sich duckt, um einem Schlag auf den Kopf auszuweichen. Nun muß Mendes sich mit dem Metallständer des Mikrofons gegen einen neuen Angriff des Verlobten verteidigen, der mittlerweile von einer Gruppe von Freunden Verstärkung bekommen hat. Sie stürmen auf die Bühne, und Mendes ist umstellt. Dieser schlägt mit dem Eisen nach allen Seiten um sich und droht, alle zu verletzen, die ihm zu nahe kommen. Der Verlobte besteht jedoch auf Vergeltung und zerbricht die Gitarre an dem provisorischen Schutzschild von Mendes, der schließlich von der Bühne herunterspringt, um der Umzingelung zu entgehen. Mendes läuft in die Saalmitte, und schon ist eine allgemeine Rauferei im Gange.

Während Roberto Mendes versucht, der Schlägerei zu entkommen, beginnt der Soldat Rony Jorge da Silveira Paulo, Fahrer der ROTA 17, zwei Kilometer vom Club Portuguesinha entfernt mit der Verfolgung eines gestohlenen Wagens, in dem drei Männer sitzen. Andere Militärpolizisten, die über Funk verständigt worden sind, fahren in zwei weiteren Fahrzeugen mit hoher Geschwindigkeit in Richtung Vila dos Remédios in Osasco, einem Stadtviertel der Großstadt São Paulo. In dem Augenblick, als sich Mendes dem Ausgang des Saales nähert, die Freunde des wütenden Verlobten auf den Fersen, befinden sich die Streifenwagen der ROTA, die gerade das gestohlene Auto verfolgen, ganz in der Nähe des Clubs. In den nun folgenden Minuten flüchtet Mendes im Laufschritt in die Dunkelheit der unbefestigten Straße, als ihn die Scheinwerfer des grauen Streifenwagens anleuchten, der aus einer Nebenstraße kommt und mit rasender Geschwindigkeit auf ihn zufährt. Die Flucht von Mendes findet hier ihr Ende durch einen Feuerstoß aus Maschinenpistolen. Wer vor dem Club in 400 Metern Entfernung gestanden hat, konnte noch die Schüsse hören. Aber keiner weiß, wie Mendes den Tod fand. Erst am nächsten Tag erfährt man von dem Verbrechen in der Zeitung.

> Ein gefährlicher Räuber stirbt nach heftigem Schußwechsel mit der ROTA. Es handelt sich um einen Unbekannten, taub, ungefähr 20 Jahre alt.

Der Doppelgänger von Roberto Carlos gehört zu einem der 13 Opfer, die von Rony Jorge umgebracht werden, ein Killer, den wir anhand unserer Datenbank identifizieren können. Ich hatte bereits Ermittlungen über seine Person angestellt, weil Rony zu einem der 15 Polizisten gehörte, die in den Fall der ROTA 66 verwickelt waren. An jenem Morgen des 23. April fährt Rony den Wagen der ROTA 17, die im Verlauf ihrer Patrouille mit einem Wagen der Funkstreife zusammenprallt und nach dem tödlichen Ausgang der Verfolgungsjagd die Leichen der Jungen ins Krankenhaus bringt.

Bei näherer Begutachtung der Verbrechen, die dieser Soldat begangen hat, stellen wir fest, daß er schon zu den Killern gehört, bevor sich der Fall der ROTA 66 ereignet. Ich kann seine Mittäterschaft bei der Ermordung von vier Jugendlichen im April 1975 feststellen. Ebenso kann ich nachweisen, daß er nach diesem Ereignis mit größerer Häufigkeit zur Tat schreitet: Wir können mehr als neun Personen identifizieren, die von Rony umgebracht wurden, nachdem sich der Fall der ROTA 66 ereignet hat.

José Mendes de Oliveira, der davon träumte, ein Sänger der jungen Garde zu werden, gehört zu einem dieser vier Jugendlichen, die auf das Konto von Rony Jorge vor dem besagten April 1975 gehen. Wenn man diese vier Fälle anhand der offiziellen Versionen untersucht, dann stellt man fest, daß sie mit dem der ROTA

66 identisch sind. Einer der vielen Punkte, in denen diese Verbrechen übereinstimmen, ist die fehlende Identität der Opfer. Mendes war Angestellter einer Fabrik und trug immer seinen Ausweis bei sich, der auf mysteriöse Weise an dem Tag verschwand, als er ums Leben kam. Die Militärpolizisten haben seine Leiche in die Notaufnahme von Lapa gebracht und den Pflegern dort angegeben, Mendes sei ein unbekannter Bandit. Er wird aufgenommen, genauso wie die 130 anderen Opfer, die von den Militärpolizisten bereits vorher in dieses Krankenhaus gebracht wurden.

Selbst nach Überprüfung der Fingerabdrücke, anhand derer Mendes im Rechtsmedizinischen Institut identifiziert werden kann, wird die Wahrheit über seinen Tod durch die Killer und die Verantwortlichen für die militärpolizeiliche Ermittlung verschleiert. Als einzige Zeugen des Verbrechens versichern die Killer, daß Mendes zu einem der Männer gehört habe, die in dem gestohlenen Wagen geflohen waren. Als die drei Banditen schließlich von der ROTA 66 ausfindig gemacht worden seien, sei der gestohlene Wagen gegen eine Mauer geprallt. In der Folge hätten die drei Männer versucht, zu Fuß zu fliehen. Sie seien nicht weit gekommen. Einem sei jedoch die Flucht gelungen. Der andere, João Barbosa da Silva, ist der erste, der sterben muß, ganz in der Nähe des Wagens. Das Motiv für den Tod von José Mendes ist, der offiziellen Version zufolge, eine Folge des selbstmörderischen Angriffs auf die Militärpolizisten.

> Die Polizeipatrouille wurde durch das plötzliche Auftauchen eines Subjekts überrascht (...) das aus dem Dickicht heraus vor den Streifenwagen sprang. Es hielt eine Waffe im Anschlag und gab einige Schüsse auf die Polizisten ab, die sofort das Feuer auf dieses Subjekt eröffneten. Abgesehen von den Schüssen wurde das Subjekt auch noch vom Streifenwagen erfaßt (...), da keine Zeit mehr blieb, um das Fahrzeug abzubremsen, bevor es das Subjekt überfuhr. Dieses wurde, schwer verletzt, unmittelbar darauf in die Notaufnahme des Krankenhauses von Lapa gebracht, wo es an der Schwere seiner Verletzungen verstarb.

In der militärpolizeilichen Ermittlung des Falles von Vila dos Remédios tauchen die unterschiedlichsten Widersprüchlichkeiten auf, ähnlich der Ermittlung im Fall der ROTA 66. Ein Beispiel hierfür ist die falsche Beschuldigung der Opfer. Abgesehen davon, daß Mendes für seinen eigenen Tod verantwortlich gemacht wird, wird er auch, in Ermangelung jeglicher Beweise angeklagt, einen Überfall durchgeführt zu haben, Minuten nachdem er angeblich einen Wagen gestohlen hat.

Zwei der Personen, die Opfer des Diebstahls wurden, erkennen ihn nicht als einen Komplizen der Diebe wieder. Diese Zeugen sind jedoch zu der Verhandlung vor dem Militärtribunal gar nicht erst geladen worden. Die Offiziere, von denen die Killer freigesprochen werden, schenken auch den Aussagen von Personen keinerlei Beachtung, die Mendes auf dem Ball im Club Portuguesinha gesehen haben, Minuten bevor er von Militärpolizisten mit Maschinenpistolen erschossen wurde.

Das Dokument, in welchem der Freispruch registriert ist, der von Richter Tullio Vicente Barbato unterschrieben wurde, enthält schwere Verdrehungen des Tatbestandes. In dem Gutachten der militärpolizeilichen Ermittlung versichert der für die Untersuchung verantwortliche Leutnant Antônio Bezerra, daß Mendes von den Militärpolizisten Paulo Aparecido Cabral, Eurípedes Barbosa und Orlando Lescov getötet wurde, die das Fahrzeug der Einsatzzentrale 1503 fuhren. Sie seien es auch gewesen, die das Opfer überfahren hätten, nachdem es von Schüssen aus der Maschinenpistole schwer verletzt worden ist. Im Sitzungsprotokoll zu der entsprechenden Gerichtsverhandlung werden für den Tod von Mendes die Militärpolizisten José Camargo dos Santos, Luís José de Oliveira und Rony Jorge da Silveira Paulo verantwortlich gemacht, die zur ROTA 17 gehören.

Ein noch schwererer Tatbestand ist jedoch die Anklage, die im Sitzungsprotokoll bei der Urteilsverkündung vorgetragen wird, nämlich, daß Mendes ein Krimineller gewesen sei. Die für die Ermittlung des Falles Verantwortlichen können keinerlei Beweismittel dafür erbringen, daß Mendes an den Überfällen oder an dem Autodiebstahl teilgenommen hat. Hätten sie die Archive der Polizei konsultiert, dann hätten sie feststellen können, daß Mendes im Staat von São Paulo kein Verbrechen verübt hat. Die gleiche Information hätten sie von zivilen Gerichten bekommen können, wo er nicht als straffällig registriert ist. Es hätte aber auch einfach ausgereicht, seine Eltern aufzusuchen, die das Arbeitsbuch ihres Sohnes José Mendes de Oliveira, Industriearbeiter in Osasco, aufbewahrt haben.

José Mendes de Oliveira ist jedoch nicht der einzige Unschuldige, der von Rony Jorge umgebracht wird. Ein Jahr zuvor, im Februar 1974, tötet dieser Soldat noch zwei weitere Menschen, die beide minderjährig, aber nicht kriminell sind. Es sind Jorge Ribeiro, 16 Jahre alt, und Augustinho Nilton Candeias, 17 Jahre alt. Sie sterben bei der Verfolgung ihres Wagens durch die Polizei, der angeblich gestohlen worden ist. Die Killer bringen die Leichen in ein Krankenhaus, als seien die Jungen zwei Unbekannte, die keinerlei Dokumente bei sich führten. Dies ist nur eines der vielen Details aus der offiziellen Version des Verbrechens, das wieder einmal eine ganze Reihe von Gemeinsamkeiten mit dem Fall der ROTA 66 aufweist.

Zum Beispiel gaben die Militärpolizisten an, daß einer der beiden Flüchtigen während der Verfolgung den halben Körper aus dem Wagenfenster gebeugt und verschiedene Schüsse auf ihr Fahrzeug abgegeben habe. In diesem Augenblick erst hätten die Polizisten damit begonnen, mit ihren Waffen auf die beiden zu schießen. Gegen Ende des vermeintlichen Schußwechsels in den Straßen der Stadt ist keiner der Militärpolizisten verletzt. Jorge und Augustinho jedoch sind tot, getroffen von 13 Kugeln. Jorge Ribeiro hat einen Einschuß am Handgelenk, einen im Gesicht, zwei am Kinn und einen am Hinterkopf. Augustinho wurde sechsmal von Kugeln getroffen: Vier durchschlagen den Brustkorb, zwei den Kopf, eine davon den Hinterkopf.

Die Untersuchung dieses Verbrechens beschränkt sich, wie immer, auf eine militärpolizeiliche Ermittlung. Es gibt für diese Morde keine Zeugen, oder aber der Untersuchungsbeamte hat sich keine Mühe gemacht, welche ausfindig zu machen. Es werden nur Teile von Aussagen der Attentäter zusammengestellt. Die einzige Zivilperson, die eine Aussage macht, ein Wächter der Tankstelle, auf der sich das Verbrechen ereignet, versichert, zu dem Zeitpunkt, als die beiden Jungen starben, nichts gesehen zu haben.

Die Leichen der beiden Minderjährigen werden von der Tankstelle weggebracht, ein Vorgehen, das Untersuchungen des Tatortes durch Sachverständige verhindert. Ebensowenig werden die Hände der beiden Opfer auf Schmauchspuren untersucht. Trotz dieser Unterlassungen befindet der Rat des Militärtribunals, daß die im Verlauf der militärpolizeilichen Untersuchung ermittelten Beweise ausreichend seien, um Rony Jorge und seine Kumpane freizusprechen.

Die Untersuchung der Morde, die von Rony Jorge begangen worden sind, ermöglicht uns, 15 seiner Opfer zu identifizieren, von denen nur eines mit Sicherheit kriminell war. Nicht miteinbezogen in diese Morde sind die Verbrechen der ROTA 66 an den drei Jungen, denn diese wurden nicht direkt von Rony umgebracht. In diesem Fall hatte sich seine Teilnahme nur auf die Verfolgung des blauen Volkswagens beschränkt. Wir können feststellen, daß zwölf dieser fünfzehn Opfer Ronys keinerlei Verbrechen begangen haben, die der Polizei oder den zivilen Gerichten von São Paulo bekannt gewesen sind.

Bei der Identifizierung der Killer und ihrer Opfer können wir eine Hürde nehmen, die bisher unseren Ermittlungen immer im Weg gestanden hat. Seit Jahren versuche ich schon, Informationen über die Gerichtsverfahren des Militärtribunals von São Paulo zu bekommen. Obwohl die Einsicht in die Prozeßakten jedem Bürger zusteht, verweigern mir die Richter einiger Militärgerichte dieses Recht. Sie führen Schwierigkeiten bei der Lokalisierung von Prozeßakten in den Archiven an, denn nicht immer kann ich die in die Verbrechen verwickelten Personen identifizieren. Nachdem ich jedoch anhand meiner Datenbank in der Lage bin, die wichtigsten Killer und mehr als 4 000 Opfer zu identifizieren, erhalte ich schließlich Einsicht in die Rundschreiben der Militärgerichte. Dort stehen die Aktenzeichen, die ich untersuchen möchte. Im Besitz dieser Nummern will ich auf meinem Recht auf Einsicht in die eigentlichen Prozeßakten in den Archiven des Militärtribunals bestehen.

Einige Richter versuchen, meine Ermittlungen in den Archiven zu verhindern, mit denen ich im April 1987 beginne. Der Richter Antônio Prazak vom ersten Gerichtsbezirk gehört zu denen, die mir verbieten, in diese öffentlichen Akten Einsicht zu nehmen. Er führt an, daß ich über keinerlei Rechtsmittel verfüge. Ich bestehe auf meiner Forderung mit einem neuen Antrag, vom Mai 1987:

> Hiermit beantrage ich, die unten aufgeführten Prozeßakten im Archiv des Militärtribunals einsehen zu dürfen. Meine

> Absicht ist, eine Erhebung über die Berufsrisiken anzustellen, die sich während der polizeilichen Überwachung der Stadt ergeben. Außerdem liegt es in meinem Interesse, die Gründe für die bewaffneten Auseinandersetzungen zwischen Kriminellen und Militärpolizisten zu erforschen.

Angesichts meiner Beharrlichkeit berät sich der Richter Prazak mit dem allgemeinen Gerichtspräsidenten des Militärtribunals, der die Genehmigung mit folgenden Worten ablehnt:

> Es handelt sich um den zweiten Antrag des gleichen Journalisten, der jetzt genau angibt, worüber und wozu er eine derartige Untersuchung anstellen möchte.
>
> Ich für meinen Teil bin der Ansicht, daß Prozeßakten über Verbrechen nur von Magistraten und von den betroffenen Parteien eingesehen werden sollten, die ein tatsächliches Interesse daran haben.
>
> Hochachtungsvoll
>
> gez. Richter Nelson Monteiro, 21.5.1987

Richter Antônio Prazak gibt mir erst fünf Jahre, nachdem ich den ersten Antrag auf Akteneinsicht gestellt habe, seine Einwilligung. Vorher klärt er mich jedoch über die verfassungsmäßigen Richtlinien auf, die ich zu beachten habe, und verlangt meine Unterschrift unter eine verpflichtende Erklärung.

Die Informationen, die ich aus den Archiven des Militärtribunals erhalte, veranlassen mich, noch ein weiteres Archiv in meiner Datenbank zu erstellen. Die Ermittlung erfolgt in zwei Phasen: Die erste beginnt 1987 mit einer viermonatigen täglichen Lektüre der archivierten Prozesse oder laufenden Verfahren.

Einige Richter vom zweiten Gerichtsbezirk erleichtern mir meine Arbeit dadurch, daß sie mir ermöglichen, in Dutzende von Akten Einsicht zu nehmen und diese anschließend zu kopieren. Andere Richter erlauben mir eine Einsicht nur im Archiv selbst, ohne die Möglichkeit zum Kopieren auch nur eines Dokumentes. Diese Einschränkung zwingt mich dazu, eine Zusammenfassung meiner Lektüre von Hand zu erstellen, wobei ich mehr als 400 Prozesse resümieren muß. Insgesamt kosten mich diese Recherchen zehn Monate Arbeit.

Die vorletzte Quelle meiner Untersuchung, meine Auswertung der Archive der Militärjustiz, zeigt, daß das offizielle bürokratische Ermittlungsverfahren in den Fällen von Verbrechen der Militärpolizei fragwürdig ist und für eine Voreingenommenheit spricht. Es ermöglicht mir, noch etwas anderes festzustellen, das ich für außerordentlich schwerwiegend halte: Es sind die Beweise dafür, daß diese Killer in vielen Fällen von ihren Kommandanten zum Töten von Kriminellen ermutigt werden.

Die offizielle Ermittlung im Fall der Verbrechen, die von Soldat Rony Jorge da Silveira Paulo begangen wurden, offenbart zum Beispiel einen der Umstände, die diese Killer begünstigen. Im Verlauf meiner Lektüre in seinen Prozeßakten entdecke ich, daß er nicht eines der zwölf Morde angeklagt wird, deren Opfer wir als nicht kriminell identifizieren konnten. In den wenigen Fällen, in denen es Aussagen von unparteiischen Augenzeugen gibt, werden die offensichtlichen Widersprüche in den Aussagen der Killer sowohl von den für die militärpolizeiliche Untersuchung Verantwortlichen als auch von den das Gerichtsverfahren durchführenden Offizieren heruntergespielt.

Am 7. August 1984 fallen Rony und seine Mordkumpane von der Patrouille durch den Tod eines unbekannten Jungen auf, der in eine Schlägerei auf der Straße verwickelt war. Die Militärpolizisten versichern, daß der Junge im Verlauf eines Schußwechsels getötet worden sei, nachdem er sich seiner Festnahme widersetzt habe. Eine ballistische Untersuchung der beschlagnahmten Waffe, die als Waffe des Opfers ausgegeben wird, zeigt einen defekten Schlagbolzen und einen Schaden in der Ladevorrichtung auf. Dem Sachverständigengutachten zufolge machen diese Defekte die Abgabe von Schüssen unmöglich. Drei Zeugen versichern in ihren Aussagen, daß das Opfer ganz bestimmt nicht bewaffnet war. Der Student Wagner Moreno, der zusammen mit dem Jungen festgenommen wird, sagt aus, daß die Todesursache ein offensichtlich zufällig abgegebener Schuß aus der Waffe eines Militärpolizisten gewesen sei.

> Der Junge saß bereits im Streifenwagen. Der Militärpolizist hatte einen Revolver in der Hand. In dem Augenblick, als er mich ebenfalls festnahm und mich zwang, in das Polizeiauto zu steigen, ging seine Waffe los, und ein Schuß traf den Jun-

gen. Er schrie auf, daß er getroffen sei, und fing an zu bluten. Er wurde noch lebend ins Krankenhaus gebracht.

Auch Rony Jorge wird von den Eltern zweier Minderjähriger angezeigt, von denen einer eine vermeintliche Schießerei überlebt, die sich während eines Überfalls im Bahnhof von Barueri ereignet. Die beiden Jungen, Anselmo Francisco da Silva und Cláudio Rodrigues, geben zu Protokoll, daß sie von den Soldaten Rony Jorge und Wilson Justino angegriffen worden seien, als sie Samstagnacht von einem Ball nach Hause gehen wollten. Sie fahren an diesem Abend als »Anhänger« mit einem Zug der FEPASA in Richtung Jandira, die Stadt, in der sie wohnen. Festgeklammert an den Gummihalterungen der Zugtür, hören sie plötzlich ganz in der Nähe der Haltestelle Barueri die Geräusche eines Schußwechsels und springen vom Zug ab, um in Deckung zu gehen. Als auf sie geschossen wird, rennen die beiden neben dem fahrenden Zug her. Sie versuchen, in einen der Waggons zu springen, dessen Tür geöffnet ist. Cláudio schafft es. Anselmo fällt neben den Bahnsteig der Station und schleppt sich ein Stück über den Boden, um sich unter dem Bahnsteig zu verstecken. Bald jedoch wird er von Soldat Rony Jorge entdeckt.

> Die Militärpolizisten befahlen mir, von da unten rauszukommen, und zwangen mich, mich auf den Boden zu legen, mit den Händen auf dem Gesicht. Ich flehte sie an, mich nicht zu töten. Aber der Soldat gab einen Schuß in meine Brust ab. Dann legten sie mir Handschellen an und verpaßten mir noch eine Menge Fußtritte und Schläge in den Rükken, während sie mich ins Krankenhaus brachten.

Zwei andere Minderjährige, die in dem gleichen Zug fahren, sagen während der Gerichtsverhandlung aus, daß die Aussagen von Anselmo der Wahrheit entsprechen. Der Schlosser Odair Crispin, 14 Jahre alt, hat gesehen, wie der Freund angeschossen wurde. Er glaubt, daß Anselmo nur deshalb nicht getötet wurde, weil so viele Leute auf dem Bahnsteig waren. Einige von ihnen, unter ihnen Carlinhos, versuchen, dem Freund zu helfen.

> Nachdem sie auf Anselmo geschossen hatten, zeigte Carlinhos, einer unserer Freunde, den Militärpolizisten den Aus-

weis von Anselmo. Er schrie laut: »Guck hier, er ist Arbeiter, kein Vagabund.« Aber der Militärpolizist nahm die Papiere an sich und sah nicht mal drauf. Er steckte sie in seine Tasche und fuhr damit fort, Anselmo mit Schlägen zu bearbeiten.

Die Aussage des minderjährigen Carlos Alberto Alves Prates, jenes besagten Carlinhos, geht noch mehr ins Detail.

Als Anselmo verletzt war, lag er da auf dem Boden mit den Händen auf dem Gesicht, Brust nach oben, und weinte, flehte sie an: »Nicht schießen, um Himmels willen!« Der Polizist, der den Schuß auf ihn abgegeben hatte, sagte: »Du warst bewaffnet, Vagabund!« Selbst als er angeschossen war, hörte Anselmo nicht auf zu reden. Er warnte die Militärpolizisten, daß sie einen Prozeß zu fürchten hätten. Und als sie ihn fragten, warum er vor den Schüssen davongelaufen sei, antwortete er: »Ich habe keine Brust aus Stahl.«

Im Verlauf des Prozesses kann kein einziger Beweis dafür erbracht werden, daß Anselmo bewaffnet war oder sich der Festnahme widersetzt hätte. Das Opfer des Überfalls auf dem Bahnsteig, das eigentlich Anlaß für die Schießerei ist, erkennt Anselmo nicht als den Angreifer wieder. In der Urteilsfindung überwiegen jedoch die Aussagen der Militärpolizisten, die von Offizieren des Militärrates freigesprochen werden.

Eine Auswertung der militärpolizeilichen Untersuchungen, die gewohnheitsmäßig tendenziös sind und in fast allen Fällen die Täter vor Gericht straflos ausgehen lassen, erklärt teilweise, warum es während der polizeilichen Patrouillen so viele Morde gibt. In den Archiven des Militärtribunals stoße ich jedoch auf weitere Fakten, die das Vorgehen dieser Killer aufdecken. Zu meiner großen Überraschung oder, besser gesagt, zu meinem großen Entsetzen, finde ich in den Prozeßakten verschiedene Beweise dafür, daß die Militärpolizisten dazu ermutigt werden, während ihrer Patrouillen in der Stadt Kriminelle einfach umzubringen. Einige Akten offenbaren darüber hinaus, daß diejenigen Killer, die sich bei der Jagd auf Verdächtige hervorheben, gelobt werden und auf Veranlassung ihrer Kommandanten Prämien erhalten.

Meine Nachforschungen ergeben, daß die Militärpolizisten, die in den Fall der ROTA 66 verwickelt waren, auch zu den belobigten Männern gehören. Der Soldat Rony Jorge zum Beispiel hat schon viele Prämien erhalten. Obwohl er zwölf Unschuldige getötet hat, hat ihm sein Kommandant höchstpersönlich bereits viermal eine besondere Tapferkeitstrophäe verliehen, eine Ehrenauszeichnung für all diejenigen, die sich durch besonderen Mut hervorgetan haben. Alle diese Prämien und Belobigungen sind auf seinem militärischen Führungszeugnis vermerkt und verschaffen ihm weitere Punkte für seinen Aufstieg auf der Karriereleiter. Rony Jorge, der als ein beispielhafter Soldat angesehen wird, hat von seinem Kommandanten auch schon einen Titel erhalten, der in dieser militärischen Einheit selten vergeben wird: Es ist die Auszeichnung für persönliche Verdienste vierten Grades.

Ein interner Bericht der ROTA , der unter der Nummer 93 am 29. Juni 1982 herausgegeben wird, gehört zu den Beweismitteln, die offenbaren, daß die Attentäter unter den Militärpolizisten von ihren Kommandanten zur Tötung angestiftet werden. Das Schreiben bezieht sich auf die Beteiligung von Rony Jorge bei der Verfolgung von vier Jugendlichen, die verdächtigt werden, kriminell zu sein. Während der Verfolgung findet angeblich ein Schußwechsel statt, der damit endet, daß sich der Wagen der Jungen überschlägt. Selbst nach diesem Unfall, so die Version der Militärpolizisten, hätten die Verdächtigen einer Festnahme Widerstand entgegengesetzt und auf die Polizei geschossen. Nach der angeblichen Schießerei werden die Jungen in die Notaufnahme von Vila Prudente gebracht, wo sie sterben. Der Ausgang dieses Falles veranlaßt den Kommandanten der ROTA, eine bewegte Lobrede auf den Soldaten Rony Jorge zu halten:

> Meine Glückwünsche, Kamerad! Sie haben Mut, polizeilichen Spürsinn, Pflichtbewußtsein und Erfahrung bei der Ausübung Ihres Dienstes in der ROTA bewiesen und diese Eigenschaften den Bewohnern von São Paulo vorgeführt. Damit haben Sie sich einer besonderen Ehrenauszeichnung durch dieses Kommando verdient gemacht.

Monate später wird Rony Jorge wieder vom Kommandanten der ROTA gelobt, weil er einen Mann getötet hat, der eines Diebstahls im östlichen Teil von São Paulo beschuldigt wurde. Der Wortlaut dieses Rundschreibens 154, das vom Kommandanten der ROTA am 22. Oktober 1982 unterzeichnet wird, ist ebenfalls in seinem militärischen Führungszeugnis aufgeführt.

> ... und überraschte zwei Banditen in dem Augenblick, als sie das Diebesgut fortschleppten (...) Als er die Männer festnehmen wollte, entbrannte ein Schußwechsel, in dessen Verlauf einer der beiden mittels Handschellen verhaftet werden konnte, jedoch am Eingang zur Notaufnahme von São Miguel Paulista verstarb. Bei dem toten Banditen wurden zwei Feuerwaffen sowie das gesamte Diebesgut beschlagnahmt, das dem rechtmäßigen Besitzer zurückgegeben werden konnte. Mit seinem außerordentlichen Mut, seinem Schneid und seiner Opferbereitschaft machte sich der Soldat der Glückwünsche dieses Kommandos verdient.

Kapitel 14
Der Spitzenreiter unter den Killern

Der graue Streifenwagen fährt nur noch auf zwei Rädern, als er die Kurve vor dem Bahnhof von Jaraguá nimmt. Das Auto überschlägt sich beinahe bei diesem Manöver. Es ist elf Uhr nachts. Der Lärm der quietschenden Reifen auf dem Asphalt erschreckt die wenigen Passanten und weckt die Neugier der Anwohner. Einige rennen an die Fenster, um zu sehen, was da draußen vor sich geht.

Mit dem Oberkörper aus dem Wagenfenster gebeugt, einen Revolver in der rechten, dessen Mündung nach oben gerichtet ist, blickt der Mann nach allen Seiten wie ein Tier auf der Suche nach Beute. Sein Stil ist unverwechselbar. Zehn Jahre, nachdem der ehemalige Polizeiwachtmeister Roberto Lopes Martínez die drei Jungen im Fall der ROTA 66 mit seiner Maschinenpistole erschossen hat, pflegt er auf seinen Patrouillen durch die Stadt immer noch die brutalsten Methoden anzuwenden. Martínez hat in Dutzenden von Familien wahre Tragödien heraufbeschworen. Die Beweise sind unserer Datenbank zu entnehmen. Wir finden heraus, daß er mindestens 45 Menschen umgebracht hat. In dieser Nacht, in der er in den dunklen Straßen von Jaraguá wieder ein Opfer sucht, kann er bereits mit einem Rekord aufwarten: Er gehört zu den Spitzenreitern der Killer von der Militärpolizei.

Nachdem er im Fall der ROTA 66 freigesprochen worden ist, wird er zum Leutnant befördert und ist damit der Kommandant dieser Patrouille. Die ganze Aufmerksamkeit der Insassen des Streifenwagens, der mit atemberaubender Geschwindigkeit in die Kurve geht, ist auf ihn gerichtet. Er ist es, der die Befehle erteilt. Einer der Militärpolizisten hält ihn am Koppel fest, um zu verhindern, daß er aus dem Fenster fällt. Der Soldat, der hinter dem Fahrer sitzt, hat die Aufgabe, die Scheinwerfer auf die Menschen zu richten, die eilig den Bahnhofsvorplatz verlassen. Er richtet das grelle Licht absichtlich in die Gesichter der Leute, um Verdächtige zu stellen, Eindruck zu schinden und Angst zu verbreiten.

Der Streifenwagen passiert den Bahnhof und biegt in die Rua Gerimanduba, die in den Jardim Campanário mündet. Alles läuft nach Plan. Am anderen Ende der Straße kommen ihm Militärpolizisten in Zivil in einem neutralen Fahrzeug entgegengefahren. Beide Wagen steuern das gleiche Ziel an.

Die jungen Leute in der Bar Sinuca Vermelha sind überrascht, als sie den Volkswagen erblicken. Die heranbrausenden Militärpolizisten in Zivil haben schon damit begonnen, auf die Besucher der Bar zu schießen. Einige der Jungen suchen unter den Tischen oder hinter dem Tresen Schutz. Diejenigen, die sich der Tür am nächsten befinden, rennen zu der freien Stelle rechts von der Bar. Sie werden sofort verfolgt. Der kaufmännische Angestellte Daniel Bispo de Oliveira glaubt, es handle sich um einen Überfall. Er hat sich schon darauf eingestellt, das wenige Geld, das er bei sich trägt, auszuhändigen, und bleibt in der Nähe der Tür stehen. Von dort kann er als einer der ersten sehen, wie der graue Streifenwagen mit abrupten Fahrmanövern näher kommt. Das Auto fährt im Zickzack von einer Straßenseite zur anderen, die Polizisten hängen mit dem ganzen Oberkörper aus den Wagenfenstern. Bispo, der die Arbeit der Militärpolizisten bewundert, ist über das Eintreffen der Streife hellauf begeistert: »Die ROTA kommt! Ja, es ist die ROTA!«

Bispos Ausruf sorgt in der Bar für noch größere Panik. Kaum hört man das Quietschen des bremsenden Streifenwagens, da suchen die Jugendlichen aus der Bar Sinuca Vermelha das Weite. Sie fliehen durch die Fenster, die vordere Tür, die Hintertüren. Nur Bispo nicht; der beschließt, vor die Bar zu treten, als sei nichts geschehen. Ganz in der Nähe der Bar werden drei Jungen von den Militärpolizisten verhaftet, die in dem Zivilfahrzeug, einem Volkswagen, gekommen sind.

Bispo befindet sich schon auf dem Weg nach Hause, ungefähr fünf Blocks von der Bar entfernt, als ihn die Scheinwerfer der ROTA blenden.

»Komm bald wieder zurück, Papa«, sagt Wellington, Bispos Sohn, als dieser das Haus gegen 22 Uhr verläßt, um Milch und Zigaretten zu kaufen.

»Nimm dich vor den Polizisten in acht, wenn es dunkel ist. Hast du deine Papiere dabei?« warnt ihn seine Frau Elza Lúcia Colferai.

»Wer nichts getan hat, hat auch nichts zu befürchten. Ruhig Blut, meine Schöne, ich bin gleich wieder da! Ich will mir doch noch Afanázio anhören!«

Bispo ist ein begeisterter Hörer des Polizeisenders von Afanázio Jazadji. Auch während seiner Arbeit in den Lagerhallen der Lojas Abaeté in Lapa läßt er es sich nicht nehmen, der Morgensendung zuzuhören. An diesem Abend im September 1985 hat er vor, um Mitternacht die Wiederholung der Sendung zu hören, in der Afanázio die Polizisten der ROTA lobpreist und die Todesstrafe für Mörder und Vergewaltiger fordert. Bispo ist auch für die Todesstrafe. Er steht auf der Seite der Polizisten, wenn diese Kriminelle im Stadtviertel töten. Da er Afanázio schon so oft gehört hat, kennt er die Namen der eifrigsten Offiziere unter den Militärpolizisten auswendig. Er liebt es, über Polizei und Gewalt zu sprechen. Schon am frühen Abend, als er mit seiner Mutter von der Messe in der Kirche der Christlichen Kongregation Brasiliens zurückkommt, redet er von nichts anderem.

»Kennst du den Unterschied zwischen einer Funkstreife und einer Mobilen Einsatzzentrale, Mutter?« fragt Bispo.

»Für mich ist das alles das gleiche, mein Sohn. Wenn ich Hilfe bräuchte, wen müßte ich denn da rufen?« fragt die Mutter Geralda Pereira.

»Das hängt davon ab. Wenn du von einem Dieb ausgeraubt worden bist, der abgehauen ist, dann rufe eine FP, eine Funkpatrouille. Aber wenn es sich um einen schweren Raub handelt und der Verbrecher befindet sich vielleicht noch in der Nähe, ist es am besten, du rufst eine Mobile Einsatzzentrale. Die Militärpolizisten von der Einsatzzentrale sind geübter als die anderen.«

»Und wenn der Bandit sich noch in meinem Haus befindet?«

»In diesem Fall werden sie die ROTA in Bewegung setzen, die kommt, um den Banditen zu töten.«

Elza, Bispos Frau, hat einen anstrengenden Tag in einer Strickwarenfabrik hinter sich, wo sie von 7.00 Uhr morgens bis 17.30 Uhr arbeitet. Nachdem der dreijährige Sohn Wellington eingeschlafen ist, geht Elza gleich ins Bett. Sie gibt sich allergrößte Mühe, noch so lange wachzubleiben, bis ihr Mann nach Hause gekommen ist, der sich normalerweise nach 23 Uhr nicht mehr auf der Straße aufhält. Aber sie schläft schließlich doch ein.

Erst als Elza gegen Morgen aufwacht, bemerkt sie, daß Bispo in dieser Nacht nicht nach Hause gekommen ist. Sie setzt gleich die Mutter davon in Kenntnis, überläßt Wellington ihrer Obhut und begibt sich in die Nachbarschaft, auf der Suche nach ihrem Mann.

> ROTA tötet Banditen von Jaraguá (...) und wieder ist die Stadt von einem Verbrecher befreit! (...) Noch einer, der zur Hölle gefahren ist!

Die Nachricht vom Tod Daniel Bispos wird der Familie durch den Mann überbracht, den der Tote so sehr verehrt hatte: Es ist der Radikale Afanázio Jazadji. In seinem morgendlichen Programm stellt Jazadji das Opfer als einen unbekannten Banditen vor, der sterben mußte, nachdem er Militärpolizisten aus einem Dickicht heraus angeschossen hatte. Nicht nur, daß der radikale Radiosprecher die Aktion der Killer in den höchsten Tönen lobt, er gibt die Schilderung des Schußwechsels in allen Einzelheiten wieder, so wie ihn Leutnant Martínez auf der Polizeiwache dargestellt hat. Er erwähnt kurz den Angriff auf die Jungen in der Bar, unterläßt es aber, von dem regelwidrigen Eingreifen der Militärpolizisten in Zivil zu sprechen, die einen Privatwagen benutzten, ein Vorgehen, das nur zivilen Polizisten gestattet ist.

Die Anspielung des Radiosprechers auf die Bar Sinuca Vermelha läßt die Familie Verdacht schöpfen, bei dem Opfer könne es sich um Bispo handeln, ein Verdacht, der sich bei der Identifizierung der Leiche im Rechtsmedizinischen Institut bestätigt, wo dieser als unbekannter Toter eingeliefert worden ist. Die Witwe kann die drei Jungen ausfindig machen, die von den Militärpolizisten verhaftet wurden. Diese klären sie darüber auf, daß hinter diesem Polizeieinsatz ein ganz persönliches Anliegen des Soldaten Cláudio Rocha gestanden habe, der in dieser Nacht den Volkswagen gefahren hat. Rocha ist der Besitzer eines Bazars im Viertel, der Tage zuvor ausgeraubt worden war. Drei Männer, die des Raubüberfalls verdächtigt werden, sind Stammkunden in der Bar Sinuca Vermelha. Der Soldat bittet die ROTA um Unterstützung, um an den Banditen Rache zu üben. Da Bispo der einzige ist, der zum Zeitpunkt des Angriffs der Militärpolizisten nicht Reißaus nimmt, wird er, nach Schilderungen von Augenzeugen, Opfer eines Mißverständnisses.

Einer der Verdächtigen, der in dieser Nacht verhaftet wird, Amarildo Barbosa, gibt zur Anzeige, daß er gefoltert worden sei, weil man ihn dazu bringen wollte, den Raubüberfall auf den Bazar des Soldaten Rocha zu gestehen. Abgesehen von den Schlägen und Fußtritten, die er erhalten habe, hätten ihm die Militärpolizisten während der Vernehmung noch eine Flüssigkeit in die Augen geschüttet.

»Die Flüssigkeit tat sehr weh in den Augen. Sie brannte wie Feuer. Sie wollten, daß ich den Diebstahl gestehe und den toten Jungen noch mit in das Spiel einbeziehe, der ein guter Mensch war. Man kannte ihn im ganzen Viertel. Keiner der Leute in der Bar war bewaffnet, es gab gar keinen Schußwechsel. Wer geschossen hat, das waren die Militärpolizisten.«

Elza, die sehr aufgebracht ist über die Umstände, unter denen ihr Mann den Tod gefunden hat, sucht den Radikalen Afanázio Jazadji auf, um sich den Fall genau schildern zu lassen. Mit persönlichen Unterlagen und einem Schreiben bewaffnet, das Auskunft gibt über kriminelle Vorfälle in São Paulo, muß Elza jedoch eine große Enttäuschung erfahren. Das große Vorbild ihres Mannes weigert sich, den Fehler zu korrigieren, und gewährt ihr noch nicht einmal ein persönliches Gespräch. Aufgrund der falschen Informationen, die der radikale Radiosprecher verbreitet, verliert Elza zwei Tage nach Bispos Tod ihre Arbeitsstelle. »Mein Chef sagte mir, daß er nicht mit der Witwe eines Banditen arbeiten würde, und entließ mich auf der Stelle.«

Die für die militärpolizeiliche Untersuchung Verantwortlichen bemühen sich genausowenig darum, die schwerwiegende Täuschung des Leutnants Roberto Lopes Martínez aufzuklären. Sie versuchen gar nicht erst, Zeugen des Tatherganges ausfindig zu machen. Ebensowenig schenken sie der Bescheinigung der zivilen Gerichte Beachtung, aus der hervorgeht, daß Daniel Bispo de Oliveira kein Krimineller war. Die Killer sichern sich durch ihre eigenen Aussagen Straffreiheit. Mehr als zehn Militärpolizisten, die in das Verbrechen verwickelt sind, geben vor dem Militärgericht die gleiche Version des Tatherganges wieder, die auch Leutnant Roberto Lopes Martínez verbreitet hat.

> Als wir dort eintrafen, flüchteten die Subjekte in den Wald (...) nach einigem Suchen stießen wir auf ein Individuum, das sich zwischen den Sträuchern versteckt hatte und das unserer Aufforderung, sich auszuweisen, nicht Folge leistete. Statt dessen gab es einige Schüsse auf uns ab. Da uns in diesem Augenblick keine andere Wahl blieb, sahen wir uns gezwungen, diese ungerechtfertigte Aggression entsprechend zu erwidern. Im Verlauf dieses Schußwechsels wurde der Widersacher verletzt, ein Umstand, der es uns ermöglichte, ihm seine Waffe abzunehmen und ihn unmittelbar darauf in die Notaufnahme des Krankenhauses von Pirituba zu bringen. Nachdem ihm erste medizinische Hilfe zuteil geworden war, erlag er seinen Verletzungen.

Arbeiter, dunkelhäutig, arm, 21 Jahre alt. Der kaufmännische Angestellte Daniel Bispo de Oliveira hat das typische Profil der vielen Opfer von Leutnant Martínez. Die offizielle Version von seinem Tod entspricht den Schilderungen des Tatherganges in der überwiegenden Mehrheit dieser Fälle. Von allen Verbrechen, die von Martínez begangen wurden und die in unserer Datenbank gespeichert sind, haben wir 41 Fälle näher untersucht. In allen diesen Fällen gibt er an, sich während eines Schußwechsels in legitimer Notwehr verteidigt zu haben. Durch einen merkwürdigen Zufall überlebt keiner der Verfolgten diese Schießereien mit dem Polizisten, und dies, obwohl Martínez nach der regelwidrigen Veränderung des Tatorts die angeblich verletzten Opfer in eine Notaufnahme brachte. In diesen 41 Mordfällen haben 37 der getöteten Männer durch einen zweifelhaften Umstand in der Stunde ihres Todes keinen Ausweis bei sich, so wie Bispo auch. Fast alle werden von Martínez als vermeintlich Unbekannte in ein Krankenhaus gebracht.

Wir finden noch etwas heraus: In 30 der untersuchten Fälle geht der Ermordung der Opfer eine Verfolgungsjagd voraus, die im allgemeinen aufgrund eines simplen Verdachts in die Wege geleitet wird, den Martínez während seiner Patrouillen durch die Stadt schöpft. Von diesen 30 Verfolgungsjagden enden 21 in einer unbewohnten Gegend oder, besser gesagt, dort, wo es keine Zeugen gibt. Die anderen Männer sterben in ihren Autos oder auch, wie in vielen Fällen geschehen, in einsamen Gegenden.

Wir können eine Statistik über das Alter und die Hautfarbe von 36 Opfern aufstellen, die von Martínez getötet wurden. 16 dieser Toten waren Jugendliche unter 21 Jahren. Was ihre Hautfarbe anbetrifft, so kann man aus dem Ergebnis unserer Aufstellung eindeutig rassistische Elemente im Vorgehen dieses Killers feststellen: Zwölf der Opfer waren Weiße, der Rest Schwarze und Mulatten. Die überraschendste Parallele zu dem Fall von Daniel Bispo ist jedoch die hohe Zahl von Unschuldigen, die Martínez zum Opfer fallen.

Wir machen uns mit einer Liste der Namen und Daten von 32 Ermordeten auf, um bei den zivilen Gerichten in Erfahrung zu bringen, ob es sich bei den Toten um Kriminelle gehandelt hat oder nicht. Die Bilanz unserer Nachforschungen ist erschreckend: 14 der Opfer waren meist als Diebe oder Räuber vorbestraft, nur einer hatte einen Mord begangen. In drei der untersuchten Fälle können wir keine Informationen erhalten, da wir nicht im Besitz der Namen der Eltern sind, ohne die wir keine Überprüfung in den Gerichtsarchiven vornehmen können. Die überwiegende Mehrheit der Opfer hat jedoch eine reine Weste. Einige von ihnen waren schon Familienväter. Ähnlich wie Bispos dreijährigem Sohn Wellington ist es einer ganzen Reihe von Kindern ergangen. Auch ihre Väter sind von Martínez umgebracht worden.

Wir bekommen Zugang zu den Unterlagen, in denen die Autopsien von 31 Jugendlichen festgehalten sind, die Martínez zum Opfer fielen. Anhand ihrer Verletzungen liegt der Verdacht nahe, daß sie regelrecht hingerichtet wurden. Von 31 Toten wurden 29 durch Kopfschuß umgebracht, einige von ihnen durch Schüsse in den Hinterkopf. Vier dieser Toten wiesen Einschüsse im Rücken auf, klassische Anzeichen für eine Hinrichtung.

Roberto Lopes Martínez beginnt mit dem Morden, zwei Jahre bevor er in den Fall der ROTA 66 verwickelt wird. Sein erstes Verbrechen begeht er bereits im Juli 1973. Der Fall ähnelt in vielen Aspekten der Ermordung der drei Jungen durch die ROTA 66. Auch die Anzahl der Opfer ist die gleiche: Es handelt sich um drei Jugendliche, die in einem gestohlenen Taxi durch die Stadt fahren. Ebenso sind die Umstände der Tat, wenn man der Version der Militärpolizisten Glauben schenken mag, mit dem Tathergang im Fall der ROTA 66 identisch. Nachdem die Jungen einige Minuten lang von einem Streifenwagen durch die Straßen des Viertels

Tatuapé verfolgt worden sind, verlieren sie schließlich die Kontrolle über ihr Auto und prallen gegen eine Mauer. Nachdem sich der Unfall ereignet hat, sollen sie angeblich der polizeilichen Aufforderung, sich zu stellen, nicht nachgekommen sein und auf die Polizisten geschossen haben. Es gibt keine Zeugen am Tatort. Alle drei Jungen werden von Martínez durch Kopfschuß getötet.

Ein Jahr später beteiligt sich Martínez an einer anderen Schießerei, für die es keine Zeugen gibt. Diesmal tötet er einen 18jährigen Jugendlichen mit Namen José Luís de Assis, der mit drei Freunden in einem Dodge Dart spazierengefahren ist. Martínez hält die drei für verdächtig und beginnt mit ihrer Verfolgung. In dieser Nacht regnet es in Strömen. Das Auto der Flüchtigen kommt auf dem nassen Asphalt ins Schleudern, gerät auf den Bürgersteig und schlägt gegen einen Pfeiler. Nach ihrem Unfall setzen die drei Jungen ihre Flucht zu Fuß fort. José Luís soll sich angeblich seiner Festnahme widersetzt und die offene Wagentür als Deckung benutzt haben, um in ihrem Schutz Schüsse auf die Militärpolizisten abgeben zu können. In Übereinstimmung mit der offiziellen Version kann Martínez wie durch ein Wunder dem Tod entgehen. Seine Ausweispapiere, die sich in der linken Brusttasche seines Hemdes befinden, verhindern angeblich das Eindringen der feindlichen Projektile in sein Herz. Obwohl es diese Version an Glaubwürdigkeit vermissen läßt, wird das Vorgehen des Leutnants von den Kommandanten der Militärpolizei in den höchsten Tönen gelobt.

> Unsere Glückwünsche, auf daß Sie weiterhin so wirkungsvoll vorgehen und Ihre Schlagkraft als Mitglied der ROTA noch steigern mögen, damit der Name derselben und des 1. Bataillons von Tobias Aguiar sich noch tiefer in das Bewußtsein der Bevölkerung einprägen, die sich ruhigeren und friedlicheren Tagen entgegensehnt.
> (Sekretär des 1. Bataillons, 10. 3. 1975)

Schon zu Beginn seiner Karriere wird Martínez von Offizieren seiner Kaserne gelobt. Es wird ihm von Leuten der Weg gewiesen, die bei ihren uniformierten Kollegen als eifrige Befürworter des blutigen Kriegs gegen politische Widerstandskämpfer bekannt sind. Bei seinen täglichen Patrouillen durch die Straßen wird

Martínez von Männern begleitet, die im Kampf gegen die Guerilla mitgemischt haben. Von ihnen hat er die brutalen Methoden gelernt, die sie zur Repression von Zivilpersonen anwenden, vor allem die Angewohnheit, schutzlose Menschen in filmreifen Polizeiaktionen anzugreifen, wodurch auch enorme materielle Schäden am Eigentum der Zivilbevölkerung angerichtet werden.

Monate, bevor sich der Fall der ROTA 66 ereignet, werden Martínez und der ehemalige Guerillajäger Nilton Filó in eine wahre Schlacht gegen einen einfachen Feind verwickelt. Unterstützung erfahren sie dabei von zivilen Polizisten und Agenten der DOPS, den Handlangern politischer Repression.

Der Feind ist Danilo José de Santana, der auf einer Tankstelle im Stadtviertel Aeroporto einen Karman Ghia stiehlt. Bei diesem Raubüberfall im südlichen Teil der Stadt entwendet er aus der Kasse einen Betrag von 50 Dollar. Einem Fassadenarbeiter nimmt er die Armbanduhr ab.

Wenige Minuten nach dem Überfall haben die beiden Agenten der DOPS den gestohlenen Wagen bereits lokalisiert. Über Funk geben sie durch, daß sie mit der Verfolgung begonnen haben, und fordern Verstärkung an. Einige Kilometer weiter wird der Karman Ghia schon von der ROTA 28 verfolgt, einer Mannschaft, der Martínez und Filó vorstehen.

Darüber hinaus nehmen mehr als 20 Fahrzeuge der zivilen Polizei und der Militärpolizei an der Verfolgung teil. Auf dem Weg verursachen sie vier Verkehrsunfälle und stoßen einen Oberleitungsmast um, der das Viertel mit Licht versorgt. Die Bewohner der drei umliegenden Straßen müssen daraufhin 24 Stunden ohne Strom auskommen, zwei kleine Fabriken stellen in dieser Zeit gezwungenermaßen die Produktion ein. Der Verfolgung findet erst dann ein Ende, als Danilo in eine Sackgasse einbiegt, in die Querstraße Caracas.

Der Lärm der Sirenen, quietschenden Reifen und aufheulenden Motoren wecken die Bewohner des Hauses Nummer 12 auf. Ein Polizeifahrzeug nach dem anderen trifft ein. Man hat den Eindruck, ein Krieg sei ausgebrochen. Es ist zwei Uhr am frühen Morgen.

Die Familie Albuquerque bewohnt hier ein Stadthaus, dessen Flur zu den Räumlichkeiten der Hausangestellten führt. Der Anwalt Afonso Albuquerque sieht den flüchtigen Danilo durch diesen Flur rennen. Er hört, wie dieser gegen die Tür der Hausangestellten schlägt und sie um Hilfe bittet: »Öffnen Sie, um Himmels willen, die Polizei will mich umbringen.«

»Jesus Maria, ich werde Ihnen doch nicht öffnen! Ich habe Angst.«

Danilo, der keine andere Wahl hat, verschafft sich durch die Waschküche Zugang zur Toilette. Das Haus ist schon von Dutzenden von Polizisten umstellt, als die völlig unnötige Schießerei beginnt. Ermittlungsbeamte und Polizeikommissare feuern aus Maschinenpistolen, Gewehren, Revolvern, Martínez, Filó und die anderen Militärpolizisten werfen Tränengasgranaten in Richtung des Feindes, um seinen Widerstand zu schwächen. Der Flüchtige verteidigt sich nicht sonderlich. Von Zeit zu Zeit wirft er eine der Granaten aus dem Toilettenfenster zurück. 80 Männer sind gegen einen schutzlosen Mann angetreten in einem Kampf, in dem nicht nur das Leben der Hausbewohner, sondern auch das der Nachbarn aufs Spiel gesetzt wird.

Der Anwalt versammelt die Familienmitglieder in seinem Zimmer und stellt von innen eine Kommode gegen die Tür. So verharren sie lange Zeit und hören Schüsse über Schüsse, rüde Beschimpfungen und das Fußgetrampel von Polizisten, die über das Hausdach laufen. Sein zwölfjähriger Sohn Marcelo muß sich die ganze Zeit übergeben. Seine Mutter Maria Genuína kann ihre Blase nicht kontrollieren. Seine Frau Suzi singt laut Lieder, in dem Versuch, die drei jüngeren Kinder zu beruhigen und den kriegsähnlichen Lärm zu übertönen, der zwei Stunden andauert.

Die bewaffnete Auseinandersetzung endet damit, daß zwei Polizisten in die Toilette eindringen, wo Danilo mit neun Schüssen getötet wird, von denen ihn zwei in den Rücken treffen. Als das Feuer endlich eingestellt wird und das Ehepaar die Tür öffnet, um zu sehen, was geschehen ist, beobachten sie eine Gruppe von Männern, die den Körper Danilos in ein Krankenhaus abtransportieren. Einer der Polizisten bemerkt voller Ironie: »Haben Sie gesehen, wie gut wir Ihre Familie beschützt haben?«

Als die Polizisten fortgefahren sind, hinterlassen sie die Familie in einem Schockzustand. Sie hat jede Menge materieller Schäden erlitten. Überall sind Einschüsse zu sehen. Mehr als 20 Kugeln haben die Autos getroffen, die im Vorgarten und auf der Straße geparkt sind. 13 Einschüsse sind um das Zimmerfenster der

Hausangestellten zu sehen. Die Schüsse haben drei Türen, 20 Scheiben, fünf Küchenfenster, zwei Jalousien, einen Schrank und eine Waschmaschine beschädigt. Zehn Prozent der Dachziegel auf dem Haus sind bei den Kletteraktionen der Polizei zerbrochen worden. Der Schaden, den die Familie Albuquerque erleidet, beläuft sich auf etwa 8 000 Dollar, das Doppelte des Wertes des gestohlenen Karman Ghia, der übrigens ebenfalls durch Unfälle während der Verfolgungsjagd beschädigt worden ist.

Zu diesem Zeitpunkt werden die Verbrechen, an denen Militärpolizisten beteiligt sind, noch von zivilen Gerichten untersucht. Der Anklagevertreter João Benedito de Azevedo Marques zeigt 24 Polizisten an, darunter Martínez und Filó, weil er der offiziellen Version des Tathergangs keinen Glauben schenkt. Die Polizisten führen an, daß Danilo zwei Waffen getragen und sich seiner Festnahme widersetzt habe, was eine Schießerei provoziert hätte. Der Anklagevertreter zieht die Schlußfolgerung, daß es von seiten der Polizisten zu Ausschreitungen gekommen ist, die gehandelt hätten, ohne dem Opfer auch nur eine Chance zu geben.

> Interessant ist die Feststellung, daß nach Urteil der Sachverständigen der Revolver des Typs Castelo, der bei Danilo gefunden wurde, überhaupt nicht funktionstüchtig war und daher nicht zur Abgabe von Schüssen eingesetzt werden konnte, wie es die Polizisten vorgeben, während der Revolver des Typs Rossi eine unkenntlich gemachte Seriennummer aufwies, eine Tatsache, die verdächtig anmutet.

Wären die Polizisten ihrer Verpflichtung nachgekommen, den Dieb festzunehmen, statt ihn zu töten, dann hätten sie nicht nur unnötige Gewalttätigkeit, sondern auch öffentliche Schäden großen Ausmaßes verhindert. Sie gaben Hunderte von Schüssen aus Revolvern und Maschinenpistolen ab und ließen mehr als 20 Tränengasgranaten explodieren. Wenn man nur den Wert der Munition zusammenrechnet, mit der die Schüsse in Wände und in den Körper des Opfers abgegeben wurden, so beläuft sich dieser auf eine Summe von 4 000 Dollar, etwa dem Wert des gestohlenen Wagens.

Die öffentlichen Ausgaben, die für die Aktion der Killer getätigt wurden, sind jedoch noch höher. Um das ganze Ausmaß des Schadens erfassen zu können, den die Gemeinschaft jedesmal zu erleiden hat, wenn ein Militärpolizist einen Verdächtigen in der Stadt tötet, haben wir eine Aufstellung der Gerichtskosten angefertigt, die von Beginn der Untersuchung über die Gerichtsverhandlung bis hin zur Urteilsverkündung entstehen. Als Beispiel legen wir den Fall zugrunde, in dessen Verlauf Martínez und seine Kollegen Danilo José de Santana umgebracht haben.

Da es auch unter den Vertretern der Rechtsprechung Auseinandersetzungen gibt, in deren Verlauf drei Jahre darüber gestritten wird, ob der Fall von einem zivilen Gericht oder vor einem Militärtribunal entschieden werden soll, entfällt auf die Gerichte das Doppelte der üblichen bürokratischen Arbeit. Das ganze Verfahren zieht sich über elf Jahre hin. Von 1975 bis 1981 geht der Fall durch die einzelnen zivilen Gerichte. Dann wird die Angelegenheit dem Militärtribunal übertragen. Den 1396 Seiten umfassenden Prozeßakten ist zu entnehmen, daß die in zwei Etappen vollzogenen Ermittlungen die Mitarbeit von 17 Kommissaren, sieben Sachverständigen, drei Anklagevertretern, acht Staatsanwälten, neun Leutnants, acht Hauptmännern, sechs Obersten, acht Majoren, 23 Gerichtsschreibern und 13 Richtern erforderlich machten, abgesehen von den unzähligen anderen Beamten, so daß insgesamt die Arbeitsleistung von 160 Personen beansprucht wurde. Für einen Großteil dieser langwierigen Auseinandersetzungen zwischen Richtern und Polizisten müssen die Staatsbürger 20 Dollar für jede Arbeitsstunde zahlen, die dieser elfjährige Prozeß kostet. Wenn man davon ausgeht, daß die 39 Offiziere der Militärpolizei wenigstens 30 Stunden in die militärpolizeiliche Untersuchung gesteckt haben, dann beläuft sich der Schaden schon auf eine Summe von 24 000 Dollar, also sechsmal soviel, wie der gestohlene Karman Ghia wert ist.

Der Schaden, der der Allgemeinheit entsteht, steht so auch in einem direkten Verhältnis zu der Anzahl der Attentäter, die in die Operation verwickelt waren. Im Fall des von Martínez begangenen Mordes an Danilo macht die Anklage gegen 24 Polizisten endlose Vernehmungen durch die Gerichte erforderlich, in deren Verlauf die Hauptangeklagten verhört werden. Es sind genau 121 Sitzungen erforderlich, um die Aussagen der Angeklagten und der 69 Zeugen zu Protokoll zu nehmen. Der öffentliche Schaden, der durch die angefallenen Kosten entstanden ist, beläuft sich schätzungsweise auf eine Summe von über 120 000 Dollar, wenn man davon ausgeht, daß jede Gerichtssitzung nur fünf Stunden in

Anspruch genommen hat. Anders ausgedrückt: Die Bevölkerung wird zur Zahlung einer Summe genötigt, die dreißigmal den Wert des gestohlenen Wagens übersteigt, und dies nur zur Entlohnung der Gerichtsbeamten, die die Aussagen über den Mord an einem Dieb zu Protokoll nehmen.

Ein anderes Glanzstück im Ablauf dieser richterlichen und polizeilichen Ermittlungen ist das abschließende Gerichtsurteil. Da alle beteiligten Polizisten leugnen, die Schüsse abgegeben zu haben, die zum Tod von Danilo José de Santana führten, erachtet es der Sonderrat des Militärtribunals für unmöglich, einen von ihnen für das Verbrechen verantwortlich zu machen. Es bedarf elf Jahre Ermittlungsarbeit, um eine Information zu erhalten, die im Grunde schon wenige Augenblicke nach der Tat bekannt ist. Alle Attentäter werden freigesprochen. Auch vom wirtschaftlichen Standpunkt aus betrachtet muß diese Tötung eines Diebs als wahre Tragödie erscheinen.

Der Saldo dieser filmreifen Polizeiaktion macht sich beschämend aus. Der Besitzer des Karman Ghia bleibt auf dem Schaden sitzen, der im Verlauf der Verfolgungsjagd an seinem Wagen entstanden ist. Die Bewohner des Hauses, in dem Danilo getötet wurde, werden ebensowenig entschädigt. Und die Polizisten, die einen öffentlichen Schaden von über 150 000 Dollar verursacht haben, um einen Dieb zu töten, können noch nicht einmal einen Bruchteil dessen wieder hereinholen, was der Dieb aus der Kasse der Tankstelle gestohlen hat. »Ich weiß auch nicht, was das soll. Sie haben den Dieb getötet, aber bis heute habe ich nicht meine Armbanduhr zurückbekommen«, beschwert sich der Fassadenarbeiter João Lelis dos Santos, der überfallen wurde.

> (...) bewies er immer besonderen Eifer bei der Ausübung seines Dienstes und ging nie den Schwierigkeiten aus dem Weg, mit denen er zum Teil zu kämpfen hatte und die er in seiner besonderen Opferbereitschaft zu meistern verstand. (...) Die wertvolle Arbeit, die dieser einsatzbereite Polizist leistete, hat mir meine Arbeit als Kommandant der Einheit wesentlich erleichtert und den Namen derselben in Ehren gehalten.
> (Oberst Salvador D'Aquino, beim Ausscheiden aus dem Dienst als Oberbefehlshaber des 1. Überfallkommandos am 6. 1. 1976)

(...) zeigte er immer besonderen Einsatz, Mut, Schlagkraft und Liebe zu den Aufgaben, vor die ihn sein Beruf stellte, und dies ungeachtet der Schwierigkeiten (...) und stellt damit ohne Zweifel eines der ruhmreichsten Glanzstücke dieses traditionellen Bataillons dar.
(Oberst Dauterdimas Rigonatto, anläßlich seines Ausscheidens aus dem Dienst als Kommandant des 1. Überfallkommandos am 20. 12. 1976)

Die Informationen, die in unserer Datenbank gespeichert sind, zeigen, daß die von Martínez begangenen Verbrechen in direktem Verhältnis zu der Einstellung der Kommandanten der Militärpolizei und einiger Männer des Militärtribunals stehen. Bevor er in den Fall der ROTA 66 verwickelt wird, hat Martínez bereits fünf Menschen getötet. Die große Betroffenheit, die das Verbrechen an den drei Jungen aus der reichen Bevölkerungsschicht hervorruft und die anschließende rigorose Ermittlung ziviler Gerichte in dieser Sache veranlassen Martínez, für sechs Jahre das Töten einzustellen. Als er 1982 vor dem Militärtribunal freigesprochen wird, schreitet dieser Attentäter erneut zur Tat. Er begeht noch im gleichen Jahr drei Morde, wobei er in allen drei Fällen straffrei ausgeht. In den Folgejahren tötet er mit größerer Häufigkeit. 1983 gehen mindestens fünf Menschen auf sein Konto, 1984 sind es sieben, 1985 schon 16 Opfer.

Als wenn es nicht schon genügte, daß unschuldige Menschen an verlassenen Orten mit Kopfschüssen getötet werden, daß Schießereien stattfinden, für die es niemals Augenzeugen gibt und in deren Verlauf vermeintlich Verletzte als Unbekannte in Krankenhäuser eingeliefert werden, so gibt es noch einen weiteren merkwürdigen Zufall, der ins Auge fällt, wenn man die Verbrechen untersucht, die Martínez 1985/86 verübte: Von den 16 Menschen, die ihm in diesem Zeitraum zum Opfer fielen, brachte er wenigstens zwölf in Begleitung oder unter Mitwirkung der Soldaten Ronaldo Rotundo oder Maurício Nascimento um.

Als wir die Prozesse untersuchen, aus denen hervorgeht, daß diese Männer gemeinsame Sache machen, fällt uns zum Beispiel auf, wie ineffizient und parteiisch die verantwortlichen Ermittlungsbeamten bei der militärpolizeilichen Untersuchung vorgehen. Die Widersprüchlichkeiten und technischen Fehler, die ihnen unterlaufen, führen in der Regel zum Freispruch der Killer. In einigen Fällen sind sie zumindest eine Garantie dafür, daß die Angelegenheit zu den Akten gelegt wird, also mit Straffreiheit endet, ohne daß ein Prozeß stattgefunden hätte.

Im Fall der Ermordung von Alfeu Rodrigues dos Santos, Mulatte, 21 Jahre alt, dessen Leiche in ein Krankenhaus gebracht wird, als sei seine Identität nicht bekannt, beschränkt man sich bei der Erstellung des Untersuchungsberichts darauf, die Version der Attentäter wiederzugeben. Martínez und Maurício sind angeblich herbeigerufen worden, um dem Besitzer einer Bar zu helfen, der Opfer eines Raubüberfalls in der Stadt Suzano geworden ist. Auf dem Weg zum Tatort habe ein Spaziergänger den Polizisten das Gebüsch gezeigt, in dem sich der Angreifer verborgen gehalten habe. Dieser habe sich einer Festnahme widersetzt. Abgesehen davon, daß der Untersuchungsbeamte keinen Zeugen für den vermeintlichen Schußwechsel zwischen Polizei und Verdächtigem ausfindig macht, unterläßt er es auch, die Aussagen des Spaziergängers und des Barbesitzers zu Protokoll zu nehmen.

Unter dem Namen Alfeu sind in den Archiven der zivilen Gerichte keinerlei Vorstrafen vermerkt, doch davon ist in der militärpolizeilichen Untersuchung keine Rede. Auch findet praktisch keinerlei Ermittlung durch Sachverständige statt. Der Ermittlungsbeamte sorgt zum Beispiel nicht für eine Untersuchung des Tatorts, noch läßt er überprüfen, ob die Schüsse, die Alfeu töteten, aus nächster Nähe abgegeben wurden oder nicht. Obwohl keine Zeugen angehört werden und keinerlei Sachverständigenurteile vorliegen, reicht der Inhalt des militärpolizeilichen Gutachtens aus, um den Anklagevertreter Luiz José Prézia de Oliveira von der Unschuld der Killer zu überzeugen. Er läßt den Prozeß zu den Akten legen, ohne daß es zu einer Gerichtsverhandlung kommt.

> Die Beweise, die in den Prozeßakten aufgeführt sind, belegen ohne den geringsten Zweifel das korrekte und angemessene Vorgehen der Militärpolizisten, die erst Schüsse aus ihren Revolvern abgaben, als sie durch die Schüsse des Banditen zu einer Reaktion gezwungen wurden.

Ein anderer Fall, der zu den Akten gelegt wird und in dem die angeblichen Beweismittel nichts über das Verbrechen aussagen, betrifft zwei Jugendliche. Es handelt sich um die beiden Mulatten Rosimar Pereira und Dilson de Oliveira Santos, die von Martínez, Maurício und Rotundo getötet wurden. Gleich zu Anfang weist der Prozeß eine ganze Reihe von Widersprüchlichkeiten auf, denen die Verantwortlichen des Militärtribunals jedoch nicht auf den Grund gehen. Eine Autopsie der Leichen ergibt, daß die Attentäter vier Schüsse auf Rosimar abgegeben haben; davon trafen zwei die Brust und zwei das Gesicht. Auf Dilson wurden fünf Schüsse abgegeben, einer in die Hand, zwei in die Brust, einer ins Gesicht und einer in die Nase. Die todbringenden Einschüsse an diesen lebenswichtigen Körperstellen zeigen, daß das Trio mit der Absicht vorgegangen ist, die Männer zu töten. Gleich nachdem sich das Verbrechen ereignet hat, folgen sie einer alten Gewohnheit und bringen die Leichen als unbekannte Tote ohne Papiere in ein Krankenhaus, um eine Überprüfung des Tatorts durch Sachverständige zu verhindern. Später sagen sie sowohl auf dem Kommissariat als auch während der Gerichtsverhandlung aus, daß trotz der Bemühungen, den Verletzten zu Hilfe zu eilen, diese im Krankenhaus verstarben.

Das ist eine Lüge. Die Wahrheit ist den Prozeßakten zu entnehmen: Es ist ein Dokument, unterzeichnet von dem Arzt Marcos Antônio Cardoso, das beweist, daß die beiden schon als Leichen in die Notaufnahme des Krankenhauses Tide Setúbal gebracht wurden und nicht als Verletzte, wie von den Polizisten behauptet wird.

Noch schwerwiegendere Widersprüchlichkeiten charakterisieren den Prozeß, in dem der Fall eines anderen Doppelmordes verhandelt wird, der von Martínez und Maurício begangen wurde. Auch hier werden die Opfer auf offenem Feld umgebracht. José Roberto Ferreira und ein Unbekannter, beide Mulatten, werden angegriffen, als sie nachts zwei vollbepackte Säcke schleppen. Die Killer hegen den Verdacht, daß die beiden identisch sind mit den zwei Männern, die Stunden zuvor das Haus des Fahrers Delson Brandão in Jaraguá überfallen haben. Keiner hat gesehen, wie sie den Tod fanden. Die Militärpolizisten erzählen das Übliche: Die beiden Verdächtigen seien bewaffnet gewesen, hätten eine Schießerei provoziert und seien noch lebend in ein Krankenhaus gebracht worden. Der Kommissar, der für die Erstellung des polizeilichen Rundschreibens verantwortlich ist, versichert auch, die beiden Männer seien als Unbekannte im Krankenhaus verstorben. Der Arzt der Notaufnahme von Pirituba jedoch widerspricht der Version der Polizisten: »Mulatte, ungefähr 18 Jahre alt, wies einen Einschuß im Mundbereich auf... wurde tot in die Notaufnahme eingewiesen...«

Das andere Opfer, José Roberto Ferreira de Brito, Mulatte, 27 Jahre alt, stirbt ebenfalls an einem Kopfschuß. Der ausgeraubte Fahrer kommt ins Leichenschauhaus, um zu überprüfen, ob es sich bei den Toten um die Räuber handelt, die in sein Haus eingedrungen sind. Er kann sie nicht wiedererkennen. Die Gegenstände, die bei den Männern beschlagnahmt werden, gehören auch nicht ihm. Diese offensichtlichen Widersprüche werden von den Befehlshabern der Militärpolizei ignoriert.

Beinahe einen Monat später ist dieser Doppelmord Anlaß für eine Lobrede auf Martínez, wie ein internes Rundschreiben der Militärpolizei beweist. In diesem Schreiben Nummer 13 benutzt der Verfasser, abgesehen davon, daß er die Unwahrheit sagt, Begriffe, die patrouillierende Polizisten geradezu zu Gewalttätigkeiten ermutigen:

> Die Bösewichte, denen man zu Hilfe eilte, verstarben, nachdem sie auf der Notaufnahme von Pirituba ärztlich versorgt worden waren. Der Vorfall ist auf dem 33. Kommissariat behandelt worden, wo das Opfer des Raubüberfalls seine Habe und andere Wertgegenstände zurückerhielt, die ihm entwendet worden waren und die sich im Besitz der Verbrecher befanden. Während der Aktion bewiesen die Verantwortlichen Mut und Schneid und handelten in selbstloser Aufopferung für die angestrebte Sache, womit sie das Patrouillieren der ROTA zum Ruhm der Militärpolizisten von São Paulo zu einer Sache von hoher gesellschaftlicher Bedeutung machten.

Während der Ermittlungen zu diesem Verbrechen wird auch die Version der Killer vom angeblichen Tathergang nicht näher überprüft. Der Bericht gibt kaum Auskunft über die Umstände, unter denen die beiden Männer den Tod fanden. Es gibt keine Zeugen für das Verbrechen, oder aber der verantwortliche Ermittlungsbeamte hat sich nicht darum bemüht, welche ausfindig zu machen. Er hat wohl auch versäumt, zwei Untersuchungen von grundlegender Bedeutung vornehmen zu lassen: die Überprüfung des Tatorts durch Sachverständige und eine Laboruntersuchung, mit der überprüft wird, aus welcher Distanz die tödlichen Schüsse abgegeben wurden. Statt dessen legt er Wert darauf, hervorzuheben, welche Vorstrafen auf das Konto eines der Toten gehen, der Tage nach seiner Ermordung im Rechtsmedizinischen Institut identifiziert werden kann. Es handelt sich um einen Kriminellen, der einen Raubüberfall und drei Diebstähle begangen hat. Informationen, die der Verfasser des Ermittlungsberichts zitiert, als er den Antrag stellt, die Angelegenheit zu den Akten zu legen.

> Nach meinem Verständnis liegt kein Verbrechen vor, das von dieser Anklagevertretung des Militärtribunals geahndet werden müßte, da die des Mordes Verdächtigen unter Umständen vorgingen, die einen Gesetzesverstoß von ihrer Seite sehr unwahrscheinlich machen (...) Bei einem der Opfer, so sei nebenbei bemerkt, handelte es sich um eine äußerst gefährliche Person, wie die lange Vorstrafenliste offenbart, die den Daten eines Computers entnommen wurde.

Für die Oberbefehlshaber der Militärpolizei scheint es auch wichtiger zu sein, zu belegen, daß eines der Opfer der Killer ein Räuber oder Dieb war, als die näheren Umstände zu beleuchten, unter denen es starb.

Ein anderer Prozeß, in den der Kriminelle Lenilson Amâncio da Silva verwickelt ist, weist noch schwerwiegendere Widersprüche auf. Auch hier stellen sie die Rechtmäßigkeit des gewalttätigen Vorgehens der Attentäter in Frage. Der Straßenräuber Lenilson, Schwarzer, 30 Jahre alt, ist das einzige Opfer von Martínez, das erwiesenermaßen einen Mord begangen hat:

Er gehört zu den wenigen Männern aus den Randgebieten der Stadt, die den Mut aufbringen, Martínez vor Gericht anzuklagen. Lenilson, der von Martínez und Rotundo verhaftet wurde, beschuldigt diese, ihn gefoltert zu haben und Opfer einer Drogenrazzia geworden zu sein. Diese Anklage, zusammen mit einem

Sachverständigengutachten, das beweist, daß der Delinquent verletzt wurde, wird von der Frau Lenilsons, Lilian Borges, dem Gerichtspräsidenten der Rechtspolizei vorgelegt.

> Die Polizisten forderten Lenilson, der durch das Viertel spazierte, auf, stehenzubleiben, und schrien: »Hände über den Kopf!« Dann spritzten sie eine Flüssigkeit in seine Augen, die ihn vorübergehend erblinden ließ (...) Lenilson wurde auch noch heftig verprügelt (...) Die Polizisten steckten ihm Steine in den Mund, hörten nicht auf, ihn zu treten (...) so daß er schon stark verletzt war. Sein Gehör wurde dadurch geschädigt...

Nachdem er fünf Tage in Haft zubringt, läßt Lenilson gleich nach seiner Entlassung aus dem Kommissariat eine Untersuchung seines Körpers vornehmen, der Foltermale aufweist. Der Verantwortliche für die militärpolizeiliche Untersuchung der Anklage, Leutnant Theseo de Toledo Júnior, zieht es jedoch vor, den Aussagen seiner uniformierten Kollegen Glauben zu schenken:

> Lenilson wurde erst am 11., also fünf Tage, nachdem sich der Vorfall ereignet hatte, am ganzen Körper untersucht, so daß er in der Zwischenzeit die Möglichkeit hatte, sich diese Verletzungen auf andere Weise zuzufügen, und zwar mit voller Absicht, um damit die Militärpolizisten zu beschuldigen (...) Aufgrund der vorliegenden Fakten folgere ich, daß weder ein Disziplinarvergehen vorliegt, das geahndet werden müßte, noch daß Anzeichen für ein Verbrechen vorliegen, das es aufzuklären gilt, womit ich dafür plädiere, die Mitglieder der ROTA von der Schuldzuweisung zu befreien (...).

Während der Prozeß vor dem Militärtribunal noch seinen Lauf nimmt, bringt Lilian Borges eine erneute Anklage gegen die Killer vor. Sie beschuldigt die Militärpolizisten, ihren Mann zu verfolgen, weil sie sich für seine Anzeige rächen wollten. Niemand trifft irgendwelche Vorkehrungen. Die Tatsachen belegen, daß die Befürchtungen der Frau berechtigt sind. Monate später bringt eine andere Streife der ROTA Lenilson um, der zwei Töchter zurückläßt. Mit dem Tod des Opfers wird der laufende Prozeß über die Folterungen zu den Akten gelegt, ohne daß es zu einer Gerichtsverhandlung kommt.

Es liegt sicher nicht an den fehlenden Anzeigen Angehöriger, daß die Oberbefehlshaber der Militärpolizei es unterlassen, eine ganze Serie von Verbrechen zu verhindern, die von Martínez begangen werden. Nachdem er dazu übergegangen ist, mit den Polizisten Rotundo und Maurício gemeinsame Sache zu machen, klagen ihn viele Personen an, aus rein persönlichen Interessen zu töten. Der Tod des Verkäufers Antônio Viterbo, 30 Jahre alt, versetzt dessen Familie in helle Aufruhr. Er stirbt auf einer verlassenen Straße, die in das Naturschutzgebiet von Tietê führt. Martínez präsentiert fünf Zeugen, die unter Eid aussagen, es habe eine Schießerei stattgefunden. Letztlich haben alle Zeugen nur den Lärm der Schüsse gehört, jedoch nichts gesehen.

Die Frau von Viterbo erfuhr vom Tod ihres Mannes erst am folgenden Tag, und zwar über den Radiosender von Afanázio Jazadji:

> ROTA tötet Bratwurstdieb (...) Gut gemacht, Diebe müssen sterben!

Die Frau von Viterbo, Maria Rita, ist sich ganz sicher, daß ihr Mann nichts gestohlen hatte, bevor er sterben mußte. Er hatte an diesem Tag eine Maschine verkauft. Seine Taschen waren voller Geld. Nach der Arbeit hatte er noch den Freunden in einer Bar eine Runde Bier ausgegeben. Er hatte sich jedoch geweigert, mitzutrinken, weil er anschließend noch eine wichtige Verabredung wahrnehmen wollte. Später wollte er mit seiner Frau und der Tochter in einem Restaurant des Viertels essen gehen. Das gemeinsame Abendessen war für neun Uhr geplant. Zu diesem Zeitpunkt brachte Martínez den mit einem Kopfschuß und vier Schüssen in die Brust getöteten Viterbo bereits in die Notaufnahme des Krankenhauses São Miguel Paulista.

Schon während der Beerdigung ihres Mannes hegte Maria Rita den Verdacht, daß er regelrecht hingerichtet worden war. Sie hat Gründe, derartiges anzunehmen. Tage zuvor hatte sich Viterbo bei ihr darüber beklagt, daß er von den Killern der ROTA Morddrohungen erhalten habe.

Bei der Totenwache entdeckten die Freunde und Nachbarn des Ermordeten aus Bom Retiro etwas Wichtiges: Rotundo ist auch ein Bewohner dieses Viertels. Zusammen mit Martínez pflegt er seine persönlichen Feinde in der Gegend umzubringen. Auf ihrer Liste stehen zwei weitere mögliche Opfer aus der Nachbarschaft: Alberto de Souza, bekannt als Neguinho, und Paulo Vieira.

Kapitel 15
Die Vermißten

Der Prozeß über das Verschwinden von Paulo Vieira, 23 Jahre alt, gehört zu denjenigen Gerichtsverfahren, die mich von allen in den Archiven des Militärtribunals abgelegten Prozeßakten am meisten beeindruckt haben: Es ist seine eigene Mutter, Dona Socorro sowie andere Familienangehörige, die im Viertel Nachforschungen anstellen und herausfinden, daß die Killer von der Militärpolizei etwas mit dem Verschwinden von Paulinho zu tun haben. Die Vieiras können einen Freund des Jungen im Viertel ausfindig machen. Marcos Alexandre Pires hat gesehen, wie der Freund von Polizisten in einem grauen Streifenwagen festgenommen wurde, gegenüber von einer Bäckerei an der Ecke der Straßen Tocantins und Guarani.

Marcos kann den Freund noch vor dem herannahenden Polizeifahrzeug warnen: »Da kommt die ROTA. Laß uns von hier abhauen, Paulinho«, sagt er und geht schon in die Bäckerei hinein.

»Ich hab 'ne blütenreine Weste. Kein Grund, Angst zu haben«, antwortet Paulinho, der auf dem Bordstein sitzen bleibt.

Der Freund hat sich das Kennzeichen des Fahrzeugs aufgeschrieben: 9163. Es ist der Streifenwagen, der von Rotundo angeführt wird. Sein Vorgesetzter ist Martínez. Die Information wird an das Kommando der Militärpolizei weitergeleitet, die Monate braucht, bis sie Vorkehrungen trifft.

Zu Anfang glauben die Kommandanten nicht an die Möglichkeit einer Verwicklung der Militärpolizisten in den Fall, weil die Art des Verbrechens von den gewöhnlichen Verhaltensmustern der Killer abweicht. Es ist keine Rede von Widerstand gegen die Staatsgewalt, gefolgt von einer Schießerei und anschließendem Verscheiden im Krankenhaus. Diesmal haben die Killer die Leiche des Opfers verschwinden lassen, was äußerst selten vorkommt.

Diese Abweichung von den üblichen Methoden sorgt auch für eine besondere offizielle Ermittlung in dem Fall, die diesmal wesentlich rigoroser durchgeführt wird. Nachdem 90 Tage mit der Suche in Krankenhäusern, auf Kommissariaten und in Leichenschauhäusern verstrichen sind, zwingen die Anklagen von Presse und Menschenrechtsvereinigungen die Militärpolizisten dazu, aufzudecken, was geschehen ist.

Die beiden Begleiter von Martínez und Rotundo von der ROTA 9163 erzählen die ganze Geschichte über das Verschwinden des Jungen. Das Geständnis des Soldaten Éder da Fonseca geht am tiefsten in die Einzelheiten des Geschehens. Er erklärt, daß jeder Soldat in der Mannschaft der ROTA die Befugnis hat, den Fahrer des Streifenwagens zum Halt des Fahrzeugs aufzufordern, sobald er jemanden verdächtigt. Im Fall des Jugendlichen Paulo Vieira geht diese Initiative von dem Fahrer selbst, also von Rotundo aus. Ohne irgendeine Erklärung abzugeben, fordert er den Jungen auf, sich der Polizei zu stellen, und steckt ihn in die vergitterte Zelle des Streifenwagens. Dann fährt er an einen Ort, der den Killern bestens bekannt ist: in das Naturschutzgebiet Tietê, der gleiche Platz, an dem auch Antônio Viterbo sterben mußte. Ein Detail im Geständnis von Éder offenbart, daß die Attentäter die Angewohnheit haben, ihre Opfer an verlassenen Orten zu vernehmen.

»Wir stiegen dort mitten im tiefsten Dickicht aus dem Auto. Dann bildeten wir eine Linie längs des Lichtkegels des linken Autoscheinwerfers. Ich war sicher, wir würden wieder ein Verhör im Dunkeln vornehmen ...«

Eine unerwartete Reaktion von Rotundo, so die Version des Soldaten, sorgt jedoch bei allen für Überraschung. Ohne irgendeinen Kommentar abzugeben, hält Rotundo seine Waffe ganz nah an das Gesicht von Paulinho. Dann schießt er dem Jungen in die Augen. Der ist schon zu Boden gestürzt, als Rotundo noch einen Schuß in seine Brust abgibt.

Sekunden nach der Hinrichtung sorgt Rotundo unter seinen Killerkumpanen noch für eine weitere Überraschung. Immer noch schweigend, beschließt dieser zum ersten Mal in der Geschichte seiner Verbrechen, die er zusammen mit Martínez begeht, von der alten Taktik der Überführung der Leiche in ein Krankenhaus unter dem Vorwand der Erste-Hilfe-Maßnahme abzuweichen. Auch sein neues Vorgehen stellt eine regelwidrige Veränderung des Tatorts dar. Es entspricht jedoch eher den Methoden professioneller Hinrichtungskommandos in den Großstädten des Landes.

»Er zog die Leiche des Jungen am Hemdkragen an den Fluß und warf sie ins Wasser. Vorher hat er ihn mit Steinen beschwert«, versichert der Soldat Éder im Verlauf seines Geständnisses.

Diese neue Methode, die darin besteht, die Leiche verschwinden zu lassen, veranlaßt die Killer, allen anderen Praktiken abzuschwören, mit denen sie normalerweise den Ermittlungsbehörden entgegenzutreten pflegen. Da nichts vorliegt, was eine Schießerei gerechtfertigt hätte, verzichten sie darauf, auf einem Kommissariat einen polizeilichen Bericht verfassen zu lassen. Sie geben nicht einmal die Festnahme des Jungen in ihrer täglichen Berichterstattung zu Protokoll, die gewöhnlich gegen Ende der Patrouille in der Kaserne ausgehändigt werden muß. Deshalb müssen sie das Verbrechen innerhalb der Kaserne verschweigen. Doch nicht für lange Zeit.

Der Soldat Antônio Carlos Ribeiro, der auch zum Killerkommando gehört, bestätigt die Version, die Éder in seinem Geständnis abgibt. Er widerspricht ihm nur in einem Punkt und versichert, der zweite Schuß wäre von Martínez abgegeben worden. Die Ursache für das Verbrechen wird einem Zwist zwischen Rotundo und Paulo Vieira zugeordnet, der nach einem Streit zwischen dem Jungen und der Ehefrau des Soldaten entbrannt ist.

Das Mörderduo Martínez/Rotundo bestreitet den Inhalt der Anklagen. Obwohl das Verbrechen aufgeklärt werden konnte, gehen die beiden straffrei aus. Die Männer des Militärtribunals sprechen die Mörder, die zu ihrer eigenen Tat als Zeugen gehört werden, frei und beantragen diesmal die Archivierung der Prozeßakten aufgrund fehlender Beweise.

> Da die Leiche nie gefunden wurde, und es somit unmöglich ist, eine Autopsie am Körper des Toten selbst vorzunehmen (...) und aufgrund des Fehlens von Zeugen für seinen Tod, da sich am Tatort nur die Killer und das Opfer befanden (...) werden vorliegende Prozeßunterlagen zu den Akten gelegt, unter üblichem Vorbehalt und Einhaltung der vorschriftsmäßigen Formalitäten.
> (Richter Luiz Antônio Coutinho Maia, 8.5.1990)

Nachdem der Fall ad acta gelegt wurde, versuche ich, mit der Familie Vieira zu sprechen, aber ich werde nicht empfangen. Sie befürchten Repressalien von seiten der ROTA. Auf meine Bitte spricht die Reporterin Luciana Burlamaqui einige Stunden lang mit Dona Socorro. Das Gespräch findet im März 1992 statt und hat folgenden Wortlaut, den Burlamaqui mir zukommen läßt:

> Sechs Jahre lang sucht sie ihn fast täglich. Krankenhäuser. Kommissariate. Gebete. Hoffnung. Jedesmal, wenn es in den Morgenstunden an der Tür läutet, schlägt ihr Herz höher: Sie glaubt, daß Paulinho endlich zurückgekommen ist. Im tiefsten Innern weigert sie sich, an die wahrscheinlichste aller Möglichkeiten zu glauben, nämlich, daß er tot ist. Die Stimmung im Haus der Vieiras ist von Zweifeln geprägt. Die Mutter, die Schwestern, niemand redet so von ihm, als sei er nicht mehr am Leben. Sie wollen das Endgültige nicht hinnehmen. Sein Zimmer sieht immer noch so aus wie eh und je. Sie leben in schrecklicher Ungewißheit, der Furcht, sich nicht ganz sicher sein zu können, ob Paulinho wieder auftaucht oder nicht. Er oder seine Leiche.

Der erste, der sterben muß, ist der Hund der Schneiderin, die in der Sackgasse wohnt. Bei dieser Geschwindigkeit kann der Streifenwagen nichts und niemandem ausweichen. Nicht einmal mehr den Schlaglöchern. Auf den Bodenwellen der Hauptstraße heben die Räder einen halben Meter vom Boden ab. Für die Bewohner der Favela gehört diese Szene zur routinemäßigen Gewalttätigkeit der ROTA. Nur die aufmerksamsten unter ihnen stellen fest, daß die Mitglieder der Patrouille an diesem Abend besonders aufgebracht sind. Tage zuvor ist ein Soldat umgekommen, außerdem trug ein Polizeiwachtmeister an diesem Nachmittag in einer Auseinandersetzung mit Straßenräubern eine Verletzung davon. Jetzt möchten die Killer gern an irgendeinem Bewohner der Favela Heliópolis »ihr Mütchen kühlen«. Am liebsten an einem Dieb. Ihre bevorzugte Beute sind Schwarze.

Der Fahrer bremst abrupt und der Streifenwagen rutscht noch zwei bis drei Meter nach vorn. Dann öffnen sich die Wagentüren, und die Killer gehen auf den Bauarbeiter Francisco Pedro da Silva zu. Der 18jährige hat sich zu Fuß von der Arbeit nach Hause aufgemacht.

»Ich bin sicher, er ist es«, schreit der Unteroffizier.

»Wo sind die Waffen?« brüllt der Soldat, nachdem er Francisco ins Gesicht geschlagen hat. Dann zieht er ihn an seiner Halskette auf eine Baustelle, während seine beiden uniformierten Kollegen den Rücken des Jungen mit Fausthieben traktieren.

»Warum bist du weggelaufen, Bandit?« fragt Maurício, der ihn mit einem Holzknüppel anstößt und droht, ihn zu schlagen.

»Ich bin nicht gelaufen. Ich bin außer Atem, weil es von der Bushaltestelle bis hierher ein ganzes Stück ist«, erklärt Francisco mit Bestimmtheit.

Die Polizisten überprüfen Franciscos Papiere. Er trägt das unterschriebene Arbeitsbuch bei sich, seine Geburtsurkunde ... und kann sie überzeugen. Seine Art zu sprechen ist auch nicht die eines Verbrechers. Sie beschließen, ihn gehen zu lassen.

»Wenn du nicht gelaufen bist, dann laufe jetzt ... Hau ab, Elender!« schreit der Soldat.

»Ich laufe nicht davon, ich bin kein Dieb«, antwortet der Arbeiter und macht sich auf den Weg.

Ein halbes Jahr nach der Hinrichtung von Paulinho, im Januar 1986, setzt das Trio Martínez/Maurício/Rotundo immer noch seine Jagd auf Verdächtige in den Straßen der Stadt fort. Nach der erlittenen Niederlage an diesem Abend schlagen sie eine andere Taktik ein. Sie schalten alle Scheinwerfer des Streifenwagens ein und fahren nun im Schrittempo durch die engen Straßen des Elendsviertels. Fast geräuschlos fährt das Auto an einem Jungen vorbei. Die Polizisten schenken ihm keine weitere Beachtung.

Die Kneipe im Viertel ist gut besucht. Es sind zehn, zwölf, ja vielleicht noch mehr Männer dort. Auch sie werden ignoriert.

Der Streifenwagen fährt weiter, biegt rechts in eine Straße und bleibt vor zwei Jungen stehen, die gerade eine Straße der Favela überqueren, um einem Fußballspiel auf dem Spielfeld des Jardim Patente zuzusehen.

Die beiden Minderjährigen sind 17 Jahre alt: Teodoro Hofmann arbeitet in einer Fabrik für Luxusmöbel, die einem Freund des Vaters gehört. Wie jeden Tag arbeitet er bis sieben Uhr abends. Er kommt ein wenig müde nach Hause und nimmt schnell ein Bad. Die Mutter Bárbara Lifken, eine Polin mit brasilianischer

Staatsbürgerschaft, serviert ihm das Abendessen, aber er hat keinen Hunger. Bárbara, die gerade aus Argentinien zurückgekehrt ist, will den Sohn fotografieren, um den restlichen Film in ihrer Kamera zu verknipsen. Teodoro läßt das nicht zu. Für seinen Geschmack sind seine Haare im Augenblick zu lang.

»Ich werde sie heute abend schneiden lassen, Mutter. Morgen kannst du mich gern fotografieren«, entschuldigt sich Teodoro.

Er leiht sich bei ihr etwas Geld aus, gibt der Mutter einen Kuß auf die Wange und sagt ihr noch, daß er nach dem Haareschneiden mit den Freunden zu einem Fußballspiel gehen will.

Zum gleichen Zeitpunkt, als Teodoro das Haus verläßt, sieht sich der Freund Dirley Rodrigues noch von der Wohnzimmercouch aus die Sieben-Uhr-Seifenoper im Fernsehen an. Es ist ein ganz besonderer Abend für ihn. Als Capoeira-Meister ist für 22.00 Uhr sein Auftritt auf dem Fußballfeld von Jardim Patente geplant. Capoeira ist ein Bestandteil dieses Festes, mit dem das Finale der Fußballmeisterschaft beschlossen wird. Er lädt seine 51jährige Mutter Tereza Rodrigues ein, mitzukommen. Doch sie fühlt sich nicht gut und muß die Einladung ablehnen. Als Dirley gegen neun Uhr abends das Haus verläßt, bittet er sie noch, ihn am folgenden Tag in aller Frühe zu wecken. Er hat einen Einberufungsbefehl bekommen.

Mit einer abgewetzten Jeans, einem rot-weiß gestreiften Baumwollpullover und weißen Tennisschuhen bekleidet, bleibt der 17jährige Teodoro Hofmann mitten auf der Straße stehen, als er die Militärpolizisten erblickt, die schon aus dem Streifenwagen gestiegen sind und auf ihn zukommen. Auch sein gleichaltriger Freund Dirley Rodrigues trägt Jeans und einen schwarz-weiß gestreiften Pullover. Er hält sich ein wenig abseits und bleibt ebenfalls stehen.

Die beiden werden von den Militärpolizisten unter einer Straßenlaterne angehalten, in der zwei Glühbirnen durchgebrannt sind. Der Platz ist in Dunkel gehüllt, aber von der gegenüberliegenden Baracke aus kann man alles beobachten, sehen und auch hören. Die Hausangestellte Ida Maria dos Santos, die das Fenster des einzigen Raums in ihrem Haus geöffnet hat, wird Zeuge der Gewalttätigkeit gegen die beiden Jungen und kann sich nur mit Mühe zurückhalten.

Rotundo riecht an Teodoros Hand. »Du Kiffer!« schreit er und versetzt dem Jungen ein, zwei Stöße in die Magengegend.

»Wo sind die Waffen? Los, ich will sie sofort sehen!« droht ihm der Soldat Maurício, während er mit den Knien Teodoros Rücken bearbeitet, der sich schon vor Schmerzen krümmt.

In der Folge finden die Militärpolizisten ein kleines Päckchen in seinen Taschen. Es ist Marihuana. Sie sind ganz aus dem Häuschen über ihre Entdeckung.

In diesem Augenblick kommt der Elektriker Raimundo Nonato de Castro, ein Nachbar von Ida, nach Hause und muß wohl oder übel der Szene beiwohnen. Rotundo richtet sofort das Wort an ihn.

»Weißt du, was Marihuana ist?« fragt Rotundo den Elektriker.

»Nein, Senhor«, antwortet Raimundo.

»Dann riech mal hier dran ... erkennst du es wieder? Du bist jetzt unser Zeuge«, setzt ihn Rotundo in Kenntnis.

Raimundo gibt mit einem Kopfnicken seine Einwilligung, obwohl er immer noch nicht recht versteht, was eigentlich vor sich geht.

Der rechte Arm Teodoros ist mit Handschellen an den linken Arm von Dirley gekettet, der weint und die Polizisten anfleht, ihn nicht zu verhaften, während er auf die Rückbank des Streifenwagens gebracht wird. Rotundo startet das Auto und sagt zu Maurício hin: »Das gibt Ärger! Hast du nicht gesehen, wie grün der noch ist? Wir müssen sofort auf die Wache.«

»Was denn, die da kommen direkt in den Sack!«

Die drei Freunde, die hinter Dirley und Teodoro hergegangen waren, haben das Durcheinander mitbekommen und sind durch eine enge Straße geflohen, in die ihnen der Streifenwagen nicht folgen kann. Aber sie werden von Rotundo gesichtet. Er gibt Vollgas, daß die Reifen quietschen. Dann biegt er zweimal rechts ein, und als er die asphaltierten Straßen erreicht, hat er die Jungen schon im Blickfeld. Einer von ihnen, Luiz Thomaz, hat das Fahrzeug auch gesehen.

»Guckt mal, der Einsatzwagen!« schreit Thomaz und will losrennen.

»Renn nicht weg, bloß nicht, das ist die ROTA«, warnt ihn Marcelo Salustiano.

Die beiden werden von den Militärpolizisten eingekreist, die sie mit Schlägen und Stößen auf ein freies Gelände treiben. Marcelo bekommt am meisten Schläge ab, weil Martínez entdeckt, daß er ein verdächtiges Zeichen auf der Schulter trägt.

»Und diese Tätowierung hier auf dem Arm? Du warst wohl schon mal im Knast, du bist ein Krimineller...« bestimmt der Unteroffizier drohend.

Neben ihm setzt Rotundo Luiz Thomaz unter Druck, während er ihn mit Stößen und Fußtritten bearbeitet. »Warum hast du nicht auf mich geschossen? Wo sind die Waffen? Los, sprich!«

»Das war nicht in meinem Bezirk, das hab ich doch schon gesagt«, schreit Thomaz und zieht die Aufmerksamkeit einer Gruppe von Frauen auf sich, die mit Bibeln in der Hand gerade von einem methodistischen Gottesdienst in der Favela kommen. Ein Pastor, der den Frauen folgt, ist entsetzt über die Gewalttätigkeit der Militärpolizisten.

Soldat Maurício spannt alle Augenblicke seine Waffe. Er richtet sie auf den Kopf des einzigen Vorbestraften unter den Jungen, Robson Lima. Der Soldat ist über die Neugier des Pastors verärgert: »Was gucken Sie so? Hier gibt's nichts zu gucken! Oder hat er vielleicht Aids?«

Martínez ist besorgt. »Laßt uns von hier verschwinden. Du wirbelst zuviel Staub auf.«

Die rechte Hand von Marcelo ist mit Handschellen an die Linke von Robson gekettet, dieser wiederum an die Rechte von Luiz. Die drei werden in die Gitterzelle des Streifenwagens gebracht und dazu gezwungen, ihre eigenen Hemden über die Gesichter zu ziehen. Die Killer wollen nicht, daß die Jungen ihre beiden Freunde Dirley und Teodoro erblicken, die zu Füßen der Rückbank des Streifenwagens liegen. Die Jugendlichen aus der Favela wissen, daß die ROTA zuerst verhaftet und foltert, die Verhafteten in ihr Auto steckt und sie an einen verlassenen Ort bringt, um sie zu töten. Verzweifelt beginnen die drei Jungen in der Gitterzelle des Wagens zu weinen.

»Ihr seid vielleicht Weicheier! Ihr habt doch nichts zu befürchten! Warum heult ihr denn so?«

Der Streifenwagen fährt auf die Polizeiwache von São Mateus. Auf dem Weg dorthin stellen die Militärpolizisten auf der Rückbank ihre Kothurne auf die Köpfe von Dirley und Teodoro. Alle Killer mit Ausnahme des Fahrers klopfen rhythmisch gegen das Blech der Wagentüren und singen laut, damit die Jungen in der

Gitterzelle das Wimmern von Dirley und Teodoro nicht hören können. Sie singen eine Samba von Moreira da Silva:

Mit dem Revolver in der Hand
bist du ein Kerl hart ohnegleichen.
Ohne die Waffe läufst du hüftewiegend,
muß deine tiefe Stimme weichen...

Der Streifenwagen hält in 200 Meter Entfernung von der Polizeiwache vor der Schulmauer. Martínez greift nach dem kleinen Päckchen, das er bei Teodoro beschlagnahmt hat und wirft den größten Teil des Marihuanas fort. Er läßt nur eine kleine Menge zurück, gerade soviel wie nötig, um sich eine Zigarette davon zu drehen.

Daraufhin öffnen Martínez und Maurício die Handschellen der drei Jungen und begeben sich in das Dienstzimmer der Polizeiwache, während Rotundo und der Soldat Luciano de Freitas im Streifenwagen bleiben und die minderjährigen Jungen Dirley und Teodoro bewachen. Um die Festnahme der anderen drei zu rechtfertigen, händigt Martínez dem Polizeiwachtmeister das beschlagnahmte Marihuana aus. Der Beamte öffnet das Päckchen und bemerkt: »Das ist sehr wenig, für ›in flagranti‹ reicht das nicht!«

Das ist es, was Martínez hören will. Jemanden auf frischer Tat ertappen würde bedeuten, daß eine Ermittlung zu erfolgen hat, Aussagen, Zeitverlust. Sie lassen die drei Jungen auf der Wache, damit der Polizeibeamte Gelegenheit hat, zu überprüfen, ob die drei schon vorbestraft sind oder nicht.

Die Militärpolizisten kehren zum Streifenwagen zurück, wo sie schon gespannt von den beiden anderen Soldaten erwartet werden.

»Wir sollten diese beiden auch hier lassen. Ich kann sie wegbringen«, schlägt Rotundo vor.

»Was soll das? Machst du dir in die Hosen? Willst du den Vorfall beschönigen?« gibt Maurício zurück, ohne seine Verärgerung zu verbergen.

»Verfluchtes Spiel! Hier wimmelt es nur so von Zeugen. Es gibt keinen Grund dafür«, warnt Rotundo schon ohne rechte Überzeugung.

»Schmeiß dieses Scheißauto an, und laß uns von hier verschwinden, verdammt noch mal!« befiehlt Maurício.

»Ruhig Blut, Rotundo«, beruhigt Martínez den Fahrer und beendet damit die Diskussion.

»Wir müssen uns noch die *Cabritos* besorgen«, erinnert Maurício und meint damit die Beschaffung von Privatwaffen, mit denen sie eine Schießerei mit den Minderjährigen vortäuschen werden.

Als sie die Polizeiwache verlassen, fahren sie an dem Haus eines Militärpolizisten vom 1. Bataillon vorbei, der Trauzeuge auf der Hochzeit von Maurício war. Dort wollen sie die Waffe besorgen.

Der Militärpolizist ist jedoch nicht zu Hause. Sie fahren nach Diadema, dem Wohnort eines anderen befreundeten Militärpolizisten. Martínez und Maurício übernehmen die Aufgabe, an seine Tür zu klopfen. Als sie wieder zum Streifenwagen kommen, werden sie von einem Anruf der Einsatzzentrale überrascht.

»Hier ist Kommando 7. Hören Sie mich? ROTA 9105, treten Sie in Kontakt mit der Basis. Ende.«

»Verstanden. Hier ist ROTA 9105. Ende«, antwortet Rotundo und macht Martínez mit einem Augenzwinkern auf den Funkspruch aufmerksam.

»Geben Sie Ihren Standort durch, ROTA 9105. Information über Standort, verstanden?« fragt der Militärpolizist von Kommando 7 über Funk.

Maurício greift ein. Er schlägt vor, daß Rotundo lügen soll. Er soll einen falschen Standort durchgeben und behaupten, sie seien durch eine schwierige, langwierige Mission aufgehalten worden. Der graue Streifenwagen fährt nun auf einer zweispurigen asphaltierten Straße. Sie führt in ein Viertel des Vororts Diadema. Als Rotundo über Funk den Standort des Streifenwagens durchgibt, befindet sich der Trupp in Wahrheit schon außerhalb der Stadt São Paulo, was gegen die Vorschriften des Kommandos der Militärpolizei verstößt.

»Wir befinden uns im Jardim Campanário auf der Suche nach einem Verbrecher aus der Favela. Zentrale? Haben Sie mich verstanden?«

»Verstanden. Wenn Sie die Mission beendet haben, finden Sie sich in der Notaufnahme des Krankenhauses von Jabaquara ein. Verstanden? Ende.«

Immer weniger Häuser säumen die Straße von Alvarenga, eine ehemalige Eisenbahnstrecke, die eng und voller Kurven und Schlaglöcher ist.

Die Killer beginnen die Opfer zu entkleiden. Die beiden weinen und bitten darum, an irgendeinem Ort ausgesetzt zu werden.

»Laßt uns in Frieden ... Wir haben nichts Unrechtes getan«, bittet Dirley.

»Werft uns auf die Straße ... Wir werden keine Anzeige erstatten«, fleht Teodoro.

Der Streifenwagen setzt seine Fahrt durch die Dunkelheit fort. Die Killer reden kein Wort. Martínez wirft Teodoros Hose aus dem Fenster, dann den Pullover, anschließend die Tennisschuhe, nach und nach weitere Kleidungsstücke. Der Streifenwagen fährt nun mit verminderter Geschwindigkeit und lenkt an den Straßenrand. Von dort fährt er auf ein offenes Gelände, das zur Rechten der Straße von Diadema nach São Bernardo do Campo liegt. 200 Meter von der Straße entfernt macht er Halt auf einem verlassenen Platz, der völlig in Dunkelheit gehüllt ist.

Die nackten Jungen werden von den Soldaten Luciano und Maurício über einen unbefestigten Weg geführt, gefolgt von Martínez. An einem Müllberg kommen sie zum Stehen. Der Streifenwagen wartet mit laufendem Motor. Auf das Lenkrad gestützt, kann Rotundo das Geräusch einiger Schüsse hören. Es sind sieben oder acht.

Nach wenigen Sekunden sind Martínez, Luciano und Maurício wieder zurück. Gutgelaunt besteigen sie das Auto.

»Zwei zu null für die ROTA. Damit habe ich den Soldaten Prieto und die Verletzung von Polizeiwachtmeister Higo gerächt«, sagt Maurício mit bebender Stimme.

»Wo sind die Leichen?« fragt Rotundo, der sich darüber wundert, daß sie mit ihrer alten Gewohnheit brechen und die Toten nicht in ein Krankenhaus bringen.

Die drei antworten nicht.

»Ich halte das immer noch für eine riesengroße Schweinerei. Die Jungen hatten nichts damit zu tun. Und was soll das, die Leichen mitten im Wald liegen zu lassen?«

Es ist schon das zweite Mal, daß die Killer beschließen, die Leichen am Ort der Hinrichtung selbst zu verstecken. Beim ersten Mal wirft Rotundo den Körper Paulinhos in den Rio Tietê. Die beiden Jungen werden unter einem Müllberg im Gelände verscharrt.

Als die Polizisten das Gelände verlassen, mißt Martínez der Tatsache keine weitere Bedeutung zu, daß sie mit ihrer alten Gewohnheit der Überführung der Leichen in ein Krankenhaus gebrochen haben, um wie gewöhnlich die Arbeit der Sachverständigen am Tatort zu verhindern. Obgleich er weiß, daß die Angelegenheit niemals dem Kommando seiner Einheit zu Ohren kommen kann, scheint er gelassen, sicher, daß er immer mit Straffreiheit rechnen kann.

»Ruhig Blut, es wird keine Leichen geben. Und dann kann es auch keine Anklage geben«, versichert Martínez in dem Versuch, Rotundo zu beruhigen.

Auf der Rückfahrt wirft Martínez die restlichen Kleidungsstücke aus dem Fenster, die sich noch im Wagen befinden. Maurício läßt Einzelheiten der vorausgegangenen Hinrichtung wieder aufleben. Seine Kommentare sorgen bei Martínez und Luciano für Heiterkeit. Die beiden brechen in schallendes Gelächter aus, während er von seiner Shirley, seiner unzertrennlichen Begleiterin, spricht. Es ist die Rede von seinem 30 Zentimeter langen Dolch, den er am rechten Bein im Schaftstiefel trägt.

»Heute nacht hast du dich selbst übertroffen, Shirley. Ein sauberer Schnitt durch die Kehle! Herzlichen Glückwunsch, Shirley!« ruft Maurício begeistert aus und meint den Schnitt, den er Teodoro am Hals zugefügt hat und auf den unmittelbar danach die Schüsse folgten.

Die Unterhaltung findet an der Verkaufstheke einer Bäckerei ihre Fortsetzung, der letzte Halt der Killer an diesem Dienstagabend. Es ist Zeit, zu Abend zu essen und zu entspannen; in der Gewißheit, eine Mission erfüllt zu haben.

Das Verschwinden von Dirley und Teodoro wird dem Kommando der Militärpolizei schon am nächsten Tag, dem 29. Januar 1986, gemeldet. Keiner der Offiziere schenkt den Eltern der Minderjährigen Glauben. Schließlich handelt es sich hier um eine Geschichte, die nichts mit den vorhergehenden Taten der Killer von der ROTA zu tun hat. Es gibt kein Rundschreiben, in dem die Rede ist von Schießerei und Widerstand gegen die Staatsgewalt, gefolgt von Tod ohne Zeugen. Ebensowenig ist die Überführung der Leichen zweier Unbekannter in ein Krankenhaus registriert, die der Beschreibung der beiden Minderjährigen entspricht. In diesem Fall gibt es keine Leichen.

Noch etwas sorgt für Verwunderung: Angeklagt ist der Unteroffizier Roberto Lopes Martínez. Er ist schließlich der Erfinder der alten Technik, mit der er schon fünfundvierzigmal in seiner Karriere auf den angeblichen Widerstand gegen Staatsdiener reagiert hat.

Die Gleichgültigkeit, mit der das Kommando der Militärpolizei auf den Fall reagiert, veranlaßt die Eltern der Minderjährigen, auf eigene Faust Untersuchungen anzustellen. Sie können vom ersten Tag an mit der Solidarität der Nachbarn rechnen, vor allem Dutzender Familien, deren Kinder ebenfalls von der ROTA umgebracht worden sind. In zehn Tagen gemeinsamer Suche gelingt es ihnen in einer noch nie dagewesenen Aktion, die Personen auszumachen, die der Verhaftung der beiden Jungen beigewohnt haben. Sie erhalten von diesen Zeugen nicht nur die nötigen Informationen, sondern auch das Versprechen, vor Gericht auszusagen, sollte das notwendig sein.

Der Kampf der Familien führt zur Gründung einer Bürgerinitiative in diesem Randgebiet der Stadt, die sich die Verteidigung der Opfer politischer Gewalt zum Ziel gesetzt hat: das Komitee Teodoro-Dirley. Der Druck, den 46 Institutionen zum Schutz der bürgerlichen Rechte zusammen mit dem damaligen Gouverneur von São Paulo, Franco Montoro, ausüben, zwingt das Kommando der Militärpolizei dazu, das Verbrechen aufzuklären. Zwei Monate nach dem Verschwinden der beiden Jungen gestehen die Soldaten Ronaldo Rotundo und Luciano de Freitas die Hinrichtung. Roberto Lopes Martínez und Maurício do Nascimento leugnen das Verbrechen. Mit Ausnahme von Rotundo werden Maurício, Luciano und Martínez vor dem Militärtribunal unter Auferlegung der Höchststrafe, die für Totschlag vorgesehen ist, für schuldig erklärt: 30 Jahre Gefängnis für zweifachen nachgewiesenen Totschlag sowie strafverschärfend zwei weitere Jahre aufgrund des nichtigen Motivs für die Tat und der besonders grausamen Art, mit der das Verbrechen begangen wurde. Im März 1986 müssen die drei Verurteilten, nachdem sie aus der Einheit ausgeschlossen werden, in einem Sondertrakt der Militärpolizei ihre Strafe antreten.

Die Mütter der Minderjährigen beteiligen sich derweil an der Suche nach den Leichen ihrer Kinder an der Straße von Alvarenga. Am 17. März 1986 finden sie zwei Skelette. Tereza Rodrigues kann ihren Sohn anhand der Form des Gebisses und an einem besonderen Detail erkennen: Der Sohn, der ein Capoeira-Meister war, hatte ein Armband aus Stroh und grünen Glasperlen getragen, das noch immer um seinen verwesten Arm hängt. Auch Bárbara Lifken kann das Skelett ihres Sohnes identifizieren. Er hat fünf Einschüsse: einen am Arm, zwei in der Brust und zwei im Schädel. Dies sind unverwechselbare Markenzeichen der Rekordhalter unter den Killern der Militärpolizei.

Ich versuche, den Unteroffizier Roberto Lopes Martínez im Gefängnistrakt der Militärpolizei zu interviewen. Ich bekomme dazu die Einwilligung des Richters vom Militärtribunal unter der Voraussetzung, daß sich Martínez einverstanden zeigt. Aber der Unteroffizier weigert sich, mit mir zu sprechen, und schreibt mir statt dessen einen Brief, in dem er seine Gründe darlegt:

> In Erwiderung auf das Schreiben des Herrn Kommandanten des Militärpräsidiums, Romão Gomes, möchte ich zur Kenntnis geben, wie sehr es mir schmeichelt, daß sich ein so ehrenhafter Reporter meiner erinnert und mich interviewen will, doch sehe ich mich gezwungen, diese freundliche Einladung aus Gründen abzulehnen, die ich näher darlegen möchte:
>
> In meinen 21 Jahren als Polizist, von denen ich 14 Jahre im Dienst der ROTA arbeitete, war ich zu häufig der Kritik der öffentlichen Meinung ausgesetzt, und zwar aufgrund unzähliger Vorfälle, in die ich verwickelt war und über die in der Presse lang und breit geschrieben wurde. Da die entsprechenden Informationen, die dieser Berichterstattung zugrunde lagen, nicht immer am Ort des Geschehens selbst gesammelt wurden, sind die besonderen Umstände dieser Vorfälle der genauen Beobachtung derjenigen entgangen, die diese Meldungen verbreitet haben. Dies führte in einigen Fällen zu einer Verdrehung der Tatsachen und einer eindeutigen Parteinahme, die den Applaus der einen und die Wut der anderen hervorrief.
>
> Meine Fähigkeit, den Auswirkungen derartiger Anschuldigungen zu begegnen, ist erschöpft, hervorgerufen durch eine ganze Reihe schwerer Angriffe auf meine Person nach einem Schußwechsel mit Banditen, in dessen Verlauf ich in legitimer Notwehr handelte, was zum Ergebnis hatte, daß ich in eine Gefängniszelle gesteckt wurde. Ich wurde somit

gezwungen, dem Zusammenbruch meiner Karriere tatenlos zuzusehen, die logischerweise auf Kosten meiner Familienangehörigen ging, die sich ständig in den Hintergrund gedrängt sahen aufgrund meiner außergewöhnlichen Liebe zu diesem schönen Beruf des Militärpolizisten.

Ich bin von der Gesellschaft ausgestoßen worden, von der Familie, den Freunden, kurz gesagt, von allen, die mir etwas bedeutet haben und die ich liebe, und dies aufgrund einer Verurteilung durch das Hohe Militärtribunal, die, wie eindeutig bewiesen ist, durch das feige und unwahre Zeugnis eines Soldaten zustande kam, der auf die edle Aufgabe nicht vorbereitet war, für die Aufrechterhaltung der Ordnung zu sorgen. Dies läßt sich leicht mit der Tatsache belegen, daß er seine ehemaligen Kameraden aus der Kaserne beschuldigt hat, ein Soldat, der dem von ihm geschilderten Geschehen gar nicht beigewohnt hat, da er sich in viel zu großer Entfernung zu dem Ganzen befand, um überhaupt etwas sehen zu können.

Diese Erläuterungen sind unbedingt erforderlich, damit Sie auch nur den Hauch einer Vorstellung davon haben, wie sehr mein tiefstes Inneres und die noch brennende Flamme in meiner Brust getroffen sind, hervorgerufen durch die Verleumdung und üble Nachrede, deren Opfer ich wurde und gegen die mich zu verteidigen ich keine Möglichkeit bekam.

Aus diesem Anlaß möchte ich Sie bitten, diese meine Proteste dem hochgeschätzten, liebenswerten Reporter zukommen zu lassen, und, wenn möglich, den genauen Wortlaut. Ich möchte die Gelegenheit nutzen, um mich bei ihm für meine Weigerung zu einem Interview zu entschuldigen, denn mein einziger Wunsch ist es, in der Verbannung zu verbleiben, um über die Falle nachzudenken, die mir das Schicksal gestellt hat und die darin besteht, daß ein Polizist, dem seine Vorgesetzten, ihm Gleichgestellten und Untergebenen heute noch zujubeln, morgen schon in einem Kerker sein Dasein fristet. So schleppe ich nun die schweren Fußeisen hinter mir her, die mir gewaltsam angelegt wurden von Personen, die eines Tages vor einem Gericht für ihre Taten verantwortlich gemacht werden.
(Roberto Lopes Martínez, 13.5.1987)

Martínez, der 1986 verhaftet wird, nachdem er 45 Menschen getötet hat, mußte gezwungenermaßen seine Patrouille auf den Straßen der Stadt aufgeben. Seine brutalen Arbeitsmethoden haben jedoch bereits Schule gemacht. In den ersten zwei Jahren der neunziger Jahre fahren seine Nachfolger damit fort, unter den Jugendlichen der Randgebiete von São Paulo Terror zu verbreiten.

Kapitel 16
Der Musterkiller

Der Fahrer ist Sohn eines Offiziers der Militärpolizei von São Paulo. Vor einem Monat hat er das 18. Lebensjahr vollendet. Seine beiden Begleiter sind noch minderjährig. Einer ist 16 Jahre, der andere 14 Jahre alt, fast noch ein Kind. Verzweifelt fliehen sie vor dem grauen Streifenwagen der ROTA, der hinter ihnen herfährt. Schüsse aus Maschinenpistolen peitschen durch die Luft.

Es ist Samstag, nach Mitternacht, der 22. April 1978. Der Radau weckt Unteroffizier Antônio Bueno, der gerade zu Bett gegangen ist. Er war schon fast eingeschlafen und sagte zu sich selbst, noch im Halbschlaf: »Mit den Kollegen von der ROTA ist wirklich nicht zu spaßen!«

Auch seine Ehefrau Gabriela, die im Wohnzimmer noch einen Film ansieht, hört den Lärm auf der Straße, der dem Haus immer näher zu kommen scheint. Das Heulen der Sirene, das Quietschen der Reifen und das Peitschen der Schüsse lenken ihre Aufmerksamkeit von einem Videofilm ab. Der Ehemann ruft ihr vom Schlafzimmer aus zu: »Das sind Feuerstöße aus Maschinenpistolen, Frau!«

»Hast du das auch gehört, Antônio? Wen sie wohl heute umbringen?« wirft ihm Gabriela vom Wohnzimmer aus zu.

»Banditen, Banditen«, antwortet der Unteroffizier, ohne dem Vorfall größere Bedeutung beizumessen, der sich wenige Blocks von seinem Haus entfernt abspielt.

Die drei Jungen auf der Straße fliehen in einem Corcel 76. Der Sohn des Unteroffiziers, Paulo Bueno, hat noch wenig Fahrpraxis.

Sein Jugendfreund Hugo Rezende hat ihn eingeladen, noch eine Runde mit dem Auto zu drehen, das er sich von einem Unbekannten ausgeliehen hat. Den 14jährigen João Devanir haben sie als Anhalter mitgenommen. Die Nervosität des jungen Fahrers in diesem fast neuen Wagen, die noch verstärkt wird durch die Anwesenheit der beiden Mitfahrer, macht die Killer auf das Auto aufmerksam. Vor fünf Minuten noch hatte die Besatzung der ROTA 119 einen Imbiß in einer Bäckerei von Vila Ede im nördlichen Stadtteil von São Paulo zu sich genommen. Als die Jungen in dem Wagen auf der Avenida vorbeigefahren kommen, schöpfen die Soldaten gleich Verdacht.

»Wenn das keine Verbrecher sind«, bemerkt der Kommandant der Besatzung, Leutnant Gilson Lopes und rennt schon im Laufschritt auf den Streifenwagen zu, um die Verfolgung aufzunehmen.

Die anderen drei Militärpolizisten tun es ihm gleich und lassen ihr Essen liegen, um eilig dem Befehl ihres Kommandanten Folge zu leisten. Obwohl der Leutnant erst 21 Jahre alt ist, hat er bereits großen Einfluß auf seine Untergebenen. In der kurzen Zeit, die er bei der Militärpolizei arbeitet, hat er sich einen Ruf als besonders gewalttätiger Polizist erworben.

Seit einem Jahr schon eifert Leutnant Gilson Lopes der ROTA 66 nach. Er führt noch nicht lange Patrouillen in den Straßen der Stadt durch, doch er beweist drastisch, wie schnell er das Vorgehen dieser berüchtigten Streife übernommen hat. Gilson war bereits an vier Ermordungen beteiligt, die ganz im Stil der erfahrenen Killer vollzogen worden sind. Die ersten drei Opfer finden ihren Tod gegen Ende einer wilden Verfolgung mit dem Streifenwagen. Nachdem der Leutnant die Jungen mit Schüssen aus der Maschinenpistole getötet hat, läßt er sich nicht die vermeintlich humanitäre Geste nehmen, die Leichen sofort in eine Notaufnahme bringen zu lassen, um die Überprüfung des Tatorts durch Sachverständige zu verhindern. Wenig später, als er auf der Polizeiwache aussagt, übernimmt er auch die Version des Tathergangs von seinen Lehrmeistern und gibt Widerstand gegen die Staatsgewalt, Schußwechsel mit Todesfolge als Umstände dieses Verbrechens an. Als er zum 1. Bataillon der ROTA zurückkehrt, wird er von den Kommandanten seiner Einheit in den höchsten Tönen gelobt. Der damalige Oberbefehlshaber der Militärpolizei, General Francisco de Mello Torres, sorgt sogar dafür, daß die Presse und andere Autoritätspersonen der Einheit der besonderen Ehrung beiwohnen, die diesem Killer zuteil wird. Dem noch unerfahrenen Leutnant Gilson Lopes wird vom Kommandanten höchstpersönlich die erste Medaille seiner Karriere für einen Akt der Tapferkeit überreicht oder, besser gesagt, für die Ermordung von vier verdächtigen Zivilpersonen.

Die Verfolgung, die in jener Samstagnacht in Vila Ede stattfindet, wäre mit dem Fall der ROTA 66 identisch, hätte sich unter den Flüchtigen nicht der Sohn des Unteroffiziers Antônio Bueno von der Militärpolizei befunden. Bueno ist Ausbilder an der Militärakademie, der er schon angehört, als sich die Militärpolizei noch »öffentliche Streitkraft« nennt. Als solcher ist er verantwortlich für die theoretische Ausbildung der Soldaten, eine Tätigkeit, der er mit beinahe übertriebenem Eifer nachgeht. Als ein treuer Gefolgsmann der Disziplinarvorschriften, die in dieser Institution gelten, pflegt Bueno von seinen Schülern einen ebenso kompromißlosen Gehorsam zu fordern. Ihre Haare müssen kurz und über den Ohren rasiert, die Uniform tadellos, das Hemd immer gestärkt, die Schuhe gewichst sein.

Wie die meisten seiner uniformierten Kollegen gehört Bueno zu den Offizieren, die der Gewalttätigkeit während der Patrouillen ablehnend gegenüberstehen. Diese Haltung hat er sich im Verlauf seines zehnjährigen Dienstes auf den Straßen der Stadt zum Prinzip gemacht. Bevor er Ausbilder der Militärakademie wird, lernt er die Risiken kennen, die dieser Beruf mit sich bringt: Er gehört zu denen, die den Straßenbasar fliegender Händler im Zentrum der Stadt zerschlagen sollen. Darüber hinaus hat er während dieser Zeit die Aufgabe, für Sicherheit in den Schulen der Stadtviertel zu sorgen, in denen die Kriminalitätsrate am höchsten ist. Er ist zu dieser Zeit mit der Überwachung öffentlicher Gebäude beauftragt. Nie greift er auf Gewalttätigkeit zurück, wenn es darum geht, sich Respekt und Autorität zu verschaffen. In jener Nacht, als die Killer von der ROTA seinen Sohn durch die nördlichen Teile der Stadt jagen und mit Maschinenpistolen auf ihn schießen, hat Unteroffizier Bueno schon 30 Jahre Dienst bei der Militärpolizei geleistet, ohne auch nur ein einziges Mal auf eine Zivilperson geschossen zu haben.

In seiner Familie sorgt Bueno für die Einhaltung einer strengen Hausordnung, die der militärischen Hierarchie seiner Einheit alle Ehre macht. Als ein Mann von strengen, moralischen Prinzipien und konservativen Ansichten verbietet er seinen Kindern das Fluchen, das Rauchen, das späte Nachhausekommen und vor allem Ungehorsam gegenüber seinen Befehlen und Vorstellungen.

Wenn sie ihm nicht gehorchen, werden sie bestraft und bekommen Prügel. Auch Vergnügungen sind den Söhnen untersagt oder, besser gesagt, unerschwinglich für sie. Der Lohn des Unteroffiziers, der unter 500 Dollar im Monat liegt, reicht nicht aus für den Unterhalt der großen Familie. Als Vater von acht Kindern hat er nicht die Mittel, um mit seinen Kindern an den Strand zu gehen oder gar mit ihnen eine Reise außerhalb der Stadt zu unternehmen.

Seit er von São Sebastião do Paraíso im Bundesstaat Minas Gerais nach São Paulo gekommen ist, sind 40 Jahre vergangen. In dieser Zeit hat er nicht einen Kinobesuch gemacht. Es ist schon mehr als zehn Jahre her, seit er zum letzten Mal in die Ferien gefahren ist. Er zieht es vor, sich den Urlaub auszahlen zu lassen, um das Geld in den Ausbau des sechs Zimmer großen Hauses zu stecken, seinen einzigen Besitz.

Die Anstrengungen, die der Vater unternimmt, um der Familie ein einigermaßen würdiges Leben zu ermöglichen, werden von den älteren Kindern wie Paulo anerkannt. Um die Haushaltskasse etwas aufzubessern, arbeitet der Junge seit seinem 15. Lebensjahr in einer Autowerkstatt des Onkels väterlicherseits.

An diesem Samstag kommt Paulo gegen 13 Uhr von der Arbeit nach Hause. Er und die Mutter essen im Laufe des Nachmittags gemeinsam einige Sandwiches. Gegen Abend, noch vor dem Abendessen, zieht Paulo seine neue Lederjacke an und geht auf eine Hochzeitsfeier in der Nachbarschaft. Während dieser Feier schlägt sein Freund Hugo eine Spazierfahrt in dem Corcel 76 vor.

Nach fünf Minuten Verfolgungsjagd auf der Hauptstraße von Vila Ede hat sich der Streifenwagen bis auf wenige Meter dem Corcel genähert, dessen Fahrer bereits die Gewalt über das Fahrzeug verloren zu haben scheint. Der Student Francisco Lopes hält genau in diesem Augenblick mit seinem Wagen in der Rua Japi und wartet darauf, daß sich das Garagentor zu seinem Haus öffnet. Er erschreckt nicht schlecht, als er das Sirenengeheul und die Schüsse hört. Schnell stellt er die Füße auf die Sitzbank, als er sieht, daß der Corcel frontal auf seinen Wagen zugefahren kommt. Einen Augenblick vor dem Zusammenprall wirft sich Francisco auf die Rückbank seines Autos in dem Versuch, sich vor dem Aufprall und den Schüssen zu schützen.

Nachdem er mit dem Wagen des Studenten zusammengeprallt ist, rollt der Corcel noch weiter und bleibt erst stehen, als er gegen ein anderes, auf der gegenüberliegenden Straßenseite geparktes Auto stößt. Der Fahrer des Streifenwagens kann nicht mehr rechtzeitig bremsen und fährt in die Seite des Corcel, während die drei Jungen bereits versuchen, durch die einzige Tür zu fliehen, die sich noch öffnen läßt.

Der erste, der den Wagen verläßt, ist der 14jährige Devanir. Ihn trifft die erste Salve aus den Maschinenpistolen, als er versucht, über eine Mauer zu springen, um sich in den Garten des gegenüberliegenden Hauses zu retten. Wenige Meter vor dem Corcel stürzt er rücklings zu Boden.

Paulos Jugendfreund Hugo kann in eine Nebenstraße der Rua Japi laufen. Zwei Militärpolizisten sind ihm dicht auf den Fersen und schießen ohne Unterlaß. Der Junge kann die erste Straßenecke unversehrt erreichen. An der nächsten Ecke läuft er in die Rua Autoporã und versteckt sich hinter einem Lastwagen, der in einem dunklen Abschnitt der Straße geparkt ist. Er nutzt den kurzen Vorsprung, den er vor den Killern hat, und klopft an die Tür des nächsten Hauses.

»Öffnen Sie, um Himmels willen! Sie wollen mich töten!«

Das Ehepaar im Haus Nummer 401 hört den Hilferuf des Jungen, unternimmt aber nichts und bleibt im Bett liegen. Die Rolläden sind heruntergelassen, die Fenster geöffnet. Sie können alles hören. Die Schüsse und die verzweifelten Schreie des Jungen versetzen dem Ehepaar einen großen Schrecken. Die beiden machen das Licht an in dem schüchternen Versuch, die Angreifer auf der Straße abzuschrecken.

»Bitte nicht schießen, ich bin nicht bewaffnet! Tötet mich nicht, tötet mich nicht!«

Mário Calabresi, der Nachbar im gegenüberliegenden Haus, 53 Jahre alt, unterbricht die Lektüre in einem Biologiebuch. Die Hilferufe fahren ihm durch Mark und Bein, aber er hat nicht den Mut, das Haus zu verlassen. Das einzige, was Calabresi unternimmt, ist, sich beide Ohren zuzuhalten.

Die Bewohnerin des Hauses, das sich am nächsten zu dem geparkten Lastwagen befindet, Terezinha Francisca de Souza, läuft ins Wohnzimmer, um die Balkontür zu schließen. Sie hat in dem Zimmer Licht gemacht und kann auf die Straße spähen. Woher die Schreie kommen, sieht sie genau. Der Junge steht auf der Ladefläche des Lasters und springt von einer Seite zur anderen, um den Schüssen der beiden Männer auszuweichen, die um das Fahrzeug herumstehen. Man hat den Eindruck, als schreie er jedesmal, sobald eine Kugel seinen Körper trifft.

Plötzlich springt oder stürzt der Junge von der Ladefläche. Terezinha kann nicht genau erkennen, was geschehen ist. Dann sieht sie wenige Augenblicke später, wie er versucht, sich unter dem Laster zu verstecken. Die Schüsse brechen nicht ab. Die Schreie des Jungen werden schwächer und schwächer, ertönen immer seltener. Dann verstummen sie von einer Minute auf die andere.

Terezinha hat den Eindruck, als sei der Junge unter dem Lastwagen tot. Sie will schreien, aber sie hat Angst, die Aufmerksamkeit der Killer auf sich zu ziehen. Sie denkt daran, die Polizei zu rufen. Aber sie hat kein Telefon. Sie schließt die Glastür und sieht noch, daß der Körper des Jungen in einen Streifenwagen gezogen wird. Erst in diesem Augenblick wird ihr klar, daß die Killer Militärpolizisten sind.

Der Sohn des Unteroffiziers ist der letzte, der sterben muß. Er verläßt den Wagen und springt, schon verletzt, auf die Mauer des gegenüberliegenden Hauses. Das ist zumindest dem Bericht der Killer zu entnehmen. Sie hören, wie der Junge wimmert und darum bittet, nicht getötet zu werden.

Der Student, der überrascht wird, als er dabei ist, seinen Volkswagen in der Garage zu parken und der sich auf den Rücksitz seines Autos wirft, sieht nichts. Er hört nur die Feuerstöße aus der Maschinenpistole.

Nach der Schießerei kommen Militärpolizisten auf ihn zu und bitten ihn um seine Hilfe beim Wegschaffen der Leiche in die vergitterte Zelle des Streifenwagens.

Die einzige Version über die näheren Umstände des Verbrechens wird von Leutnant Gilson Lopes abgegeben. Er wiederholt dem Untersuchungsbeamten auf der Polizeiwache, der für das Rundschreiben verantwortlich ist, was die Killer in diesen Situationen immer anzugeben pflegen: Er klagt das Opfer an, sich einer Festnahme widersetzt und auf die Polizisten geschossen zu haben, ein Verhalten, das ihn zu legitimer Notwehr gezwungen habe.

Die Nachricht vom Tod ihres Sohnes wird dem Ehepaar Bueno durch die zivile Polizei übermittelt. Unteroffizier Bueno nimmt den Anruf entgegen.

»Haben Sie einen Sohn mit Namen Paulo Bueno?«
»Ja, warum?«
»Wir bedauern sehr, Ihnen mitteilen zu müssen, daß er in einen Schußwechsel mit der ROTA verwickelt wurde.«
»In einen Schußwechsel? Nein, mein Sohn ist kein Bandit, er trägt nie eine Waffe.«
»Sie werden gebeten, das Rechtsmedizinische Institut aufzusuchen ...«
»Wie, das Rechtsmedizinische Institut? So etwas würden meine Kollegen nie mit meinem Sohn machen ...«

Erst, als er über die Polizeiwache eine Bestätigung für das Verbrechen eingeholt hat, begibt sich der Unteroffizier ins Leichenschauhaus, um seinen toten Sohn zu identifizieren. Er zählt sieben Einschüsse an der Körpervorderseite. Darüber hinaus stellt er fest, daß auch Paulos Papiere von Kugeln zerfetzt sind, ein Detail, das ihn besonders aufbringt.

Bueno schwört, sich zu rächen und für eine Bestrafung der Täter zu kämpfen, die ihren Ausschluß aus der Einheit bewirken soll. Am gleichen Tag noch sucht er in aller Frühe seine Vorgesetzten auf, um sie zu schnellen Maßnahmen zu veranlassen. Die bloße Tatsache, daß es sich bei diesem Opfer um den Sohn eines Offiziers der Militärpolizei handelt, eines Mannes mit vorbildlicher Führung innerhalb der Einheit, erscheint ihm ausreichend, seinen Kommandanten von dem schweren Vergehen der Militärpolizisten zu überzeugen. Er ist sich sicher, daß die Killer sofort bestraft werden.

Alles, was dem Unteroffizier an diesem ersten Tag gelingt, ist, die Beileidsbezeugungen seiner Vorgesetzten entgegenzunehmen. Doch ihre Worte tragen nur dazu bei, ihn noch mehr aufzubringen.

Schon bevor sein Sohn ermordet wird, ist Bueno gegen die Gewalttätigkeit der Kollegen vom 1. Bataillon, dem die ROTA angehört. Aber er geht nicht soweit, ihr Verhalten zu kritisieren. In den Gesprächen mit seinen besten Freunden stimmt er der Daseinsberechtigung einer kleinen Minderheit von gewalttätigen Polizisten in der Einheit zu, die sich der Bekämpfung der gefährlichsten Kriminellen in der Stadt annehmen.

Der Tod seines Sohnes, der unter Umständen erfolgt, die eher an eine Exekution erinnern, ändert Buenos Meinung über die Killer radikal. In den ersten Wochen seiner Nachforschungen kann der Unteroffizier bald feststellen, daß die Männer der ROTA nicht nur eine Minderheit bilden, die äußerst gewalttätig vorgeht, sondern daß sie auch über große Macht verfügen. Sie sind unangreifbar und genießen hohes Ansehen bei ihren Oberbefehlshabern. Doch die größte Enttäuschung im Berufsleben des Unteroffiziers Bueno erfährt dieser erst Monate später.

Trotz der äußerst prekären Situation, den Sohn eines Offiziers ermordet zu haben, geht Leutnant Gilson Lopes wieder dazu über, Jugendliche aus den Randgebieten der Stadt zu töten, und zwar schon im Oktober des gleichen Jahres 1978. Diesmal macht der Leutnant mit einem anderen für seine Gewalttätigkeit in der ROTA bekannten Mann gemeinsame Sache. In unserer Datenbank ist Marco Antônio da Costa, ein Anwärter auf den Offiziersrang, mit 29 Ermordungen der siebte auf der Liste der gewalttätigsten Killer.

Während einer Patrouille auf der Straße Alvarenga hält das Killerduo Gilson/Marco Antônio zwei Jungen in einem Volkswagen für verdächtig. Sie werden vom Streifenwagen der ROTA verfolgt, bis sie gegen eine Leitplanke stoßen. Als sie über das offene Feld zu fliehen versuchen, werden der Jugendliche Claudiomiro Marques, 19 Jahre alt, und der minderjährige Amauri Benedito, 16 Jahre alt, von Schüssen aus Maschinenpistolen tödlich getroffen. Wie immer führen die Killer an, in legitimer Notwehr gehandelt zu haben, und dies, obwohl eines der Opfer, Claudiomiro, durch einen Schuß in den Rücken und einen weiteren in die Stirn den Tod fand.

Die Übereinstimmung dieser Tötungen mit der Ermordung seines Sohnes Paulo läßt Unteroffizier Bueno die offiziellen Ermittlungen aufmerksam verfolgen. Es gehen bereits neun Morde auf das Konto des Leutnants Gilson Lopes. Der Unteroffizier gelangt zu der Überzeugung, daß zumindest Zweifel an der Rechtmäßigkeit dieser Methoden gehegt werden müssen, die einen Rückfall der Killer aufzeigen und diesen eine harte Bestrafung garantieren werden.

Gegen Ende des Jahres, kurz vor Weihnachten, gelingt es Unteroffizier Bueno, eine Kopie des Ermittlungsberichts zu bekommen, der von der ROTA selbst verfaßt wurde, und zwar von Hauptmann Renato César Melo, einem notorischen Befürworter der Todesstrafe. Als Bueno den Bericht liest, den der Major unterzeichnet hat, ist er von der Parteilichkeit dieses Schreibens erschüttert.

> Gilson stellte schon seit langem außergewöhnliche Fähigkeiten bei der Ausübung der Dienstaufgaben unter Beweis, die seiner Verantwortung unterstanden (...) Sein Vorgehen innerhalb der Truppe wird als vorbildlich angesehen, da er heldenhaft handelte und große Tapferkeit bewies (...) Gleiches gilt für den Offiziersanwärter Marco Antônio da Costa, der während dieser Aktion ebenso tapfer, kühn, energisch, entschlossen und unbeirrbar vorging (...)

Nachdem Bueno die Entdeckung macht, daß die Verbrechen der Militärpolizisten in der Kaserne nur gefördert und als vorbildliche Aktionen gelobt werden, begreift er, daß es ihm nie gelingen wird, eine Disziplinarstrafe gegen die Killer zu erwirken. Seine ganze Hoffnung setzt er nun auf die zivilen Gerichte. Zu diesem Zeitpunkt hat das oberste Bundesgericht noch nicht jenes Dekret erlassen, das den Militärpolizisten das Vorrecht einräumt, durch ihresgleichen gerichtet zu werden. Die Arbeit der Männer von der Staatsanwaltschaft ist alles, woran Bueno jetzt glaubt, wenn es darum geht, ein unparteiisches Urteil über das Verbrechen zu fällen, das Militärpolizisten an seinem Sohn begangen haben.

Während der Untersuchungsphase kann der Anklagevertreter Antônio Celso de Paulo Albuquerque acht Zeugen ausfindig machen, die ihm dabei helfen, die möglichen Umstände des Mordes zu rekonstruieren. Gegen Ende seiner Arbeit ist der Anklagevertreter davon überzeugt, daß das in die Verfolgung verwickelte Fluchtauto, der Corcel, ein gestohlenes Fahrzeug ist. Der Dieb nimmt an diesem Tag auch an der Hochzeitsfeier teil und leiht den Jungen den Wagen für eine Spazierfahrt aus. Auf dieser Fahrt werden sie von der ROTA entdeckt und hingerichtet, ohne überhaupt die Möglichkeit zur Verteidigung zu bekommen.

In dem besonderen Fall des Offizierssohnes kann der Anklagevertreter dafür garantieren, daß es sich bei dem Jungen nicht um eine Person handelte, die den Polizisten hätte gefährlich werden können. Eine ballistische Untersuchung des Revolvers, den die Polizisten als Paulos Waffe präsentieren, ergibt, daß er klemmt. Die Sachverständigen können keine Schmauchspuren an den

Händen des Toten entdecken, ein weiteres Indiz dafür, daß er nicht mit einer Waffe geschossen hat. Die Untersuchungen des Anklagevertreters lassen den Schluß zu, daß Paulo stirbt, während er sich an die Mauer lehnt. Er ist zu diesem Zeitpunkt schon verletzt und stöhnt vor Schmerzen. Trotzdem gibt Leutnant Gilson noch weitere Schüsse ab, die den Tod des Jungen herbeiführen. Der Anklagevertreter versichert darüber hinaus, daß ein Soldat dem Leutnant Feuerschutz gegeben hat. Nach der Hinrichtung habe derselbe Soldat auch dabei geholfen, den Körper vom Tatort fortzuschaffen unter dem Vorwand, ihn in eine Notaufnahme zu bringen, obwohl der Tod des Jungen schon von ihnen festgestellt worden sei. Im November 1978 beschuldigt der Anklagevertreter den Leutnant und drei Soldaten des dreifachen Totschlags und beantragt, die Angeklagten von einem Geschworenengericht verurteilen zu lassen.

Der Streit über die Zuständigkeit der rechtssprechenden Organe rettet Leutnant Gilson Lopes vor dem Geschworenengericht. Aus dem gleichen Grund, den man auch schon im Fall der ROTA 66 angeführt hat, erklärt das Oberste Bundesgericht die zivile Justiz für unfähig, über Verbrechen zu urteilen, die von Militärs an Zivilpersonen begangen wurden.

Ein Jahr später, am 30. November 1979, werden der Leutnant und die drei Soldaten vor einen Sonderjustizausschuß gestellt, der aus vier Majoren und einem beisitzenden Richter besteht, demselben, der auch schon im Fall der ROTA 66 den Vorsitz führte. Wenige Augenblicke vor der Urteilsverkündung des Militärtribunals hegt Unteroffizier Antônio Bueno schon seine Zweifel, was den Urteilsspruch anbetrifft. Er ist überzeugt davon, daß die Offiziere das Urteil zugunsten der Killer ausfallen lassen. Was er sich jedoch nicht vorgestellt hätte, ist, daß im Laufe des Verfahrens soviel Schmutz auf seine Familie geworfen wird.

Um einen Freispruch der Killer zu rechtfertigen, beschuldigen die Offiziere des Militärtribunals die drei getöteten Jugendlichen, ganz besonders gefährliche Kriminelle gewesen zu sein, was nicht der Wahrheit entspricht. Der Jugendfreund Paulos, Hugo, ist noch nie verhaftet worden. Der Junge Devanir und der Sohn des Unteroffiziers wurden nur ein einziges Mal festgenommen, als man nach einem Diebstahl in der FEBEM ermittelt, einer Jugendverwahranstalt für Minderjährige in São Paulo. Abgesehen davon, daß die Anschuldigungen falsch sind, ist der Unteroffizier besonders darüber erbost, daß überhaupt nicht auf die Umstände eingegangen wird, unter denen die Opfer den Tod fanden. Der Eindruck, den er von den Kollegen des Militärtribunals hat, ist, daß sie alle die Todesstrafe auf den Straßen der Stadt befürworten. Sie sind nur an diesem Ort zusammengekommen, um in Erfahrung zu bringen, ob es sich bei den Toten um Kriminelle handelt oder nicht, so, als mache dies das Vorgehen der Killer zu einer rechtmäßigen Sache.

Der Richter Júlio Scantimburgo spart nicht mit Worten, die den Unteroffizier Bueno und seine Nachbarn beleidigen, um den Freispruch der Killer zu rechtfertigen:

> Als er seinen Dienst in einem Viertel mit einer hohen Kriminalitätsrate ausübt, wie man sie im übrigen in allen Vierteln der Stadt beobachten kann, die von gefährlichen Subjekten wie Dieben und Mördern bevölkert sind (...) die nicht einen Augenblick zögern, die körperliche Unversehrtheit Dritter zu verletzen, wenn diese stehlen, rauben, vergewaltigen und töten, und die, als sie angegriffen wurden, nicht zögern konnten, dic Aggression zu erwidern (...)

Unteroffizier Antônio Bueno hat der ganzen Verhandlung und der Urteilsverkündung weinend beigewohnt. Auf die lakonischen Bemerkungen seiner Kollegen antwortet er mit Schweigen.

Gleich nach der Urteilsverkündung des Militärtribunals ist Leutnant Scobar, ein Freund der Killer, einer der ersten, der den Unteroffizier provoziert: »Finde dich damit ab, Bueno. Dein Sohn war ein Krimineller, er mußte sterben!«

Nach dem Tod des Sohnes ist Bueno nicht mehr der Militärpolizist von einst. Er ist von seinem Beruf enttäuscht, empfindet sich als fehl am Platz, ist beschämt. Seine besten Freunde versuchen ihn davon zu überzeugen, daß er der Zukunft vertrauen solle und daran glauben müsse, daß die Killer innerhalb der Einheit nur eine Minderheit darstellten und ihr Machtmißbrauch und ihre Verstöße gegen das Gesetz eines Tages von der Gesellschaft hinterfragt werden würden. Obwohl der Unteroffizier dies eher pessimistisch sieht, verfolgt er noch sechs Jahre lang aufmerksam die Schießereien, an denen sich der Mörder seines Sohnes beteiligt.

Er erlebt nicht mehr, daß dieser bestraft oder vom Dienst suspendiert wird, der darin bestehen sollte, auf den Straßen der Stadt für Ordnung zu sorgen. Als Unteroffizier Antônio Bueno 1985 stirbt, ist Gilson Lopes zu einem Offizier von noch größerem Ansehen aufgestiegen, ja geradezu eine Art Idol für die Mitglieder der ROTA geworden. Zu diesem Zeitpunkt nimmt er unter den Killern der Militärpolizei den zweiten Platz ein.

Es bestehen Meinungsverschiedenheiten darüber, welche Stelle der Leutnant tatsächlich in dieser zweifelhaften Rangordnung einnimmt. Seine größten Fans versichern, daß er bis zum Jahr 1985 bereits Leutnant Roberto Lopes Martínez überrundet hat, was die Zahl seiner Opfer anbetrifft. Unserer Datenbank ist zu entnehmen, daß Gilson Lopes zwischen 44 und 46 Menschen getötet hat. Diese Zahl kann deswegen nicht genau festgelegt werden, weil er drei dieser jugendlichen Opfer in Zusammenarbeit mit Martínez getötet hat. Es ist somit nicht möglich, herauszufinden, wer für die jeweilige Ermordung verantwortlich ist. Der Leutnant erhebt bei zweien dieser Opfer den Anspruch, sie umgebracht zu haben. Wenn dies der Wahrheit entspricht, so müssen sich die beiden Killer schon 1985 den ersten Platz teilen.

Am 24. Mai 1981 schlägt Gilson Lopes wieder in Zusammenarbeit mit einem anderen Mörder zu, um den Händler Rafael Valentim, 20 Jahre alt, in der Stadt Piracicaba, im Innern des Bundesstaates São Paulo zu töten. Um diese Aktion durchführen zu können, bittet der Leutnant bei seinen Kommandanten um eine Handlungsbefugnis außerhalb der Stadt São Paulo. Er lädt den Soldaten Everaldo Borges de Souza, einen der 15 Militärpolizisten, die in den Fall der ROTA 66 verwickelt sind, dazu ein, ihn und seinen Trupp bei dieser Mission zu begleiten. Unserer Datenbank ist zu entnehmen, daß der Soldat Everaldo mit 23 Ermordungen den zehnten Platz unter den Killern der Militärpolizei einnimmt. Er ist der einzige von ihnen, der auch Frauen tötet. Von den 24 weiblichen Opfern ist die von ihm ermordete minderjährige Elielza Martins, 17 Jahre alt, eine der jüngsten in der Tötungsgeschichte von Everaldo. Als Freundin eines Autodiebs wird auch sie von diesem Mörder im Juli 1991 umgebracht.

Im Fall von Piracicaba hinterläßt das Killerduo Gilson/Everaldo die Opfer in einem Zustand, der an eine Hinrichtung gemahnt: Die Operation Piracicaba wird schon mit Regelwidrigkeiten eingeleitet. Sie erhalten vom Oberbefehlshaber des 1. Bataillons, Oberst Nyomar Cirne Bezerra, die Einwilligung zur Durchführung einer Aktion, die ausschließlich der Zuständigkeit der zivilen Polizei untersteht, weil es sich um eine Ermittlungstätigkeit handelt. Die Adresse des Schiebers wird ihnen von einem Bandenchef verraten, der in der Hauptstadt verhaftet worden ist. Das Ziel der Killer ist es, den Händler festzunehmen, um das Diebesgut in seinem Haus zu beschlagnahmen. Ohne im Besitz eines Hausdurchsuchungsbefehls zu sein, suchen Gilson und Everaldo um vier Uhr morgens das Haus von Rafael Valentim auf. Sie sperren den Wohnblock ab, wecken die Nachbarn und fordern sie auf, die abgesperrte Zone zu räumen. Ohne daß ein Zeuge in der Nähe ist, gehen sie zum Angriff über.

»Ich zerschmettere den Kopf des erstbesten, den ich zu packen kriege, sobald jemand in mein Haus kommt. Meine Frau und das Baby sind meine Geiseln«, soll Valentim nach Aussage von Leutnant Gilson Lopes geschrien haben. Damit rechtfertigt dieser sein gewalttätiges Eindringen in das Haus des Verdächtigen.

Alles weist jedoch darauf hin, daß diese Version erfunden ist. Der Leutnant liebt es, sich den Nimbus eines Helden zu verleihen. Die beiden Geiseln sind Familienangehörige des Händlers. Es handelt sich um seine Frau Heloísa und seinen Sohn Alexandre, zwei Monate alt, die mit ihm im gleichen Zimmer schlafen. Sein jüngerer Bruder Joaquim, der im hinteren Zimmer des Hauses schläft, wacht durch den Lärm der Polizei auf und hört die Appelle, die Valentim den Mördern zuruft: »Ihr könnt nicht einfach am frühen Morgen in mein Haus eindringen. Ich bin hier mit meiner Frau und meinem Baby...«

Während Leutnant Gilson Tränengasgranaten durch die Fenster wirft, die er gewaltsam geöffnet hat, betreibt auch Soldat Everaldo den üblichen Machtmißbrauch: Er tritt die Haustür mit seinen Stiefeln ein. Dann dringen die beiden Militärpolizisten in das Haus und töten Valentim mit vier Schüssen, einer davon trifft seinen Kopf. Anschließend bringen sie den Toten in ein Krankenhaus.

Der Polizeiarzt Omir Dias de Morais, der die Leiche im Leichenschauhaus von Santa Casa de Piracicaba untersucht, stellt fest, daß zwei dieser Schüsse eindeutig auf eine Hinrichtung hinweisen:

> (...) Tod erfolgte durch Einschlag des einzigen Projektils, das aus einer Feuerwaffe abgegeben wurde, und zwar in die linke Seite des Abdomens, wobei die Beschmauchung und Pulvereinsprengung um den Einschuß für eine Abgabe des Schusses aus nächster Nähe sprechen.

Am Fall des Händlers Valentim wird die Parteilichkeit deutlich, mit der die verantwortlichen Ermittlungsbeamten vorgehen. Das Sachverständigengutachten des Polizeiarztes, das für die Aufklärung der Umstände dieses Todes von fundamentaler Bedeutung ist, wird in dem militärpolizeilichen Ermittlungsbericht völlig ignoriert. Der Verantwortliche für diese Untersuchung geht in dem Versuch, die Killer von jeder Schuldzuweisung freizusprechen, so weit, die Zeugenaussagen zu verdrehen. Er versichert in seinem Bericht, die Nachbarn hätten beobachtet, wie der Händler auf den Aufruf, sich zu stellen, mit Schüssen geantwortet habe, und dies, obwohl sich alle Zeugen in weiter Entfernung vom Tatort aufgehalten haben. Die Parteilichkeit des Ermittlungsbeamten ist jedoch schnell erklärt: Es ist Hauptmann Roberval Conte Lopes, einer der zehn gewalttätigsten Killer der Militärpolizei von São Paulo.

Es gibt noch ein anderes Opfer von Leutnant Gilson Lopes, das allen Anzeichen nach hingerichtet worden ist. Auch in diesem Fall geht der Militärpolizist mit einem anderen Killer gemeinschaftlich vor. Der Leutnant Lauro Amadeu dos Santos steht mit 25 Morden auf Platz 9 unserer Liste der schlimmsten Killer unter den Militärpolizisten. Das Opfer der beiden Männer ist diesmal der 18jährige Oldegário Oliveira César Filho. Er wird von den Militärpolizisten beschuldigt, Mitglied einer Bande von Autodieben zu sein, obwohl in den Archiven der zivilen Gerichte und der zivilen Polizei keinerlei Vorstrafen unter seinem Namen vermerkt sind.

Die Operation, in deren Verlauf Oldegário getötet wird, ähnelt dem Tathergang im Fall Valentim. Gegen Morgengrauen stellt Leutnant Lauro Amadeu Ermittlungen in einem Fall an, für den er keinerlei richterliche Strafverfügung besitzt. Er öffnet die Tür einer Baracke mit Fußtritten und dringt gewaltsam ein. In einer Blitzaktion, bei der er von Leutnant Gilson Lopes unterstützt wird, tötet er den jungen Mann, der auf dem Bett liegt. Die Schwester von Oldegário, Ednalva de Oliveira, die neben dem Bett auf dem Boden schläft, versichert, einer regelrechten Erschießung beigewohnt zu haben: »Ich wachte von dem Lärm auf, den der Polizist beim Eintreten der Tür machte. Als ich sie sah, standen sie schon am Bett.«

»Wer hat als erster geschossen?«

»Mein Bruder hatte keine Waffe. Jedenfalls habe ich ihn zu Hause noch nie mit einer Waffe herumlaufen sehen.«

»Haben die Männer irgend etwas gesagt?«

»›Steh auf, Oldegário, Hände über den Kopf!‹ Der andere Militärpolizist schrie: ›Vorsicht, er kann bewaffnet sein!‹«

»Wie viele Schüsse wurden abgegeben?«

»Drei, alle in die Brust. Als ihn der dritte Schuß traf, rollte mein Bruder aus dem Bett und fiel genau neben mir auf den Boden.«

»Was haben Sie gemacht?«

»Er stöhnte: ›Au, meine Brust, au, meine Brust, ich sterbe...‹ Aber ich konnte nichts machen. Die Militärpolizisten schleppten seine Leiche in den Streifenwagen und machten sich davon, wohin, weiß ich nicht.«

Zwei Monate, nachdem Leutnant Antônio Salatiel de Siqueira, auch er ein Killer der Militärpolizei, mit der Untersuchung des Falles beauftragt wird, läßt er seinen Untersuchungsbericht dem Militärtribunal zukommen, ohne darin die Aussage der Schwester des Opfers zu erwähnen, der einzigen Augenzeugin der Ermordung. Sein Bericht beschränkt sich darauf, die Beweismittel aufzuzählen, die belegen sollen, daß es sich bei dem Opfer um einen Dieb gehandelt hat. Es ist eine einzige Lobrede auf die Aktion der Killer. Salatiel zufolge haben diese mit »Unerschrockenheit und Mut« in rechtmäßiger Erfüllung ihrer Dienstpflicht und in legitimer Notwehr gehandelt.

Im Verlauf der Untersuchungen, die wir zu den Verbrechen von Leutnant Gilson Lopes anstellen, finden wir heraus, daß die Killer sich bei ihren Tötungsaktionen auf den Straßen der Stadt und bei der Ermittlung im Fall der von ihnen selbst begangenen Verbrechen abzuwechseln pflegen. Leutnant Gilson Lopes zum Beispiel bekommt von den Oberbefehlshabern des Bataillons häufig Gelegenheit, sich für die Unterstützung seiner Kollegen vom militärpolizeilichen Ermittlungsdienst erkenntlich zu zeigen. Während der Dienstzeiten, zu denen dieser »Vizekönig« der Killer keinen Streifendienst durchzuführen hat, wird er mit der Leitung der militärpolizeilichen Ermittlungen zu wenigstens einem der Morde des »Killerkönigs« Roberto Lopes Martínez beauftragt. Dieses System, das einem Killer die Möglichkeit zur Ermittlung in einem Mordfall gibt, der von einem Kollegen begangen wurde, erklärt zumindest, warum die Täter immer wieder straffrei ausgehen.

Wir untersuchen 28 der 46 Totschlagsdelikte, die von Leutnant Gilson Lopes begangen wurden. Dabei können wir in den Besitz von Sachverständigengutachten gelangen, die man im Rechtsmedizinischen Institut von 20 seiner Opfer angefertigt hat. In 19 dieser Fälle weisen die Opfer Einschüsse an der Vorder- oder Rückseite des Kopfes auf. Vier von ihnen sind durch Schüsse in den Rücken getötet worden. Mit den vollständigen Daten der 20 Toten in den Händen, die allein Gilson zum Opfer fielen, forschen wir bei den zivilen Gerichten nach eventuellen Vorstrafen dieser Toten. Das Ergebnis unserer Ermittlung belegt, daß jeder zweite, der von Gilson Lopes umgebracht wird, ein sogenannter Ersttäter ist, der noch nie in ein Verbrechen verwickelt war.

Die Häufigkeit, mit der der Name des Leutnants in Situationen auftaucht, die ihm ein Lob als Banditenkiller eintragen, beeindruckt mich derart, daß ich 1982 beschließe, eine ganz besondere Fährte zu verfolgen. Sie gibt mir die Aussicht darauf, an seinen Aktionen als Augenzeuge teilzunehmen. Diese Gelegenheit bietet sich eines Abends, an dem sich ein Verfolger tatsächlich der Festnahme widersetzt und eine Schießerei zwischen den Polizisten und dem Verdächtigen stattfindet. Es mag Zufall sein, doch in dem einzigen Fall, den ich als Augenzeuge miterlebe, ist der Feind der Militärpolizisten kein Krimineller. Es handelt sich um einen Arbeiter, der eine feste Anstellung hat und nicht vorbestraft ist. Er ist ein guter Schütze. Ich bin nicht der einzige Zivilist, der beobachten kann, wie der Arbeiter das Duell mit dem blutrünstigen Leutnant zu seinen Gunsten entscheidet.

Die Unschuldigen

Kapitel 17
Die Polizei hat eine stärkere Stimme

Das Haus des Mannes, der die Geheimnisse der Militärpolizei am besten kennt, ist eine seltsame Festung irgendwo im östlichen Stadtgebiet von São Paulo. Zehn Tage lang bemühe ich mich darum, von ihm empfangen zu werden; schließlich willigt er ein. Dabei stellt er mir eine Bedingung: absolute Pünktlichkeit.

Vereinbarungsgemäß läute ich um Punkt 0.45 Uhr an einem frühen Mittwochmorgen an seinem Tor. Offenbar habe ich damit den automatischen Türöffner betätigt, denn das Eisentor geht von ganz allein auf. Lautes Hundegebell dringt an mein Ohr.

Langsam pirsche ich mich durch einen dunklen Flur in Richtung der Geräusche, die direkt vor mir aus einem beleuchteten Zimmer dringen. Ein seitlicher Lattenverhau schützt mich vor dem deutschen Schäferhund, der auf einem kleinen Gartenstück aufgeregt hin- und herspringt. Ich bemerke ein kleines rotes Lämpchen in einem schwarzen Kasten an der Decke, ein Zeichen dafür, daß ich mit großer Wahrscheinlichkeit gerade von einer auf den Eingang gerichteten Videokamera aufgenommen werde.

Diese Art des Empfangs jagt mir einen gehörigen Schrecken ein. Plötzlich blinkt eine Lampe, eine Sirene heult auf; ihr Klang erinnert mich sofort an die Sirenen auf den Fahrzeugen der ROTA. In dem dunklen, engen Flur steigert sich das Heulen zu einem ohrenbetäubenden Lärm. Als ich den erleuchteten Saal betrete, wird die Sirene leiser. Statt dessen ertönt ein übermächtiges Organ: »Die Polizei hat eine stärkere Stimme!«

Diese Stimme gehört einem mageren Mann von etwa 1,85 Meter Körpergröße, kahlköpfig, mit einer sehr hellen Haut und kleinen Augen, die fast immer wie geschlossen wirken. Er sitzt vor einem Mikrofon. Alle sieben Minuten spricht er zu über 50 000 Menschen, die das Morgenprogramm »Madrugada com Deus« des Radiosenders Tupi hören.

Das Heulen der Sirene, gefolgt von dem triumphierenden Ausbruch polizeilicher Stimmgewalt, ist das journalistische Markenzeichen dieses Programms. Musik wechselt sich ab mit Nachrichtenmeldungen, Gebeten und Predigten evangelischer Priester. Keiner der Radiohörer weiß jedoch, daß Chico Plaza der einzige blinde Reporter Brasiliens ist.

Sein fehlendes Sehvermögen hindert ihn nicht daran, verschiedene Aktivitäten gleichzeitig auszuführen. Er ist nicht nur Polizeireporter beim Rundfunk, sondern gehört auch der zivilen Polizei an, wo er zwei Funktionen erfüllt: Er ist Funker der CEPOL, eines Organs, das Beschwerden und Anzeigen der Bevölkerung entgegennimmt, und er ist Agent der GEP, einer Sondertruppe der Polizei, die auf Rettungsaktionen spezialisiert ist. Als ausgebildeter Elektrotechniker überwacht er die Wartung der Sicherheitseinrichtungen in den Banken der Großstadt. Alle seine Tätigkeiten drehen sich um seine große Leidenschaft: den Rundfunk.

Die erste Meldung, die Chico Plaza an diesem Morgen durchgibt, handelt von einem Überfall. Während er den Anruf des Zuhörers aus den Studios von Radio Tupi entgegennimmt, gleiten seine Finger über ein weißes Papier, auf dem die entsprechenden Informationen in Blindenschrift vermerkt sind. Seine getragene Stimme verrät Erfahrung. Der Umgang mit dem Mikrofon ist ihm vertraut.

»In diesem Augenblick befinden sich die Diebe in der Bäckerei Dois Irmãos in Lauzane Paulista. Patrouillen der ROTA nähern sich mit Höchstgeschwindigkeit dem Ort des Geschehens. Was für ein aufregender Morgen, liebe Hörer! Wir sind gleich wieder mit weiteren Einzelheiten bei Ihnen, denn, ja warum denn ... ? Nun, die Polizei hat eine stärkere Stimme! Und jetzt hören wir den Segen von Pfarrer Décio Silva!«

»Gott sei mit dir, Chico Plaza ... Befreit eure Seelen von den Verbrechen ... Weiche, Satan!«

Mein Ziel an diesem Morgen ist es, die Nachrichten, die Chico Plaza verbreitet, aus erster Hand zu erfahren. Ich habe vor, mich eine Weile in seinem Studio aufzuhalten, in der Hoffnung, auf diese Weise wenigstens ab und zu Informationen über Schießereien zwischen Militärpolizisten und Kriminellen live mitzubekommen. Ich befasse mich schon seit einigen Monaten mit dieser

Idee, seit ich das Radioprogramm »Madrugada com Deus« verfolge.

Gleich, als ich das Haus betrete, erfasse ich, daß in diesem Studio meine Möglichkeiten, Informationen zu erhalten, ungleich größer sind, als ich erwartet hatte. Ich habe vor, sobald sich der erste Fall ereignet, mich augenblicklich zum Ort des Geschehens zu begeben, um meine Reportage in allernächster Nähe zu den Killern erstellen zu können.

Während der ersten Programmpause nähere ich mich dem Tisch, an dem Chico Plaza sitzt. Ich bin beeindruckt von all den Apparaturen, die ihn umgeben. Während wir uns vorstellen, betätigt er Dutzende von Knöpfen an seiner elektronischen Ausrüstung und erzeugt eine wahre Symphonie undefinierbarer Geräusche. Als ich mich neugierig zeige, erklärt mir Chico Plaza Funktion und Zweck jedes einzelnen Geräts. Er ist über alle Maßen stolz auf die technische Ausstattung seines Studios.

»Sie sind um große Sicherheit bemüht, nicht wahr, Chico? Der Hund, Gitterstäbe. Ich habe im Flur dort eine Kamera bemerkt...«

»Dann haben Sie nichts gesehen. Es sind vier Mikrokameras. Eine im Flur, eine im Vorgarten und zwei im Obergeschoß, mit Infrarotlicht, die sogar den Schatten eines Banditen aufnehmen können. Wollen Sie mal sehen?«

Chico Plaza betätigt eine Taste seines Aufnahmegeräts, spult die Kassette an die gewünschte Stelle zurück und drückt noch eine Taste. Gleich darauf erscheine ich auf dem Monitor, aufgenommen von einer Kamera, die in rotierenden Bewegungen den Raum abfährt und jegliche Bewegungen vor dem Haus einfängt. Die Aufnahme zeigt mich, wie ich das Auto vor dem Haus parke, aus dem Wagen steige und auf dem Gehweg nach der Hausnummer suche, auf meine Uhr blicke, an der Torglocke läute und den Flur betrete.

»Und wenn ich ein Feind gewesen wäre, Chico? Die Tür war geöffnet, was dann?«

»Dann hätten Sie den phantastischsten Empfang Ihres Lebens bekommen.«

»Wie das?«

»Meine Infrarot-Alarmanlage versagt nie. Wenn jemand durch den Flur kommt, durchläuft er gleichzeitig eine Lichtschranke, die automatisch ein Signal an den Zentralcomputer des Hauses weitergibt.«

»Wo befindet sich diese Computerzentrale?«

»Selbstverständlich befindet sie sich an einem Ort, den niemand kennen darf.«

»Warum haben Sie die Sirene eingeschaltet, als ich gekommen bin?«

»Das ist der Alarmton, der das Durchschreiten der Infrarotlichtschranke anzeigt. Ich habe ihn per Fernsteuerung ausgelöst.«

»Fernsteuerung?«

»Nicht einmal im Bett lege ich sie aus der Hand.«

Chico Plaza zeigt mir, daß die Fernsteuerung der Infrarotschranke an seiner Halskette angebracht ist. Es ist ein winziges Gerät mit zwei Tasten, die allein mit dem kleinen Finger betätigt werden können. Eine davon löst über Computer Alarm bei zwei Stellen der zivilen Polizei aus. Die andere löst bei Betätigung Notrufsignale an weiteren fünf strategischen Punkten aus. Der Computer ist in der Lage, den Hilferuf an die drei nächstgelegenen Polizeiwachen weiterzuleiten, auch ohne einen Befehl von Chico Plaza zu empfangen.

Alle Alarmsysteme des Hauses sind mit den vier Mikrokameras an den Wänden verbunden. Die Infrarotkameras erfassen nur die Anwesenheit von Menschen. Sie reagieren nicht auf Tiere und kleinere Objekte. Ganz anders die Lichtschranke im Eingangskorridor: Sie ist höchst empfindlich und nimmt sogar eine vorbeilaufende Maus wahr.

Diese sehr teuren und modernen Ausrüstungen gehören nicht Chico Plaza. Sie sind Eigentum eines Bankenkonsortiums. Der größte Teil des Alarmsystems ist mit mehr als hundert Bankfilialen der großen Städte des Bundesstaates São Paulo verbunden. Sie alle haben Chico Plaza die nächtliche Überwachung ihrer Besitztümer anvertraut.

»Und wenn es dem Feind gelingt, all diese Apparate zu überlisten und in das Haus einzudringen, was dann?«

»Dann würde er in weniger als zehn Minuten von den Männern der Polizeiwache dieses Viertels, von der zivilen Polizei, von den Soldaten der Funkpatrouille und dem Mobilen Einsatzkommando umringt sein. Das System ist sogar an das der Bundespolizei angeschlossen.«

»Und wenn Widerstand geleistet würde, durch eine Schießerei zum Beispiel?«

Chico Plaza versichert mir, daß er in der Lage ist, sich zu verteidigen. Er öffnet eine Schublade, um mir zu zeigen, wie er in einem solchen Fall reagieren würde. Ich erblicke einen Revolver des Kalibers 32. Doch das ist nicht seine einzige Waffe. Die zweite hat er in einer Mappe zusammen mit seinen wichtigsten Dokumenten versteckt. Obwohl er blind ist, behauptet er, treffsicher schießen zu können, wenn ein Notfall dies erfordern sollte. Sein liebster Schutzengel ist jedoch seine verwitwete Mutter Maria Plaza, die ihm bei der Erledigung der Aufgaben behilflich ist, zu denen das Sehvermögen unerläßlich ist.

Die Bilder und Diplome an den Wänden des Studios erzählen einen Teil der Lebensgeschichte Chico Plazas, eines ehemaligen Zirkusanimateurs und Ansagers in einem Vergnügungspark. Als Sohn einer einfachen Arbeiterfamilie aus dem Innern des Bundesstaates São Paulo kommt er mit sieben Jahren in die Hauptstadt, zusammen mit der Mutter und den drei Schwestern, denn der Vater ist gestorben. Deshalb übernimmt Chico die Rolle des Beschützers der Familie und ist von klein auf gezwungen, für seine finanzielle Unabhängigkeit zu kämpfen. Der Berufsweg als Rundfunkelektrotechniker, den er zunächst einschlägt, kann ihm kein sicheres Einkommen garantieren, doch lernt er vieles, was für ihn später nützlich sein soll. Chico Plaza wird zu einem der populärsten Radiosprecher, die in den morgendlichen Programmen zu hören sind. Darüber hinaus gilt er als ein Polizeibeamter, der anerkanntermaßen für die Menschlichkeit eintritt und seinen öffentlichen Dienst ehrenamtlich verrichtet.

Das Archiv mit den Tausenden von Kassetten enthält eine ganze Sammlung von Heldengeschichten, die von seiner Arbeit berichten. Es sind Geschichten wie die über eine Rettungsaktion, die von der zivilen Polizei von einem Hubschrauber aus durchgeführt wurde, an dessen Bord sich vier Personen befanden. Der Pilot, ein Kommissar und zwei Untersuchungsbeamte flogen damals ziemlich orientierungslos durch den bewölkten Himmel. Es war ein Winternachmittag. Sie befanden sich auf dem Rückflug von einer dringenden Rettungsaktion, ein Notfall in Campos do Jordão, wo ein Junge durch einen Huftritt am Kopf verletzt worden war. Ihre Situation war kritisch, denn der Hubschrauber hatte fast überhaupt keine Bodensicht mehr und noch gerade soviel Benzin, um einen siebenminütigen Flug zu überstehen. Obwohl der Pilot Funkkontakt zu der Hubschrauberlandebasis hatte und sich so orientieren konnte, sah er keine Möglichkeit zur Landung, denn die Wolken hingen sehr tief und der Landeplatz war nicht zu sehen.

Nachdem Chico Plaza über Funk die mehrfachen erfolglosen Landeversuche miterlebt hatte, griff er ein: Da das Sprechfunkgerät der Hubschrauberbasis nicht mehr funktionierte, improvisierte er eine Dreiecksoperation und vermittelte über die Frequenz seiner Rundfunkstation zwischen der Flugbasis und dem Hubschrauberpiloten. Auf diesem Weg gelang es ihm, an das Flugpersonal der Bodenstation weiterzuleiten, man möge drei mit Benzin gefüllte Tonnen an den Rand des Landeplatzes stellen und in Brand setzen. Die senkrechten Rauchsäulen durchbrachen die Wolkendecke und dienten dem Piloten als Orientierung zu seiner sicheren Landung, die ihm genau zwei Minuten vor dem vollständigen Verbrauch des Flugbenzins gelang.

Die Geräte, die Chico Plaza zur Verfügung stehen, ermöglichen eine Kontaktaufnahme mit dem gesamten Krankenhausnetz in einem Umkreis von 100 Kilometern um São Paulo. Ebenso erreichen ihn alle Informationen der Funkpatrouillen von Feuerwehr, Bürgerwehr, Geldtransportern, Einkaufszentren, der zivilen Polizei, der Militärpolizei und der Bundespolizei.

Auf dem großen Tisch, an dem er den größten Teil des Tages und auch des Abends verbringt und den er »Studio Plaza« nennt, sind, verbunden über endlose Meter Kabel: vier Mikrofone, neun Telefonapparate mit 30 Direktverbindungen, Standleitungen, eine Funkvermittlungsstelle, die eine Dreieckschaltung zum Beispiel zwischen einem Polizisten der Funkstreife mit einem privaten Telefonanschluß und noch einer dritten Person an einer privaten Funkstation ermöglicht, installiert.

Ich bin sofort tief beeindruckt von den nachrichtentechnischen Möglichkeiten, über die Chico Plaza verfügt. Er kann alle Ereignisse im Leben derjenigen Bewohner der 80 000 Quadratkilometer großen Umgebung São Paulos erfassen, die sich im Augenblick in irgendwelchen Ausnahmesituationen befinden. Ohne Zweifel bestehen gute Aussichten, in einer derartigen Funkstation eine

Meldung oder eine Anzeige über eine Schießerei aus erster Hand zu bekommen.

Ich bemerke, daß die Geräte ununterbrochen Informationen empfangen. Chico Plaza nimmt eine Auswahl vor, das heißt, er spielt nur die wichtigsten Meldungen auf ein Band. Wenn es eine Nachricht ist, die gegen Morgen eintrifft, so verbreitet er sie live in seinem Programm über Radio Tupi.

Eines der Telefone läutet. Trotz der Geräuschkulisse, die durch das Stimmengewirr und das Rauschen aus den Funkgeräten erzeugt wird, weiß Chico Plaza genau, über welchen Apparat er die Nachricht entgegennehmen muß.

> Agentur Itaú Avenida Paulista, Nummer 555. Wir werden gerade überfallen... Ich wiederhole: Agentur...

Chico Plaza hat eine Botschaft empfangen, die ihm über die Telefonleitung von einem elektronischen Gerät übermittelt wurde. Es ist die große Neuerrungenschaft seines Studios: Die Anzeige wird elektronisch aufbereitet, das heißt, es ist ein Computer, der spricht.

Fünf Minuten vergehen, bis er sich wieder über Radio Tupi meldet. Zuerst nimmt er über Funk schnell Kontakt mit der Agentur dieser Bank auf, um Informationen zu erhalten, noch bevor er die Polizei von dem Vorfall in Kenntnis setzt und die Meldung über das Programm »Madrugada com Deus« verbreitet. Die Aufnahmekassetten, die an die Wählscheibe gekoppelt sind, setzen sich in Gang. Sie nehmen den Dialog auf, den Chico mit seinem Gesprächspartner am anderen Ende der Leitung führt.

»Hallo, ist dort die Agentur Itaú 555 auf der Paulista?«

»Hääh?«

»Ist dort die Agentur Itaú?«

»Hääh, was?«

»Können Sie bestätigen, daß es einen Überfall in der Bank gegeben hat? Mit wem spreche ich denn?«

»Nachtwächter Sérgio, zu Ihren Diensten.«

»Können Sie einen Überfall in Ihrer Bank bestätigen?«

»Ach wo. Hier ist alles friedlich.«

»Wie das? Hier in der Zentrale heult ununterbrochen die Sirene. Sie haben doch nicht auf dem Alarmknopf geschlafen, oder?«

»Auf keinen Fall...«

»Wo befinden Sie sich gerade?«
»Ich sitze.«
»Dann probieren Sie es doch mal mit Aufstehen ...«
»Ich bin schon aufgestanden.«
»Bestens. Die Alarmsirene ist jetzt still, haben Sie es gehört?«
»Wirklich? Wollen Sie damit sagen, ich habe auf dem Alarmknopf gesessen?«
»Zum fünften Mal in diesem Monat, nicht wahr, Sérgio?«

Das erneute Aufheulen der Sirene im Studio ist das Zeichen für Chico Plaza, eine weitere Nachricht aus erster Hand im morgendlichen Radioprogramm »Madrugada com Deus« zu verbreiten.

»In diesem Augenblick bittet der Fahrer eines Lastwagens, der Milch ausfährt, die Polizei von Tremembé um Hilfe. Er ist gerade von zwei Elementen überfallen worden, die sich noch in der näheren Umgebung aufhalten. Tremembé, Tremembé! Eine Patrouille der ROTA fährt schon mit Volldampf in Richtung auf das Städtchen. Warum? Weil die Polizei die stärkere Stimme hat!«

Die zwei Tage, die ich in Chico Plazas Studio verbringe und vor allem das Mithören des morgendlichen Radioprogramms lassen mich Zeuge verschiedenster Einsätze der Militärpolizei werden. In einigen Fällen gelingt es mir, eine halbe Stunde nach dem Vorfall am Ort des Geschehens einzutreffen. Bei meinen ersten Versuchen, auf diese Art und Weise live einer Schießerei beizuwohnen, scheitere ich. Jedesmal, wenn ich am Tatort mit 30, 40 Minuten Verspätung eintreffe, finde ich nur noch das typische Szenario eines bereits begangenen Verbrechens vor: Die Spuren der Gewalttätigkeit, das Hin und Her zu spät gekommener Polizisten und Neugieriger, die wissen wollen, was geschehen ist. Jedesmal hatten die Killer ihre Opfer schon in ein Krankenhaus gebracht. Nie gelingt es mir, die Attentäter bei einem Schußwechsel zu überraschen, noch treffe ich auf Überlebende oder Augenzeugen.

Während ich noch im Studio von Chico Plaza auf die Gelegenheit warte, Augenzeuge eines derartigen Schußwechsels zu werden, unternehme ich einige Versuche, mich direkt an die Killer zu wenden. Viele Male versuche ich beim Kommando der Militärpolizei die Einwilligung zu bekommen, die Männer der ROTA auf ihren täglichen Patrouillen begleiten zu dürfen. Meine Gesuche werden abgelehnt mit der Begründung, man könne nicht für meine körperliche Sicherheit garantieren. Im Mai 1982 jedoch, als ich bei der Zeitschrift »IstoÉ« arbeite, werde ich zusammen mit dem Fotografen Hélio Campos Melo von einer Einladung überrascht. An einem Mittwochnachmittag, als wir dem 1. Bataillon einen Besuch abstatten, um den Kommandanten der ROTA zu interviewen, lädt uns der diensthabende Offizier für Öffentlichkeitsarbeit in der Kaserne ein, vier Mannschaften der Kommandotrupps auf ihren nächtlichen Patrouillen zu begleiten.

»Geben Sie einer der Mannschaften den Vorzug, Barcellos?« werde ich höflich gefragt.

»Wie wäre es mit der Mannschaft von Roberto Lopes Martínez?« schlage ich vor.

»Er leistet gerade ein paar Tage Reservedienst.«

»Und die von Leutnant Gilson Lopes, zum Beispiel?«

»Er befindet sich schon auf den Straßen der Stadt, aber ich werde Sie in eine Mannschaft stecken, die den beiden anderen das Wasser reichen kann, ein hohes Niveau!«

Wir wohnen dem raschen Training der Soldaten in der Kaserne bei, das eine psychologische Vorbereitung der Mannschaften, Aufwärmübungen und einen Test der Federung der Fahrzeuge beinhaltet. Gegen acht Uhr abends fahren wir bereits mit hoher Geschwindigkeit auf die Randgebiete von São Paulo zu. Wir sind gleich beeindruckt von der hohen Leistung des Motors und der Wendigkeit des Fahrers, der sich den Weg durch den regen Straßenverkehr bahnt. Als die Fahrbahn frei ist, zeigt der Tachometer über 140 Stundenkilometer an. Selbst in den Kurven fährt er nicht unter 100 Stundenkilometern.

Wir überqueren Kreuzungen, ohne auf grünes oder gelbes Licht zu warten. Die einzige Sicherheit vor Zusammenstößen bildet das Geheul der Sirene, die alle Autofahrer veranlaßt, anzuhalten oder zur Seite zu fahren, um dem Streifenwagen Platz zu machen.

Hélio und ich sitzen auf dem Rücksitz, er an der Tür, und ich in der Mitte, einen Soldaten zu meiner Linken. Wir halten uns an der Eisenstange fest, die zur Sicherheit der Beifahrer an der Bank vor uns angebracht ist. Es besteht die ständige Gefahr, daß das Fahrzeug ins Schleudern gerät oder auf den Kreuzungen mit anderen Wagen zusammenzustößt. Der Verschleiß dieses Streifenwagens zeigt sich in dem hohen Spiel des Lenkrads. Um nicht aus den Kurven getragen zu werden, ist der Fahrer gezwungen, es mit abrupten Bewegungen hin- und herzureißen.

Der Kommandant der Mannschaft, Hauptmann Iezo Conte Silva, auf dessen Konto nach den Eintragungen in unserer Datenbank vier Morde gehen, sitzt vorn neben dem Beifahrer. Er liebt es, seinen Untergebenen über Funk Befehle zu erteilen. Iezo redet beinahe die ganze Zeit, ein Merkmal, dem er seinen Spitznamen unter den Kollegen der ROTA zu verdanken hat: Er ist der Psychologe. Iezo gehört zu den Offizieren, die ihren untergeordneten Soldaten ständig theoretische Anweisungen erteilen, mit dem Ziel, sie auf den Kriegszustand mit Kriminellen vorzubereiten, noch bevor sie die Kaserne verlassen und auf den Straßen der Stadt Patrouille fahren.

Die Aufgabe des Hauptmanns ist es, die Arbeit der anderen Mannschaften auf den Straßen zu koordinieren, die jeweils aus einem Offizier, einem Polizisten und zwei Soldaten bestehen. In dieser Nacht sind vier andere Kommandotrupps der ROTA auf die Stadt verteilt. 25 Streifenwagen sind es, die gleichzeitig auf der Suche nach Verdächtigen die Straßen durchkämmen. Wir machen die Beobachtung, daß, solange keine dringenden Funksprüche durchgegeben werden oder einer der Streifenwagen in eine Verfolgung verwickelt ist, die Jagd in einem völlig anderen Stil durchgeführt wird: Es wird äußerst diskret verfahren.

Die Geschwindigkeit wird auf 30 bis 20 Stundenkilometer reduziert, alle Scheinwerfer werden ausgeschaltet. Die gesamte Mannschaft hat aufmerksam ihren Blick auf die Straße gerichtet, kontrolliert jede verdächtige Bewegung in der Dunkelheit.

Dem Hauptmann fällt plötzlich ein roter Opala auf, der vor uns herfährt. Er befiehlt dem Fahrer des Streifenwagens, sich dem Auto unbemerkt zu nähern. Nach einigen Sekunden trägt er dem Soldaten auf, eine Verfolgung einzuleiten. Schnell befindet sich die Vorderfront des Streifenwagens in gut einem Meter Abstand zur Stoßstange des Opala, der noch so gut wie neu zu sein scheint. In dem Wagen sitzen drei Jungen. Der jugendliche Mitfahrer auf dem Rücksitz des Autos scheint die Beobachtung durch die Streife bemerkt zu haben, die sich jetzt beinahe neben ihnen befindet. Hauptmann Iezo, dessen Wortschatz von umgangssprachlichen Ausdrücken nur so wimmelt, drückt das anders aus: »Der am Steuer hat's faustdick hinter den Ohren. Guckt euch das an: steifer Nacken, Blick geradeaus gerichtet. Der tut so, als hätte er uns nicht gesehen. Der wird uns jetzt kennenlernen, der schwere Junge!«

Es ist eine der klassischen Attacken der ROTA. Von einer Sekunde auf die andere richten die Militärpolizisten das Licht der Scheinwerfer mitten ins Gesicht des verdächtigen Fahrers, beschleunigen, blenden auf und halten ihre Waffen aus den Wagenfenstern. Der Opala hält sofort auf dem Seitenstreifen. Der Wagen der ROTA stoppt unmittelbar dahinter, und zwar in der gleichen Position wie zuvor, nämlich Stoßstange an Stoßstange. Es ist eine Sicherheitsvorkehrung. Für den Fall, daß die Verdächtigen reagieren sollten, müßten diese sich beinahe um 180 Grad drehen, um auf die Polizisten zu schießen.

Die Türen des Streifenwagens öffnen sich, und die Militärpolizisten gehen dahinter in Deckung. Von dort fordern sie die drei Jungen mit lauter Stimme auf, ihren Wagen zu verlassen und die Hände über den Kopf zu nehmen. Alle drei gehorchen. Erst jetzt kommen die Militärpolizisten näher. Sie nehmen eine allgemeine Durchsuchung der Verdächtigen und ihres Wagens vor und stellen bald fest: »Es sind Franzosen.« Franzose bedeutet in der Sprache der Militärpolizisten: »Gewöhnliche Bürger.«

Der Fahrer des Opala darf fahren. Er ist der Sohn eines Supermarktbesitzers und hat den Wagen von seinem Vater ausgeliehen, um mit den Freunden eine Spazierfahrt zu unternehmen.

Bei einigen Attacken, die die Militärpolizisten vornehmen, können wir feststellen, daß sie gewisse Regeln beachten, wenn es darum geht, jemanden zu verdächtigen. Fast alle dieser Regeln haben mit dem äußeren Erscheinungsbild oder der Reaktion der betreffenden Person zu tun, die diese an den Tag legt, wenn sie von den Killern beobachtet wird. Dies gilt für Fußgänger ebenso wie für Autofahrer. Nichts ist schlimmer, als wegzurennen, sobald man den grauen Streifenwagen erblickt. Dies bedeutet jedoch nicht, daß derjenige, der nicht wegrennt, keine Gefahr liefe, Opfer eines Angriffs der mißtrauischen Militärpolizisten zu werden.

Wir stellen auch fest, daß die Männer der ROTA ihre Verpflichtungen bestens kennen und zu befolgen in der Lage sind: Sie behandeln die Bürger höflich, respektieren ihre Rechte, sorgen für ihre Sicherheit, ohne gewalttätig zu werden, ohne willkürlich vorzugehen. Wir haben jedoch den Verdacht, daß dieser besonders zuvorkommende Stil in dieser Nacht ein inszeniertes Spiel sein könnte, das uns beeindrucken soll.

Während der Patrouille führen wir mit den Männern der ROTA angeregte Gespräche über ihre Arbeitsbedingungen bei der Militärpolizei. Alle beschweren sich über den niedrigen Lohn. Die Soldaten verdienen weniger als 300 Dollar im Monat.

Die drei Männer der Mannschaft von Hauptmann Iezo sind für diese Aufgabe rekrutiert worden, weil sie sich in anderen Einheiten der Militärpolizei besonders hervorgehoben haben. Die Arbeit der ROTA, die bei weitem das höchste Risiko von allen Aufgaben innerhalb des militärischen Verbandes birgt, bedeutet keinerlei Vorzüge bei der Entlohnung. Es gibt nicht einen Heller mehr am Monatsende. Selbst der Hauptmann, der einen durchschnittlichen Verdienst von 700 Dollar monatlich hat, ist nicht zufrieden. Er verdient nur ein Fünftel des Lohnes, den ein US-amerikanischer Polizist für die gleiche Tätigkeit bekommt.

Der einzige Betrag, den die Militärpolizei für ihr materielles Wohl leistet, ist zum Lachen. Es ist der sogenannte »Soldaten-Mac«, ein Sandwich mit Mortadella, das sie in der Kaserne vor ihren Streifenfahrten erhalten. Niemand ißt diese Brote, die im allgemeinen in den Händen irgendeines Bettlers landen.

Während eines Imbisses in einer Bäckerei erklären sie uns, daß die Arbeit bei der ROTA nur einen Vorteil gegenüber anderen habe: Es ist die Ehre, die sie genießen, Teil einer Eliteeinheit zu sein, zu einer Truppe zu gehören, die bei der Militärpolizei am höchsten eingestuft wird.

Unser Gespräch wird unterbrochen, als der Soldat, der den Streifenwagen vor der Bäckerei bewacht, den Hauptmann zu sich ruft. Dieser soll eine Botschaft entgegennehmen. Es ist die Meldung, auf die wir schon so lange gespannt warten: »Achtung, Achtung! An alle Fahrzeuge, an alle Fahrzeuge! Vorrangige Fahndung in westlicher Stadtzone, in Freguesia do Ó! Verstärkung! Zwei Elemente in einem grünen Passat... Verstärkung!«

Der Hauptmann schnappt sich energisch das Funkgerät und stellt den Kontakt mit der Einsatzzentrale her, um weitere Daten in Erfahrung zu bringen. Kurze Zeit später fahren wir vom äußersten Osten São Paulos schon mit hoher Geschwindigkeit in Richtung der westlichen Stadtteile, während sich der Hauptmann mit den vier anderen Mannschaften der ROTA kurzschließt, die seinem Kommando unterstehen.

»Hier ist das Kommando der ROTA 3, Freguesia do Ó, in der Nähe der Brücke an der Marginal. Verstanden, Tiger?«

Sein Funkspruch wird nicht gleich beantwortet. Man gibt eine Botschaft nach der anderen durch, doch ohne Erfolg. Eine Kontaktaufnahme mit den anderen Mannschaften ist nicht möglich. Nur die Stimme des Soldaten von der Einsatzzentrale ist deutlich zu hören. Er ist darum bemüht, alle Mannschaften davon in Kenntnis zu setzen, wo genau sich die Verfolgung gerade abspielt. Die hat mittlerweile schon einen Verkehrsunfall verursacht. Der Fahrer des verdächtigen Wagens, der die Marginal mit einer Geschwindigkeit von 140 Stundenkilometern verläßt, gerät auf ein Schotterfeld und fährt frontal gegen zwei Holzpfeiler, die einen Carport stützen.

Als wir eine halbe Stunde nach Ende der Verfolgungsjagd am Ort des Geschehens eintreffen, befinden sich dort schon fünf Streifenwagen. Zwei weitere treffen mit uns ein. Der Fahrer des Passat ist von den Militärpolizisten bereits ins Krankenhaus gebracht worden - als Toter. Dem Freund des Fahrers ist die Flucht an den Fluß Tietê gelungen. Einige Militärpolizisten, die ihn verfolgt haben, versichern, er sei in die tiefen Fluten des Flusses gestürzt. Eine Gruppe von ihnen steht noch am Ufer. In der Hocke, mit ihren Waffen im Anschlag, um schußbereit zu sein, sollte der Verdächtige wieder aus den Fluten auftauchen.

Monate später, als ich auf dem Heimweg von einem Kinobesuch in meinem Autoradio den Sender Tupi einstelle, verbreitet der blinde Reporter eine Meldung, die mir höchst interessant erscheint. Es ist die Gelegenheit, eine Schießerei der ROTA aus nächster Nähe zu erleben.

(...) höchst gefährliches Element, das schon einen Militärpolizisten und einen Ermittlungsbeamten getötet hat. Das Haus ist von mehr als hundert Militärpolizisten umstellt, doch er leistet den Schüssen aus ihren Feuerwaffen Widerstand. Und jetzt aufgepaßt: In unserem Studio trifft gerade die Meldung ein, daß der berühmte Leutnant Gilson Lopes angeschossen wurde! Der berühmte Leutnant ist schwer verletzt! Die Schießerei nimmt ihren Fortgang. Ein höchst gefährliches Element (...)

Kapitel 18
Ein Abgeordneter als Killer

Zwei Stunden schon leistet er Widerstand gegen ein Artillerieaufgebot von mehr als 50 Polizisten. Seine Zuflucht ist ein einfaches Steinhaus mit unverputzten Mauern, das sich zehn Meter vom Gehweg entfernt befindet. Er ist im Besitz eines Revolvers. Wieviel Munition er hat, weiß man nicht. Seine Gegner sind zivile Polizisten, Ermittlungsbeamte, Soldaten und Leutnants, die mit Revolvern, Tränengasgranaten, Gewehren und Maschinenpistolen bewaffnet sind. Während die Polizisten ununterbrochen Schüsse auf ihn abgeben, schießt er nur ab und zu. Es dauert mitunter zehn, ja fünfzehn Minuten, bis er den nächsten Schuß aus dem Haus abgibt. In der ersten Stunde dieser bewaffneten Auseinandersetzung zeigt er eine bemerkenswerte Treffsicherheit: Sechsmal feuert er, drei Volltreffer: Er verletzt den Soldaten Celso Vendramini und den Ermittlungsbeamten Roberto Sanches und tötet den Leutnant Rage Paulo Neto von der Militärpolizei.

Das Durcheinander am Haus ist groß. Die Polizisten können sich nicht einig werden. Jeder erteilt schreiend Befehle, die gleich darauf lautstark widerrufen werden. Einige werfen dem Mann im Steinhaus Schimpfworte zu, die er nicht erwidert. Er spricht nur, wenn ihn jemand auffordert, sich zu stellen. Und selbst dann antwortet er nicht immer.

Die kleine unbefestigte Straße des Jardim Olinda, eines südlichen Randgebiets von São Paulo, ist mit Fahrzeugen verstellt. Mehr als 20 Streifenwagen versperren die Durchfahrt. Endlich trifft Verstärkung ein, die die Polizisten schon herbeigesehnt hatten. Es ist der Streifenwagen eines Mannes, der innerhalb der ROTA als ein großes Vorbild angesehen wird: Leutnant Gilson Lopes, der augenblicklich das Kommando über den Einsatz übernimmt. Seine erste Maßnahme besteht darin, die zivilen Polizisten vom Ort des Geschehens abzuziehen. In der Folge läßt er das

Feuer einstellen. Er befiehlt allen Polizisten, ihre Revolver und Maschinenpistolen zu sichern. Laut schreiend erteilt er seine Befehle, damit der Mann es im Steinhaus hören kann. Und so beginnt die dritte Stunde dieser bewaffneten Auseinandersetzung mit einem Versuch des Leutnants Gilson Lopes, den Feind im Alleingang zu überwältigen, und zwar mittels eines Überraschungsangriffs.

Der Leutnant befiehlt zwei Soldaten, die auf dem Dach des Nachbarhauses stehen, Tränengasgranaten durch ein Kippfenster ins Haus zu werfen. Mit der Maschinenpistole in der rechten Hand und einer Laterne in der linken drückt er sich langsam an der im Dunkeln liegenden Gartenmauer entlang und bewegt sich auf den Hauseingang zu. Einer der Soldaten gibt ihm von hinten Feuerschutz.

Der Leutnant steht jetzt mit dem Rücken dicht an der Hauswand und drückt die Tür mit dem Lauf seiner Maschinenpistole auf. Die Tür öffnet sich, sie war nur angelehnt. Der Leutnant will gerade eintreten, als ihn zwei Schüsse von seinem Vorhaben abschrecken.

Er versucht es auf dem Verhandlungsweg, wirft seine schwarze Baskenmütze in das Haus, richtet das Licht seiner Laterne auf die Kopfbedeckung und droht: »Ich bin hier der Kommandant, respektieren Sie meine Autorität!«

»Du bist nichts als ein Scheißdreck«, antwortet der Mann, bevor er erneut einen Schuß abgibt.

Der Soldat, der seinem Kommandanten Feuerschutz gibt, versucht den Mann zu täuschen und schlägt eine neue Taktik ein.

»Ich bin der Amtsrichter: Wenn Sie sich stellen, garantiere ich Ihnen vollen Rechtsbeistand.«

»Ihr seid von der ROTA. Wenn ich meine Waffe wegwerfe, werdet ihr mich töten ...«

Der Plan des Leutnants ist es, das Haus im Laufschritt zu stürmen und ins Wohnzimmer vorzudringen. Von dort führt eine Tür in das Zimmer, in dem sich der Mann versteckt hält. Er stellt sich vor, den Mann zu überwältigen, indem er ihn an seinem ausgestreckten Arm festhält, sobald dieser den nächsten Schuß abgibt.

Ein Soldat gibt einen Feuerstoß aus seiner Maschinenpistole auf die Zimmertür ab. Geduckt pirscht sich der Leutnant an den Feind heran. Dieser gibt nur einen einzigen, treffsicheren Schuß ab, der Leutnant Gilson Lopes mitten in die Brust trifft. Der Militärpolizist fällt mit dem Oberkörper in den Hauseingang.

Der Soldat fordert Verstärkung an, um den Kollegen zu retten. Über 100 Soldaten haben der Szene von draußen beigewohnt und sind verzweifelt: »Das ist doch nicht möglich! Er hat Gilson Lopes umgenietet! Was ist das nur für ein Kerl, mein Gott?« ruft ein Polizist entsetzt aus.

Die Polizisten schießen aus ihren Maschinenpistolen. Der Soldat, der seinem Kommandanten Feuerschutz gegeben hatte, nutzt diesen Augenblick, um ihn an den Beinen aus der Schußlinie zu ziehen. Auch andere Militärpolizisten kommen dem Kommandanten jetzt zu Hilfe.

In wenigen Minuten starten zwei Streifenwagen in rasender Fahrt Richtung Guarulhos. Eines der Fahrzeuge bringt den Leutnant in ein Krankenhaus. Das andere soll einen gleichwertigen Vertreter für das verletzte Idol der ROTA holen.

Es ist zwei Uhr morgens. Nicht zum ersten Mal wird Hauptmann Roberval Conte Lopes mitten in der Nacht aus dem Schlaf gerissen, um sich einer Herausforderung zu stellen. Gleich, als er am Ort des Geschehens eintrifft, wird deutlich, mit welch übertriebenem Eifer er seine Aufgabe in Angriff nimmt, ein Eifer, der die Kollegen ansteckt: »Den werde ich in Stücke reißen! Wo ist der Hurensohn?«

Einzelne Schüsse und Feuerstöße werden in Richtung Haus abgegeben, noch mehr Tränengasgranaten werden geworfen. Die kleine Küche, das Wohnzimmer und das Schlafzimmer sind nun von dichten Rauchschwaden durchzogen, die in der Nase und der Kehle ein schrecklichen Brennen erzeugen und in den Augen stechen.

Oseas Antônio dos Santos, der auf dem Boden des Zimmers sitzt, gleich neben der Tür, hat sich an die Steinwand gelehnt. Tränen laufen ihm unaufhörlich über das Gesicht. Er versucht, sich der Wirkung des schrecklichen Gases zu entziehen und den Schüssen auszuweichen.

Er ist nicht allein. Seine Frau Amélia Gomes de Oliveira, in der vierten Woche schwanger, liegt auf dem Bett und klammert sich an die Füße ihres Mannes.

Neben Amélia liegen die sechsjährige Dulcilene, die dreijährige Denise, der zweijährige Oseas junior und der anderthalbjährige Edmilson. Die Kinder klammern sich an die Mutter. Seit zwei Stunden schon weint und zittert die ganze Familie vor Angst.

Alle Augenblicke fordert sie der Vater zur Ruhe auf. Sie sollen Stillschweigen bewahren und die Kraft, Widerstand zu leisten. »Wenn sie unser Weinen hören, dann dringen sie in das Haus ein und töten uns alle. Kraft, wir brauchen Kraft.«

»Dieses Gas kann man nicht mehr aushalten, Oseas. Die Kinder werden daran sterben.«

»Lauf ins Badezimmer, Frau. Ich werde dir Feuerschutz geben... Duck dich, schnell, renn los!«

Ihm bleiben noch zwei Patronen für seinen Revolver. Die Polizisten drohen jeden Augenblick das Haus zu stürmen. Oseas ist gezwungen, mit seiner Munition sparsam umzugehen. Nun muß er noch einen Schuß abgeben, ein schwacher Schutz für seine Familie, die sich in Bewegung setzt, um das Zimmer zu verlassen.

Die Militärpolizisten reagieren mit Dutzenden von Schüssen und schreien laut durcheinander. Amélia und die Kinder erreichen ihr Ziel. Sie dreht die Dusche auf, denn das Wasser schafft Linderung gegen die Wirkung des Tränengases. Aber jetzt ist sie nicht mehr in der Nähe ihres Mannes und macht sich Sorgen um ihn.

»Komm hierher, Oseas, komm!«

»Ich habe keine Munition mehr, Frau, es geht nicht mehr!«

Die Frau kriecht bis zu zwei Meter an die Türschwelle zu seinem Zimmer heran. Sie öffnet einen Schrank und tastet mit den Händen in die hinterste Ecke. Zwischen dem Porzellan und der persönlichen Habe der Familie findet sie einen kleinen Pappkarton und wirft ihn in Oseas Nähe. Er greift sofort nach der Schachtel voll Munition. Während seine Frau wieder in das Badezimmer kriecht, läuft einer der Söhne auf den Vater zu und wirft sich ihm an den Hals. Es ist Oseas junior, auch Reloginho genannt. Jeden Morgen gegen 5.30 Uhr springt der magere Blondschopf mit den glatten, strähnigen Haaren aus dem Bett, das er mit seinem jüngeren Bruder Edmilson teilt, und weckt den Vater zärtlich, indem er ihm über das Gesicht streichelt: »Papa, Papa, wach auf! Du mußt arbeiten!«

»Auf dich ist Verlaß, mein Sohn, du bist wirklich mein kleiner Wecker!« pflegt Oseas dann zu sagen.

Am Morgen jenes Tages im März 1982 ist das nicht anders. Nachdem Oseas von Reloginho geweckt worden war, hatte er den kleinen Sohn in ein Stühlchen im Badezimmer gesetzt und ein Bad genommen. Dann frühstückten die beiden zusammen. Um sechs Uhr morgens hatte der Arbeiter bereits das Haus verlassen und war den Fußweg von 15 Minuten bis zur Bushaltestelle gelaufen. Der Omnibus brachte ihn jeden Morgen zur Fabrik São Bernardo do Campo. Oseas ist Metallarbeiter bei Massey Ferguson in einer Abteilung zur Herstellung von Traktorkabinen. Unter seinen Arbeitskollegen gilt er als äußerst arbeitsam.

Oseas ist immer darum bemüht, Überstunden zu machen, um seinen Verdienst aufzubessern. An den Samstagen absolviert er oft einen 16-Stunden-Tag. Wenn er an den Sonntagen nicht nach Morumbi geht, um sich ein Fußballspiel einer Mannschaft aus São Paulo anzusehen, nutzt er seine Freizeit, um Steine und Zement zu schleppen, Nägel in Holz zu schlagen, anzustreichen, etwas im Haus zu erneuern und zu reparieren oder einem Nachbarn bei Reparaturen im Haus zu helfen. Sein außergewöhnlicher Arbeitseifer hat ihn in die engere Wahl der Anwärter auf den Posten des Produktionsleiters eines Montagebandes bei Massey Ferguson gebracht. Den ganzen Tag schon denkt er darüber nach, ob er die Aufgabe annehmen soll. Er ist nicht gerade darauf erpicht, eine Arbeit auszuführen, bei der er die Kollegen kontrollieren muß. Das einzige, was ihn an diesem Posten reizt, ist eine Erhöhung seines Monatslohns von 400 Dollar um 20 Prozent. Gegen Ende seines Arbeitstages, der weit bis in den Abend reicht, setzt er die Geschäftsführung davon in Kenntnis, daß er sich von dem Angebot zwar geehrt fühle, aber bedauere, es nicht annehmen zu können.

Als er zu Hause eintrifft, ist er sehr glücklich. Trotz des feinen Regens, der an diesem Abend fällt, laufen ihm die Kinder schon durch den Vorgarten entgegen, als sie das Tor klappen hören. Der Vater umarmt alle vier gleichzeitig und trägt sie ins Haus, zwei auf jedem Arm.

Nach dem Abendessen setzt er sich mit seinem Sohn Reloginho auf dem Arm in einen Sessel und sieht sich die Fernsehsendung »Show ohne Grenzen« an, als er hört, wie jemand auf der Straße seinen Namen ruft. Er steht auf, stellt die Lautstärke des Fernsehers herunter, macht das Licht im Wohnzimmer aus und bittet die Kinder, sich ruhig zu verhalten. Aufmerksam lauscht er den Geräuschen, die von der Straße an sein Ohr dringen. Dann hört er Händeklatschen, und wieder ruft jemand seinen Namen: »Wir wollen mit dir reden, Oseas!«

»Hier wohnt kein Oseas. Mein Name ist Joaquim«, antwortet er mißtrauisch und sieht durch einen Spalt des Rolladens auf die Straße. Er erblickt drei Männer, die am Gartentor stehen. Sein Mißtrauen ist mehr als berechtigt. Am Anfang dieser Woche sind zwei bewaffnete Männer in sein Haus eingedrungen, haben seine Frau und die vier Kinder überwältigt und gestohlen, was er sich in zwei Jahren vom Mund abgespart hatte. Außerdem haben sie seinen Radiowecker und eine seiner Waffen, einen Revolver vom Kaliber 38, gestohlen. Nachdem sich die Diebe aus dem Staub gemacht haben, bittet Amélia den Fahrer eines Streifenwagens von der ROTA um Hilfe. Der verweigert ihr jedoch jede Unterstützung. »Wir sind von der ROTA. Es ist nicht unsere Aufgabe, Opfern von Raubüberfällen zu Hilfe zu kommen. Sie sollten auf einer Polizeiwache Anzeige erstatten.«

An dem Tag, als sich der Überfall ereignet, hat Oseas sechs Überstunden gemacht. Er ist erst gegen zehn Uhr abends nach Hause gekommen. Obwohl es schon sehr spät ist, beschließt er, noch am gleichen Tag Vorkehrungen zu treffen. Als seine Frau ihm erzählt, was vorgefallen ist, schöpft er gleich Verdacht, daß dahinter ein Junge stecken könnte, der im Viertel als Dieb und Räuber bekannt ist, Jesus Marques Vieira. Tage zuvor hat ihm Jesus ein Angebot unterbreitet und ihm vorgeschlagen, eine gestohlene Uhr gegen seine Waffe einzutauschen. Oseas ist den Handel nicht eingegangen. Er muß nun wieder daran denken, sein Mißtrauen ist geweckt. Amélia erzählt ihm, daß die beiden Männer, die gewaltsam in das Haus eingedrungen sind, davon gesprochen haben, daß sie auf der Suche nach dem Revolver ihres Mannes scien und ganz genau wüßten, daß dieser eine Waffe im Haus versteckt halte.

Oseas Verdacht veranlaßt ihn, noch in der gleichen Nacht nach dem verdächtigen Jungen zu suchen. Er bittet seinen Freund Geraldo um Unterstützung, der sich im Viertel einen Ruf als strenger Hüter der Ordnung erworben hat, weil er die Kriminellen in der Gegend bekämpft.

Nachdem sie einige Stunden mit der Suche verbracht haben, treffen sie Jesus schließlich in einem Winkel des Jardim Olinda. Geraldo ist mit einem sogenannten »Muchaco« bewaffnet, zwei

Holzkeulen, die mit einem Metalldraht zusammengebunden sind. Oseas hat sich nicht unter Kontrolle und zieht sein Messer aus dem Gürtel, noch bevor sie mit Jesus gesprochen haben. Der Junge begreift, daß ihm ein Angriff droht, und läuft davon. Oseas und sein Freund verfolgen ihn bis in den Vorgarten seines Hauses, wo der Gehetzte seine Familie um Schutz bittet. Der Vater des Jungen erscheint im Vorgarten und macht Anstalten, den Sohn zu verteidigen. Geraldo, der Ordnungshüter, steht am Gartentor, Oseas hat sich hinter den Holzzaun geduckt.

»Was wollen Sie von meinem Sohn?« fragt Quirino Marques, der 57 Jahre alte Vater von Jesus.

Bevor Geraldo etwas antworten kann, sagt Oseas: »Den Alten nicht, der ist in Ordnung. Ich will den Jungen.«

Jetzt erscheint auch Jesus' Bruder Marcolino im Vorgarten. Er nähert sich zusammen mit dem Vater. Beide wollen mit dem Ordnungshüter Geraldo sprechen. Oseas, der das Hin und Her verfolgt hat, steht ebenfalls auf und will erklären, warum sie den Jungen gejagt haben. Er verlangt seine Waffe zurück. Der Vater geht ins Haus und befragt seinen Sohn Jesus. Dann kommt er wieder heraus. Er ist genau so schlau wie zuvor und versichert, der Junge streite ab, sich an dem Überfall beteiligt zu haben. Oseas macht aus seiner Verärgerung keinen Hehl. Bevor sie sich zurückziehen, sagt er noch drohend: »Irgendwann werde ich mir dieses Bürschchen noch schnappen! Wenn er eines Tages tot ist, wundert euch nicht!«

Am folgenden Tag wird Jesus zusammen mit einer Jugendlichen des Viertels, Sílvia Ventili, ermordet aufgefunden. Die Polizei, die auf die Leichen stößt, kann Dutzende von Messerstichen an den Körpern der Toten ausmachen, die typischen Merkmale eines Racheaktes. Die Angehörigen zeigen Oseas auf der Polizeiwache als den verdächtigen Täter an.

Der Untersuchungsbeamte Roberto Sanches erklärt sich bereit, mit seiner Ermittlung in den Straßen des Viertels zu beginnen, um das Verbrechen sofort aufzuklären. Nachdem er die Leichen der beiden Jugendlichen untersucht hat, bittet er den Bruder und den Vater des toten Jesus um ihre Mithilfe bei der Aufklärungsarbeit. Gegen elf Uhr nachts treffen die drei Männer vor dem Haus des Verdächtigen ein. Eine richterliche Befugnis haben sie nicht.

»Hier ist die Polizei, Oseas. Wir müssen mit dir sprechen!«

»Nichts da, Polizei!« antwortet Oseas. Seine Frau steht neben ihm und späht auch durch einen Fensterspalt nach draußen.

Amélia glaubt, daß es wieder die drei Räuber sind, die sich dafür rächen wollen, daß sie den Überfall auf der Polizeiwache angezeigt hat. Ihr Mann ist auch mißtrauisch. Er hat den Revolver in der Hand.

»Komm raus, Oseas! Wir sind von der Polizei und müssen mit dir sprechen!« schreit der Untersuchungsbeamte.

»Dann zeigen Sie mir erst Ihren Polizeiausweis! Bringen Sie ihn hierher vor die Tür!«

»Komm auf die Straße, dann zeigen wir ihn dir. Komm jetzt sofort raus, das ist ein polizeilicher Befehl!«

»Sie sind also von der Polizei, ja? Ich habe niemandem etwas getan«, antwortet Oseas und gibt im gleichen Augenblick einen zielsicheren Schuß ab.

Der Untersuchungsbeamte verspürt ein Brennen in der Brust. Ohne Schmerz zu empfinden, geht er seitlich hinter einer Mauer in Deckung. Plötzlich können seine Beine sein Gewicht nicht mehr tragen, und er fällt zu Boden. Der Bruder von Jesus sieht, daß der Mann verletzt ist. Zusammen mit seinem Vater hilft er dem Polizisten, durch die hinteren Türen des Fahrzeugs einzusteigen. Der Fahrer des Polizeiautos setzt sich bereits per Funk mit der Notaufnahme in Verbindung; dann fährt er in ein Krankenhaus.

Während dessen haben sich schon andere Streifenwagen mit hoher Geschwindigkeit auf den Weg gemacht, um der Aufforderung zur vorrangigen Fahndung nach einem Verdächtigen Folge zu leisten, der sich seiner Festnahme widersetzt. Für einen kurzen Augenblick glaubt Oseas, die Gefahr um das Haus herum gebannt zu haben.

»Diesen Verbrechern habe ich es gezeigt!« sagt er zu Amélia. Er hat nicht erfaßt, daß er einen Polizisten angeschossen hat.

In weniger als fünf Minuten ist jedoch die ganze Aufmerksamkeit der Familie wieder auf die Straße gerichtet. Die Lichter im Haus sind immer noch ausgeschaltet, als Oseas Wagentüren zuschlagen hört. Durch das Fenster sieht er, wie einige Männer auf das Haus zukommen. Ein paar rennen durch den Vorgarten des Nachbarn. Er trägt seiner Frau auf, die schlafenden Kinder zu wecken, um sie zu schützen, während er nervös nach der Schachtel mit der Munition sucht, die er im Kleiderschrank versteckt hat.

Als er die ersten Schüsse hört, sucht Oseas schnell an der Wand neben dem Eingang zum Wohnzimmer Schutz.

»Ergeben Sie sich! Kommen Sie mit erhobenen Händen heraus!« schreit einer der Polizisten.

»Ich werde mich nicht ergeben, auf keinen Fall! Ich bin kein Bandit!«

»Sie sind umzingelt!«

»Gehen Sie fort. Morgen werde ich mich auf der Polizeiwache stellen. Das ist keine Uhrzeit, um an die Tür eines Arbeiters zu klopfen.«

»Sie sind ein Verbrecher. Wenn Sie nicht herauskommen, werden Sie sterben!«

»Wenn ich schon sterben muß, dann will ich in meinem Haus sterben. Aber einer von euch wird mit mir gehen!«

Ständig trifft Verstärkung ein. Eine Stunde, bevor die Schießerei beginnt, haben 20 Polizeiwagen und über 100 zivile Polizisten und Militärpolizisten das Haus von Oseas umstellt. Die Situation verschärft sich noch, als der Arbeiter mit einem Schuß das Bein des Soldaten Celso Vendramini trifft, der auf dem Dach des Nachbarhauses steht und Tränengasgranaten wirft.

Die Polizisten haben es aufgegeben, Oseas dazu zu überreden, sich zu stellen. Statt dessen geben sie mehr und mehr Schüsse auf das Haus ab. In Oseas, der schon völlig verzweifelt ist, wächst die Überzeugung, daß er nicht mehr mit dem Leben davonkommen wird. Seine einzige Hoffnung ist der anbrechende Morgen.

»Wenn ich bis zum Morgen durchhalte, werde ich bei Gericht um Unterstützung bitten. Du mußt mir helfen, Frau, hilf mir!«

Die Schreie der Kinder dringen schließlich bis auf die Straße, was ein gewaltsameres Vorgehen von seiten der Polizisten verhindert.

Oseas ist sparsam mit seiner Munition. Er schießt nur, wenn sich einer der Polizisten dem Hauseingang nähert. So sehr er um sein Überleben kämpft, bringt ihn doch jeder abgegebene Schuß mehr und mehr um seine Chancen. Als er den tödlichen Schuß auf Rage abgibt, der versucht, durch ein Zimmerfenster ins Haus einzudringen, ist sich Oseas der Tatsache bewußt, daß er sich jede Aussicht darauf verspielt hat, die Schießerei lebend zu beenden.

Die Reaktion der Polizisten auf den Tod von Leutnant Rage löst ein wahres Chaos im Haus der Familie aus. Kugeln aus großkalibrigen Waffen durchlöchern die Holztür, schlagen in die Schränke ein, reißen ganze Stücke aus den Wänden des Wohnzimmers. Oseas hat stehend nur wenig Bewegungsspielraum, will er nicht in die Schußlinie geraten. Die Frau und die vier Kinder sind jedoch relativ sicher unter dem Bett. Die Kugeln, die durch das Fenster schlagen, zischen über das Bett hinweg. Die Steinwand verhindert das Eindringen der Kugeln, die von draußen auf die Hauswand unterhalb der Fenster knallen.

Als Leutnant Gilson Lopes nach drei Stunden bewaffneter Auseinandersetzung beschließt, seine Taktik zu ändern, bedeutet dies einen vorübergehenden Waffenstillstand. Man versucht, Oseas zu überreden, sich zu stellen, was dieser als Falle deutet. Er ist davon überzeugt, daß sie ihn mit einem Überraschungsangriff töten werden, sobald er unbewaffnet ist. Er antwortet kaum auf die Angebote, die ihm unterbreitet werden. Der Schuß, den er auf Leutnant Gilson Lopes abgibt, setzt dem Gespräch schließlich ein Ende.

Als der neue Kommandant dieses Einsatzes eintrifft, Roberval Conte Lopes, der von seinen Obersten für extrem gewalttätiges Vorgehen in vergleichbaren Situationen schon zweimal befördert worden ist, ändert man die Strategie. Nun wird wieder geschossen.

Ich geselle mich zu der Gruppe von Reportern, die hinter den Mauern eines Nachbarhauses Deckung genommen haben. Es ist das erste Mal, daß ich eine Schießerei, in die Militärpolizisten von São Paulo verwickelt sind, als Augenzeuge miterlebe.

Ich stelle fest, daß das Vorgehen der Polizei rechtmäßig ist. Der Arbeiter wird verdächtigt, zwei Menschen umgebracht zu haben. Er hat auf die Aufforderung, sich zu stellen, mit Schüssen reagiert, darüber hinaus einen Polizisten getötet und zwei weitere verletzt.

Gleich zu Anfang bin ich jedoch von den übertriebenen Ausmaßen dieser Operation beeindruckt, bei der es mehr als 100 Polizisten zur Überwältigung eines einzigen Mannes bedarf. Noch überraschter bin ich, als ich herausfinde, daß alles mit dem Irrtum eines Ermittlungsbeamten begann, der den Arbeiter kurz vor Mitternacht zu Hause aufgesucht hat, ohne im Besitz einer richterlichen Befugnis zu sein. Was mich jedoch am stärksten beeindruckt, ist das Durchhaltevermögen Oseas, das sich zum Teil mit der besonderen Beschaffenheit seines Hauses erklären läßt. Das einfache Steinhaus mit drei Zimmern schützt seine Familie vor den Angreifern. Es ist wie ein kleiner Bunker, der oben durch eine Betondecke geschützt wird. An der hinteren Hausseite gibt es keine Eingänge, abgesehen von dem winzigen Badezimmerfenster, das auf Kippe steht. Die Fenster zu den Zimmern und zur Küche, die mit Gitterstäben gesichert sind sowie der Eingang zum Wohnzimmer befinden sich an der vorderen Hausseite, die so tief wie möglich ins Erdreich gebaut wurde. Auf diese Weise hat Oseas von den einzigen angreifbaren Punkten des Hauses eine gute Sicht und kann so über einen langen Zeitraum einem bis an die Zähne bewaffneten Heer von über 100 Polizisten Widerstand leisten.

Nach drei Stunden Kampf ist die Familie auf das Haus verteilt. Die Frau und drei der Kinder befinden sich im Badezimmer unter der laufenden Dusche, um die Wirkung des Tränengases zu lindern. Amélia ruft nach Oseas, der auf dem Boden sitzt und Reloginho auf den Armen hält. Der Vater und der Sohn, denen das Gas die Luft zum Atmen nimmt, kriechen in Richtung Badezimmer. Oseas nimmt Reloginho an seine linke Körperseite, um ihn vor den Schüssen zu schützen. Der kritische Punkt ist der Eingang zum Wohnzimmer, in das die Kugeln durch die Holztür eindringen. Unaufhörlich schießen Projektile durch die Luft. Sie zischen in zwei Metern Höhe über den Boden. Als Oseas diese Stelle erreicht, beschließt er, aufrecht auf die andere Seite zu laufen. Er wird von einer Kugel im Bein getroffen und stürzt zu Boden. Mit dem Schwung, den er genommen hatte, kann er sich noch vor die Tür des Badezimmers werfen.

»Sie haben mein Bein kaputtgeschossen, Frau. Sie haben mich getroffen ...«

Amélia zieht ihn in das Badezimmer. Seine Schmerzensschreie und der Anblick des Blutes, das aus der Wunde läuft, versetzt die fünf anderen in Panik. Doch Oseas versucht noch immer, sie zu beruhigen. Er hilft der Frau dabei, die Kinder mit den Köpfen in die Nähe der Toilettenschüssel zu bringen, um diese zu schützen. Dann greift er nach seiner Waffe, die auf dem Boden liegt, bringt sich wieder in Position und gibt einen Schuß auf die Polizisten ab, nachdem er ihnen zugerufen hat: »Das ist, damit ihr nicht in das Haus eines Arbeiters kommt!«

Nur seine Familie wird Oseas Ausruf gehört haben, der im Lärm der Schüsse untergeht. Immer noch ist seine Aufmerksamkeit auf jegliche Bewegung an der Eingangstür gerichtet, wo er jeden Augenblick mit dem Eindringen der Polizisten rechnet. Er erfaßt nicht mehr, daß die Gefahr diesmal von hinten naht, oberhalb seines Kopfes. Das Kippfenster des Badezimmers ist geöffnet. Oseas sieht die Augen des Feindes nicht, der die Szene im Badezimmer beobachtet.

Hauptmann Conte Lopes versucht zunächst, den Lauf seines Revolvers durch den offenen Fensterspalt zu stecken. Er wartet einige Sekunden, bis sich der Kopf der Frau nicht mehr in seiner Schußlinie befindet. Dann schießt er. Oseas fällt rücklings zu Boden. Amélia hält sein Gesicht in den Händen. Die Augen ihres Mannes flackern in einem letzten Aufbäumen. »Sie haben Papa getötet«, sagt sie zu den Kindern. Dann schreit sie es hinüber zu den Polizeibeamten.

Die Nachricht macht unter den Polizisten auf der Straße die Runde. Diese sind nicht gerade begeistert, so aufgebracht sind sie über die Verluste unter den Kollegen.

Amélia erscheint an der Haustür mit einem der Kinder auf dem Arm. Die anderen Kinder haben sich an ihre Beine geklammert. Einige Militärpolizisten stürmen sofort das Haus. Sie zerren Oseas Leiche nach draußen und werfen ihn auf den betonierten Boden des Vorgartens, etwas, das mich sehr überrascht. Zu diesem Zeitpunkt hatte ich schon Dutzende von Fällen untersucht, in denen das von den Kugeln getroffene Opfer sofort in ein Krankenhaus gebracht worden war, und dies, obwohl eine ganze Reihe von tödlichen Schüssen ihre Körper getroffen hatte. Wenn es tatsächlich die Absicht der Killer war, Erste Hilfe zu leisten – und nicht nur, den Tatort zu verändern –, so gab es in Oseas Fall noch naheliegendere Gründe, ihn augenblicklich in eine Notaufnahme zu bringen, denn schließlich hatte ihn ein Schuß in den Kopf getroffen. Es gab nur eine Erklärung für diesen Bruch mit einer alten Taktik: die Anwesenheit so vieler unparteiischer Zeugen, die beweisen konnten, daß tatsächlich ein Schußwechsel stattgefunden hatte. Es wäre schließlich völlig überflüssig gewesen, eine Hilfsmaßnahme bei einer Person einzuleiten, die bereits tot war.

Als sich die weinende Amélia wenig später auf der Polizeiwache einfindet, wird sie von den Polizisten hart angegriffen. Einige Militärpolizisten versuchen, die Kinder zu der Aussage zu nötigen, ihr Vater sei ein Verbrecher gewesen. Die Mutter hört sich diese Anschuldigungen schweigend an. Sie antwortet nur, als sie der Mörder ihres Mannes mit unverhohlener Wut und Arroganz angreift.

»Weinen nützt jetzt nichts mehr. Er ist tot, fertig aus. Sehen sie mich genau an: Ich habe ihn getötet«, versichert Hauptmann Conte Lopes.

»Gott hat alles gesehen. Ich bin sicher, daß er Sie eines Tages dafür bestrafen wird. Das werden Sie teuer bezahlen«, antwortet Amélia, die sich schon die Tränen trocknet.

Stunden später verbreiten die Polizeisender bereits über Rundfunk einen Teil der morgendlichen Geschehnisse. Die Reporter berichten von der sagenhaften Geschichte Oseas. Es ist einer der seltenen Fälle, in denen im Verlauf einer Schießerei nicht nur Zivilpersonen Opfer der Gewalttätigkeit wurden. In den Radioprogrammen wird Oseas, der ein tadelloses polizeiliches Führungszeugnis vorweisen konnte, als ein gefährlicher Bandit geschildert. Amélia wird als eine Komplizin ihres Mannes und als Prostituierte dargestellt, die ihre vier Kinder angeblich mit vier verschiedenen Männern gehabt haben soll. Hauptmann Conte Lopes wird mit Lob nur so überschüttet, als sei er der große Held dieses Morgens gewesen und habe für Gerechtigkeit gesorgt.

Gegen Ende der Woche wird Amélia von zivilen Polizisten davon in Kenntnis gesetzt, daß man etwas ganz Entscheidendes herausgefunden habe, etwas, das die ganze Tragödie hätte verhindern können. Oseas ist keineswegs der Mörder der beiden Jugendlichen, deren Tötung er verdächtigt worden war. In Wahrheit sind zwei andere Männer für diese Tat verantwortlich: Luiz Antônio dos Santos und José Rivadável. Es kann bewiesen werden, daß der eine der beiden, Luiz, dem Opfer Jesus Marques einen Dolch geliehen hat, als dieser behauptete, sich aus Angst vor den Androhungen Oseas schützen zu müssen. Am folgenden Tag wird Jesus von Luiz und dessen Freund Rivadável angegriffen, als er sich weigert, den Dolch herauszurücken. Die beiden Männer sind betrunken. Rivadável packt Jesus beim Hals, während Luiz ihn mit mehr als 50 Dolchstößen tötet. Die Jugendliche Sílvia Ventili, die durch Zufall Augenzeugin des Verbrechens wird, wird ebenfalls durch Dolchstöße in den Rücken getötet. Die Polizisten, die in diesem

Verbrechen ermitteln, gehören derselben Polizeiwache an, auf der auch der Untersuchungsbeamte Sanches arbeitet. Er hatte versucht, Oseas als den Tatverdächtigen für den Doppelmord festzunehmen.

Nur die nächsten Angehörigen und Freunde der Familie wissen, was tatsächlich geschehen ist. Aber Amélia sorgt dafür, daß die Vorfälle den Arbeitskollegen ihres Mannes zu Ohren kommen, die in Gedenken an Oseas einen Artikel in der Zeitung »Jornal da Massey Ferguson« herausbringen:

> Die Art und Weise, wie er von uns gegangen ist, hinterläßt bei uns tiefe Trauer, Scham und sogar Wut. Wir werden uns jedoch nicht damit aufhalten, darüber zu urteilen, wer für dieses Vergehen zur Verantwortung gezogen werden kann, denn dies obliegt einer Justiz, deren Möglichkeiten weiter reichen als die Mittel, die uns gegeben sind. Wir wünschen nur, daß du, wo immer du dich aufhalten magst, weißt, daß du immer unter uns weilst und daß du in unseren Gedanken fortbestehen wirst. Dort, wo deine körperliche Präsenz noch spürbar ist, harren wir deiner, so, als könntest du eines Tages zurückkommen. Daß du an deinem neuen Aufenthaltsort den Frieden finden und von dort die Schritte all derer beschützen und mit Liebe und in der Tat diejenigen unterstützen mögest, die du geliebt hast und die dich lieben, vor allem deine Kinder. Bald werden wir vereint sein.
> Deine Kollegen von der Massey Ferguson.

Zehn Jahre später hat die Familie von Oseas das Trauma jener Nacht noch immer nicht überwunden. Die Frau und die Kinder sind aufs äußerste erregt, sobald sie über die Killer der Militärpolizei sprechen. Die 40jährige Amélia sieht wesentlich älter aus, als sie eigentlich ist. Sie ist krank und hat schwere Wirbelsäulenprobleme, was eines ihrer Beine um zwei Zentimeter verkürzt hat. Oft denkt sie daran, wieder in das Landesinnere des Bundesstaates Minas Gerais zurückzukehren, von wo sie zusammen mit Oseas 1975 emigriert war. Doch ihr mangelt es an Mut und den finanziellen Mitteln, um mit vier Kindern ein neues Leben zu beginnen. Sie hat einen Anspruch auf umgerechnet 60 Dollar aus der Rente ihres Mannes. Besonders glücklich ist sie nicht über ihre

Arbeit in einer Fahrradfabrik, in der sie monatlich 150 Dollar verdient, denn sie ist gezwungen, die älteren Kinder mit der Aufsicht über die jüngeren Geschwister zu betrauen.

Reloginho ist am heftigsten aufgebracht über die Killer. Er ist auch derjenige in der Familie, der am tiefsten von der Angst gezeichnet ist. Es gab einen Zeitpunkt, da er dachte, ein Tier im Leib zu haben. Dann klagte er darüber, daß sich das Tier in seinem Fuß befände. Die Mutter zog ihm den Schuh aus, doch da war nichts. Dann klagte er darüber, das lästige Tier sei in seinem Kopf oder in der Brust oder in den Armen oder Beinen. Keiner von der Familie konnte das Tier je ausfindig machen. Das Geheimnis wurde erst gelüftet, als Amélia den Jungen zu einem Psychologen brachte und dieser ihr erklärte, daß dies eine Reaktion auf die Bilder des Terrors jener Nacht sei. Das »Tier« war die noch lebendige Erinnerung Reloginhos an die Killer.

Der jüngste, Elias, ist derjenige, der die Tragödie am leichtesten verarbeitet hat. Seine Gesichtszüge erinnern sehr an die des Vaters. Auch er hat glatte, blonde Haare, grüne Augen und eine dunkle Haut. Elias hatte sich in dieser Nacht des Terrors noch im Bauch seiner Mutter befunden. Aber er weiß den Tod des Vaters in allen Einzelheiten zu erzählen, so als habe er alles selbst gesehen und gehört. Er ist stolz auf den einsamen Widerstand, den Oseas geleistet hat, ein Held, wie er sich nur in den Geschichten findet, die ihm die Geschwister erzählen und die er Fremden gern mit theatralischen Gesten nacherzählt: »Und da spannte Papa den Hahn und pofff! Das ist, damit ihr nicht in das Haus eines Arbeiters kommt! Pofff, pofff!«

1992 ist Oseas Mörder Parlamentsabgeordneter von São Paulo im zweiten Mandat, in das er mit 50 000 Stimmen gewählt wurde. Als ehemaliger Hauptmann der Militärpolizei hat sich Roberval Conte Lopes mittlerweile im ganzen Land einen Ruf als Killer von Banditen erworben und gehört zu denjenigen, die auf eigene Faust zur Verbreitung ihrer schrecklichen Berühmtheit beitragen. Er übt noch einen anderen, ganz neuen Beruf aus und betätigt sich als radikaler Radioreporter im Morgenprogramm von Radio Tupi, wo er vehement für die Tötung von Kriminellen während der Patrouillen eintritt. Obwohl er zwei Tätigkeiten nachgeht, bleibt dem radikalen Abgeordneten noch ausreichend Zeit, seine alte

Gewohnheit zu pflegen. Er kann es nicht lassen, Menschen zu verfolgen und zu töten, die er für verdächtig hält. Im April 1992 beteiligt sich Conte Lopes an zwei weiteren Morden an Zivilpersonen, was die Anzahl seiner Opfer, die in unserer Datenbank registriert sind, auf 42 steigen läßt.

Auf unserer Liste, die wir von den schrecklichsten Killern in der Geschichte der Militärpolizei angefertigt haben, nimmt Conte Lopes den dritten Platz ein, eine Plazierung, die ihm möglicherweise sogar mißfällt. Der Hauptmann selbst pflegt in seinen Interviews gegenüber der Presse voller Stolz darauf hinzuweisen, daß er zwischen 100 und 150 Kriminelle getötet hat. Er hat die Angewohnheit, sich mit dem Revolver in der Hand fotografieren zu lassen, in Szenen, die auf den Seiten des Polizeijournals besonders hervorgehoben werden und schon auf den Titelblättern der unterschiedlichsten brasilianischen Zeitschriften zu sehen waren.

Seit seiner Eingliederung in die ROTA im Jahr 1974, sieben Jahre, nachdem er Mitglied der Militärpolizei wurde, verfolgt Conte Lopes immer noch seinen Traum, als einer der schrecklichsten Killer gehandelt zu werden. Einige Jahre lang schreitet er im Schatten zweier seiner Vorgesetzten zur Tat, und zwar von Unteroffizier Roberto Lopes Martínez, dem erklärten »Spitzenreiter« unter den Mördern der Militärpolizei, und Leutnant Gilson Lopes, dessen Stellvertreter. Einige Kollegen versichern, daß es zwischen den beiden Rekordhaltern einen Disput um den ersten Platz unter den Killern gegeben habe, weil dies einen Vorteil für ihre Karriere bedeutete.

Mit seiner erst dreijährigen Erfahrung auf den Patrouillen durch die Stadt hat Conte Lopes schon wenigstens sechs Menschen umgebracht; Verbrechen, die das Kommando der Militärpolizei als Akte äußerster Schlagkraft lobt. 1977 wird er zum erstenmal befördert, und zwar aufgrund besonderer Tapferkeit. Er steigt vom einfachen Leutnant zum Oberleutnant auf und erhält eine Lohnerhöhung von 30 Prozent.

Die Anerkennung durch das Kommando seiner Einheit ist auch an den zahlreichen Lobreden und den Trophäen auszumachen, die Conte Lopes nach seinen gewalttätigen Aktionen in Empfang genommen hat. Er erhält alle nur denkbaren Auszeichnungen dieser Einheit und gelangt in Besitz des Titels: *»Ehrenauszeichnung fünften Grades aufgrund besonderer Verdienste«.*

Wenn er auch noch nicht den ersten Platz auf der Liste der Killer erreichen konnte, so ist er sicher die Nummer eins, wenn es darum geht, die Verbrechen für sein berufliches Fortkommen zu nutzen. Seit Beginn seiner Karriere ist er in Aktionen verwickelt, die ihm eine besondere Erwähnung in den Polizeinachrichten garantieren. Ebenso wie sein Mitstreiter Gilson Lopes gibt er denjenigen Fällen den Vorzug, in denen es zu Geiselnahmen kommt. Dies sorgt für besondere Anteilnahme unter den Bürgern der Stadt. Auch wenn er offiziell nicht zu diesen Aktionen abgestellt wurde, mischt er dabei nur zu gern auf eigene Faust mit und macht alles, um zur Hauptperson dieser spielfilmgleichen Episoden zu werden. Seine Besessenheit nach Ruhm ist so groß, daß er damit schließlich seine Vorgesetzten verärgert, die letztlich zu seiner Berühmtheit beigetragen hatten. In einem Fall wird er mit zwei Tagen Gefängnis in der Kaserne bestraft, weil er die Presse zu einer großen Polizeiaktion eingeladen hatte, bei der 14 Streifenwagen und 70 Militärpolizisten im Einsatz waren. Die Operation hatte kein anderer als Conte organisiert, ohne das Kommando seiner Einheit davon in Kenntnis zu setzen.

Es gelingt uns, 36 der 42 Opfer von Conte Lopes, die in unserer Datenbank registriert sind, zu identifizieren. Wir stellen fest, daß in vielen Fällen der Tod dieser Menschen hätte verhindert werden können, ohne daß damit der Gesellschaft Schaden zugefügt oder unschuldige Personen einer Gefahr ausgesetzt worden wären. Unsere Erhebungen machen deutlich, daß Contes Taktik gewöhnlich darin besteht, Verdächtige in Überraschungsangriffen zu überwältigen und diesen im allgemeinen gar nicht erst die Möglichkeit zur Verteidigung zu geben. Da er sich häufig für seine Aktionen ganz besondere Fälle auswählt, erhält er für gewöhnlich die Unterstützung eines ganzen Stabes an Militärpolizisten, die über ein wesentlich höheres Potential an Feuerwaffen verfügen als ihre Opfer. Diese sind meist in der Minderheit und werden eingekreist. Ein eindeutiger Beweis für Contes vorgefaßte Absicht, diese Verdächtigen zu töten, liegt in der hohen Zahl seiner Opfer, die durch Kopfschuß ermordet wurden. Wir befassen uns näher mit den tödlichen Verletzungen von 15 Personen, die auf Conte Lopes Konto gehen, und stellen dabei fest, daß 13 von ihnen Verletzungen im Kopfbereich aufwiesen, drei sind durch Schüsse in den Rücken getötet worden.

Wir finden auch heraus, daß er seinen Ruf mit der Unterstützung seiner Kommandanten aufbauen und auf die Solidarität radikaler Radioreporter zählen kann, deren Programme sich einer großen Zuhörerschaft erfreuen. Sie alle schenken den phantastischen Versionen von den sagenhaften Schießereien Glauben, in die Lopes verwickelt ist. Abgesehen davon, daß sie ihn mit Beförderung, Trophäen und löblichen Erwähnungen zum Töten anstiften, vertrauen ihm seine Kommandanten auch noch die Ermittlung von Verbrechen an, die seine Killerkumpane begangen haben. Ähnlich Gilson Lopes leitet auch Hauptmann Conte die unterschiedlichsten Ermittlungen von Verbrechen. Doch auch ihm ist Straffreiheit garantiert, weil die polizeiliche Untersuchung seiner Straftaten gewöhnlich der Verantwortung eines seiner Komplizen von der Militärpolizei untersteht.

Hauptmann Antônio Bezerra da Silva, der in unserer Datenbank mit acht Morden registriert ist, wird häufig als Hauptverantwortlicher zu den Ermittlungen der Verbrechen herangezogen, an denen sich Conte Lopes beteiligt hat. Es ist sicher nicht übertrieben, Zweifel an der Eigenschaft von Bezerra als unparteiischer Ermittlungsbeamter zu hegen. In der Kaserne wissen alle, daß er und Conte mehr als einmal gemeinsam zur Tat geschritten sind, wenn Verdächtige auf den Straßen der Stadt den Tod fanden.

Die beiden Männer haben noch etwas gemeinsam: Sie lieben es, ihre Opfer vor der Ermordung zu beobachten, und zwar, bevor diese ein Verbrechen begangen haben, eine Tätigkeit, die ausschließlich Aufgabe der zivilen Polizei ist. Die Militärpolizisten sind dazu da, präventive Maßnahmen durchzuführen und Verbrechen im Ansatz zu verhindern. Conte hat diese Einschränkung seiner Befugnisse nie respektiert.

Wir untersuchen einige Fälle, in denen er in Zivil und mit einem Privatwagen bei der Beobachtung und anschließenden Ermordung von Verdächtigen vorging, und zwar auf Antrag der Bewohner des Viertels Guarulhos, in dem er selbst lebt. Er hat es nie nötig, diese regelwidrigen Aktionen heimlich zu tätigen. Die Männer vom Obersten Kommando der Militärpolizei sehen seine Praktiken als selbstverständlich an. Einige gehen sogar so weit, ihm ihre Unterstützung dabei zuteil werden zu lassen. Dies ist der Fall bei Major Ubiratan Guimarães, der zum Zeitpunkt der Erschießung von Oseas zweiter Kommandant des 1. Bataillons ist, dem Sitz der ROTA.

Aus unserer Datenbank geht hervor, daß sich Major Ubiratan im November 1982 an einer derartigen Observierung beteiligt hat, die eigentlich in die Zuständigkeit der zivilen Polizei gefallen wäre, und zwar in Begleitung der Hauptleute Conte Lopes und Antônio Bezerra da Silva. In diesem Fall beschränken sich die Parallelen zu der üblichen Vorgehensweise der zivilen Polizei auf die vorhergehende Beobachtung der Verdächtigen. Nachdem die Militärpolizisten diese ausfindig gemacht haben, endet ihre Entdekkung mit dem Tod von vier Menschen. Alle Leichen werden in ein Krankenhaus gebracht. Ihre tödlichen Verletzungen lassen auf eine Hinrichtung schließen. Der 37jährige Adelino Gomes da Silva hat einen Einschuß in der Stirn und drei in seinem Körper; der 20jährige Adelino Ferreira Lima weist einen Einschuß in der Stirn und fünf in seinem Körper auf; der 45jährige Sebastião Francisco Alves hat zwei in der Stirn, einen am Hals und einen in seinem Körper; der 41jährige José Aparecido wurde ebenfalls am Kopf getroffen, einmal am Kinn und einmal in die Brust.

1992, zehn Jahre später, als die Militärpolizisten ihre eigenen Tötungsrekorde an Zivilpersonen selbst übertroffen haben, treiben Major Ubiratan Guimarães und die beiden Hauptleute immer noch ihr Unwesen, mit größeren Machtbefugnissen ausgestattet als je zuvor. Major Ubiratan hat zu diesem Zeitpunkt eines der wichtigsten Ämter der Militärpolizei inne. Er ist Oberbefehlshaber bei der polizeilichen Überwachung der Hauptstadt. Obwohl der Abgeordnete Conte Lopes als Hauptmann bereits außer Dienst ist, stattet er der Kaserne der ROTA häufig einen Besuch ab, um den Neuankömmlingen unter den Soldaten beizubringen, wie sie es ihm gleichtun können. Im April 1992 geht er wieder gemeinsam mit Hauptmann Antônio Bezerra vor. In einem Wagen, der Eigentum des Parlaments ist, unternimmt er eine regelwidrige Polizeiaktion im Landesinnern des Bundesstaates São Paulo, die in dem Tod der Zivilperson Marco Antônio da Silva gipfelt.

35 Soldaten sind bei dieser Operation mit sieben Streifenwagen im Einsatz, wenn man von dem Wagen des Abgeordneten absieht. Bei der Verfolgung des Verdächtigen dringen sie in einen Stadtteil von Mairinque ein, ohne vorher, wie es das Gesetz verlangt, die zuständige zivile Polizei der Stadt von ihrem Vorhaben in Kennt-

nis zu setzen. Um in Marco Antônios Haus einbrechen zu können, der des Handels mit Drogen verdächtigt wird, bringen die Militärpolizisten sieben Maschinenpistolen, 14 Karabiner und 35 Revolver zum Einsatz. Trotz dieser überwältigenden Übermacht an Feuerwaffen muß Marco Antônio, so die Version von Conte Lopes und seinen Kollegen, sterben, weil er angeblich auf die Polizisten geschossen hat, was als ein Akt geradezu tollkühner Tapferkeit anzusehen wäre. Marco Antônios Frau hingegen beschuldigt die Mörder, ihren Mann erschossen zu haben, als er schlief.

In seiner Amtszeit als Abgeordneter ist dies das einzige Mal, daß Conte Lopes in angebliche Schießereien verwickelt ist, und zwar wie zu seinen Zeiten als Polizist.

Als Conte Lopes im Februar 1987 erfährt, daß ein 65 Tage altes Baby von zwei Männern als Geisel genommen worden ist, und die Geiselnehmer bereits von Polizisten eingekreist sind, läßt er sich die Gelegenheit nicht entgehen, seinen zweifelhaften Bekanntheitsgrad noch ein wenig zu steigern. In wenigen Minuten trifft er am Ort des Geschehens ein, wo der Versuch der Geiselnahme bereits fehlgeschlagen ist. Es ist das Haus der Eltern der Geisel Tábata Eroles in Moji das Cruzes, 40 Kilometer von São Paulo entfernt. Die Operation wird mit einer übertriebenen polizeilichen Übermacht durchgeführt, ganz nach Contes bevorzugtem Stil. Mehr als 400 zivile Polizisten und Militärpolizisten unter dem Kommando von Major Walter Crescibene sind daran beteiligt. Der Kommandant scheint die Kontrolle über die Situation verloren zu haben. Seine Strategie hat darin bestanden, die beiden Männer, die mit einem Revolver und einem Taschenmesser bewaffnet sind, zu ermüden und sie dadurch zur Aufgabe zu bewegen.

Auf der Straße herrscht ein großes Durcheinander: Hunderte von bewaffneten Zivilpersonen warten völlig aufgebracht darauf, daß die beiden Männer aus dem Haus kommen. Conte Lopes, der in Zivil gekleidet ist, mischt sich unter die Menge, um auf seine Stunde zu warten. Die Gelegenheit ergibt sich, als Major Crescibene gezwungen ist, sich mit dem Sekretär für Sicherheit über das Telefon eines Nachbarn kurzzuschließen. Conte Lopes nutzt diesen Augenblick, um in das Haus einzudringen, das schon von mehreren Militärpolizisten besetzt worden ist. Die Geiselnehmer haben sich mit dem Baby in ein Zimmer zurückgezogen. Als der

Killer zur Tat schreitet, hören die Leute auf der Straße einige Schüsse. In der Folge erscheint ein Soldat an der Haustür und trägt das Kind auf dem Arm. Die Menge applaudiert ihm.

»Es ist das Verdienst des Hauptmanns!« ruft der Soldat aus und bezieht sich mit seinem Lob auf Conte Lopes, der gerade die beiden Männer getötet hat.

Als Major Crescibene wieder an dem Haus eintrifft, verlangt er von Hauptmann Conte Lopes Erklärungen. Dieser führt an, er habe sich bei der Rettung des Kindes von seinem gesunden Menschenverstand leiten lassen. »Die beiden wollten fliehen und auf die Polizei schießen. Ich sah mich gezwungen, einen in den Hals und den anderen in die Nase zu schießen.«

Hauptmann Roberto Vieira Tosta, der an der Operation teilgenommen hat, erzählt später eine andere Geschichte. Er behauptet, die beiden Männer, die als zwei japanische Studenten des Ingenieurwesens identifiziert werden, seien gar nicht dazu gekommen, Schüsse aus ihren Revolvern abzugeben. Die Initiative für einen Angriff sei von Lopes ausgegangen. Er habe plötzlich seine Waffe gezogen, die er in einer Brusttasche mit sich führte und aus einer geringen Entfernung auf den Mann geschossen, der eine Maske trug. In den Kopf getroffen, sei dieser rücklings zu Boden gestürzt. Gleichzeitig habe Tosta auf den anderen Mann geschossen, der das Baby auf dem Arm hielt, und hat dessen Gesicht getroffen. Nach dem Bericht von Tosta habe der Abgeordnete noch einmal einen Schuß abgegeben, um den schwerverletzten Mann auf dem Boden zu töten.

Ohne weiter auf die Einzelheiten des angeblichen Schußwechsels einzugehen, stellen die radikalen Anhänger der Militärpolizei Conte Lopes in ihren Radioprogrammen als den Helden dar, der das Kind aus den Händen zweier Banditen rettete. Die beiden Toten, Eiji Ishizaki, 26 Jahre alt, und Pascoal Ioshi, 23 Jahre alt, hatten nie zuvor ein Verbrechen begangen.

Als ich die Fälle der Opfer untersuche, die auf Conte Lopes Konto gehen und die zu identifizieren mir gelungen ist, bin ich noch davon überzeugt, daß der Abgeordnete seinen traurigen Ruf als Killer von Verbrechern zu Recht trägt.

Meine Untersuchungen ergeben, daß ich mich getäuscht habe. Ich bitte bei den zivilen Gerichten um entsprechende Informationen über die kriminelle Vergangenheit von 25 Toten, die von

Conte umgebracht wurden. Ich hatte diese Opfer identifizieren, ihre Geburtsdaten und die vollständige Abstammung in Erfahrung bringen können. Obwohl Conte immer wieder versichert, nur gefährliche Kriminelle zu töten, die vergewaltigen und vor einem Mord nicht zurückschrecken, um ihre Opfer auszurauben, stellen wir fest, daß die Wahrheit ganz anders aussieht. Das Ergebnis unserer Ermittlungen zeigt, daß 12 der 25 Opfer Contes schon in ein Verbrechen verwickelt gewesen waren; in den meisten Fällen handelte es sich dabei um Diebstahl und Raub. Nur zwei dieser Toten wiesen das Profil typischer Verbrecher auf, die Conte zu verfolgen behauptet: Es waren Räuber, die schon jemanden umgebracht hatten. Die anderen 13 waren noch nie straffällig geworden und hatten ein blütenreines polizeiliches Führungszeugnis.

Das Ergebnis überrascht sogar mich. Meine Untersuchung offenbart, daß viele Leute auf dem Holzweg sind, wenn sie einen Ruf als Banditenkiller nähren. Zumindest unserer Datenbank ist zu entnehmen, daß der Abgeordnete Conte Lopes nichts weiter als ein Killer unschuldiger Menschen ist.

Kapitel 19
»Sie haben Ihren Freund getötet«

Ich kann kaum die Lichter von São Paulo ausmachen, die beinahe über den ganzen Horizont hinweg von schwarzen Gewitterwolken verdeckt sind. Zu unserer Linken leuchten die Zick-Zack-Linien der Blitze auf. Doch es ist nicht völlig dunkel, rechts sorgt das letzte Licht der untergehenden Sonne für eine geringe Helligkeit. Das Getöse des Donners ist furchteinflößend. Doch der Lärm des Propellers übertönt es noch um einiges. Der Pilot des Hubschraubers beschleunigt, um die Windgeschwindigkeit von 70 Stundenkilometern zu überwinden. Der starke Wind drückt den Hubschrauber nach unten und bringt ihn so manches Mal aus der Horizontalen in die Vertikale.

Ich habe Angst vor dem Fliegen. Dennoch bin ich ruhig. In weniger als fünf Minuten können wir den Hubschrauber verlassen. Der Pilot erklärt uns in allen Einzelheiten jedes Manöver, das er unternimmt, um dem Gewitter auszuweichen. Er scheint sich seiner Sache sicher zu sein. Wir befinden uns in einer Flughöhe von 3 000 Metern und versuchen, Kontakt mit dem Tower des Flughafens von Campo de Marte im nördlichen Teil von São Paulo aufzunehmen.

»Hallo Marte Tower, hier ist Papa-Tango-Juliete-Juliete.«

Ich befinde mich auf dem Rückweg von einer besonders aufreibenden Reise, vom arbeitstechnischen Standpunkt aus gesehen. Unser Team hatte um sieben Uhr morgens die Redaktion verlassen mit dem Auftrag, eine Reportage über einen Unfall zu machen, der sich mit einem Öltanker am nördlichen Küstenstreifen des Bundesstaates ereignet hatte, 200 Kilometer von São Paulo entfernt.

Wir verlieren eine Menge Zeit damit, an die Aufnahmen zu kommen. Zuerst versuchen wir, mit einem Boot überzusetzen. Der Ölteppich befindet sich auf hoher See. Die See ist an diesem

Tag besonders rauh, es würde uns zu viel Zeit kosten, also planen wir die Reise mit dem Flugzeug. Doch bei den Fluggesellschaften in der Nähe des Unfallorts gibt es nur kleine Maschinen mit tiefliegenden Tragflächen. Wir fahren 100 Kilometer mit dem Auto, um einen einmotorigen Hochdecker zu mieten, der das Sichtfeld der Kamera nicht einschränkt. Als wir endlich dabei sind, die Aufnahmen über dem Meer zu machen, ist es bereits nach 17.00 Uhr. Mit dem Auto nach São Paulo zurückzufahren, würde bedeuten, unsere Reportage nicht mehr in der Tagesausgabe des »Jornal Nacional« bringen zu können. Wir sitzen in der Klemme.

Dann erfahren wir, daß in São Sebastião, 70 Kilometer von unserem Standort entfernt, ein Hubschrauber eintreffen soll. Wir fahren mit dem Wagen dorthin. Als wir ankommen, ist der Hubschrauber schon gelandet und wieder in Richtung Meer aufgebrochen. Er hat einen Techniker der Ölgesellschaft Petrobrás an Bord, der damit beauftragt ist, die Ausmaße eben des Öltankerunfalls abzuschätzen. Eine Stunde später kommen sie zurück und haben eine gute Nachricht für uns. Der Techniker hat vor, an der Küste zu übernachten, doch der Hubschrauber wird nach São Paulo zurückkehren. Der Pilot ist damit einverstanden, uns als »Anhalter« mitzunehmen. Es ist schon nach sechs Uhr abends.

Der Kameramann Hugo Sá Peixoto bleibt in São Sebastião, um von dort Kontakt mit der Redaktion aufzunehmen. Ich hätte einen Motorradfahrer gebeten, mich am Flughafen von Campo de Marte abzuholen. Aber das Gewitter zerschlägt all unsere Pläne. An einem solchen Regentag hat der Redaktionschef als Sicherheitsmaßnahme allen Motorradfahrern freigegeben.

Gegen sieben Uhr abends, als wir uns Campo de Marte nähern, hege ich immer noch die Hoffnung, die Reportage retten zu können. Der Pilot versucht wieder, Kontakt mit dem Funkturm aufzunehmen. Ich nutze die Gelegenheit, um ihn um einen Gefallen zu bitten.

»Marte Tower, Marte Tower. Hier ist Papa-Tango-Juliete-Juliete.«

»Hier Marte Tower. Wir können Sie hören. Fliegen Sie weiter, Juliete-Juliete!«

»Ich komme von der nördlichen Küste. Ich befinde mich in einer Höhe von 1500 Fuß. Rechtwinklig zum Straßenzoll ... Wir müssen Sie um einen Gefallen bitten ... Ende.«

»Bleiben Sie über der Mautstation. Windgeschwindigkeit 15 Knoten. Fahren Sie fort, Juliete-Juliete.«

»Ich habe einen Reporter des ›Jornal Nacional‹ als Passagier. Er bittet darum, die Redaktion von der Verzögerung seiner Landung in Kenntnis zu setzen. Eine Annäherung an den Tower ist unmöglich. Ich gebe jetzt die Telefonnummer der Redaktion durch, verstanden, Tower?«

»Welche Strecke fliegen Sie, Juliette-Juliette? Motorradfahrer von der TV Globo wartet hier schon auf Sie?«

»Wir versuchen eine Landung an der Hubschrauberbrücke von Raposo Tavares. 15 Kilometer von dort, in der Nähe des Motels Bariloche.«

»Er bricht jetzt dahin auf, der Motorradfahrer ist schon auf dem Weg...«

»Er ist es. Das kann nur Toninho sein«, sage ich zu dem Piloten. »Er ist immer auf der Straße, bei Wind und Wetter, aus eigenem Antrieb, auf der Suche nach den Bändern mit den Reportagen.«

Aber der Pilot hört schon nicht mehr, was ich sage. Ich halte meinen Mund. Er ist jetzt darum bemüht, sich rechts zu halten und vollführt eine große Kurve in Richtung auf den Himmel über der Stadt Campinas, was einen Umweg von 100 Kilometern bedeutet, bis wir auf der Route Itapevi in westlicher Richtung sind, oberhalb der Autobahn Raposo Tavares.

Der Pilot zieht Kreise über der Hubschrauberbrücke, um seine Landeabsicht kundzutun. Einige Männer setzen sich in Bewegung, um den Landeplatz zu beleuchten. Auf mich wartet niemand. Toninho ist nicht zu sehen. Der Rotor des Hubschraubers dreht sich noch, als ich geduckt in das Büro laufe, um in der Redaktion anzurufen.

»Guten Abend, TV Globo, einen Augenblick bitte...«

»Hallo, Telefonistin, hier ist...«

Nach einigen Sekunden kommt die Telefonistin wieder an den Hörer: »TV Globo, zu Ihren Diensten.«

»Hier ist Caco Barcellos, meine Freundin. Bitte geben Sie mir die Redaktion, es ist dringend.«

»Ja, sagen Sie mal, Caco, wo sind Sie denn? Es ist sieben Uhr durch!«

»Ich war tanzen. Wir haben die Bilder machen können, aber ich habe den Motorradfahrer verpaßt. Ich hoffe, er hatte... nein, da kommt er gerade... Ich komme mit ihm geflogen...«

Ich renne auf den Rücksitz von Toninhos Motorrad zu.

»Los, laß uns aufbrechen!«

»Du bist wahnsinnig, Toninho, wie hast du uns gefunden?«

»Mit dem Blick nach oben, wie sonst!«

»Dem Blick nach oben? Und dieser Regen?«

»Ruhig Blut, Mann. Auf jetzt!«

»Du bist verrückt! Zu unserem Glück!«

Auf der Fahrt in die Redaktion meistern wir einen Straßenverkehr, der beinahe völlig zum Erliegen gekommen ist. Wir nehmen die engen Korridore zwischen den im Stau stehenden Fahrzeugen und legen auf diese Weise sieben Kilometer auf der Autobahn Rebouças bis zum Tunnel von Pacaembu zurück. Dann umfahren wir das Stadion, biegen in die Avenida Pacaembu ein und befinden uns schon zehn Minuten später auf der Praça Marechal Deodoro, dem Sitz der TV Globo von São Paulo.

Ich nehme zwei Stufen auf einmal. Atemlos treffe ich in der Redaktion ein. Der ideale Zeitpunkt, zu dem ein Reporter eintreffen sollte, damit noch genug Spielraum für die Erstellung der Reportage bleibt, ist 17.30 Uhr. Mir gelingt es selten, pünktlich zu sein. Heute habe ich jedoch übertrieben. Es ist schon 19.20 Uhr. Es bleiben noch zehn Minuten Zeit, um die fertiggestellte Reportage an die Zentrale in Rio de Janeiro weiterzuleiten. Der Verleger kommt mir entgegengerannt und schnappt sich das Band.

»Willst du mich umbringen? Um diese Uhrzeit, nur ein Wunder...«

»Wir machen schnell, es klappt schon, es muß klappen. Das Off ist kurz. Ein kurzer Vorspann nur...«

Wir befinden uns bereits im Sondertrakt der Redaktion, einer Zelle mit Wänden aus Fiberglas, in der ein länglicher Tisch mit zwei Bildschirmen, zwei Aufnahmegeräten und einem elektronischen Schaltpult voller farbiger Knöpfe steht. Es ist ein eisiger Ort, der höchstens zwei Personen Platz bietet. Die Eingangstür mit der Glasscheibe ist immer geschlossen, um die Temperatur unter 15 Grad zu halten. Jetzt halten wir uns zu dritt an diesem Ort auf. Zwei vom Verlag und ich. Nervös und gehetzt unterhalten wir uns in dem Rhythmus, den eine Blitzreportage erfordert.

»Wo sind die Bilder, am Ende oder am Anfang des Bandes?«

»Da ist es, da, großartig! Hugo hat es geschafft. Hier sind die beiden Ölflecken... Was für ein Unfall, nicht wahr?«

Während wir noch mit der Reportage beschäftigt sind, werde ich ans Telefon gerufen. Ich kann den Anruf nicht entgegennehmen, dazu sind wir zu beschäftigt. Der Office-Boy von der Redaktion sagt jedoch, der Anrufer bestehe darauf, mit mir zu sprechen, es sei dringend.

»Dann schreiben Sie bitte seine Telefonnummer auf, ich werde ihn in fünf Minuten zurückrufen.«

Kurz darauf klopft der Office-Boy wieder an die Tür. »Der Kerl ist ziemlich penetrant. Er hat nicht aufgelegt ... Er sagt, er wartet nur noch eine Minute, länger nicht ... Er sagt auch, daß Sie es bereuen werden.«

Ich beschließe, den Anruf entgegenzunehmen.

»Hallo, wer spricht da? Reden Sie schnell, bitte.«

»Ist dort Caco Barcellos?«

»Ja.«

»Sie haben einen Ihrer Freunde getötet.«

»Was? Wer? Wer spricht denn da? Mit wem rede ich?«

»Notaufnahme von Diadema. Leichenschauhaus. Vergessen Sie meinen Namen. Die Leiche ist gerade hier eingetroffen.«

»Aber wer ist denn der Tote?«

»Es ist Pixote, der aus dem Kinofilm. Kommen Sie sofort, verdammt, Sie verlieren schon zuviel Zeit.«

»Wie kann ich Sie denn finden?«

»Gar nicht. Ich werde Sie erkennen. Ich kenne Sie gut.«

Ich setze die Leitung der Redaktion von meiner Absicht in Kenntnis. Sie stellen mir ein Sonderteam zur Verfügung. Doch ich ziehe es vor, schon vorher mit dem Motorrad aufzubrechen, um Zeit zu gewinnen. Toninho ist noch nicht fort. Er ist hellauf begeistert von seinem neuen Auftrag.

»Wenn es um Action geht, bin ich dabei, laß es uns anpacken!«

Und wieder haben wir mit dem Verkehr zu kämpfen. Wieder nehmen wir die engen Korridore zwischen den Autos, die auf der 23 de Maio im dichten Stau stehen. Der Verkehr auf dieser fünfspurigen Autobahn geht nur langsam voran, mit ungefähr zehn Stundenkilometern. Einige Male kommt er ganz zum Erliegen. Wir hupen während des Überholens, um zu verhindern, daß ein Fahrer die Tür seines Wagens öffnet und unsere Durchfahrt blockiert. Die Gefahr ist, daß jemand die Fahrspur wechselt, ohne den Blinker zu betätigen. Ich verfolge alles mit gespannter Aufmerksamkeit und neige den Körper nach links und nach rechts, um das Motorrad im Gleichgewicht zu halten. Meine Knie sind die seitlichen Begrenzungen des Motorrades. Wenn wir die Geschwindigkeit erhöhen, presse ich sie so fest wie möglich gegen Toninhos Körper, der hautnah an den Wagen vorbeifährt.

»Vorsicht mit meinen Knien, ich muß morgen Fußball spielen!«

Bei der Geschwindigkeit, die wir jetzt vorlegen, kann er mich nicht hören, aber er gibt mir irgendwelche Antworten, die ich nicht verstehe. So ist es immer. Auf unseren Fahrten reden wir unaufhörlich miteinander, doch keiner versteht, was der andere sagt. Unser absurder Dialog hilft uns dabei, die Spannung zu meistern, die der Verkehr und die Geschichten in uns erzeugen, hinter denen wir herjagen.

Als wir vor dem Krankenhaus eintreffen, fahren wir noch schnell eine kleine Runde um das Gebäude herum, um die Situation besser einschätzen zu können. Eine Menschenmenge steht an der Eingangstür zum Leichenschauhaus, was an einem Ort wie diesem völlig normal ist. In dem etwas dunkleren Teil, dort, wo die Krankenwagen stehen, erblicken wir eine kleine Gruppe uniformierter Männer neben einem Streifenwagen der Militärpolizei. Wir machen am nächsten Block halt.

Ich entledige mich schnell meines Anzugs und meiner Krawatte und ziehe mein feines weißes Hemd aus der Hose. Dann tausche ich meine Schuhe gegen Toninhos weiße Tennisschuhe. Ich gehe zu Fuß ins Krankenhaus. Bereits auf der Rampe, die in das Leichenschauhaus führt, kommt eine Frau an mir vorbei und schon zeigt sich, daß meine Verkleidung als Krankenpfleger versagt. »Guck mal, ist das nicht der Reporter Rodolfo Gamberini von Globo?«

Mich kann sie wohl nicht damit meinen. Ich gehe weiter, direkt auf die Schlange von Menschen zu, die vor einem öffentlichen Telefon anstehen. Kurze Zeit später klopft mir jemand auf die Schulter. Es ist ein bärtiger Mann mit krausen Haaren. Er trägt ein kleines Medaillon mit dem Abbild des Kommunistenführers Lenin über seinem weißen Kittel.

»Sie haben verdammt lange auf sich warten lassen!«

»Sind Sie Arzt?«

»Folgen Sie mir, und sprechen Sie mit niemandem!«

Mit dem Arzt oder Pfleger, der mir vorausgeht, passiere ich mühelos die Sicherheitsabsperrungen am Eingang. Wir laufen durch den Gang des Gebäudes, der voll ist mit schmerzerfüllten Menschen. Sie alle warten darauf, in das Leichenschauhaus geführt zu werden.

Schließlich betreten wir einen Saal zu unserer Linken, der völlig leer zu sein scheint. Nachdem wir die Tür abgeschlossen haben, betreten wir einen anderen, dahinterliegenden Saal, in dem ein paar Schränke für das Krankenhauspersonal stehen sowie eine Bahre, die mit einem Tuch bedeckt ist. Der Mann deckt den Körper eines Jugendlichen frei, der mit grünen Tennisschuhen mit hohem Schaft, Jeans und einem engen weißen, blutverschmierten Pullover bekleidet ist. Ich nähere mich dem Toten. Es ist ein magerer Weißer mit krausen Haaren, einem Schnurrbart und spärlichem Bartwuchs. Er hat zwei Tätowierungen auf dem Arm, ein Kreuz und ein Herz, das mit einem Pfeil durchbohrt ist und in das der Buchstabe »F« eintätowiert ist. Ich habe keine Zweifel mehr, daß es sich um Fernando Ramos da Silva, den Pixote handelt.

Kapitel 20
Pixote, wie im Kino

Während ich mich im Leichenschauhaus der Notaufnahme von Diadema von meinem Schrecken erhole, bemerke ich, daß der Mann in dem weißen Kittel ebenso aufgewühlt ist wie ich. Seine Hände zittern, als er den Körper von Pixote wieder bedeckt.

»Hämmern Sie sich ein, daß Sie diesen Saal noch nie betreten haben.«

»Keine Sorge. Ich kenne Sie nicht, ich weiß nicht, wie Sie heißen, und ich will es auch nicht wissen.«

»Wissen Sie, was mir passieren kann?«

»Sie werden sofort entlassen.«

»Das wäre ja eine Kleinigkeit. Nein, sie würden mich erschießen...«

»Wer sind *sie*?«

»Sie sind da draußen.«

»Die, die Pixote getötet haben?«

»Vorsicht mit dem, was Sie draußen erzählen.«

»Wer sind *sie* denn?«

»Die gleichen wie immer.«

»Killer?«

»Uniformierte. Militärpolizisten.«

»Haben sie erklärt, wie es passiert ist?«

»Die gleiche Geschichte wie immer.«

»Eine Schießerei?«

»Pixote hat angeblich zuerst geschossen, und als sie die Schüsse erwiderten... Gucken Sie sich an, was sie mit ihm gemacht haben.«

Wir stehen neben der Bahre. Er zieht das Tuch vom Oberkörper der Leiche. Stumm weist er auf die Einschüsse des weißen Baumwollpullovers mit den braunen Streifen an Ärmeln und Kragen. Dann zieht er den Pullover vorsichtig bis zum Hals und zeigt mir weitere Verletzungen. Ich zähle drei Einschüsse am rechten Arm und fünf in der Brust, von denen drei oberhalb des Herzens eingedrungen sind. Es sind ganz kleine, präzise Kreise, typische Einschußlöcher.

»Ganz gut getroffen, was?«

»Eine Erschießung! Und aus nächster Nähe, wollen Sie mal sehen?«

Der Mann in dem weißen Kittel zeigt mir die Schmauchspuren an dem weißen Pullover, insbesondere um die Einschüsse herum, die das Herz getroffen haben. Es sind Reste von Pulver zu sehen, die nur dann sichtbar werden, wenn ein Schuß aus allernächster Nähe abgegeben worden ist. Der Rauch, die Flamme und die Pulverreste, die beim Abgeben des Schusses aus dem Lauf der Waffe treten, haben keine große Reichweite. Wenn die Spuren der Einschüsse auf den Kleidern sehr dunkel sind, wie es hier der Fall ist, dann liegt es auf der Hand, daß der Schuß aus allernächster Nähe abgegeben wurde, wenn es nicht sogar ein aufgesetzter Schuß war.

Wir haben es jetzt beide sehr eilig. Ich muß einen Bericht auf Band sprechen mit den ersten Informationen, die ich im Leichenschauhaus über den Tod von Pixote sammeln konnte, und zwar noch für die Abendausgabe des »Jornal Nacional«. Der Mann will mich so schnell wie möglich aus dem Saal bringen, weil meine Anwesenheit dort äußerst verdächtig ist. Das Team der Reporter vor dem Krankenhaus wartet sicher schon gespannt auf mich. Ich habe die Absicht, mit dem Kameramann in den Saal zurückzugehen. Er könnte die Verletzungen in der Brust filmen. Es wären unwiderlegbare Anklagen gegen die übliche offizielle Version von einer Schießerei.

»Das ist unmöglich, die Wachposten werden Sie nicht hereinlassen!«

»Das Schlimmste ist, daß ich in größter Eile bin und nicht einmal Zeit habe, mir etwas auszudenken, um an die Aufnahmen zu kommen... Und dieses Fenster, geht das nicht auf die Straße?«

»Moment mal! Was haben Sie denn vor?«

Genau fünf Minuten später befinden sich der Kameramann und ich auf dem Innenhof des Krankenhauses, gleich neben dem Leichenschauhaus. Die Kamera läuft und ist auf das Kippfenster gerichtet, das sich im nächsten Augenblick schon langsam öffnet. Der Kameramann geht nur zwei Schritte näher an die Wand, stellt seine Kamera scharf ein und kann schon durch seine Linse den Körper von Pixote auf der Bahre sehen. Ohne die Kamera auszuschalten, vollführt er eine horizontale Bewegung und betätigt in der Folge das Zoom, mit dem er das Bild ganz nah heranholen kann. Die Aufnahmen werden abgebrochen, als sich das Kippfenster wieder schließt, 25 Sekunden nachdem es sich mit Hilfe eines mutigen Mannes im weißen Kittel geöffnet hatte.

Der Sucher einer Videokamera ermöglicht es dem Kameramann, die Aufnahmen, die er gerade gemacht hat, auf einem Monitor, ähnlich einem gewöhnlichen, winzigen Fernsehbildschirm, sofort wiederzugeben. Wir stellen fest, ob der Körper von Pixote gut aufgenommen wurde oder nicht. Die Kamera steht auf dem Boden, der Kameramann hat sich hingekniet und klebt mit dem Gesicht am Sucher.

»Wie ist es geworden? Ist die Aufnahme brauchbar?«

»Die Aufnahme ist ein bißchen grünlich geworden, weil das Licht da drinnen entsprechend schlecht ist. Aber man kann seinen ganzen Körper erkennen, man kann sehen, daß es Pixote ist.«

»Und die Nahaufnahme von seiner Brust?«

»Die ist nicht gut geworden, wegen des Winkels.«

»Laß mich mal sehen ...«

Die Aufnahme ist in Höhe der Tragbahre gemacht worden, was eine Profilaufnahme der Leiche ergeben hat. Die Nahaufnahme des Brustbereichs gibt so nichts preis. Um die tödlichen Verletzungen um das Herz herum aufzunehmen, müssen wir wieder in den Saal, am besten direkt neben die Bahre, mit der Kamera in einer möglichst senkrechten Position zur Brust.

Wir geben auf. Den Beweis für den tatsächlichen Tatbestand müssen wir wohl auf anderem Wege erbringen. Bevor wir das Leichenschauhaus verlassen, begeben wir uns noch auf den Hof, auf dem die Krankenwagen stehen. Wir wollen die Militärpolizisten interviewen, die die Leiche ins Krankenhaus gebracht haben. Aber sie sind gleich fortgefahren, als sie uns erblickt haben.

Wir fahren auf die Polizeiwache von Diadema, um den Untersuchungsbericht zu lesen. Ich habe schon Tausende von diesen amtlichen Schreiben gelesen, in denen Tatumstände ähnlich denen beschrieben werden, die angeblich auch zu Pixotes Tod geführt haben. Pixote wird als ein Verdächtiger bezeichnet, was soviel bedeutet wie für seinen eigenen Tod verantwortlich zu sein. Die

Namen der Killer – Unteroffizier Francisco da Silva Júnior und die Soldaten Walter Moreira Cipolli und Wanderley Alessi – werden in diesem Bericht als Opfer eines Kriminellen dargestellt, der sich einer Festnahme widersetzt hat.

> Die Opfer sind Militärpolizisten von der Mobilen Einsatzleitung 6374, die bei dem Versuch, den Verdächtigen festzunehmen, von diesem mit Schüssen empfangen wurden und diese erwiderten, wobei der Verdächtige getroffen wurde. Er erlag noch in der Notaufnahme von Diadema seinen Verletzungen.

Ich verlasse rasch die Polizeiwache, um nicht noch mehr Zeit zu verlieren. Seit zwei Jahren versuche ich, zugegen zu sein, wenn die Militärpolizei zur Tat schreitet, und zwar unmittelbar, nachdem sich die Tat ereignet hat. Meldungen von derartigen Vorkommnissen treffen auf den Redaktionen mit einer mehr als zwölfstündigen Verspätung ein. Einige Fahrzeuge der Presse verfügen über ein geheimes Abhörsystem, das manchmal die Funksprüche der Streifenwagen auffangen kann. Die Wirksamkeit dieser Ausrüstungen ist jedoch beschränkt. Die Militärpolizisten kennen diesen Trick der Presseleute bestens und benutzen ausschließlich eine bestimmte Frequenz, um über Verfolgung und Tod zu sprechen. In einem Fall wie dem von Pixote, der sich gegen 17.30 Uhr ereignet hat, wäre ich möglicherweise erst am nächsten Tag am Ort des Geschehens eingetroffen, wäre da nicht der Anruf des Mannes im weißen Kittel gewesen. Ich hätte einfach keine Gelegenheit gehabt, mit eigenen Augen unmittelbar nach der verbrecherischen Tat die für eine Ermittlung entscheidenden Tatbestände zu erfassen.

Als ich die Polizeiwache verlasse, stehe ich immer noch unter dem Eindruck der unverantwortlichen Einstellung des Ermittlungsbeamten Antônio Mesquita. Ohne den Tatort überprüft und auch nur einen der Hauptzeugen angehört zu haben, steht seine Meinung über das Verbrechen schon fest.

»Da ist kein Unschuldiger gestorben. Wer wie Pixote auf der Suche nach Verbrechen ist, muß mit so etwas rechnen. Es war sein Berufsrisiko ...«

Ich entschließe mich, Ermittlungen am Tatort anzustellen, etwas, das die zivile Polizei zu diesem Zeitpunkt schon längst hätte tun müssen, wäre sie nicht so nachlässig in ihren Ermittlungen von Gewaltaktionen der Militärpolizei.

Es ist zehn Uhr nachts. Bevor ich meine Fahrt beginne, beschließe ich, Verstärkung anzufordern. Ich rufe Daniel Annenberg an, um ihn zu bitten, einen Blick in unsere Datenbank zu werfen.

»Ich muß wissen, Daniel, wie viele Menschen die Militärpolizei in den letzten 30 Tagen getötet hat.«

»Genau 140, was im Durchschnitt mehr als vier Menschen pro Tag bedeutet.«

»Wie viele Weiße wie Pixote sind darunter?«

»64 Weiße. Die meisten sind allerdings Schwarze oder Mulatten: 76 Personen insgesamt.«

»Welche Berufe hatten sie?«

»Schreiner, Mechaniker, Schuhmacher, Drucker, Fliesenleger und jede Menge Office-Boys.«

»Ist auch ein Unternehmer darunter?«

»Null, null. Kein einziger.«

»Und Bewohner der reichen Stadtteile wie Morumbi, Pacaembu?«

»Null! Nur aus den östlichen Stadtteilen: Sapopemba, São Mateus, Guaianazes, aus den Randgebieten. Alles arme Leute, einige von ihnen waren Kriminelle ...«

»Wurde auch ein reicher Dieb ermordet?«

»Kein einziger.«

»Gibt es einen Schwerverbrecher unter den Opfern, einen, der nicht nur geraubt, sondern auch gemordet hat?«

»Nein, keinen einzigen. Die meisten haben gestohlen und andere ausgeraubt. Gemordet hat keiner von ihnen.«

Während ich darauf warte, daß Daniel eintrifft, der in einem Privatwagen nach Diadema unterwegs ist, unterhalte ich mich mit Toninho über den Tag, an dem ich Pixote kennenlernte. Es war 1980. Der damals Dreizehnjährige arbeitete als Sohn armer Gastarbeiter auf der Straße, um der Mutter beim Verkauf von Lotterielosen zu helfen. Man hatte ihn gerade als den Autor des Films »Pixote, das Gesetz der Schwachen« unter Vertrag genommen, was sein ganzes Leben ändern sollte. Er spielte in anderen Filmen, in zwei Theaterstücken und einer Fernsehserie mit, die zur besten Sendezeit ausgestrahlt wurde. In dem ersten Film, der zu seiner Berühmtheit beigetragen hat, stellte er einen Jungen dar, der dem echten Pixote in vielen Punkten ähnelte: Er spielte einen Kaugummiverkäufer, der sich an vielen kleineren Diebstählen beteiligte. Im Film ließ sich das tragische Ende der Hauptperson Pixote vorausahnen.

Als ich ihn kennenlernte, wohnte er noch in einer einfachen Baracke von Diadema, zusammen mit seinen acht jüngeren Geschwistern. Die Mutter arbeitete den ganzen Tag. Eine der älteren Schwestern kümmerte sich um die kleineren Geschwister. Vor drei Jahren verlor die Familie den Vater João Alves, der aus Paraná stammte und sich als Kaffeepacker selbständig gemacht hatte. Bevor sie Witwe geworden war, hatte Dona Josefa Carvalho da Silva in der gleichen Branche wie ihr Mann gearbeitet und Kaffeebohnen verlesen. In Paraná hatten sie keinen einzigen Arbeitgeber gefunden, der ihnen monatlich mehr als 100 Dollar gezahlt hätte. So kamen sie nach São Paulo in der Hoffnung, hier mehr Geld zu verdienen. Dies war ein großer Irrtum. Auch die Arbeitgeber in São Paulo zahlten ein miserables Gehalt.

Die Eltern gaben ihre Selbständigkeit auf und versuchten es mit kleinen Nebenverdiensten in Zusammenarbeit mit den Kindern. Der Vater bedauerte es jeden Tag, mit den zehn Kindern nach São Paulo gekommen zu sein. Er sah eine große Gefahr darin, in einer so gewalttätigen Stadt Kinder großzuziehen. In einer Umgebung, in der sie tagtäglich mit der Armut zu kämpfen hatten, war es wahrscheinlich, vom Weg eines schlechtbezahlten Arbeiters abzukommen. João hatte davor Angst, eines seiner Kinder könne eines Tages den leichteren und gefährlicheren Weg wählen, um Geld zu verdienen, den der Kriminalität. Die Zeit zeigte, daß seine Angst berechtigt war. Als der Vater 1977 stirbt, erlebt er weder den Ruhm noch die Tragödie im Leben seiner Kinder. Diese ereilt seine Familie erst zehn Jahre darauf.

Mit dem Tod von Pixote wird an einen äußerst brutalen Angriff auf einen seiner jüngeren Brüder angeknüpft. Im Februar 1987 wird der 20jährige Paulo Ramos da Silva, ein Markthändler, von mehr als 50 Personen gelyncht, die seinen Körper so malträtieren, daß er nicht mehr wiederzuerkennen ist. Das Motiv für das Verbrechen, das relativ häufig an Dieben und Räubern aus den Randgebieten der Stadt verübt wird, ist nicht bekannt. Die Familie und die Freunde Paulos versichern, daß das einzige Vergehen, dessen er sich schuldig gemacht hatte, von vielen als eine Tugend angesehen wurde: Er war ein großer Frauenheld. Paulo hatte die Berühmtheit des Bruders Pixote dazu genutzt, den Nachbarn die Freundinnen auszuspannen.

Genau sieben Monate nach der Lynchjustiz an Paulo, am 25. August treffen wir gegen Mitternacht am Tatort ein, an dem Pixote den Tod fand. Es ist eine unbefestigte Straße voller Schlaglöcher, schlecht beleuchtet, fast menschenleer. Toninho und ich fahren voraus und lassen das Motorrad aufheulen, um Aufmerksamkeit zu erregen. Daniel und der Fahrer des Pressewagens tun es uns gleich und hupen laut, bremsen abrupt und schlagen einige Male die Wagentüren zu. Wir unterhalten uns beinahe schreiend.

In wenigen Minuten sind wir von mehr als 20 Personen umringt und hören uns in allen Einzelheiten an, was der Tat vorausgegangen ist. Doch nur vier Frauen sind mit der Aufzeichnung eines Interviews einverstanden. Die erste von ihnen ist Dona Edna Nunes Santos, 47 Jahre alt, die gerade dabei war, ein Tischtuch auf einer Teppichstange auszuklopfen, als sie Pixote vor dem Haus vorbeirennen sieht.

»Er trug Jeans und hatte obenrum nichts an, war in Schweiß gebadet und sah hinter sich über die Schulter...«

»War er bewaffnet?«

»Ich habe keine Waffe gesehen.«

»Und die Militärpolizisten?«

»Sie waren zu dritt und liefen hinter ihm her mit den Waffen im Anschlag.«

»Haben sie etwas gesagt?«

»Einer von ihnen schrie: ›Diesmal entkommst du uns nicht, Pixote!‹«

In den Interviews, die diesem folgen, wiederholen die drei Frauen im Grunde das, was Dona Edna mir schon erzählt hat. Laudicéia Caitana Martins kannte Pixote und mochte ihn sehr. Als sie ihn derart in der Klemme sieht, versucht sie, ihm zu helfen und schlägt ihm vor, sich hinter dem Haus zu verstecken. Die Freundinnen Helena Romualda und ihre Schwiegermutter Carmelita sind auch mit dem Jungen solidarisch. Sie warnen Pixote, als sie sehen, wie die Militärpolizisten näherkommen.

»Duck dich hier, die Männer kommen!« ruft Helena aus.

Die Schwierigkeit besteht darin, die Frauen dazu zu bringen, mir zu erzählen, wo sich Pixote versteckt hielt. Ich lasse nicht locker, aber ich habe keinen Erfolg. Sie haben wohl einen triftigen Grund, ihr Geheimnis für sich zu behalten, das erst von den Kindern gelüftet wird, die Daniel Annenberg auf der Straße umringen. Das Versteck befindet sich im Haus der Frauen selbst, Nummer 6 in der Rua 22 de Agosto, die Pixote seit seiner Kindheit immer wieder aufgesucht hatte.

Das Gebäude wird renoviert. Es wurde unterhalb des Straßenniveaus gebaut, in einiger Entfernung zu den anderen Häusern. Es ist ein Elendsquartier: Vor dem Haus befindet sich der Saal der Gottesgemeinde von Jardim Canhema und ein Stand, an dem nur Bananen, Schnaps und Erfrischungsgetränke verkauft werden. Im hinteren Teil, der Zugang auf einen schmalen Korridor hat, sind die Familie von Laudicéia, Carmelita und Helena untergebracht.

Die drei Frauen werden Zeuge des Ausgangs dieser Verfolgungsjagd. Obwohl sie Angst vor Repressalien haben, helfen sie uns, die Tragödie zu rekonstruieren.

Pixote, der vor Entsetzen wie gelähmt ist, kommt den Korridor des Elendsquartiers entlanggelaufen und erkennt Helena nicht, die ihm auf halber Strecke entgegenkommt. Sie ist die Frau von Pixotes Freund Serginho.

»Warum so eilig, mein Junge?«

»Die Männer sind hinter mir her... Um Gottes willen, hilf mir, aber schnell!«

Pixote bekommt eine Zigarette von ihr. Dann springt er über die Mauer und sucht im Badezimmer der Nachbarin Schutz, die ihm ihre Hilfe verweigert, weil sie keine Verantwortung dafür übernehmen will. Von ihrer Zimmertür aus kann Laudicéia die Militärpolizisten auf dem Dach des gegenüberliegenden Hauses sehen. Sie gibt Pixote ein Zeichen mit dem Kopf, der daraufhin wieder in den Korridor springt und sich in einem kleinen Zimmer im Keller des Elendsquartiers versteckt.

In weniger als fünf Minuten tauchen die drei uniformierten Männer auf dem Korridor auf und durchschreiten ihn langsam, Schritt für Schritt. Mit ausgestreckten Armen hält ein jeder von ihnen beidhändig einen Revolver gegen die alten Holztüren gerichtet, die nicht verschlossen sind. Von dem Zimmer nebenan hört Helena, wie einer von ihnen schreit: »Ich habe ihn gefunden, er ist hier!« und beißt sich verzweifelt auf die Lippen.

Wenige Augenblicke später hört Helena Pixotes Hilferuf, gefolgt von Schüssen, schließlich ist es totenstill. Sie fällt ihrer Freundin Laudicéia um den Hals. Die beiden Frauen weinen, als die Militärpolizisten den Körper ihres Freundes über die Stufen des Korridors ziehen. Durch einen Türspalt sieht die Schwiegermutter Carmelita, wie dem jungen Mann das Blut aus dem Mund läuft. Seine Augen sind schon geschlossen. Leise sagt sie zu sich selbst: »Was für eine Gemeinheit!«

Kapitel 21
»Um Gottes willen, tötet mich nicht!«

Es ist 20 Minuten nach Mitternacht. Mir ist es immer noch nicht gelungen, Helena dazu zu überreden, uns zu zeigen, wo genau sich das Verbrechen abgespielt hat. Sie hat zwar den guten Willen, aber sie steht noch unter Schock und befürchtet, von ihren Emotionen überwältigt zu werden. Dies ist verständlich.

Das Zimmer, in dem Pixote den Tod fand, ist Helenas Zuhause. Es ist über den Keller des Gebäudes zugänglich. Seine nackten Wände sind nicht gestrichen. Nur durch ein kleines Kippfenster fällt etwas Licht. Es ist ein kleines Zimmer, zwei Meter breit und drei Meter lang, direkt neben der Unterkunft von Laudicéia, ein ebenso winziger Raum. Nach der Schießerei hat sich Helena in das Zimmer der Freundin geflüchtet. Die beiden Frauen wollen uns jedoch nicht unnötig aufhalten und schlagen vor, daß ich mir den Raum allein ansehe. »Gehen Sie nur hinein, aber stören Sie sich nicht an der Armut dort...«

Ich weiß, daß ich den Tatort nicht allein aufsuchen kann, der in nichts verändert werden darf. Ich erkläre Helena, daß ich auf ihre Begleitung angewiesen bin, damit sie bezeugen kann, daß ich dort drinnen nichts verändert habe. Die Polizei hätte den Ort schon längst absperren und von Sachverständigen untersuchen lassen sollen, und zwar unmittelbar nach dem Tod von Pixote. Mittlerweile sind sieben Stunden seit der Tat vergangen, und noch kein Polizist hat sich dort blicken lassen. Es ist absurd, doch keineswegs das erste Mal, daß in einem von der Militärpolizei begangenen Verbrechen nicht ermittelt wird.

Ich sage Helena, daß ich es nicht eilig habe, damit sie sich nicht unter Druck gesetzt fühlt. Aber ich sage ihr auch, daß ich fest entschlossen bin, darauf zu warten, daß sie den Mut aufbringt, das Zimmer zu betreten.

Während wir auf diesen Augenblick warten, beschließen Daniel und ich, den Ablauf der Schießerei aufzuzeichnen, so wie ihn die drei Militärpolizisten auf der Polizeiwache von Diadema geschildert haben. Unser Ziel ist es, herauszufinden, ob es an diesem Ort überhaupt zu einem Schußwechsel gekommen ist. Ich befinde mich auf dem Flur und spiele mit lauter Stimme die Szene nach. Daniel macht Aufzeichnungen und fertigt eine Skizze an. Die beiden Frauen begleiten uns. Sie interessieren sich für die offizielle Version des Tathergangs: Als die drei uniformierten Männer den Korridor durchschreiten, überprüfen sie jede Tür. Alle sind verschlossen, nur eine nicht. Kommandant der Truppe ist Unteroffizier Francisco, aber die Initiative wird vom Soldaten Walter Cipolli ergriffen. Er versetzt der Kellertür einen Fußtritt. Sie öffnet sich. Während der Unteroffizier und der Soldat Wanderley Alessi ihm Feuerschutz geben, lehnt sich Cipolli an die Wand gleich neben dem Eingang und schreit: »Hier ist die Polizei, Sie sind umzingelt!«

»Das ist gelogen. Das haben sie nicht gesagt. Ich habe es genau gehört. Was er geschrien hat, war: ›Ich hab ihn, er ist hier.‹ Der Soldat war schon im Zimmer, als er das rief.«

Helena unterbricht meine Schilderung des Tathergangs. Ich notiere, was sie sagt. Offenbar ist sie ein wenig verärgert, als ich zu folgender Szene übergehe: »Schnell tritt Cipolli zurück. Die drei gehen in Stellung, um zu schießen. Plötzlich kommt Pixote aus dem Zimmer gelaufen und hält eine Waffe in den Händen. Aus knapp drei Metern Abstand gibt er vier Schüsse auf die Militärpolizisten ab. Er verfehlt alle drei. Die Polizisten ducken sich. Sie erwidern seinen Angriff mit mehreren Schüssen. Der verletzte Pixote krümmt sich zusammen und geht wieder in den Kellerraum zurück. Dort fällt er zu Boden, die Waffe bleibt neben ihm liegen.«

»Was für eine Niederträchtigkeit!« ruft Helena aus und unterbricht wieder meine Schilderungen. »Wie konnte Pixote denn schießen, wenn er keine Waffe hatte?«

Die Entrüstung scheint Helena neue Kräfte zu verleihen. Sie fordert uns schließlich dazu auf, ihr in das Haus zu folgen. Sie will uns die Widersprüche in den Aussagen der Militärpolizisten veranschaulichen. Ich bin ein bißchen nervös, vielleicht, weil ich so lange auf diesen Augenblick gewartet habe. Schnell umarme ich Daniel. Ich bitte das Team, alles aufzuzeichnen, und zwar ab dem Augenblick, in dem wir den Ort betreten. Ich nehme mir ein

Mikrofon und beginne damit, die Szene zu schildern. Helena steht neben mir.

»Es ist zwei Uhr morgens. Achteinhalb Stunden nach Pixotes Tod hat die Polizei immer noch keine Untersuchung des Tatorts durch Sachverständige veranlaßt. Pixote starb in diesen Kellerräumen, dort, wo Helenas Familie lebt. Sie wird uns jetzt das einzige Zimmer zeigen, das sie in diesem Haus bewohnt und das Pixote auf seiner verzweifelten Flucht als Versteck benutzte.«

Ein kleiner Tisch aus Kunststoff, ein alter Kleiderschrank, auf dem verschiedene Kartons stehen. Die zwei offenen Türen geben den Blick auf einfache Männer- und Frauenkleidung frei, die gestapelt im Schrank liegt. Ein Kalender einer Autowerkstatt hängt an der nackten Steinwand. Ein kleines Kippfenster. Als Helena auf das Ehebett zeigt, das sie sich mit ihrem Mann Serginho teilt, bricht sie in Tränen aus. Sie zeigt auf das Einzelbett, in dem die Großmutter schläft. Daneben ist eine Blutlache zu sehen.

»Da war es«, sagt Helena weinend. »Er hatte sich unter dem Bett von Großmutter versteckt. Aber sie haben ihn gefunden ...«

»War das in dem Augenblick, als der Soldat sagte: ›Ich hab ihn, er ist hier‹«?

»Ja ... ich kann es immer noch nicht glauben.«

»Und Pixote? Sie sagten, Sie hätten einen Hilferuf gehört. Was hat er gerufen?«

»Das will mir nicht aus dem Kopf gehen, ich habe gehört ... ich habe gehört ...«

Wir zeichnen das Interview im Stehen auf, aber Helena geht es jetzt sehr schlecht. Wir schalten die Kamera ab, und sie setzt sich auf das Bett.

Um Zeit zu gewinnen, nehmen wir alle Einzelheiten dieses Zimmers auf, die für die Untersuchung von Bedeutung sein könnten. Das erste, was auffällt, ist, daß es keine Einschüsse an den Wänden gibt. Tatsächlich können wir nur einen entdecken, auf dem Boden, direkt neben der Blutlache. Wir finden weder Projektile noch leere Patronenhülsen. Wenn es eine Schießerei gegeben hat, wie die Militärpolizisten versichern, wo sind dann die Spuren dieses Schußwechsels? Was jedoch vom kriminalistischen Standpunkt aus betrachtet am meisten ins Auge fällt, ist, daß die Leiche des Opfers sich nicht mehr am Tatort befindet. Nachdem ich genau 3 546 Schießereien untersucht habe, die alle damit endeten, daß die Militärpolizisten die angeschossenen Personen in ein Krankenhaus brachten, hege ich meine Zweifel an der Wahrhaftigkeit dieser angeblich menschlichen Geste.

Mein Mißtrauen liegt darin begründet, daß so viele dieser Opfer mit mehr als einem Kopfschuß getötet wurden. Diese Fälle legen zumindest davon Zeugnis ab, daß man nicht vorhatte, Leben zu erhalten.

In dem besonderen Fall von Pixote ist mir der Anblick seiner Leiche im Rechtsmedizinischen Institut noch in lebhafter Erinnerung. Es ist wohl nicht übertrieben anzunehmen, daß die Militärpolizisten, als sie fünf gezielte Schüsse in seine Herzgegend abgaben, die Absicht hatten, ihn zu töten. Wenn sie jedoch in dieser Absicht vorgingen, warum brachten sie ihn dann in eine Notaufnahme?

Ich muß wieder an die Bedeutung denken, die Sachverständigengutachten für eine Aufklärung dieser Verbrechen gehabt hätten. Eine kriminalistische Untersuchung ist das Zusammenspiel verschiedener Techniken, die angewandt werden, um eine Beziehung zwischen den Gegenständen, den Fingerabdrücken, den Spuren und Flecken und vor allem der Position der Leiche am Tatort herzustellen. Auf diese Weise kann man nachvollziehen, wie der Täter vorgegangen ist.

Wenn wir in diesem Fall einen Sachverständigen zur Seite gehabt hätten, hätte dieser zum Beispiel längst beweisen können, daß gar kein Schußwechsel inner- oder außerhalb des Zimmers stattgefunden haben kann. Ein Experte hätte einen Plan angefertigt und aufgezeigt, daß der ganze Tatort durch Wände und Mauern aus Stein begrenzt ist. Da die vier Schüsse, die Pixote abgegeben haben soll, angeblich alle ihr Ziel verfehlten, hätte der Sachverständige die möglichen Flugbahnen der Kugeln rekonstruieren können. Doch er hätte keinerlei Einschläge in einem der Gegenstände in diesem Raum oder in der Wand gefunden. Fotografien und Videoaufnahmen des Tatorts hätten in noch eindeutigerer Weise bewiesen, wie sehr die Aussagen der Militärpolizisten an der Wahrheit vorbeigehen.

Die Untersuchung des Sachverständigen hat natürlich mehr Gewicht, wenn sich die Leiche noch am Tatort befindet. Hätte man den toten Pixote nicht aus dem Zimmer entfernt, dann hätte der Sachverständige zu diesem Zeitpunkt bereits gewußt, daß die

Flugbahn jeder einzelnen Kugel, mit der das Opfer getötet wurde, in einem rechten Winkel zur Brust verliefen.

Es gibt noch ein anderes Detail von fundamentaler Bedeutung, das ein Sachverständiger hätte beweisen können: Die Projektile wurden von oben nach unten abgeschossen. Auf diese Weise hätte man eindeutige Spuren in der Hand gehabt, aus denen hervorgegangen wäre, daß Pixote erschossen wurde, als man ihn unter dem Bett entdeckte.

Der Sachverständige hätte auch eine Zeichnung auf der Grundlage der Aussagen der Militärpolizisten anfertigen können, die an dem Verbrechen beteiligt waren, und eine weitere auf der Grundlage der Informationen der Zeugen, die der Schlußszene dieser Verfolgung beiwohnten. Eine Gegenüberstellung der beiden Pläne hätte sofort die augenfälligsten Widersprüche in der Version der Killer aufgezeigt.

Eine Analyse der Blutflecken hätte endgültige Sicherheit darüber gegeben, daß tatsächlich eine Erschießung stattgefunden hat. In den erfahrenen Augen eines Sachverständigen sagt jeder einzelne Blutstropfen etwas aus über die Bewegungen, die von dem Verletzten vollzogen wurden. In diesem Fall hätte der einzige große Blutfleck neben dem Bett der Großmutter bewiesen, daß Pixote schon auf dem Boden lag, als er verletzt wurde, und sich von dieser Stelle nicht mehr wegbewegt hat.

In Pixotes Fall wurde eine Ermittlung durch Sachverständige quasi zunichte gemacht, was den Aussagen der Zeugen eine entscheidende Bedeutung verleiht, wenn es darum geht, der Wahrheit über dieses Verbrechen auf den Grund zu kommen. Ich erkläre dies Helena, die etwas ruhiger wird, als ihr Ehemann eintrifft. Nach der Arbeit war er nicht direkt nach Hause gekommen, weil er Angst vor den Repressalien der Polizei hatte. Nun hört Serginho die Geschichte vom Tod seines besten Freundes aus dem Mund seiner Frau. Sie erlauben mir, den Bericht Helenas aufzuzeichnen.

»Ich hörte das Geräusch von Fußtritten gegen die Tür und gleich darauf den Soldaten, der den anderen zurief, daß er Pixote gefunden habe und daß dieser unter dem Bett der Großmutter sei.«

»Und hat Pixote etwas gesagt?«

»Er schrie zuerst: ›Au, au, au ...‹«

»Und dann?«

»Dann stieß er einen verzweifelten Hilfeschrei aus.«

»Was hat er denn gerufen?«

»Um Gottes willen, tötet mich nicht, ich habe eine Tochter großzuziehen!«

»Und was haben die Militärpolizisten darauf gesagt?«

»Sie gaben sieben, acht Schüsse ab.«

Wir verlassen Helenas Zimmer gegen drei Uhr morgens. Der Motorradfahrer Toninho, der sich etwas zu essen geholt hat, kommt mit einer Neuigkeit zurück: »Ihr verpaßt die Riesenshow bei der Totenwache ... Die Familie ist schon ganz aus dem Häuschen, und die Freunde auch.«

Wir begeben uns dorthin. Gleich am Eingang des Leichenschauhauses sehen wir Pixotes Mutter stehen, die von einigen Leuten umringt ist. Sie versuchen, die Frau davon abzubringen, sich einem Polizeiwagen zu nähern, der in 200 Metern Entfernung zu ihnen steht und in dem drei Militärpolizisten sitzen. Schon von weitem kann man den Protest von Dona Josefa Carvalho da Silva hören: »Mörder! Ihr habt meinen Sohn getötet!«

Daniel bleibt bei der Totenwache. Ich bin erschöpft und werde mich ausruhen. Am frühen Morgen schon fällt eine ganze Horde von Reportern auf der Polizeiwache von Diadema ein. Der Polizeikommissar Antônio Mesquita besteht weiterhin auf der Version, daß Pixote bei einer Schießerei den Tod fand, die entstanden sei, als dieser auf die Militärpolizisten vier Schüsse abgegeben habe. Er schildert auch die Geschichte von der Verfolgung auf der Grundlage der Aussagen der Militärpolizisten und des minderjährigen Marcelo Bicalho. Marcelo wird beschuldigt, gemeinsam mit Pixote kurz vor dessen Tod Überfälle begangen zu haben.

Die anfängliche offizielle Beschreibung des Tathergangs an diesem 25. August entspricht der Wahrheit. Es ist Zahltag in Diadema. Um Überfälle zu vermeiden, wird die polizeiliche Überwachung der Bankenviertel und Industriegebiete verschärft. Just dort werden der Unteroffizier und die beiden Soldaten von der Mobilen Einsatzleitung 6373 in das erste folgenschwere Ereignis des Tages verwickelt. Sie stoßen frontal mit einem Puma-Cabrio zusammen. Das beschädigte Polizeifahrzeug ist nicht mehr fahrtüchtig, und so schließen sie sich der Truppe der Mobilen Einsatzleitung 6374 an. Sie sind zu sechst in dem Streifenwagen, als sie gegen Nachmittag per Funk von einem Überfall in der Fabrik Rapstom unterrichtet werden.

Hier beginnt die Verfälschung der offiziellen Geschichte. Drei Männer berauben das Industrieunternehmen um einen Geldbetrag in Höhe von 570 000 Cruzeiros und stehlen zwei Scheckhefte und einen Revolver. Sie fliehen in einem grauen Monza. Gleich nach dem Überfall lassen die Räuber den Wagen, den sie in São Paulo gestohlen haben, in einer Straße stehen, die in den Jardim Canhema führt. Als die Militärpolizisten dort eintreffen, fallen ihnen zwei Jungen auf, die auf dem Steilhang neben der Autostraße sitzen. Als sie den Streifenwagen sehen, nehmen die Jungen sofort reißaus. Einer der beiden beginnt zu laufen. Es ist Pixote. Der andere Junge, Marcelo Bicalho, 16 Jahre alt, wird festgenommen, ohne daß er Widerstand leistet. Als er auf der Polizeiwache eintrifft, soll er dort angeblich ausgesagt haben, daß er zusammen mit Pixote das Industrieunternehmen überfallen hat.

Wir verlassen die Polizeiwache, um mit den Angestellten der Firma Rapstom zu reden. Sie kennen den berühmten Pixote aus dem Fernsehen und Kino. Der Direktor der Firma, der den Räubern das Geld aushändigen mußte, hat den Jungen auch gut gekannt. Sie behaupten alle einstimmig, Pixote nicht als einen der beiden Räuber identifiziert zu haben.

Nach den Schilderungen der Militärpolizisten raubten Marcelo und Pixote, nachdem sie den Monza abgestellt hatten, noch einen Fahrradfahrer am Straßenrand der Imigrantes aus. Sie waren angeblich mit einem Messer und einem Revolver bewaffnet. Doch sie ließen von ihrem Opfer ab, angeblich, weil zu viele Leute in der Nähe waren. Einer der Angestellten der Mautstation, auch Militärpolizist, habe die Szene von seinem Wachposten aus beobachtet und dies auf der Polizeiwache zur Aussage gebracht.

Ich versuche, den Fahrradfahrer ausfindig zu machen, was mir nicht gelingt. Nach fünf Jahren hat dieser sich immer noch nicht auf der Polizeiwache gemeldet, um den versuchten Raubüberfall anzuzeigen.

Bis zu dem Augenblick, in dem ich diese Zahlen niederschreibe, habe ich noch meine Zweifel, ob Pixote auf der Imigrantes einen Raubüberfall plante oder nicht. In Wahrheit ist dies schon das zweite Mal, daß ich die Verwicklung von Pixote in einen Raubüberfall nicht aufklären kann.

Ich habe insgesamt drei Begegnungen mit dem Jungen. Beim ersten Mal lernen wir uns kennen, als sein Film »Pixote, das Gesetz der Schwachen« anläuft, in dem er einen Straßenjungen spielt. Zu den anderen beiden Gelegenheiten sitzt er in Untersuchungshaft auf Polizeiwachen. Wir reden sowohl während des letzten Verhörs als auch davor und danach miteinander. Pixote, der eines Raubüberfalls beschuldigt wird, gesteht das Verbrechen in einer Aussage, die er eigenhändig unterschreibt. Als er jedoch aus dem Gefängnis entlassen wird, behauptet er, zu diesem Geständnis durch Folter genötigt worden zu sein. Unsere Auseinandersetzung beginnt damit, daß er für das Interview etwas haben will.

»Ich arbeite so nicht. Ich habe noch nie jemandem etwas für ein Interview gezahlt.«

»Was du nicht willst, ist, anzuzeigen, daß ich gefoltert worden bin.«

»Ich möchte über beides berichten: einmal, daß man dich beschuldigt hat, und dann, daß du gefoltert worden bist.«

Während des Interviews kriegen wir uns wieder in die Haare. Er spricht von der Folter. Ausprügeln mit Händeklatschen auf die Ohren und einer langen Elektroschocksitzung. Ich frage ihn nach dem Namen des Polizisten, der ihn gefoltert hat, und bitte ihn, mir die Foltermale an seinem Körper zu zeigen.

»Was für Male, verdammte Scheiße! Glaubst du mir nicht?«

»Die Foltermale von den Metallklemmen, die sie anbringen, um die Elektroschocks zu geben ...«

»Du hast ja keine Ahnung. Glaubst du, die sind so blöd und hinterlassen Spuren? Red keinen Unsinn, mach dich lieber vorher schlau.«

»Ich muß bessere Beweise für deine Anschuldigungen haben. Nur das Interview, das ist zuwenig, viel zuwenig ...«

»Lüge. Wenn ich ein Reicher wäre und würde mich beschweren, dann würde ich am nächsten Tag schon in den Schlagzeilen stehen. Ihr Reporter seid doch alle gleich!«

Am nächsten Tag wird diese Reportage gesendet. Seine Anschuldigungen werden nur kurz angesprochen.

Monate später entdecke ich, daß Pixote die volle Wahrheit gesagt hatte, als er von den Foltermethoden sprach, die keine Spuren hinterlassen. Ein Ermittlungsbeamter des Gerichtspräsidiums, der dieser Gewalttätigkeit ablehnend gegenübersteht, zeigt mir zwei Geräte, mit denen die Elektroschocks verabreicht werden und die er auf einer Polizeiwache beschlagnahmt hat.

Eines der Geräte trägt den Namen »Espanhola«. Es hat die Größe eines Elektroschockers und ist batteriebetrieben. Ein Metallstab überträgt einen Strom einstellbarer Stärke auf den Körper des Opfers. Der Folterer braucht den Stab gar nicht am Körper des Opfers anzubringen. Es reicht, ihn dem Körper zu nähern, damit der Gefolterte den Schock empfindet.

Der andere Folterapparat ist ein raffiniertes Gerät: Zwei Stromdrähte in einem Plastikröhrchen werden an eine Steckdose angeschlossen. An ihrem Ende sind die blanken Drahtenden mit Tüchern und Heftpflastern umwickelt. Bei der Folter werden die Drähte an den Strom angeschlossen. Das mit einem feuchten Tuch umwickelte Drahtende erhöht die Intensität des Schocks und erleichtert die Einführung des Plastikröhrchens in den Anus des Opfers, ohne irgendwelche Spuren zu hinterlassen.

Vielleicht hat mir Pixote nicht verziehen, daß er im Verlauf dieses Interviews 1984 nicht beweisen konnte, daß er mit derartigen Geräten gefoltert worden war. Seine Familie muß auch entsprechend auf die Presse gestimmt gewesen sein. Als ich drei Jahre später auf Pixotes Beerdigung eintreffe, sagt Waldemar, der älteste der sieben Geschwister, zu seinen Freunden: »Da kommt noch so ein Aasgeier.«

Ich tue so, als ob ich ihn nicht gehört hätte und wende mich an die Mutter. Und wieder werde ich unsanft empfangen: »Was wollt ihr denn? Ein Fest? Warum feiern Sie nicht den Tod meines Sohnes in dieser Kaserne da? Gehen Sie doch dahin, am besten gleich ...«

Ich schweige, aus Respekt vor ihren Gefühlen. Während der ganzen Beerdigungsfeierlichkeiten kann ich die Feindseligkeit der Familie spüren. Nachdem einige Zeit vergangen ist, bin ich zu der Überzeugung gelangt, daß sie sich nicht direkt gegen mich richtet. Sie zeigt die Auflehnung gegenüber der üblichen Parteinahme der Presse für die offizielle Version von dem angeblichen Schußwechsel.

Die versammelte Menge, ungefähr 2 000 Menschen, umringt die Pressewagen und droht, sie zu zerstören. Die Situation erfüllt alle mit Scham. Wir sind verpflichtet, der Wahrheit auf die Spur zu kommen, was uns jedoch am häufigsten entgegengerufen wird, ist das Wort »Lügner«.

Erst am Tag nach der Beerdigung, als der Fall in der internationalen Presse als ein Skandal gehandelt wird, berichtet auch die brasilianische Presse rückhaltlos von diesem Ereignis oder, besser gesagt, wird die Geschichte nun von allen Seiten aufgerollt und nicht mehr mit der Wahrheit hinter dem Berg gehalten.

Tage später, in der gleichen Woche noch, gestehen die Militärpolizisten Francisco Júnior, Walter Cipolli und Wanderley Alessi in geheimen Aussagen bei der Bereitschaft der Militärpolizei, daß es gar keinen Schußwechsel gegeben habe. Pixote hat keinen einzigen Schuß abgegeben. Nach der Erschießung des jungen Mannes habe Unteroffizier Francisco selbst für die Vortäuschung eines Schußwechsels gesorgt. Er habe seine beschlagnahmte Waffe als Pixotes Waffe ausgegeben und vier Schüsse aus dem Fahrzeug in die Luft abgefeuert, als sie bereits auf dem Weg zur Polizeiwache von Diadema gewesen seien. Diese Praktiken sind nicht selten unter den uniformierten Kollegen. Sie haben sogar einen bestimmten Namen: »Die Waffe machen«, wie Francisco in seinem Geständnis offenbart.

»Wir machten die Waffe, bevor wir überhaupt wußten, wer der Typ war.«

Die Kollegen Cipolli und Alessi gestehen ebenfalls, daß eine Erschießung stattgefunden habe. Die drei werden noch am gleichen Tag aus der Militärpolizei verstoßen. Ihre Bestrafung sorgt vorübergehend für Genugtuung unter den Angehörigen Pixotes.

Aber das Drama dieser Familie nimmt seinen Fortgang. Drei Jahre später findet noch ein Sohn, nämlich Waldemar, am Straßenrand der Autobahn Rodovia dos Imigrantes den Tod. Der Mörder gibt an, Waldemar getötet zu haben, um einen Racheakt zu verhindern, den dieser gegen seine Nichte geplant habe. Diese habe ihn als einen Autodieb bei der Polizei angezeigt.

Von den drei Söhnen, die 1992 noch am Leben sind, sind zwei aus Diadema geflohen, aus Angst, auch ermordet zu werden. Waldemar ist in den Bundesstaat Ceará gegangen. Aparecido José hält seine Anschrift geheim. Dona Josefa zittert um die Zukunft ihrer drei verwaisten Enkel, die ihre Väter verloren haben: Es sind die beiden Töchter von Paulo und die fünfjährige Jaqueline, Pixotes Tochter, die er jetzt nicht mehr großziehen kann.

1992 warten die Mörder von Jaquelines Vater immer noch auf ihre Verurteilung vor Gericht. Ihre uniformierten Kollegen von einst fahren indessen damit fort, die Pixotes der Großstadt São Paulo zu töten, und zwar in einem immer erschreckenderen Ausmaß.

Soldat Wanderley Alessi, der immer noch Junggeselle ist, wohnt noch bei seinen Eltern. Er hält seinen Ausschluß aus der Militärpolizei für eine Ungerechtigkeit. Unteroffizier Francisco und der Soldat Walter Cipolli haben sich mittlerweile einen Ruf als unerbittliche Selbstjustizler erworben. Beide haben wieder eine Anstellung bekommen, und zwar auf dem Sicherheitssektor. Walter Cipolli ist Mitarbeiter bei einem Wachdienst eines Industrieunternehmens in Diadema.

Da das Motiv für seinen Ausschluß aus der Militärpolizei in vergleichbaren Fällen häufig nicht geahndet wurde, kann sich Walter Cipolli damit nicht abfinden: »Wir wurden nur entlassen, weil der Typ berühmt war. Schuld ist der Film, den er gemacht hat.«

Kapitel 22
Der Betrunkene

Der Vater wird mitten auf der Straße an den Haaren aus dem Dreck gezogen. Seine Handgelenke sind mit Handschellen gefesselt. Ein Stoß in die Magengrube läßt ihn nach vorn zusammenfallen. Er verschränkt die Arme vor dem Bauch, um sich vor weiteren Schlägen zu schützen und den Schmerz erträglich zu halten. Sein Kopf neigt sich noch tiefer nach vorn. Ein Knie trifft voll auf seine Nase und läßt seinen Kopf abrupt nach oben schnellen. Für den achtjährigen Sohn Alessandro, der durch das Loch eines eisernen Schuppentors starrt, ist dies ein schrecklicher Anblick.

Der Junge beißt sich auf die Lippen und preßt die Finger fest zusammen. Er betet weinend um Zezinho, seinen Vater, der dieser Gewaltätigkeit hilflos ausgeliefert ist.

Der Vater versucht immer wieder, das Gleichgewicht zu halten. Zwei Schritte nach vorn, zwei nach hinten. Doch seine Beine tragen ihn nicht. Er wird von hinten gezogen, am Gürtel oder am Hemdkragen. Ein Stoß wirft ihn in die Mitte des Kreises, den seine Angreifer um ihn gebildet haben.

Als sein Vater über einem abgelegten Reifen im Schlamm zusammenbricht, kann Alessandro ihn von seinem Versteck aus nicht mehr sehen. Der Junge bittet seine Mutter, einzugreifen. »Wir müssen etwas tun, Mutter. Ruf die Polizei ...«

»Sie sind von der Polizei, Sohn«, flüstert die Mutter Maria Aparecida, die auch Zeugin des Angriffs wird.

Der Junge steigt auf eine Kiste, um nach einem anderen Guckloch in der Tür zu suchen. Diesmal muß er sich noch ein wenig höher strecken, um den gestürzten Vater auf dem Boden sehen zu können, der sich im Schlamm hin- und herrollt, um den Fußtritten der Männer von der Militärpolizei auszuweichen. Man tritt Zezinho gegen die Brust und in den Rücken. Er krümmt sich zusammen und schützt seinen Kopf mit den Armen.

Alessandro kann sehen, daß diese gewalttätige Szene die Aufmerksamkeit der wenigen Nachbarn auf sich gelenkt hat, die auf der Straße Oscar Fernandes stehen. Eine Frau beobachtet alles vom Fenster eines Nachbarhauses aus. Einige Personen verfolgen die Szene von der Mauer eines Innenhofes aus. Fast das ganze Viertel wird aus den Schuppen dreier Speditionsfirmen gebildet. Was passiert, weckt die Neugier einiger Angestellter, die an diesem Morgen des 4. September 1983 auf ihrer Arbeitsstelle eintreffen. Die Fußgänger sind entsetzt von der Gewalttätigkeit der Militärpolizisten. Einige bleiben in der Nähe stehen, andere beschleunigen ihren Schritt. Keiner greift ein.

Als Alessandro sieht, wie sein Vater mehr und mehr an Kraft verliert und die Militärpolizisten immer gewalttätiger werden, beginnt er, mit den Fäusten gegen die schwere Eisentür zu schlagen. Zwei Polizisten ziehen Zezinho an den Füßen, andere reißen ihn an den Armen, die mit Handschellen gefesselt sind, so als wollten sie ihn zu ihrem Streifenwagen tragen. Dann spreizen sie seine Beine und treten ihm in die Genitalien. Zwei Fußtritte, drei, vier, fünf... Die Tritte bringen den Sohn zur Verzweiflung. »Sie töten Vater, Mutter, sie bringen ihn um...«

Der Junge springt von der Kiste herunter und läuft auf die Straße. Die Mutter versucht, ihn zurückzuhalten, und ruft um Hilfe. Als Alessandro das Tor passiert, werden zwei Jungen auf ihn aufmerksam und versuchen, ihn am Weglaufen zu hindern. Sie rennen hinter ihm her. Kurz bevor der Junge die Militärpolizisten erreicht, können sie ihn festhalten. Er versucht sich zu befreien und strampelt schreiend im Straßendreck: »Vater, Vater, Vater!«

Die Mutter kommt jetzt auch auf die Straße gelaufen, um den beiden Jungen dabei zu helfen, Alessandro wieder ins Haus zu bringen, eine Baracke mit einem Zimmer, einer Toilette und einer Küche im Hinterhof einer Speditionsfirma. Der Junge kann sich jedoch am Eingangstor festhalten und leistet ihnen Widerstand.

Eine Nachbarin, die Mitleid mit ihm hat, bringt ihm ein Glas Zuckerwasser, aber er weigert sich, es zu trinken. Er schreit immer lauter, als er sieht, wie der Vater geschlagen wird, der immer noch von den Militärpolizisten umringt ist. Einer von ihnen wirft den Wagenheber des Streifenwagens mehrere Male auf Zezinhos Rücken.

Die Mutter faßt Mut und versucht einzugreifen: »Hört auf damit! Es reicht! Mein Sohn hat alles gesehen!«

»Nichts da! Wir wissen, was wir tun! Er hat ein Auto gestohlen, eine Frau vergewaltigt, er hat Prügel verdient!«

Was sie sagen, entspricht zum Teil der Wahrheit. Die Festnahme Zezinhos an diesem Morgen ist das Ergebnis einer nicht ganz wahrheitsgetreuen Darstellung eines Überfalls, der sich in der Nacht des 3. September ereignet und bis in die Morgenstunden andauert: Der 33jährige José Nogueira de Almeida, der sich in Begleitung des 16jährigen Iranildo de Andrade gegen 23.00 Uhr auf den Heimweg gemacht hat, bemerkt die Fahrerin eines Chevette, Cecília Maia Rezeta, die völlig aufgelöst ist, weil sie eine Motorpanne hat. Der ehemalige Mechaniker Zezinho bietet ihr seine Hilfe an in der Absicht, sie anzumachen. Nachdem er den Schaden behoben hat, lädt er Cecília zu einem Spaziergang ein. Sie bedankt sich für die Einladung, lehnt jedoch ab mit der Begründung, sie habe es eilig.

Bevor die Frau noch weitere Erklärungen abgeben kann, wird Zezinho schon gewalttätig: Mit einem Messer bewaffnet, übernimmt er das Steuer des Autos, während sein Freund Iranildo durch die Beifahrertür in den Wagen steigt. Cecília, die durch diesen Überfall einen gewaltigen Schrecken bekommt, fällt in Ohnmacht. Als sie wieder zu sich kommt, befindet sie sich schon in einem Elendsviertel. Von dort brechen sie zu anderen Stellen der Stadt auf. Von Zeit zu Zeit läßt Zezinho die Frau mit dem Freund Iranildo allein im Wagen, um Bier oder Kognac zu holen. Sie wird gezwungen, auch etwas zu trinken. Zezinho droht einige Male, sie zu vergewaltigen, und berührt sie an den Brüsten, an den Beinen und am Geschlechtsteil. Stunden später sind die drei stark alkoholisiert. Sie trinken immer noch Bier mit Kognac. Zezinho hat es aufgegeben, Cecília vergewaltigen zu wollen.

Sie vergessen zu tanken. Als es Morgen ist, haben sie kein Benzin mehr. Sie parken den Chevette vor dem Haus, in dem Alessandro mit seiner Mutter Maria Aparecida Mendes de Oliveira, der ehemaligen Frau von Zezinho, lebt. Wie er es mit dem Vater vereinbart hat, erscheint der Junge um acht Uhr morgens an der Haustür, um den monatlichen Wechsel entgegenzunehmen. Cecília nutzt dieses Treffen, um aufzubrechen, womit Zezinho einverstanden ist.

Als sie zu Hause ankommt, findet sie ihre Familie höchst besorgt vor. Einige Angehörige haben schon auf der Polizei eine

Vermißtenanzeige gemacht. Als Cecília schließlich zu Hause eintrifft, werden die Polizisten über alles informiert, was sich an diesem Morgen ereignet hat.

Zezinho und der Freund Iranildo liegen immer noch schlafend in dem Chevette, der am selben Platz vor dem Haus geparkt ist, als sie von den Militärpolizisten gestellt werden, die mit zwei vollbesetzten Streifenwagen eintreffen. Die Polizisten schlagen gegen die Scheiben des Wagens, aber die beiden Männer wachen erst auf, als die Wagentür gewaltsam geöffnet wird. Zezinho kommt wieder zu sich, als man ihm Schläge verpaßt. Er klammert sich gewaltsam an die Jacke des Soldaten, der ihn am Hemd aus dem Wagen zerrt. Als ihn die ersten Fußtritte und Schläge treffen, zerreißt er die Jacke des Militärpolizisten, was seine Angreifer noch mehr gegen ihn aufbringt.

In diesem Augenblick ist Alessandro, der auf das Dach eines Schuppens geklettert ist, bereits Zeuge der Schlägerei. Als der Junge ein drittes Fahrzeug eintreffen sieht, bekommt er Angst. Er versteckt sich im Schuppen der Firma und beobachtet von dort die Gewalttätigkeiten, mit denen die Militärpolizisten den Vater traktieren. Nach einer halben Stunde der Aggression in aller Öffentlichkeit bringen sie Zezinho in einen vergitterten Streifenwagen. Die brutale Behandlung wird noch über einige Tage hinweg fortgesetzt.

Zezinho, der vor Gericht als Krimineller verurteilt wurde, ist vor einigen Monaten aus dem Gefängnis entlassen worden. Aufgrund guter Führung kann er die Vorteile des offenen Strafvollzugs in Anspruch nehmen. Die vorgenannten Informationen über seine Vergangenheit werden uns durch die beiden letzten Informationsquellen bestätigt, die wir Anfang der neunziger Jahre in unsere Datenbank miteinbeziehen. Nachdem es uns gelungen ist, mehr als 4 000 Tote mit Hilfe der Informationen aus den »Notícias Populares«, dem Rechtsmedizinischen Institut und der Aussagen der Familienangehörigen der Opfer identifizieren zu können, entschließen wir uns, jeden einzelnen Namen dieser Toten mit den Eintragungen im Strafregister der zivilen Polizei und der zivilen Gerichte zu vergleichen, wo die Straffälligen aus der Stadt registriert sind. Das Ziel dieser letzten Erweiterung der Datenbank ist es, herauszufinden, ob die zuständigen Sicherheitsbeauftragten die Wahrheit sagen, wenn sie die Aktion der öffentlich ernannten Killer verteidigen. Seit der Gründung der Militärpolizei 1970 bis zum heutigen Stand im Jahre 1992 legen Kommandanten der Militärpolizei, Staatssekretäre und Gouverneure ihre Hand dafür ins Feuer, daß die angeblichen Schußwechsel rechtmäßig sind und es sich bei den Toten um Verbrecher handelt, um höchst gefährliche Kriminelle, um Mörder und Vergewaltiger. Das Ergebnis meiner Untersuchung in den Archiven der zivilen Gerichte zeigt, daß es sich mit der Wahrheit ganz anders verhält, als die hohen Herren in den Kabinetten behaupten.

Die erste Erhebung, die wir über die kriminelle Vergangenheit dieser Opfer anstellen, unternehmen wir über den Suchdienst der Gerichtsarchive, die seit 1984 auf Computer umgestellt worden sind und zu denen alle Bürger freien Zugang haben. Um die Angelegenheit absolut geheimzuhalten, weihe ich weder den Gerichtspräsidenten, der mir meine Nachforschungen bewilligt, noch die Justizwachtmeister in meine wahren Absichten ein. Ich offenbare ihnen nur einen Teil der Wahrheit, ein Vorgehen, das ich seit Erstellung der ersten Reportagen verfolge, die diesem Buch zugrunde liegen. Als Sicherheitsvorkehrung und um zu verhindern, daß die Personen, die mir bei dieser Arbeit helfen, irgendwelche unangenehmen Konsequenzen fürchten müssen, erfahren sie nur, daß meine Untersuchungen mit Gewaltverbrechen in São Paulo zu tun haben.

Die erste Etappe dieser Auswertungen ergibt, daß die zuständigen Verwaltungspersonen nicht über das Vorleben der Personen informiert sind, die von den Militärpolizisten während ihrer Patrouillen durch die Stadt getötet werden. Wir unterziehen die Personalien von 3 846 Personen einem Vergleich mit den Eintragungen in den Archiven. Ungefähr 300 Karteikarten werden uns zurückgegeben, ohne daß wir näheres über diese Toten in Erfahrung bringen können, entweder, weil die Daten über ihre Herkunft unvollständig sind, oder aber, weil sie eine große Zahl von Namensvettern haben. Es bleiben 3 523 Personen, deren Daten wir untersuchen können und von denen 1 220 im Stadtbezirk von São Paulo straffällig geworden sind.

Im zweiten Teil unserer Nachforschungen finden wir heraus, daß 276 dieser Opfer in kriminelle Machenschaften außerhalb von São Paulo verwickelt waren. Anhand dieser Informationen beläuft sich die Zahl der Kriminellen, die von Militärpolizisten getötet wurden, auf 1496, was sich angesichts der Gesamtzahl von 3523 Opfern als relativ gering ausnimmt.

Die Informationen, die wir auf diesem Wege erhalten, helfen uns dabei, ein Profil dieser Opfer zu entwickeln. Wir finden heraus, daß die Mehrheit der Opfer weder Totschläger noch Vergewaltiger waren, wie es von den Behörden behauptet wird.

Das Opfer Nr. 1 dieser Killer ist der Straßenräuber, ein Krimineller, der Menschen überfällt: Von ihnen werden in den 22 Jahren der Geschichte der Militärpolizei 657 eliminiert, was 16 Prozent aller Toten ausmacht, die in unserer Datenbank registriert sind.

Das zweite bevorzugte Opfer ist ein Krimineller, der zur Tat schreitet, wenn sein Opfer nicht zugegen ist: der Dieb. In der gleichen Zeit finden 448 von ihnen den Tod durch die Killer der Militärpolizei. Nach Anzahl ihrer Delikte gerechnet sind, in aufsteigender Reihenfolge, 301 kleinere Delinquenten, 189 Drogenhändler und 131 in Straßenkrawalle verwickelte Straffällige darunter. 210 Delinquenten sind in andere Verbrechen verwickelt gewesen. Von den restlichen 180 Toten können wir die Art ihrer Straffälligkeit nicht ermitteln.

Die Kriminellen unter den toten Opfern der Militärpolizei, die zu Recht des Mordes beschuldigt werden, sind jedoch in der Minderzahl. 157 von ihnen haben Totschlag begangen, was bedeutet, daß sie getötet haben, während sie einen Raub begingen, oftmals auch aus dem Affekt heraus, wie es zum Beispiel bei einer Auseinandersetzung zwischen Drogenhändlern oft geschieht. Raubmörder, die zu den meistgefürchtesten Kriminellen dieser Gesellschaft gehören, werden von den Militärpolizisten nur selten umgebracht.

Von den insgesamt 3545 identifizierten Opfern hatten nur 24 im Verlauf eines Raubüberfalls mit Vorsatz getötet. Auch der Vergewaltiger, ein Verbrecher, der von der Gesellschaft scharf verurteilt wird, ist nur selten Ziel der Killer. In den 22 Jahren Militärpolizei können wir nur zehn Opfer als Vergewaltiger identifizieren, eine Zahl, die sich mit 0,2 Prozent gegen die Gesamtzahl dieser Opfer gering ausnimmt.

Die Rechtfertigungen, mit denen die zuständigen Behörden die brutalen Methoden der ROTA verteidigen, erscheinen angesichts dieser Bilanz geradezu lächerlich. Vergewaltiger und Raubmörder stellen nicht einmal ein Prozent aller Opfer dieser Killer der Militärpolizei dar.

Man sollte hervorheben, daß sich dieses prozentuale Verhältnis über die ganzen 22 Jahre hinweg, seit es Militärpolizisten auf den Straßen gibt, nicht verändert hat. In den neunziger Jahren ist diese Polizei noch genauso unfähig wie in den siebziger Jahren, die Personen zu verfolgen, die tatsächlich eine Gefahr für die Gesellschaft darstellen. Von den 2 000 Personen, die seit 1990 von der Militärpolizei getötet wurden, was sogar Kommandanten dieser Einheit zugeben, können wir bis Juni 1992 insgesamt 1 039 identifizieren. Von diesen 1 039 waren 324 bereits aufgrund der unterschiedlichsten strafbaren Handlungen in Gerichtsverfahren verwickelt. Wenige dieser Kriminellen können als gefährlich angesehen werden, nur 30 hatten in São Paulo einen Totschlag verübt.

Was darüber hinaus unsere Aufmerksamkeit erregt, ist die hohe Zahl von 473 Kriminellen, die seitdem nicht mehr rückfällig geworden waren oder, anders gesagt, die bis zum Zeitpunkt ihrer Ermordung durch die Militärpolizisten nur einmal vor Gericht gestanden haben. Auch der Kriminelle José Nogueira de Almeida, Zezinho genannt, war einer dieser Verbrecher: Er wird in flagranti erwischt und wegen Raubes und Verwicklungen in verschiedene Straßenkämpfe verhaftet. Bis zu jenem Morgen des 4. September, als er von den Militärpolizisten in aller Öffentlichkeit zusammengeschlagen wird, hatte er nur einmal vor Gericht gestanden. Die Geschichte Zezinhos verdeutlicht auf anschauliche Weise, welche Schrecken Verdächtige durchleben, wenn sie von Killern geschnappt werden, die ihre kriminelle Vergangenheit kennen, und wenn sie darüber hinaus noch armen Familien entstammen, die über keine Mittel für ihre Verteidigung verfügen.

Es gelingt uns, Zezinho als eines der Opfer der Militärpolizei zu identifizieren, dank der Informationen, die wir von seinen Angehörigen erhalten, die alle aus dem Nordosten zugewandert sind. Die mittellosen Zuwanderer aus dem Norden gehören im übrigen zu den bevorzugten Opfern der Killer. Wir zählen mehr als 2 000 Zuwanderer, von denen 650 aus dem Norden des Landes kommen und 213 in Pernambuco geboren sind, wie Zezinho auch. 30 Jahre, nachdem der Vater Zezinhos, José Joaquim de Almeida, ein 56 Jahre alter Gelegenheitsarbeiter aus dem Hinterland von Pernambuco, vor der Dürre und dem Elend in seiner Heimat floh und nach São Paulo kam, ist er immer noch aufgebracht gegen die Polizei des Bundesstaates, den er sich zum Leben ausgesucht hat. Er sucht uns auf, um die seltsamen Umstände anzuzeigen, unter denen Zezinho den Tod fand. Er erzählt nur, daß sein Sohn sich bester Gesundheit erfreut habe, als er das Haus verließ, jedoch wenige Tage, nachdem ihn die Militärpolizei festgenommen hatte, schon von Zivilpolizisten in ein öffentliches Leichenschauhaus gebracht worden sei, ein Ort, an den Tote gebracht werden, die auf natürliche Weise gestorben sind und deren Tod an einem öffentlichen Platz erfolgte.

In dem rechtsmedizinischen Gutachten wird ein Geschwür als die Todesursache angegeben, und dies, obwohl Spuren von Schlägen und Folter auf Zezinhos ganzem Körper zu sehen sind. Die Angabe »Geschwür« ist es, die das Mißtrauen des Vaters gegen den Leiter der Polizeiwache von Vila Maria weckt. Zezinho hatte sich drei Tage auf dieser Polizeistelle in Haft befunden. Der Wachtmeister hatte Zezinhos Vater daran gehindert, den Sohn zu besuchen. Im Verlauf einer der vielen Vorstöße, die der Vater José Joaquim de Almeida dort unternimmt, hatte ihn der Polizist über die gesundheitlichen Probleme seines Sohnes befragt und angeführt, dieser sei in der Haft erkrankt und benötige entsprechende Medikamente. Der Vater, der zu diesem Zeitpunkt nicht ahnt, daß man ihn in die Irre führen will, setzt den Beamten davon in Kenntnis, daß das einzige gesundheitliche Problem des Sohnes, das dieser vor einem Jahr auskuriert habe, ein Geschwür gewesen sei.

»In diesem Augenblick war mein Sohn wahrscheinlich schon tot. Der Wachtmeister wollte sich wohl etwas aus den Fingern saugen, um zu verhindern, daß seine Leiche in ein Rechtsmedizinisches Institut überführt wird.«

Die Überlegungen von Zezinhos Vater sind berechtigt. Das Rechtsmedizinische Institut ist ein Ort, an den alle Leichen gebracht werden, deren Tod auf gewaltsame Weise herbeigeführt wurde. Der Wachtmeister läßt die Leiche jedoch in das öffentliche Leichenschauhaus bringen, so als sei Zezinho an einem Geschwür verstorben, und täuscht den Vater, um die Wahrheit zu verbergen.

José Joaquim de Almeida hat noch andere Gründe, warum er an den Polizeibeamten von Vila Maria zweifelt. Der Verantwortliche dieser Polizeistelle, Wachtmeister Hélio Tavares, ist für seine

Verwicklungen in die Machenschaften der berüchtigten Todesschwadrone von der zivilen Polizei bekannt. Monate, bevor Zezinho den Tod findet, hatten die Bewohner des Viertels die Polizisten dieser Polizeistation bereits beschuldigt, die wahren Begebenheiten verdreht zu haben, die zum Tod eines weiteren jungen Mannes geführt hatten. Der 20jährige José Aparecido Santana da Silva stirbt ebenfalls, nachdem er von Militärpolizisten brutal zusammengeschlagen worden war. Auf der Polizeiwache von Vila Maria wurde der Fall unter der Angabe »plötzlich eingetretener Tod« vermerkt.

Auf die Bitte von Zezinhos Vater begeben wir uns auf diese Polizeistation, um herauszufinden, was nach der Festnahme seines Sohnes geschehen ist. Wir statten den Beamten einen Überraschungsbesuch ab. Gewappnet mit einer gerichtlichen Verfügung, die die Unterschrift des Gerichtspräsidenten trägt, bestehen wir auf unserem Recht auf freien Zugang zu den Zellen.

Die Gefangenen waren Zeugen des Leides, das Zezinho durchmachte, als man ihn in dieses Gefängnis brachte. Sie sahen, wie ihn zwei Gefängniswärter über die Korridore hinter sich herzogen, denn er konnte sich nicht auf den Beinen halten. Er war nur mit einer Unterhose bekleidet. Seine Kleider hingen ihm über den Arm. Er wurde in die Zelle gestoßen, wo er auf die Knie fiel. In zusammengekrümmter Haltung verbrachte er die ganze Nacht, wimmerte leise vor sich hin, wie in einem Singsang. Niemand stellte ihm Fragen. Alle hatten die Schreie gehört, die aus dem »Stocksaal« gedrungen waren. Gegen Morgen erzählte ihnen Zezinho, der nicht hatte schlafen können, daß er auf Anordnung des diensthabenden Wachtmeisters Apolônio Júnior gefoltert worden sei.

Als sich Zezinhos Gesundheitszustand am folgenden Tag erheblich verschlechterte, ließen sich die Gefängniswärter durch die solidarischen Appelle der Zellengenossen erweichen und brachten Zezinho in ein Krankenhaus. Als er Stunden später wieder im Gefängnis eintraf, habe er sich darüber beklagt, daß er von den Ärzten ungehörig behandelt worden sei. Er habe zwei Stunden mit Handschellen gefesselt auf einer Bahre liegen müssen, bis man ihn überhaupt untersucht habe. Dann habe man ihn einen Kriminellen geschimpft, seinen Klagen über Schmerzen keine Beachtung geschenkt und sich geweigert, ihm Medikamente zu verabreichen. Seine Behandlung beschränkte sich darauf, ihm eine Sonde in den Penis einzuführen, um seine volle Blase zu leeren, dann gab man ihn sofort frei und behauptete, alles sei nichts weiter als ein Trick Zezinhos, an der Haft vorbeizukommen.

Die Zellenkollegen führten auch an, Zezinho habe weder eine Matratze gehabt, auf der er liegen konnte noch eine Decke, um sich gegen die Kälte des eisigen Steinbodens zu schützen. Das einzige Medikament, das Zezinho auf der Polizeiwache erhalten habe, sei ein Schmerzmittel gewesen. Doch es konnte nicht verhindern, daß Zezinho in ein Koma fiel. Er starb am Morgen des dritten Tages im Gefängnis.

Im Verlauf dieses Überraschungsbesuchs, den ich dem Gefängnis abstatte, erfahre ich von vier anderen Zellengenossen, daß sie die gleiche Gewalt erfahren mußten wie Zezinho, nachdem sie auf der Straße gefaßt und ins Gefängnis gebracht worden waren.

»Hier funktioniert das Zusammenspiel zwischen der ROTA und den Todesschwadronen«, führt der Gefangene José Jaime dos Santos von Zelle Nummer 5 an und meint damit den Wachtmeister Hélio Tavares.

José Jaime gibt an, von den Militärpolizisten gefoltert worden zu sein. Sie seien mit vier Streifenwagen der ROTA vorgefahren, als er vor zwei Wochen verhaftet worden war. Er erzählt, daß er auf ein offenes Gelände geführt worden sei, wo er über eine Stunde an einer Papageienstange gehangen habe, die man provisorisch zwischen zwei Streifenwagen angebracht habe. Während die Militärpolizisten sich darüber gestritten hätten, ob sie ihn nun töten sollten oder nicht, hätten sie ihm Elektroschocks mit einem kleinen elektrischen Gerät verpaßt, das an den Motor des Polizeifahrzeugs angeschlossen gewesen sei. Einer von ihnen habe Gas gegeben, um die Intensität der Elektroschocks zu erhöhen. Als er gestand, schon einmal vor Gericht verurteilt worden zu sein und seine Strafe im offenen Strafvollzug zu verbüßen, verschärften sie die Folter noch. Schließlich rissen sie ihm mit einer Zange einen Fingernagel aus und zwangen ihn, kürzlich begangene Verbrechen zu gestehen.

Er wurde auf die Polizeiwache von Vila Maria verfrachtet und, wie Zezinho auch, auf Anordnung des Wachtmeisters Hélio Tavares in den »Stocksaal« gebracht. Die Untersuchungsbeamten wollten ihn mit der Folter erpressen, sagt José Jaime.

»Mir lief das Blut schon aus den Ohren, als der Wachtmeister zu mir sagte: ›Entweder, du gibst mir 800 000, oder du bleibst im Knast.‹«

In den Fall Zezinho, der im Fernsehen öffentlich gemacht wird, sind zivile Polizisten und Militärpolizisten verwickelt, worauf die zuständigen Sicherheitsorgane ganz unterschiedliche Haltungen einnehmen, die sich zum Teil widersprechen. Bei der zivilen Polizei ergreift man Sofortmaßnahmen. Der Gerichtspräsident des Polizeigerichts veranlaßt die unmittelbare Überführung derjenigen Gefangenen, die eine andere Polizeiwache angezeigt haben. Darüber hinaus stellt er eine Sonderermittlung in diesem Fall an.

Bereits in der Untersuchungshaft bestätigen die Gefangenen, daß ihre Aussagen der Wahrheit entsprechen. Sie können alle Polizisten identifizieren, die für die Gewalttätigkeit gegen Zezinho verantwortlich sind. Die Untersuchung, die einem Kommissar vom Gerichtspräsidium der zivilen Polizei untersteht, wird rigoros durchgeführt. Es werden mehr als zehn Zeugen ausfindig gemacht, die gesehen haben, wie Zezinho von den Militärpolizisten auf offener Straße zusammengeschlagen wurde. Der Untersuchungsbeamte kann beweisen, daß Zezinho an den Folgen von fünf Rippenbrüchen und schweren inneren Verletzungen gestorben ist. Die Rippenbrüche können sowohl durch die Angriffe der Militärpolizisten als auch während der Folter auf der Polizeiwache entstanden sein. Vier Ärzte von der Notaufnahme von Vila Maria, die die Brüche Zezinhos nicht festgestellt hatten, werden ebenfalls zur Rechenschaft gezogen.

Die unparteiische Ermittlung unter Leitung des Gerichtspräsidiums der zivilen Polizei veranlaßt den Anklagevertreter Paulo Edson Marques, einen Unteroffizier, drei Polizisten und drei Soldaten von der Militärpolizei anzuzeigen, die für das Verprügeln verantwortlich waren. Er bezeichnet ihr Vorgehen als ein Zeichen von »regelrecht zelebriertem Sadismus«. Desweiteren beschuldigt er einen Polizeikommissar, zwei Ermittlungsbeamte und einen Gefängniswärter der Aggression gegen den Toten und der unterlassenen Hilfeleistung für das Opfer, als sich dieses noch auf der Polizeiwache befand. Von den vier Ärzten, die im Laufe der Ermittlung geladen werden, werden drei der Fahrlässigkeit und des medizinischen Unverstands beschuldigt, weil sie dazu beigetragen hatten, die Verletzungen zu verschlimmern, die schließlich zu Zezinhos Tod führten.

Die Militärpolizei stellt parallel dazu Ermittlungen an. Der Verantwortliche für diese militärpolizeiliche Untersuchung ist Major Antônio Edmundo Franco, der zu völlig gegenteiligen Ergebnissen kommt als die zivilen Ermittlungsbeamten. Er versichert in seinem Bericht, daß alle Militärpolizisten, die in den Fall verwikkelt waren, von Zezinho angegriffen worden seien und große Schwierigkeiten gehabt hätten, diesen festzunehmen, aufgrund der »entsetzlichen Wut des Opfers«. Der Major legt besonderen Wert auf die Aufzählung der Verletzungen, die ein Soldat im Verlauf dieser Auseinandersetzung erleidet, als da sind: ein verletzter Finger und »Schäden« an der Jacke eines Soldaten. Unter Bezug auf die Informationen, die er vom Leiter des Krankenhauses Maternidade Vila erhält, einem der Männer, die von der zivilen Justiz grober Fahrlässigkeit beschuldigt werden, versichert der Major, Zezinhos Verletzungen seien nur leichter Natur gewesen und hätten nie zu seinem Tod führen können. Er beschließt seinen Untersuchungsbericht mit dem Freispruch der Militärpolizisten von jeglicher Verantwortung.

> Ich schließe diesen Bericht aufgrund nicht existenter Vergehen. Es liegen keinerlei Disziplinarverfahren vor, die es zu untersuchen gälte.

Neun Jahre später ist es in diesem Fall immer noch nicht zu einer Gerichtsverhandlung gekommen, weder vor der zivilen Justiz noch vor einem Militärtribunal. Die Familie Zezinhos hegt immer noch die Hoffnung, daß die angeklagten zivilen Polizisten zur Verantwortung gezogen werden, ist jedoch skeptisch, was den Ausgang einer derartigen Verhandlung betrifft. Sie denkt mit Bitterkeit an die Brutalität, die der kriminelle Sohn zu erleiden hatte, dem nur die Solidarität der Zellengenossen und die eines Straßenpassanten zuteil geworden war.

Abgesehen von Zezinhos Sohn Alessandro werden noch 20 weitere Personen Zeugen der brutalen Straßenszene. Doch nur Cláudio Rovaroto, Russo genannt, ein alkoholkranker Rentner, der sich zu diesem Zeitpunkt auf der Straße befindet, wagt es, Zezinho zu Hilfe zu kommen.

Aufgebracht über den Anblick von mehr als zehn Militärpolizisten, die den mit Handschellen gefesselten Freund angreifen, sammelt Russo die wenigen Kräfte, derer er fähig ist, und läuft mit zitternden Beinen auf die Polizisten zu. »Das ist doch feige!« schreit er und versucht sofort, mit einem Kopfstoß den ersten Militärpolizisten zu treffen, den er vor sich stehen sieht.

»Hau ab hier, du Besoffener!« gibt der Militärpolizist zurück und verpaßt Russo einen Schlag ins Gesicht, der darauf in den Straßendreck fällt.

Die Geste Russos erregt das Mitleid der Frauen, die sich auf der Straße befinden. Sie kommen dem Alten zu Hilfe und behandeln ihn wie einen Helden.

Monate später hat der Alte noch mehr Grund, die Polizisten Feiglinge zu schimpfen. Diesmal ist sein jüngster Sohn das Opfer der Militärs. Der minderjährige Marco Antônio Rovaroto, 16 Jahre alt, wird im April 1984 von den Killern der ROTA getötet.

»Ich werde sie bis an mein Lebensende hassen«, schwört Russo im Juni 1992.

Kapitel 23
Röntgenaufnahme

Wenn die Todesstrafe eine gute Sache wäre, dann hätte die ROTA São Paulo schon in ein Paradies verwandelt.
(Octávio Ribeiro, Die weiße Feder, April 1981)

Als ich mit der Niederschrift dieses Buches beginne, ist mein vorrangiges Ziel, das Vorgehen der offiziell ernannten Killer gegen straffällig gewordene Zivilpersonen in São Paulo zu untersuchen. Die Schlußbilanz meiner Arbeit, die ich im Juni 1992 zu Ende bringe, überrascht mich selbst. Unter den Opfern der Militärpolizei stellen die Kriminellen nur eine Minderheit dar. Das Ergebnis meiner Nachforschungen, die 22 Jahre des Tötens durch Militärpolizisten umfassen, zeigt, daß der überwiegende Teil der Zivilpersonen, die auf diese Weise in São Paulo den Tod finden, gewöhnliche Bürger waren, die noch nie straffällig geworden waren.

Der Vergleich der Eintragungen in den Archiven der zivilen Gerichte mit den Eingaben in unserer Datenbank offenbart, daß 65 Prozent der identifizierbaren Personen, die von Militärpolizisten umgebracht wurden, unschuldig waren. Wir nehmen 3 846 Karteikarten mit den Namen der Toten mit auf das Strafregisteramt, die in den angeblichen Schießereien mit der Polizei den Tod fanden. Abgesehen von den annähernd 300 Karteikarten, die wir ohne weitere Informationen zurückerhalten, bekommen wir noch zwei Pakete mit dem Ergebnis, auf das ich seit Beginn dieser Nachforschungen so gespannt gewartet habe. In einem der Pakete befinden sich die Unterlagen von den 1220 straffällig gewordenen Personen. Das andere enthält jedoch weit mehr Karteikarten mit den Namen von 2303 Personen, die in der Stadt São Paulo noch nie straffällig geworden waren. Damit sind beinahe doppelt so viele Unschuldige getötet worden wie Kriminelle! Ein schlagender Beweis dafür, daß von zehn Opfern der Militärpolizei weniger als vier an einem Verbrechen beteiligt waren. Mehr als sechs hatten ein blütenreines polizeiliches Führungszeugnis. Ihre Karteikarten wurden uns mit dem Vermerk zurückgegeben: keine Eintragungen.

Bei unserer Überprüfung entdecken wir in den Strafregistern der zivilen Polizei weitere 276 Opfer, gegen die im Großraum São Paulo Gerichtsverfahren angestrengt worden waren, die also zu den 2303 getöteten Unschuldigen gehören. So erlauben uns die Vergleiche zwischen unseren Daten und denen der zivilen Gerichte und des polizeilichen Strafregisters die eindeutige Feststellung, daß von den insgesamt 3523 Opfern der Militärpolizei, die wir identifizieren können, 1496 kriminell waren – was einem Anteil von 42,6 Prozent entspricht. Die restlichen 57,4 Prozent der Opfer hatten im Großraum von São Paulo keinerlei Straftaten begangen. Dies bedeutet, daß die Killer der Militärpolizei 2027 Unschuldige auf dem Gewissen haben.

Im Hinblick auf die Militärpolizisten ergeben unsere Vergleiche dieser Quellen ebenfalls ungewöhnliche Feststellungen. Von den zehn gewalttätigsten Killern, die in unserer Datenbank registriert sind und auf deren Konto der höchste Anteil an Morden geht, hat nur einer von ihnen einen Lebenslauf, der mit seinem Ruf als Banditenkiller übereinstimmt. Es ist der fünfte auf unserer Liste, Leutnant Wanderley Mascarenhas de Souza. Er kann auf seinem Konto 34 Morde verbuchen. Unsere Ermittlungen zeigen, daß die meisten seiner Opfer nicht unschuldig waren, eine Tatsache, die unsere Aufmerksamkeit erregt.

Die Verfahren gegen Leutnant Mascarenhas erklären, warum sein Fall im Vergleich zu denen der gewalttätigsten Killer anders liegt. Abgesehen von der Tatsache, daß er jahrelang die Mannschaften der ROTA anführte, hat sich Leutnant Mascarenhas auf die Unterdrückung von Aufständen in Gefängnissen spezialisiert. In den Strafanstalten verfehlt er zumindest nie sein Ziel. Er wird neben anderen Angeklagten beschuldigt, in einer einzigen Aktion fünf der fünfzehn Gefangenen getötet zu haben, die von den Militärpolizisten im Verlauf eines Aufstandes in einer Strafanstalt im Jahre 1982 umgebracht wurden. Auch hat er sich an der Ermordung von sechs Geisteskranken beteiligt, die 1983 zu den Aufständischen der psychiatrischen Gefängnisanstalt von Franco da Rocha zählten.

1986 wird Mascarenhas aus der ROTA ausgeschlossen, gemeinsam mit einer Reihe anderer berüchtigter Killer des 1. Bataillons. Doch er hat nicht aufgehört zu töten. Zu Beginn der neunziger Jahre, als ein Mitglied der GATE, einer Gruppe innerhalb der Militärpolizei, die sich auf äußerst risikoreiche Einsätze spezialisiert hat, tötet er fünf weitere Kriminelle. Eines dieser Opfer findet während eines Aufstandes in der öffentlichen Strafanstalt von Embu den Tod.

Eine andere Tatsache, die bei dieser abschließenden Auswertung der Informationen aus der Datenbank unsere Aufmerksamkeit erregt, ist die geringe Anzahl der Militärpolizisten, die im Verlauf von Schießereien getötet werden. Die offiziellen Daten, die vom Kommando der Militärpolizei verbreitet werden, sprechen von 400 Militärpolizisten, die im Zeitraum von 1985 bis 1991 den Tod fanden, ohne daß näher darauf eingegangen wird, ob ihr Tod sich im Verlauf von bewaffneten Auseinandersetzungen mit Kriminellen ereignete oder nicht. Die Offiziere der Militärpolizei höchstpersönlich räumen ein, daß der größte Teil dieser Polizisten während ihrer Freizeit oder auf dem Heimweg starben. Sie schätzen, daß 30 Prozent, also 120 dieser Toten, bei Schußwechseln getötet wurden. Im gleichen Zeitraum sind jedoch nach offiziellen Angaben 2599 Zivilpersonen umgebracht worden. Auf der Grundlage dieser Daten der Militärpolizei würde dies bedeuten, daß auf jeden toten Militärpolizisten fünfzehn tote Zivilpersonen kommen. Unsere Nachforschungen ergeben jedoch ein ganz anderes Bild.

Wir stellen fest, daß im Zeitraum von Januar 1970 bis Juni 1992 124 Militärpolizisten in São Paulo den Tod fanden. Eine genauere Untersuchung jedes Einzelfalls ergibt, daß die meisten dieser Polizisten Opfer der Gewalttätigkeit in der Stadt wurden. 56 Militärpolizisten sind von gewöhnlichen Bürgern umgebracht worden, die sich vorher nicht strafbar gemacht hatten, und zwar im Verlauf von Streitigkeiten oder aufgrund von Racheakten. Wir können auch elf Selbstmorde ausmachen und vier Fälle, in denen die Polizisten Opfer von Raubmorden wurden. 42 von ihnen wurden Opfer von Schußwechseln, weniger als drei Prozent also im Vergleich zu der Gesamtzahl an Polizisten, die in diesen 22 Jahren den Tod fanden. Die unglaubliche Diskrepanz zwischen der Zahl der Opfer der Militärpolizei und den insgesamt über 4000 toten

Zivilpersonen verstärkt unseren Verdacht, daß bei den bewaffneten Auseinandersetzungen während der Patrouillen nicht rechtmäßig vorgegangen wird. Nach unseren Rechnungen kommen auf jeden toten Militärpolizisten 97 zivile Opfer.

Die abschließende Bilanz, die wir anhand unserer Informationen aus der Datenbank ziehen können, bestätigt die rassistische Komponente im Vorgehen der brutalsten Killer der Militärpolizei. Von den insgesamt 4 179 identifizierten Opfern können wir in 3 944 Fällen etwas über ihre Hautfarbe aussagen: 1 932 von ihnen waren Weiße, 2 012 waren Schwarze oder Mulatten. Dieser überwiegende Anteil an Farbigen unter den Opfern, der sich auf 51 Prozent beläuft, beweist an sich schon das bestehende Vorurteil dieser Killer gegenüber Dunkelhäutigen oder Schwarzen. Diese Tatsache wird noch deutlicher nach einer Gegenüberstellung mit den demographischen Daten des brasilianischen Instituts über Bevölkerungsstatistik und Geographie der Bewohner der Großstadt São Paulo. In den letzten beiden Jahrzehnten, der Zeitraum, der meinen Nachforschungen zugrunde liegt, sind 74 Prozent der Bevölkerung Weiße, 22 Prozent Schwarze und Mulatten.

Analysiert man insbesondere die Gruppe derjenigen Personen, die in Verbrechen verwickelt ist, so kann man eine noch schärfere Trennung nach Hautfarben beobachten. Die Daten der Stiftung Seade, die etwas über das Profil verdächtiger Personen aussagen, gegen die innerhalb São Paulos Ermittlungen angestellt wurden, zeigen, daß Schwarze und Mulatten unter den Delinquenten eine Minderheit darstellen. 60 Prozent der Kriminellen, die von Militärpolizisten getötet wurden, sind Weiße. Der größte Teil, nämlich 65 Prozent dieser Straftäter, besteht aus Dieben und Totschlägern mit weißer Hautfarbe. Noch stärker ist der Anteil an Weißen unter denjenigen Kriminellen, die von der Gesellschaft am stärksten mit Haß verfolgt werden: 68 Prozent der Vergewaltiger, die auf das Konto der Militärpolizei gehen, haben eine weiße Hautfarbe.

Unsere Informationen über den Wohnort und die Berufe der einzelnen Opfer ergeben, daß die überwiegende Mehrheit Personen mit niedrigem Einkommen waren. Von 3 812 Personen können wir herausfinden, welchem Beruf sie nachgegangen sind. Arbeiter und Hilfsarbeiter auf Baustellen gehören zu denjenigen, die die Militärpolizei am häufigsten aufs Korn nahm: Es sind 877

Personen aus dieser Berufsgruppe, die getötet werden, und sie sind damit mit 20 Prozent unter den Opfern dieser Killer vertreten. Fast alle wohnen in einfachen Häusern am Stadtrand oder im weiteren Umfeld von São Paulo. Die Viertel von Santo Amaro, São Miguel Paulista, Jabaquara, Vila Rica und Itaquera gehören zu den Stadtteilen, in denen eine wachsende Zahl an Opfern zu verzeichnen ist. In unserer Datenbank sind 735 Opfer dieser Killer registriert, die aus den äußersten Randgebieten der östlichen und südlichen Stadtteile stammten, Regionen, in denen die größte Ballung armer Bevölkerungsschichten stattfindet.

Wir stellen uns der größten Herausforderung im Verlauf unserer Nachforschungen, als wir mit mehreren hundert Anschriften von Opfern in das Viertel von Itaquera aufbrechen. Dort haben Militärpolizisten seit 1970 mindestens 154 Jugendliche getötet:

Es ist noch früher Morgen. Wir durchstreifen eine Favela ganz im Stil eines der Polizeireporter, der zu meinen größten Vorbildern zählt. Gemeint ist Octávio Ribeiro, die weiße Feder genannt, mit dem ich schon gemeinsam für die Zeitschrift »IstoÉ« Reportagen gemacht habe. Er schlägt vor, zu dieser frühen Tageszeit vorzugehen. Sie scheint ihm für unser Vorhaben am geeignetsten.

Wir haben es uns zur Aufgabe gemacht, nach Überlebenden zu suchen. Dabei wollen wir die Umstände aufdecken, unter denen die Opfer der Mörderpolizisten den Tod fanden. Wir haben uns vorgenommen, wie Bankräuber vorzugehen und die Taktik des Überraschungsangriffs zu nutzen, um Kriminelle ohne festen Wohnsitz ausfindig zu machen, die wenigen, die eine Schießerei überlebt haben.

Nachdem wir den ganzen Tag erfolglos mit unserer Suche verbracht haben, befinden wir uns schließlich wieder an unserem Ausgangspunkt, einem Elendsviertel, in dem einer der Räuber, den wir suchen, angeblich seiner Mutter gegen Abend einen Besuch abstatten will. Das Problem ist, die Baracke seiner Mutter zu finden. Ich habe Angst, doch ich vertraue voll und ganz dem Instinkt des erfahrenen 54jährigen Reporters an meiner Seite, der an die Widrigkeiten der Unterwelt gewöhnt ist, geprägt durch seine Ermittlung in Verbrechen der Todesschwadrone in der Baixada Fluminense und auf den Hügeln von Rio de Janeiro.

Wir treffen in einem Volkswagen vor dem Elendsviertel ein und machen sowenig Lärm wie nur möglich. Den Wagen parken wir vor einem geschlossenen Kiosk und betreten schnell die erste dunkle Gasse. Ich will Octávio vorangehen lassen und ihm auf dem Fuße folgen. Doch er überrumpelt mich gleich: »Du gehst nach rechts, ich nach links«, schlägt er voller Tatendrang vor, denn wir befinden uns bereits mitten in der Favela.

»Ist es nicht besser, wenn wir zusammen gehen? Und wenn wir uns verlieren?« gebe ich zu bedenken, in der Hoffnung, ihn von seinem Vorhaben abzubringen.

»Dann treffen wir uns am Strand wieder«, flüstert mir Octávio ins Ohr, bevor er in die nächste Gasse zu seiner Linken einbiegt.

Ich fühle mich schon verloren, bevor ich überhaupt den ersten Schritt getan habe. Gleichzeitig möchte ich auch nicht eines meiner größten Vorbilder enttäuschen. Ich fasse mir ein Herz. Je tiefer ich in das Viertel vordringe, um so besser gewöhnen sich meine Augen an die Dunkelheit. Jetzt kann ich bereits das Ende der Gasse erkennen. Ich beschließe, schnellen Schritts voranzugehen, weil ich schon ein wenig die Angst davor verloren habe, was mich hinter der nächsten Straßenbiegung erwarten könnte. Ich gehe dem Klang der Musik aus dem Sertaneja nach, die zu meiner Linken ertönt. In wenigen Minuten befinde ich mich vor der Baracke. Ich klopfe an die Tür. Ein alter Nachtwächter, der gerade von der Arbeit nach Hause gekommen ist, öffnet mir. Er kann mir nicht sagen, wo sich das Haus von Dona Rosa befindet, der Mutter von Binha, dem Überlebenden. Doch nachdem wir ein paar Worte ausgetauscht haben, faßt er Vertrauen zu mir. Er gibt mir einen guten Tip und warnt mich noch: »Es ist ein Versteck, vergiß nicht das Hemd.«

Eilig breche ich zu der Baracke des Bruders von Binha auf. Die Angaben des Nachtwächters sind präzise. In zehn Minuten befinde ich mich schon vor der mehrstöckigen Baracke aus alten Brettern, die im Dunkeln liegt. Die Warnung des Mannes habe ich nicht vergessen. Ich soll das Hemd ausziehen, dreimal an die Tür klopfen, das Ganze noch einmal wiederholen und mich an eine Stelle begeben, die vom Fenster des oberen Stockwerks einsehbar ist. Dies ist ein geheimes Zeichen, das signalisiert, daß ich nicht bewaffnet bin und mein Besuch von jemandem angeregt wurde, der vertrauenswürdig ist.

Anfangs weigert sich der Bruder, die Adresse der Mutter preiszugeben, doch nachdem ich ihm zum wiederholten Mal meine

Absichten auseinandergesetzt habe, willigt der Junge ein, mich zum Haus seiner Mutter zu begleiten. Auf dem Weg dorthin bin ich voller Vorfreude darauf, den Räuber von Octávio entdeckt zu haben, und stelle mir vor, wie dieser reagieren wird, sobald er von meiner Entdeckung erfährt.

Der Bruder unterrichtet Binha durch einen Pfiff von unserer Ankunft, dann ruft er ihn beim Namen, um ihn aufzuwecken. Nachdem er seinen Pfiff noch einmal wiederholt hat, schreit jemand von drinnen: »Komm rein!«

Die Tür ist nur angelehnt. Sie öffnet sich auf die bloße Berührung des Bruders hin. Die Baracke besteht aus zwei Zimmern.

Die Wohnzimmercouch ist gleichzeitig Binhas Bett, wie man unschwer an den durchwühlten Laken und Decken erkennen kann. Der Überlebende, nach dem wir so lange gesucht haben, sitzt mit gekreuzten Beinen vor mir und raucht. Er ist in ein Gespräch mit einer anderen Person verwickelt, die auf der mit Kunststoff furnierten Kommode vor ihm sitzt. Es ist ein dicker, dunkelhäutiger Mann mit einer grauen Strähne im Haar, Pena Branca, die weiße Feder.

»Das heißt also, daß du 14 Treffer im Sportlotto hattest«, bemerkt Pena zu dem Jungen, während er ihm noch ein Zigarette anbietet.

»Ich fühle mich wie neugeboren. Die Typen von der ROTA haben alles gesehen. Sirene, Maschinenknarre, 38er...«

Pena Branca hat sich schon beinahe die ganze Geschichte von Binha angehört. Dieser gibt zu, von Militärpolizisten angegriffen worden zu sein. Er streitet ab, daß es eine Schießerei gegeben hat. Er erzählt, daß er in dieser Nacht auf den Stufen vor einer geschlossenen Bäckerei gesessen habe, zusammen mit einigen Freunden, als sie von einem grauen Streifenwagen überrascht worden seien. Nach seinen Schilderungen hatten die Militärpolizisten bereits zu schießen begonnen, ob in die Luft oder auf die Jungen, das weiß Binha nicht mehr. Er lief in Zick-Zack-Linien davon, ohne sich umzusehen. Die beiden Freunde waren auch nicht bewaffnet.

Binha sieht nicht mehr, wie die beiden Freunde den Tod finden, ein Detail, das uns zwingt, nach weiteren Überlebenden zu forschen. Wir benötigen Augenzeugen, jemanden, der die ganze Szene von der angeblichen Schießerei gesehen hat.

Tage später befinden wir uns im äußersten westlichen Teil der Stadt, um einen anderen Überlebenden, Luís Lunga, zu befragen, den wir auf der Polizeiwache von Capão Redondo finden. Mit einer Pistole bewaffnet, hatte Lunga in Begleitung zweier Freunde den Wagen eines Händlers aus dem Viertel gestohlen: Die drei befinden sich bereits in dem Wagen, als sie die Streife näherkommen sehen. Die Nervosität der drei erregt die Aufmerksamkeit der Männer von der ROTA. Den Jungen gelingt es nicht einmal, den Wagen zu starten. Lunga kann aus dem Fahrzeug springen und hüpft in eine riesige Grube. Von dort entkommt er geduckt inmitten des Kugelhagels und läuft davon. Erst später erfährt er, daß die Freunde schon im Auto den Tod fanden.

Lunga bestreitet die offizielle Version von einer Verfolgung des gestohlenen Wagens, in deren Verlauf sich die Diebe geweigert hätten, sich zu stellen und es angeblich zu einer Schießerei gekommen sei. »Nichts davon ist wahr, meine Freunde waren gar nicht bewaffnet ...«

»Aber du hattest doch eine Pistole? Hast du auf die Polizei geschossen?«

»Ja, eine Pistole hatte ich, na und? Ich wußte ja, daß die ROTA dazu da ist, Vagabunden umzulegen. Glaubt ihr, ich bin so verrückt, mich auf einen Schußwechsel mit ihnen einzulassen?«

Wir recherchieren weiter. Innerhalb von zwei Wochen können wir noch weitere Überlebende ausmachen, die uns ähnliche Geschichten erzählen. Einige willigen in ein Gespräch ein unter der Voraussetzung, daß ihre Identität nicht preisgegeben wird. Alle können uns wertvolle Informationen geben. Sie helfen uns zumindest dabei, einen Teil des Märchens von den angeblichen Schießereien aufzuklären, in die Militärpolizisten verwickelt sind. Wir wissen jedoch, daß ihre Erklärungen keine endgültigen Beweise für die Umstände sind, unter denen sich diese Verbrechen abgespielt haben, allein aufgrund der Tatsache, daß die Überlebenden vor dem Angriff der Polizistenmörder fliehen mußten.

Pena Branca, der bei den technischen Ermittlungen in diesen Verbrechen besonders sorgfältig vorzugehen pflegt, ist bei den Gesprächen mit den Überlebenden darum bemüht, Einzelheiten und Fährten herauszufinden, mit denen Unwahrheiten zunichte gemacht werden könnten. In diesem Bemühen sammeln wir eine ganze Reihe von Anschuldigungen, die Überlebende gegen die Militärpolizisten vorbringen, zusammen mit verschiedenen Sachverständigengutachten, die beweisen, daß die Opfer durch Rükkenschüsse und Schüsse in den Hinterkopf den Tod fanden. Obwohl Pena Branca schon über 30 Jahre Berufserfahrung verfügt, kennt er nicht die Kriterien, die bei der Verurteilung von Militärpolizisten angelegt werden. Er ist völlig perplex, als er feststellen muß, daß den technischen Beweismitteln von seiten des Militärtribunals oft gar keine Bedeutung beigemessen wird. Meist gelingt es den Anwälten dieser Killer, die Beweise im Verlauf einer Verhandlung zunichte zu machen.

»Alles hängt davon ab, wie man es sieht«, erklärt uns Rechtsanwalt Benedito Greco, einer der häufigsten Verteidiger der Militärpolizisten vor dem Militärtribunal.

Der 54jährige Greco, der zum Zeitpunkt unserer Ermittlungen bereits ein Leutnant a. D. des Heeres ist, gehört zu den 16 Strafverteidigern, denen man von seiten des Militärtribunals des Bundesstaates São Paulo völlig freie Hand läßt.

Als ich ihn 1981 kennenlerne, ist Greco bereits ein Rekordhalter: Ihm ist es gelungen, in mehr als 1000 Verfahren Freisprüche zu erwirken. Gleichzeitig ist er mit der Verteidigung von weiteren 206 Militärpolizisten befaßt, die in Tötungsdelikte verwickelt sind. Das Wohlwollen der Mitglieder des Rechtsprechenden Rats, die über ihre eigenen Kollegen richten, erklärt zu Teilen den Ruf des unfehlbaren Anwalts. In den Augen von Benedito Greco ist es jedoch seiner besonderen Verteidigungsstrategie zu verdanken, daß er so großen Erfolg hat.

Wenn einer der Killer sein Opfer mit einem Schuß in den Rükken umgebracht hat, so gelingt es Greco, die Offiziere des Schwurgerichts davon zu überzeugen, daß es sich hierbei um eine falsche Auslegung von Tatsachen handelt. Er konnte schon einige Siege mit dem einzigen Argument erzielen, das darin besteht, daß ein Militärpolizist bei seinen Einsätzen angeblich immer nur die besten Absichten hege. »Er wird immer von vorn schießen. Doch plötzlich, während die Kugel noch fliegt, kann der Bandit ihm unerwartet den Rücken zuwenden, und schon kommt es zu einer Tragödie.«

Argumente dieser Art haben den Mandanten Grecos das Wohlwollen des Schwurgerichts und einen Freispruch garantiert, sogar in den Fällen, in denen es Überlebende der Schußwechsel gab. Wir können das im Verlauf der Reportage feststellen, die wir zusammen mit Pena Branca drehen. Abgesehen davon, daß die Killer beschuldigt werden, es im Verlauf ihrer Verfolgungsjagden durch den Stadtverkehr zu Ausschreitungen kommen zu lassen, beweisen die Einschüsse in den oberen Wagenteilen der Fahrzeuge einiger Opfer, daß man die Absicht hatte, diese zu töten. Doch wieder einmal sind für die Offiziere des Militärtribunals Grecos Argumente überzeugender als die tatsächlichen Beweismittel. »Die Schüsse wurden auf die Reifen abgegeben, ohne Zweifel in der Absicht, die Fahrzeuge zum Stehen zu bringen. Die Projektile sind eben ein wenig vom Ziel abgekommen und drangen in den Körper der Opfer ein.«

Gegen Ende unserer Reportage macht Pena Branca keinen Hehl aus seiner Enttäuschung über das Ergebnis unserer Untersuchungen. Wir haben zwei Entdeckungen von fundamentaler Bedeutung gemacht, von denen wir nur eine veröffentlichen können. Unsere Reportage zeigt auf, daß in zehn Jahren der Tötungen durch Militärpolizisten diese allein aufgrund der Anzahl der Verbrechen, die sie begangen haben, noch den traurigen Bekanntheitsgrad der gefürchtetsten Männer in der Polizeigeschichte des Landes übertreffen: Gemeint sind die Todesschwadrone von Rio de Janeiro. Unsere andere Entdeckung, die wir aus Mangel an Beweisen nicht veröffentlichen können, hat mit den Methoden der Militärpolizisten zu tun. Wir müssen noch einige Nachforschungen anstellen, um zu beweisen, was Pena Branca 1981 in knappe Worte faßt: »Was hier tötet, ist das System der Militärpolizei, angefangen bei den Kommandanten bis hin zu ihrer Gerichtsbarkeit. Der Killer drückt nur den Abzug.«

Die Polizei hat eine stärkere Stimme! Die Streifenpolizisten von der ROTA haben gerade drei gefährliche Elemente während einer Schießerei vor dem Simba Safári in Diadema getötet. In diesem Augenblick werden wir von Angestellten des Krankenhauses São Lucas davon in Kenntnis gesetzt, daß das vierte dieser Elemente die Schießerei überlebt hat. Das Element liegt lebensgefährlich verletzt in der UTI. Warum? Weil die Polizei eine stärkere Stimme hat!

Diese Nachricht, die mir mit der Stimme von Chico Plaza aus dem Radio zu Ohren kommt, veranlaßt mich Monate nach der Reportage mit Pena Branca, einen Überlebenden ausfindig zu machen, der in der Lage ist, alle meine Zweifel über die näheren Umstände dieser Schießereien zu beseitigen. Als ich den minderjährigen José da Costa Lázaro, 17 Jahre alt, noch an dem gleichen Samstagabend aufsuche, an dem er von den Kugeln getroffen wurde, liegt er auf der chirurgischen Abteilung im Koma.

Lázaro war als auf frischer Tat ertappter Gefangener in das Krankenhaus eingeliefert worden, ein Verdächtiger, der sich einer Festnahme widersetzt hatte. Um nicht die Aufmerksamkeit des Ermittlungsbeamten auf mich zu lenken, unter dessen Gewahrsam er steht, versuche ich, mich unbemerkt unter die Angehörigen und Freunde zu mischen, die treue Anhänger der evangelischen Kirche sind. Ich verfolge einige Wochen lang seine Genesung und besuche ihn täglich im Krankenhaus, ohne mich als Reporter zu erkennen zu geben. Um zu vermeiden, daß mir die Familie Fragen über meine näheren Absichten stellt, halte ich immer ein kleines Buch mit einem schwarzen Deckel in den Händen, die Bibel.

Aufgrund der besonderen Art der Verletzungen verlaufen unsere Zusammenkünfte immer schweigend. Lázaro war von acht Kugeln getroffen worden, einen der Schüsse hatte man in seinen Mund abgegeben. Aus diesem Grund bekomme ich keine Auskünfte von ihm, obwohl er nicht mehr in Lebensgefahr schwebt, und ich stelle ihm auch keine Fragen.

Als Lázaro zwei Monate später wieder sprechen kann, betrete ich gegen Ende der Besuchszeit sein Zimmer in dem Versuch, mit ihm unter vier Augen über die Schießerei zu sprechen. Doch es kommt anders. Lázaro liegt in seinem Bett, sein Vater sitzt neben ihm. Er erzählt mir zum erstenmal, wie der Angriff der Killer erfolgte.

Es ist Samstagnachmittg im Januar 1981, ein typischer Sommerabend, an dem es nur langsam dunkel wird. Lázaro tankt seinen Brasilia an einer Tankstelle auf, als er von drei Jungen angesprochen wird, die ihm persönlich bekannt sind. Sie bitten ihn um eine Mitfahrgelegenheit zur Favela des Jardim Clímaco im südlichen Teil von São Paulo. Lázaro hat den Verdacht, daß sie vorhaben, dort Marihuana zu kaufen. Aus Angst, ein Abschlagen ihrer Bitte könne Aggressionen hervorrufen, beschließt er, ihnen den Gefallen zu tun.

Auf der Fahrt zur Favela nimmt Lázaro im Rückspiegel wahr, daß sich ihnen von hinten ein Wagen genähert hat, dessen Scheinwerfer unaufhörlich blinken. Er hält sich an die erlaubte Geschwindigkeit, bis er erfaßt, daß er von der Polizei verfolgt wird. Der graue Streifenwagen der ROTA klebt jetzt beinahe an seiner Stoßstange.

»Die sind das! Los, drück aufs Gas, mein Freund, gib Bleifuß!« schreit einer der Jungen.

Lázaro ist unentschlossen, doch der gleiche Junge nötigt ihn dazu, zu rasen.

»Ich hab 'ne Knarre dabei, verflucht! Fliehen wir, sonst werden sie uns töten!«

Lázaro erhöht ein wenig seine Geschwindigkeit, aber er fährt nicht schnell genug, um einen Abstand zu seinen Verfolgern zu bekommen, die immer noch an seiner Stoßstange hängen. Immer wieder blenden die Polizisten mit den Scheinwerfern auf, ihre Sirene ist eingeschaltet.

Wenige Augenblicke später droht der graue Streifenwagen den Brasília auf der linken Spur zu überholen. Die Polizisten halten ihre Waffen im Anschlag und rufen Lázaro laut zu, er solle rechts auf dem unbefestigten Seitenstreifen halten, der voller Schlaglöcher ist, ein dunkler Abschnitt der Avenida Cursino.

Die verärgerten Polizisten kommen schreiend aus dem Auto gelaufen, weil Lázaro so lange damit gezögert hat, seinen Wagen anzuhalten.

»Wo ist die Knarre? Ich will den 38er. Spielen wir gleich mit offenen Karten!« fordert einer der Polizisten, während sie die vier Jungen mit Stößen traktieren. Diese sind aus dem Wagen herausgekommen und haben ihre Hände auf das Dach des Brasília gelegt. Ein Soldat findet den schlecht versteckten Revolver unter der Gummimatte hinter dem Fahrersitz. Im Kofferraum wird noch ein Gewehr entdeckt, das Lazáro zu seinem Schutz benutzt, wenn er in der Schrotthandlung seines Vaters arbeitet. Nachdem sie die Waffen gefunden haben, ändern die Polizisten ihre Haltung gegenüber den Jungen.

»Ihr seid alle verhaftet!« eröffnet ihnen der Kommandant der Truppe, Unteroffizier Mário Gonçalves Sastre. Er zwingt die vier, sich in den Chiqueirinho zu zwängen, den vergitterten Raum hinter der Rückbank des Streifenwagens, in dem die Killer Gefangene und auch Leichen zu transportieren pflegen. Das Fahrzeug fährt anschließend nach Diadema, gefolgt von dem Brasília, an dessen Steuer nun ein Militärpolizist sitzt. Die beiden Wagen fahren auf ein offenes Gelände und halten vor einem Steilhang, ungefähr 300 Meter von der Straße entfernt. Die Jungen werden gezwungen, auszusteigen. Man fesselt sie mit Handschellen aneinander und bearbeitet sie mit Stößen und Fußtritten, bis sie zu Boden stürzen. Anschließend werden sie mit einem verrosteten Stück Stacheldraht gefoltert. Das erste ihrer Opfer ist der 23jährige Wilson Aparecido de Souza, ein Weißer. Wilson ist verheiratet und hat zwei Töchter. Der Militärpolizist fährt mit dem Stacheldraht durch sein Gesicht und kratzt es blutig. Dann fordert der Folterknecht sein Opfer auf, ein Verbrechen zu gestehen.

»Was hast du geklaut, Langfinger? Rede, bevor du stirbst!«

»Ich habe nichts geklaut. Hören Sie auf, um Himmels willen!«

Als er sehr stark zu bluten beginnt, gesteht Wilson schließlich, daß er schon einmal wegen Landstreicherei verhaftet worden ist, als er noch minderjährig war. Der Militärpolizist gibt sich damit nicht zufrieden und zieht wieder den Stacheldraht durch das Gesicht des jungen Mannes.

Der andere, José Valdevino da Rocha, ein 20jähriger Mulatte, der an Wilsons Handgelenk gekettet ist, wird von einem anderen Militärpolizisten gefoltert. Valdevino, der in der Glaserei Idramar angestellt ist, ist verheiratet und hat eine Tochter. Seine Frau ist im vierten Monat schwanger. Die Polizei hatte ihn schon mehrmals als Verdächtigen verhaftet, ohne ihm jedoch etwas nachweisen zu können.

Valdevino, der schon bei anderen Gelegenheiten gefoltert worden war, hat große Angst vor der Polizei, etwas, das er gleich zu Beginn der Folter bekennt: »Ich gestehe, was ihr wollt, aber hört um Gottes willen damit auf!«

Der dritte, der gefoltert wird, ist Armando de Mello. Der 24jährige ist der Besitzer des beschlagnahmten Revolvers. Er ist derjenige, der am schlimmsten unter den Schlägen der Polizisten zu leiden hat. Als Armando ohnmächtig wird, stellen diese ihre Angriffe ein. Lázaro kann ihrer Gewalttätigkeit entgehen, weil die anderen Jungen während der Folterungen aussagen, ihn nur um eine Mitfahrgelegenheit gebeten zu haben, und bezeugen, daß er nichts mit ihrem Plan, in der Favela Drogen zu kaufen, zu tun hatte.

Die vier Jungen werden wieder in die vergitterte Zelle des Streifenwagens gesteckt. Anschließend folgt das Polizeiauto dem Brasília, an dessen Steuer ein Militärpolizist sitzt, der eine Uniform gegen ein Freizeithemd gewechselt hat. Als sich die Polizisten wieder auf der Avenida Cursino befinden, täuschen sie mit den zwei Wagen eine Verfolgungsjagd vor. Sie fahren mit hoher Geschwindigkeit an einigen verkehrsreichen Plätzen vorbei und geben Schüsse in die Luft ab. Der Fahrer des Brasília hängt seine Waffe demonstrativ aus dem Fenster.

Minuten später sind die beiden Autos wieder auf dem freiem Gelände angelangt. Jetzt stehen die Polizisten unter noch größerer Anspannung und haben es sehr eilig. Mit Ausnahme von Lázaro werden die Jungen gezwungen, sich vor einen ein Meter hohen Abhang zu knien. Sie flehen um ihr Leben, als man beginnt, auf sie zu schießen.

Lázaro muß der Erschießung mit abgewandtem Gesicht beiwohnen. Er hegt leise die Hoffnung, mit heiler Haut davonzukommen. Ein Militärpolizist befiehlt ihm, loszurennen, aber Lázaro kommt seinem Befehl nicht nach.

»Nutz die Gelegenheit und verschwinde aus meinem Leben, Bürschchen!« bekräftigt der Killer.

»Wenn ich losrenne, dann werden Sie doch nicht auf mich schießen, oder?« fragt Lázaro.

Der Killer wird ärgerlich. Er wirft ihm zu, nun habe er seine letzte Chance verspielt. Dann stößt er den Jungen zu Boden, stellt einen Stiefel auf sein Opfer und richtet seine Waffe auf ihn.

»Töte mich nicht, Mann. Warte noch ein bißchen, warum hast du es so eilig?« fleht der Junge.

»Dein Herz klopft zu laut. Das macht mich wütend.«

Als Lázaro die ersten Schüsse treffen, kneift er die Augen zusammen und starrt in das Gesicht des Mörders. Er legt die Hände instinktiv auf die Brust, die von drei Schüssen getroffen wird. Dann rollt er sich zur Seite. Der Polizist gibt weitere zwei, drei, vier Schüsse ab.

Lázaro atmet noch. Er stellt sich tot, doch ohne Erfolg.

»Der hier ist noch nicht zur Hölle gefahren«, sagt der Killer, als er bemerkt, daß Lázaro durch den Mund nach Luft schnappt.

Der Polizist nähert die Waffe dem Mund seines Opfers. Lázaro spürt, wie der eiserne Lauf seine Lippen berührt.

Nach diesem letzten Schuß, der in seinen Mund abgegeben wird, ist er immer noch bei Bewußtsein. Nun kann er jedoch besser den Toten vortäuschen.

Sein Mörder hat keinen Zweifel mehr daran, daß er nicht mehr lebt. Er sorgt nur noch dafür, daß eine Bewaffnung der vermeintlichen Schützen vorgetäuscht wird.

Lázaro spürt, wie der Militärpolizist ihm eine Waffe in die rechte Hand legt. Dann betätigt er den Abzughahn des Revolvers, um Schmauchspuren in seinen Händen zu hinterlassen. Das gleiche wiederholt er bei den anderen drei Jungen, die neben Lázaro auf dem Boden liegen.

»Laßt uns dieses tote Fleisch in ein Krankenhaus bringen. Jetzt gleich!« befiehlt der Kommandant der Truppe 9135, Unteroffizier Mário Gonçalves Sastre.

»Warten Sie, Chef. Wir haben vergessen, ihnen die Handschellen abzunehmen. Die könnten dreckig werden!« warnt einer der drei Soldaten.

Lázaro wird als zweiter in die vergitterte Zelle des Streifenwagens gebracht. Die anderen beiden Jungen werden auf ihn geworfen. Auf dem Weg zum Krankenhaus hört er, wie jemand das Funkgerät im Wagen benutzt, um mit der Einsatzzentrale Kontakt aufzunehmen und diese davon zu unterrichten, daß die vier Verbrecher gerade in die Notaufnahme des Krankenhauses São Lucas in Diadema gebracht werden. Während einer der Polizisten noch mit der Zentrale spricht, hat ein anderer seine Aufmerksamkeit den leblosen Körpern zugewandt. Einer der Toten gibt Geräusche ab, wie sie von Leichen wenige Augenblicke nach Eintritt des Todes zu hören sind. »Ich glaube, wir haben hier noch einen, der lebt!« warnt er seine Kollegen.

»Dann mach ihn gleich kalt«, befiehlt ein anderer Militärpolizist.

Lázaro meint, schier zu verzweifeln. Er liegt unter Wilson Aparecido, dessen Körper grunzende Geräusche von sich gibt.

Ein Schuß in den Kopf, und schon sind die Zweifel der Killer beseitigt.

Lázaro spürt, wie das warme Blut Wilsons über seine Haut rinnt. Er zwingt sich, das Grauen stumm zu ertragen, das die auf ihm liegenden Leichen in ihm hervorrufen.

Plötzlich merkt er, wie der Streifenwagen mit erhöhter Geschwindigkeit fährt. Die Sirene wird eingeschaltet, und der Fahrer unternimmt einige abrupte Fahrmanöver. Dann hält er. Die Tür zu dem engen Drahtverhau öffnet sich. Sie sind vor dem Krankenhaus eingetroffen. Lázaro ist der dritte, der von den Militärpolizisten in die Notaufnahme gebracht wird. Er stellt sich immer noch tot.

Einige Männer kommen, um ihn in Empfang zu nehmen. Vielleicht sind es Ärzte, vielleicht Krankenpfleger oder Angestellte des Krankenhauses, die sagen: »Sie sind alle tot. Bringt sie in den Kühlraum.«

Die Tür des Kühlfachs öffnet sich. Lázaro wird hochgehoben. Als er die Kälte an seinen Füßen spürt, beginnt er sich zu wehren. Einer der Angestellten bekommt einen riesigen Schrecken und schreit: »Zu Hilfe! Der hier lebt noch!«

»Dann laß ihn doch sterben, hier drin!« unterbricht ihn einer der Militärpolizisten, der gerade einen weiteren Leichnam in den Kühlraum bringt.

Zwei Krankenschwestern kommen herbeigelaufen, um Lázaro zu helfen. Sie legen den Jungen auf eine Bahre. Die Militärpolizisten protestieren: »Er ist ein Verbrecher! Er muß sterben!«

»Da draußen befehlt ihr. Hier drinnen erteilen wir die Befehle!« antwortet eine der Krankenschwestern.

Lázaro versucht, eine Reaktion zu zeigen und sich aufzurichten. Er will mit der Krankenschwester reden. Aber er verschluckt sich an dem Blut, das aus seinem Mund spritzt und wird ohnmächtig.

Tage, nachdem ich den Bericht Lázaros gehört habe, gelingt es mir, seinen Vater Antônio da Costa Lázaro davon zu überzeugen, bei der Kommission für Gerechtigkeit und Frieden der Erzdiözese eine Anzeige zu erstatten, noch bevor mein Artikel mit dieser Schilderung in der Zeitschrift »IstoÉ« veröffentlicht wird, für die ich als Reporter berichte. Bevor der Fall öffentlich bekannt wird, sorgt die Familie des noch nicht wieder genesenen Jungen für seine Überführung an einen anderen Ort in der Stadt, weit entfernt von seinem Wohnort.

Wir verfolgen Lázaros Gerichtsverhandlung bis zu ihrem Abschluß vor dem Militärtribunal. Die Schlußfolgerung, die die Justiz aus dem Fall zieht, ist keine andere als die in der überwiegenden Mehrheit der 400 Prozesse, die wir während der Nachforschungen für unsere Datenbank untersuchen. Der Verantwortliche für die militärpolizeiliche Untersuchung schenkt dem Umstand der Vortäuschung einer Schießerei keine Beachtung. Ebensowenig mißt er den rechtsmedizinischen Gutachten, die über die drei Toten erstellt werden, eine Bedeutung bei.

Die Sachverständigen der zivilen Polizei können bei Armando de Mello Spuren eines Kopfschusses ausmachen, der aus allernächster Nähe abgegeben wurde. Seine Leiche konnte zu diesem Zeitpunkt noch nicht identifiziert werden. Wilson de Souza wurde mit fünf Schüssen getötet, die ebenfalls aus allernächster Nähe abgegeben wurden und von denen einer sein Gehör und die anderen seinen Rücken trafen. Die Gutachten ergeben, daß auch José Valdevino da Rocha hingerichtet wurde. Von den sieben tödlichen Verletzungen, die seinen Körper trafen, weisen nach Urteil der Sachverständigen vier der Einschüsse Pulvereinsprengungen und Schmauchspuren auf, eindeutige Beweise für die Abgabe der Schüsse aus unmittelbarer Nähe.

Als es im Prozeß Lázaro im Mai 1984 zu einem Urteilsspruch kommt, wird die Hypothese von einer Hinrichtung, die schon in der Öffentlichkeit verbreitet worden war, nicht einmal in nähere Erwägung gezogen. Alle Killer werden vom Geschworenengericht des Militärtribunals freigesprochen, das den Fall als Widerstand gegen die Festnahme mit anschließender Schießerei und Todesfolge ansieht.

Die Schlußbilanz, die wir aus der Auswertung unserer Datenbank ziehen, ergibt, daß der Anführer der Mörder im Fall Lázaro, Unteroffizier Mário Gonçalves Sastre, schon 1978 mit dem Töten begonnen hat, und zwar in Begleitung der Soldaten, die auch in den Fall der ROTA 66 verwickelt waren. Seinen ersten Mord begeht er während eines Einsatzes in Begleitung des Soldaten Rony Jorge da Silveira Paulo, eines derjenigen Fahrer der ROTA, der bereits einen Rekord im Töten von Unschuldigen aufgestellt hat. Beide erhalten von ihren Kommandanten eine Auszeichnung als Belohnung für die Tötung eines Unschuldigen.

Auch Sastre ist in angebliche Schießercien verwickelt, und zwar in Begleitung von Hauptmann Roberval Conte Lopes und Soldat Everaldo Borges de Souza, der sich auf der Liste der gewalttätigsten Killer der Militärpolizei auf Platz zehn befindet.

Nachdem Sastre 1984 die Streifenpolizei verlassen hat, tötet er weiter zusammen mit den Mannschaften der Mobilen Einsatzleitung im Großraum von São Paulo.

Zehn Jahre, nachdem sich der Fall Lázaro ereignet hat, sind in unserer Datenbank Dutzende von Anzeigen über Hinrichtungen und vorgetäuschte Schießereien erfaßt. Die genaueren Umstände dieser Verbrechen zu beweisen, ist jedoch weiterhin schwierig: Es fehlt an Augenzeugen und Überlebenden. Eine Bestrafung der Killer wird nur in Einzelfällen erreicht, so wie im Fall des Anklagevertreters José Amado de Faria Souza, einem der acht Mitglieder des Militärtribunals von São Paulo.

Obwohl Souza mit Arbeit völlig überlastet ist, weil er ungefähr 200 Prozesse im Monat führen muß, ergreift er persönlich die Initiative bei der Ermittlung in einem Fall, in dem eines der Opfer einen Schußwechsel überlebt. Es sind die Arbeiter Carlos Alberto de Almeida Cambuim, der mit zwei Schüssen getötet wird, und Hélio Figueiredo de Matos, der die Schießerei überlebt.

Nachdem der Anklagevertreter Hélio dazu überredet hat, eine Klage anzustrengen, stellt er monatelang Ermittlungen an, um die Version der Killer zu entkräften. Bei der Verfolgung dieses Ziels versucht Faria Souza, das Verbrechen in allen Einzelheiten zu rekonstruieren. Er bringt den Überlebenden an den Tatort und bittet den jungen Mann, sich in der gleichen Position auf den Boden zu legen, in der er sich befand, als ihn die Schüsse trafen. Der Anklagevertreter selbst nimmt die Position des Killers ein und streckt seinen Arm der Brust des Mannes entgegen. Dann trägt er dem Überlebenden auf, sich auf die Seite zu rollen, duckt sich, bis sein ausgestreckter Arm den Boden berührt. Daraufhin brauchen sie nur noch einige Zentimeter Erde abzutragen, um die Kugel zu finden, mit der auf den Überlebenden geschossen wurde.

Mit der gefundenen Kugel als Beweismittel und der Schilderung des Tathergangs durch den Überlebenden hat der Anklagevertreter entscheidende Mittel in der Hand, um die Killer zu überführen. In diesem Einzelfall, der sich 1991 ereignete, werden die Killer verurteilt und aus der Militärpolizei entlassen.

Die Gelegenheit, einen anderen Einsatz der Militärpolizisten gegen verdächtige Zivilpersonen von Beginn an zu verfolgen, ergibt sich für mich, ganz zufällig, erst im November 1986:

Ein Hubschrauber der Militärpolizei überholt unseren Pressewagen zur Linken und fliegt auf die Favela Heliópolis zu, das zweitgrößte Elendsviertel von São Paulo. Wir fahren weiter geradeaus, Richtung des Stadtviertels ABC, um unsere Arbeit über die verfassunggebende Versammlung für das »Jornal Nacional« fertigzustellen. Ein Kollege unseres Teams, Pedro Montoan, kann beobachten, wie auch ein »Pelicano«, ein Hubschrauber der zivilen Polizei, auf die Favela zufliegt.

»Das wird ein größerer Einsatz sein. Guckt mal, wie viele Militärpolizisten in die Favela stürmen«, meint ein anderer Kollege unseres Teams, José Reginaldo de Carvalho.

Wir ändern unsere Fahrtrichtung, um das Vorgehen der Militärpolizisten in der Favela zu verfolgen. Sie rennen in alle Richtungen. Wir hören jede Menge Schüsse, sehen aber keine Verletzten, können noch nicht einmal feststellen, ob sich ein Verdächtiger seiner Festnahme widersetzt oder ob es zu Schußwechseln kommt.

Mehr als 30 Militärpolizisten sind einem Mann auf den Fersen, der Minuten vorher einen Schuß auf ein Fahrzeug abgegeben hat. Als sie die ersten Verdächtigen festnehmen, fällt uns ihre starke Verärgerung und extreme Gewalttätigkeit auf. Es gelingt uns nicht, diese Übergriffe festzuhalten, weil einige der Polizisten mit ihren Körpern eine Barriere bilden und der Kamera die Sicht verstellen.

Als wir die erste Szene dieser Gewalttätigkeiten aufnehmen können, fährt uns ein großer Schreck in die Knochen. Wir waren zwei Militärpolizisten gefolgt, die einen Jungen mit einem Bauchschuß festnehmen wollten. Die drei laufen schnell vor uns her. Der Kameramann unseres Teams, Renato Rodrigues, folgt ihnen mit eingeschalteter Kamera im Laufschritt. Ich nähere mich ihnen inzwischen mit einem Mikrofon, um einen der Militärpolizisten zu interviewen. Plötzlich kommt ein anderer Militärpolizist auf uns zu und versetzt vor der Linse unserer Kamera dem Jungen einen Schlag in den verletzten Bauch.

»Hilf mir, Mann, ich bin verletzt!« schreit der Junge und wendet sein Gesicht der Kamera zu.

Der junge, dürre Schwarze ist noch minderjährig. Er sieht wie ein 15jähriger aus und trägt nur Bermuda-Shorts. Sein Oberkörper ist nackt. Die Bauchverletzung hatte er sich Tage zuvor bei einer Auseinandersetzung in dieser Favela zugezogen, wie wir später in Erfahrung bringen.

Wir versuchen, eine Erklärung für die Gewalttätigkeit zu bekommen, die der verletzte Junge, der mit Handschellen gefesselt wird, zu erleiden hat. Es gelingt uns jedoch nicht, uns den Angreifern zu nähern, die von ihren Kollegen umringt werden.

Wir laufen hinter anderen Militärpolizisten her, die mitten durch die Favela stürmen. Wenige Augenblicke später werden wir eines Durcheinanders gewahr, das von einer Gruppe von Soldaten ausgeht, die um einen mit Handschellen gefesselten Jungen herumstehen. Dieser wird in Richtung eines Streifenwagens gestoßen. Wir treffen gerade noch rechtzeitig ein, um ihn stehend vor dem Streifenwagen aufzunehmen, bevor er die vergitterte Zelle des Fahrzeugs betritt. Er sieht auch wie ein Minderjähriger aus. Vielleicht ist er 16 Jahre alt. Er hat weiße Haut, krauses Haar, eine hellblaue Jeans und trägt kein Hemd.

Einige Fahrzeuge der ROTA fahren aus der Favela heraus. Wir sind davon überzeugt, daß sie die Verhafteten auf eine zivile Polizeiwache bringen, wie es den Vorschriften entspricht, und begeben uns ebenfalls auf die zuständige Polizeidienststelle.

Merkwürdig: Nachdem wir eine halbe Stunde gewartet haben, ist immer noch kein Wagen von der ROTA eingetroffen. Wir beschließen, zurück in das Elendsviertel zu fahren.

Auf dem Weg dorthin, als wir uns schon in der Nähe der Zufahrtstraßen befinden, fällt uns eine Menschenmenge am äußersten Ende einer der Gassen auf. Wir begeben uns dorthin. Einige der Leute sind sehr aufgebracht und geben uns den Rat, den Posten der Militärpolizei aufzusuchen.

Wir fahren rasch die Rampe herunter, die auf den Posten der berüchtigten Polizei zuführt. Unser Eintreffen sorgt unter den Militärpolizisten für Aufruhr. Sie bilden eine Menschenkette, um die Flucht der beiden festgenommenen Jungen zu verhindern, die in die vergitterte Zelle eines der Streifenwagen gebracht werden sollen. Wir versuchen aufzunehmen, wie die Jungen durch den Korridor gehen, der aus Soldaten gebildet ist. Die Polizisten versuchen wieder, uns an unserem Vorhaben zu hindern, und stellen sich vor das Objektiv der Kamera. Uns fällt auf, daß die Fahrer der Streifenwagen losfahren wollen. Wir laufen zu unserem Wagen zurück, bereit, ihnen zu folgen, ganz egal, wohin.

Als wir die Favela verlassen, merken wir, daß sich die Fahrzeuge jetzt auf den Weg zur Polizeistation gemacht haben. Ein Zug aus sieben, acht Streifenwagen fährt in rasendem Tempo, mit eingeschalteten Scheinwerfern und heulenden Sirenen durch die Stadt. Ich bitte unseren Fahrer, so nah wie möglich an die Wagen heranzufahren.

»Wenn du willst, überhole ich sie«, versichert mir der Fahrer Décio Sanchez, während er mit hoher Geschwindigkeit die Verfolgung aufnimmt. Es ist das erste Mal, daß ich mit Sanchez zusammenarbeite, ein Neuling bei TV Globo. Ehrlich gesagt, habe ich keinerlei Vertrauen zu ihm. Aber die anderen Mitglieder unseres Teams versichern mir, daß ich mir keine Sorgen zu machen brauche. »Ruhig Blut, Caco. Er ist von der Militärpolizei. Wir sind auf der sicheren Seite«, garantiert mir Montoan.

»Von der Militärpolizei?« frage ich überrascht.

»Genau, er ist direkt von der Mobilen Einsatzleitung zum Fernsehen gekommen.«

»In diesem Fall laß ihn die Wagen überholen. Es ist besser, wir treffen vor ihnen auf der Polizeiwache ein.«

Dank unserem Fahrer, einem ehemaligen Militärpolizisten, kommen wir lange vor der Streife auf der Polizeistation an. So haben wir Zeit genug, uns einen strategisch günstigen Platz zu sichern, nahe beim Eingang.

Als sie ihre Fahrzeuge parken, hat Renato Rodrigues schon seine Kamera eingeschaltet und nimmt die ganze Szene in allen Einzelheiten auf: wie der Junge mit den krausen Haaren eintrifft, für dessen Verhaftung es in der Favela jede Menge Zeugen gibt. Sein Gesicht ist jetzt arg zugerichtet. Er hat Blutflecken an der Nase und am Mund. Sein ganzer Oberkörper ist mit Blutergüssen bedeckt, Anzeichen dafür, daß er auf der Fahrt von der Favela bis zur Polizeistation verprügelt wurde, wahrscheinlich sogar auf dem Posten der Militärpolizei.

Einer der Offiziere, Leutnant Alaor Palácios, ist damit einverstanden, daß wir das Interview aufnehmen.

»Wissen Sie genau, daß es diese Jungen waren, die auf das Fahrzeug geschossen haben?«

»Genau wissen wir gar nichts. Sie sind nur festgenommen worden, weil wir ermitteln wollen.«

Gleich nach dem Interview werden wir Zeuge, wie die beiden Jungen immer noch von einer Gruppe von Militärpolizisten angegriffen werden, gleich neben dem Eingang zu den Zellen der Polizeistelle.

Renato Rodrigues hält die eingeschaltete Kamera unbemerkt unter seinem linken Arm. Mit der rechten stellt er sie scharf. Er betätigt den Aufnahmeknopf gerade eine Sekunde, bevor einer der Militärpolizisten dem verletzten Minderjährigen in den Bauch tritt. Dann versetzt er dem Jungen einen Schlag ins Gesicht, der daraufhin das Gleichgewicht verliert und nicht mehr im Sichtfeld der Kamera ist.

Gleich darauf ist er wieder in der ursprünglichen Position zu sehen. Jetzt nähert sich ein anderer Militärpolizist dem Jungen, führt den Finger in dessen Wunde ein und kneift fest in die Verletzung hinein. Einer seiner Kollegen macht ihn auf unsere Anwesenheit aufmerksam. Der Militärpolizist blickt erschreckt in unsere Richtung. Sofort weicht er zurück und verschwindet aus dem Sichtfeld der Kamera. Aber es ist schon zu spät.

Stunden nach dem Vorfall werden die Bilder von dieser Gewalttätigkeit gegen die beiden Minderjährigen über das »Jornal Nacional« im ganzen Land verbreitet. Monate später gehen sie auf Initiative von amnesty international um die Welt.

24 Stunden, nachdem die drei Militärpolizisten auf Anordnung des Oberbefehlshabers der Militärpolizei angezeigt wurden, werden sie aus dem Verband ausgeschlossen. Abgesehen von den schrecklichen Szenen, deren Zeuge wir wurden, bin ich glücklich, wenn ich an den 20. November 1986 zurückdenke, jetzt, wo ich dieses Buch zum Abschluß bringe.

An diesem Tag haben wir verhindern können, und davon bin ich überzeugt, daß die Namen von zwei weiteren Opfern in unsere Datenbank eingegeben werden müssen.

Glossar

Capoeira - brasilianische Kampfsportart.

DOPS - Departamento para a Orden Política e Social, ein der zivilen Polizei übergeordnetes Sicherheitsorgan, das in jedem Bundesstaat über das politische Verhalten der Bürger wacht und vielfach auch zur Bekämpfung von Drogensüchtigen eingesetzt wird.

Favela - Elendsviertel, die in den brasilianischen Großstädten meist am Stadtrand oder auf Hügeln angesiedelt sind.

Fazenda - Farm, Landgut

»Gelände der Padres« - Eingezäunte Felder und Wiesen, die in der näheren Umgebung zu einem Kloster oder einer katholischen Kirche gelegen sind, ähnlich unseren Pfarrwiesen.

Kokade - Süßspeise aus Kokosflocken

OBAM - Operação Bandeirantes, ein halblegaler beziehungsweise privater Zusammenschluß, der auf eigene Faust Jagd auf mißliebige Personen macht. Regimegegner werden einfach umgebracht, sterben auf »mysteriöse Weise«.

ROTA - Rondas Ostensivas de Tobias Aguiar, eine wortgetreue Übertragung wäre: »Schlagkräftige Streife von Tobias Aguiar«. Sie entsteht 1970 unter diesem Namen und setzt sich aus Teilen der Armee, Zivilpersonen und ziviler Polizei zusammen. Ihre anfängliche Funktion war die Niederschlagung der Stadtguerilla.